中华人民共和国
新法规汇编

2021
第5辑

司 法 部 编

中国法制出版社

编辑说明

一、《中华人民共和国新法规汇编》是国家出版的法律、行政法规汇编正式版本，是刊登报国务院备案并予以登记的部门规章的指定出版物。

二、本汇编收集的内容包括：上一个月内由全国人民代表大会及其常务委员会通过的法律和有关法律问题的决定，国务院公布的行政法规和国务院文件，报国务院备案并予以登记的部门规章，最高人民法院和最高人民检察院公布的司法解释。另外，还收入了上一个月内报国务院备案并予以登记的地方性法规和地方政府规章目录。

三、本汇编所收的内容，按下列分类顺序编排：法律，行政法规，国务院文件，国务院部门规章，司法解释。每类中按公布的时间顺序排列。报国务院备案并予以登记的地方性法规和地方政府规章目录按1987年国务院批准的行政区划顺序排列；同一行政区域报备两件以上者，按公布时间顺序排列。

四、本汇编每年出版12辑，每月出版1辑。本辑为2021年度第5辑，收入2021年4月份内公布的法律6件、有关法律问题的决定2件、国务院文件8件、报国务院备案并经审查予以登记编号的部门规章11件、司法解释2件，共计29件。

五、本汇编在编辑出版过程中，得到了国务院有关部门和有关方面以及广大读者的大力支持和协助，在此谨致谢意。

司法部

2021年5月

目　录

法　律

有关法律问题的决定

国务院文件

国务院部门规章

司法解释

附：

法　律

中华人民共和国乡村振兴促进法

（2021年4月29日第十三届全国人民代表大会常务委员会第二十八次会议通过　2021年4月29日中华人民共和国主席令第77号公布　自2021年6月1日起施行）

目　录

第一章　总　　则

第一条　为了全面实施乡村振兴战略，促进农业全面升级、农村全面进步、农民全面发展，加快农业农村现代化，全面建设社会主义现代化国家，制定本法。

第二条　全面实施乡村振兴战略，开展促进乡村产业振兴、人才振兴、文化振兴、生态振兴、组织振兴，推进城乡融合发展等活动，适用本法。

本法所称乡村，是指城市建成区以外具有自然、社会、经济特征和生产、生活、生态、文化等多重功能的地域综合体，包括乡镇和村庄等。

第三条 促进乡村振兴应当按照产业兴旺、生态宜居、乡风文明、治理有效、生活富裕的总要求，统筹推进农村经济建设、政治建设、文化建设、社会建设、生态文明建设和党的建设，充分发挥乡村在保障农产品供给和粮食安全、保护生态环境、传承发展中华民族优秀传统文化等方面的特有功能。

第四条 全面实施乡村振兴战略，应当坚持中国共产党的领导，贯彻创新、协调、绿色、开放、共享的新发展理念，走中国特色社会主义乡村振兴道路，促进共同富裕，遵循以下原则：

（一）坚持农业农村优先发展，在干部配备上优先考虑，在要素配置上优先满足，在资金投入上优先保障，在公共服务上优先安排；

（二）坚持农民主体地位，充分尊重农民意愿，保障农民民主权利和其他合法权益，调动农民的积极性、主动性、创造性，维护农民根本利益；

（三）坚持人与自然和谐共生，统筹山水林田湖草沙系统治理，推动绿色发展，推进生态文明建设；

（四）坚持改革创新，充分发挥市场在资源配置中的决定性作用，更好发挥政府作用，推进农业供给侧结构性改革和高质量发展，不断解放和发展乡村社会生产力，激发农村发展活力；

（五）坚持因地制宜、规划先行、循序渐进，顺应村庄发展规律，根据乡村的历史文化、发展现状、区位条件、资源禀赋、产业基础分类推进。

第五条 国家巩固和完善以家庭承包经营为基础、统分结合的双层经营体制，发展壮大农村集体所有制经济。

第六条 国家建立健全城乡融合发展的体制机制和政策体系，推动城乡要素有序流动、平等交换和公共资源均衡配置，坚持以工补农、以城带乡，推动形成工农互促、城乡互补、协调发展、共同繁荣的新型工农城乡关系。

第七条 国家坚持以社会主义核心价值观为引领，大力弘扬民族精神和时代精神，加强乡村优秀传统文化保护和公共文化服务体系建设，繁荣发展乡村文化。

每年农历秋分日为中国农民丰收节。

第八条 国家实施以我为主、立足国内、确保产能、适度进口、科技支撑的粮食安全战略，坚持藏粮于地、藏粮于技，采取措施不断提高粮食综合生产能力，建设国家粮食安全产业带，完善粮食加工、流通、储备体系，确保谷物基本自给、口粮绝对安全，保障国家粮食安全。

国家完善粮食加工、储存、运输标准，提高粮食加工出品率和利用率，推动节粮减损。

第九条 国家建立健全中央统筹、省负总责、市县乡抓落实的乡村振兴工作机制。

各级人民政府应当将乡村振兴促进工作纳入国民经济和社会发展规划，并建立乡村振兴考核评价制度、工作年度报告制度和监督检查制度。

第十条 国务院农业农村主管部门负责全国乡村振兴促进工作的统筹协调、宏观指导和监督检查；国务院其他有关部门在各自职责范围内负责有关的乡村振兴促进工作。

县级以上地方人民政府农业农村主管部门负责本行政区域内乡村振兴促进工作的统筹协调、指导和监督检查；县级以上地方人民政府其他有关部门在各自职责范围内负责有关的乡村振兴促进工作。

第十一条 各级人民政府及其有关部门应当采取多种形式，广泛宣传乡村振兴促进相关法律法规和政策，鼓励、支持人民团体、社会组织、企事业单位等社会各方面参与乡村振兴促进相关活动。

对在乡村振兴促进工作中作出显著成绩的单位和个人，按照国家有关规定给予表彰和奖励。

第二章 产业发展

第十二条 国家完善农村集体产权制度，增强农村集体所有制经济发展活力，促进集体资产保值增值，确保农民受益。

各级人民政府应当坚持以农民为主体，以乡村优势特色资源为依托，支持、促进农村一二三产业融合发展，推动建立现代农业产业体系、生产体系和经营体系，推进数字乡村建设，培育新产业、新业态、新模式和新型农业经营主体，促进小农户和现代农业发展有机衔接。

第十三条 国家采取措施优化农业生产力布局，推进农业结构调整，发展优势特色产业，保障粮食和重要农产品有效供给和质量安全，推动品种培优、品质提升、品牌打造和标准化生产，推动农业对外开放，提高农业质量、效益和竞争力。

国家实行重要农产品保障战略，分品种明确保障目标，构建科学合理、安全高效的重要农产品供给保障体系。

第十四条 国家建立农用地分类管理制度，严格保护耕地，严格控制农用地转为建设用地，严格控制耕地转为林地、园地等其他类型农用地。省、自治区、直辖市人民政府应当采取措施确保耕地总量不减少、质量有提高。

国家实行永久基本农田保护制度，建设粮食生产功能区、重要农产品生产保护区，建设并保护高标准农田。

地方各级人民政府应当推进农村土地整理和农用地科学安全利用，加强农田水利等基础设施建设，改善农业生产条件。

第十五条 国家加强农业种质资源保护利用和种质资源库建设，支持育种基础性、前沿性和应用技术研究，实施农作物和畜禽等良种培育、育种关键技术攻关，鼓励种业科技成果转化和优良品种推广，建立并实施种业国家安全审查机制，促进种业高质量发展。

第十六条 国家采取措施加强农业科技创新，培育创新主体，构建以企业为主体、产学研协同的创新机制，强化高等学校、科研机构、农业企业创新能力，建立创新平台，加强新品种、新技术、新装备、新产品研发，加强农业知识产权保护，推进生物种业、智慧农业、设施农业、农产品加工、绿色农业投入品等领域创新，建设现代农业产业技术体系，推动农业农村创新驱动发展。

国家健全农业科研项目评审、人才评价、成果产权保护制度，保障对农业科技基础性、公益性研究的投入，激发农业科技人员创新积极性。

第十七条 国家加强农业技术推广体系建设，促进建立有利于农业科技成果转化推广的激励机制和利益分享机制，鼓励企业、高等学校、职业学校、科研机构、科学技术社会团体、农民专业合作社、农业专业化社会化服务组织、农业科技人员等创新推广方式，开展农业技术推广服务。

第十八条 国家鼓励农业机械生产研发和推广应用，推进主要农作物生产全程机械化，提高设施农业、林草业、畜牧业、渔业和农产品初加工的装备水平，推动农机农艺融合、机械化信息化融合，促进机械化生产与农田建设相适应、服务模式与农业适度规模经营相适应。

国家鼓励农业信息化建设，加强农业信息监测预警和综合服务，推进农业生产经营信息化。

第十九条 各级人民政府应当发挥农村资源和生态优势，支持特色农业、休闲农业、现代农产品加工业、乡村手工业、绿色建材、红色旅游、乡村旅游、康养和乡村物流、电子商务等乡村产业的发展；引导新型经营主体通过特色化、专业化经营，合理配置生产要素，促进乡村产业深度融合；支持特色农产品优势区、现代农业产业园、农业科技园、农村创业园、休闲农业和乡村旅游重点村镇等的建设；统筹农产品生产地、集散地、销售地市场建设，加强农产品流通骨干网络和冷链物流体系建设；鼓励企业获得国际通行的农产品认证，增强乡村产业竞争力。

发展乡村产业应当符合国土空间规划和产业政策、环境保护的要求。

第二十条 各级人民政府应当完善扶持政策，加强指导服务，支持农民、返乡入乡人员在乡村创业创新，促进乡村产业发展和农民就业。

第二十一条 各级人民政府应当建立健全有利于农民收入稳定增长的机制，鼓励支持农民拓宽增收渠道，促进农民增加收入。

国家采取措施支持农村集体经济组织发展，为本集体成员提供生产生活服务，保障成员从集体经营收入中获得收益分配的权利。

国家支持农民专业合作社、家庭农场和涉农企业、电子商务企业、农业专业化社会化服务组织等以多种方式与农民建立紧密型利益联结机制，让农民共享全产业链增值收益。

第二十二条 各级人民政府应当加强国有农（林、牧、渔）场规划建设，推进国有农（林、牧、渔）场现代农业发展，鼓励国有农（林、牧、渔）场在农业农村现代化建设中发挥示范引领作用。

第二十三条 各级人民政府应当深化供销合作社综合改革，鼓励供销合作社加强与农民利益联结，完善市场运作机制，强化为农服务功能，发挥其为农服务综合性合作经济组织的作用。

第三章　人才支撑

第二十四条 国家健全乡村人才工作体制机制，采取措施鼓励和支持社会各方面提供教育培训、技术支持、创业指导等服务，培养本土人才，引导城市人才下乡，推动专业人才服务乡村，促进农业农村人才队伍建设。

第二十五条 各级人民政府应当加强农村教育工作统筹，持续改善农村学校办学条件，支持开展网络远程教育，提高农村基础教育质量，加大乡村教师培养力度，采取公费师范教育等方式吸引高等学校毕业生到乡村任教，对长期在乡村任教的教师在职称评定等方面给予优待，保障和改善乡村教师待遇，提高乡村教师学历水平、整体素质和乡村教育现代化水平。

各级人民政府应当采取措施加强乡村医疗卫生队伍建设，支持县乡村医疗卫生人员参加培训、进修，建立县乡村上下贯通的职业发展机制，对在乡村工作的医疗卫生人员实行优惠待遇，鼓励医学院校毕业生到乡村工作，支持医师到乡村医疗卫生机构执业、开办乡村诊所、普及医疗卫生知识，提高乡村医疗卫生服务能力。

各级人民政府应当采取措施培育农业科技人才、经营管理人才、法律服务人才、社会工作人才，加强乡村文化人才队伍建设，培育乡村文化骨干力量。

第二十六条 各级人民政府应当采取措施，加强职业教育和继续教育，组织开展农业技能培训、返乡创业就业培训和职业技能培训，培养有文化、懂技术、善经营、会管理的高素质农民和农村实用人才、创新创业带头人。

第二十七条　县级以上人民政府及其教育行政部门应当指导、支持高等学校、职业学校设置涉农相关专业,加大农村专业人才培养力度,鼓励高等学校、职业学校毕业生到农村就业创业。

第二十八条　国家鼓励城市人才向乡村流动,建立健全城乡、区域、校地之间人才培养合作与交流机制。

县级以上人民政府应当建立鼓励各类人才参与乡村建设的激励机制,搭建社会工作和乡村建设志愿服务平台,支持和引导各类人才通过多种方式服务乡村振兴。

乡镇人民政府和村民委员会、农村集体经济组织应当为返乡入乡人员和各类人才提供必要的生产生活服务。农村集体经济组织可以根据实际情况提供相关的福利待遇。

第四章　文化繁荣

第二十九条　各级人民政府应当组织开展新时代文明实践活动,加强农村精神文明建设,不断提高乡村社会文明程度。

第三十条　各级人民政府应当采取措施丰富农民文化体育生活,倡导科学健康的生产生活方式,发挥村规民约积极作用,普及科学知识,推进移风易俗,破除大操大办、铺张浪费等陈规陋习,提倡孝老爱亲、勤俭节约、诚实守信,促进男女平等,创建文明村镇、文明家庭,培育文明乡风、良好家风、淳朴民风,建设文明乡村。

第三十一条　各级人民政府应当健全完善乡村公共文化体育设施网络和服务运行机制,鼓励开展形式多样的农民群众性文化体育、节日民俗等活动,充分利用广播电视、视听网络和书籍报刊,拓展乡村文化服务渠道,提供便利可及的公共文化服务。

各级人民政府应当支持农业农村农民题材文艺创作,鼓励制作反映农民生产生活和乡村振兴实践的优秀文艺作品。

第三十二条　各级人民政府应当采取措施保护农业文化遗产和非物质文化遗产,挖掘优秀农业文化深厚内涵,弘扬红色文化,传承和发展优秀传统文化。

县级以上地方人民政府应当加强对历史文化名镇名村、传统村落和乡村风貌、少数民族特色村寨的保护,开展保护状况监测和评估,采取措施防御和减轻火灾、洪水、地震等灾害。

第三十三条　县级以上地方人民政府应当坚持规划引导、典型示范,有计划地建设特色鲜明、优势突出的农业文化展示区、文化产业特色村落，发展乡村特色文化体育产业，推动乡村地区传统工艺振兴，积极推动智慧广电乡村建设，活跃繁荣农村文化市场。

第五章 生态保护

第三十四条 国家健全重要生态系统保护制度和生态保护补偿机制，实施重要生态系统保护和修复工程，加强乡村生态保护和环境治理，绿化美化乡村环境，建设美丽乡村。

第三十五条 国家鼓励和支持农业生产者采用节水、节肥、节药、节能等先进的种植养殖技术，推动种养结合、农业资源综合开发，优先发展生态循环农业。

各级人民政府应当采取措施加强农业面源污染防治，推进农业投入品减量化、生产清洁化、废弃物资源化、产业模式生态化，引导全社会形成节约适度、绿色低碳、文明健康的生产生活和消费方式。

第三十六条 各级人民政府应当实施国土综合整治和生态修复，加强森林、草原、湿地等保护修复，开展荒漠化、石漠化、水土流失综合治理，改善乡村生态环境。

第三十七条 各级人民政府应当建立政府、村级组织、企业、农民等各方面参与的共建共管共享机制，综合整治农村水系，因地制宜推广卫生厕所和简便易行的垃圾分类，治理农村垃圾和污水，加强乡村无障碍设施建设，鼓励和支持使用清洁能源、可再生能源，持续改善农村人居环境。

第三十八条 国家建立健全农村住房建设质量安全管理制度和相关技术标准体系，建立农村低收入群体安全住房保障机制。建设农村住房应当避让灾害易发区域，符合抗震、防洪等基本安全要求。

县级以上地方人民政府应当加强农村住房建设管理和服务，强化新建农村住房规划管控，严格禁止违法占用耕地建房；鼓励农村住房设计体现地域、民族和乡土特色，鼓励农村住房建设采用新型建造技术和绿色建材，引导农民建设功能现代、结构安全、成本经济、绿色环保、与乡村环境相协调的宜居住房。

第三十九条 国家对农业投入品实行严格管理，对剧毒、高毒、高残留的农药、兽药采取禁用限用措施。农产品生产经营者不得使用国家禁用的农药、兽药或者其他有毒有害物质，不得违反农产品质量安全标准和国家有关规定超剂量、超范围使用农药、兽药、肥料、饲料添加剂等农业投入品。

第四十条 国家实行耕地养护、修复、休耕和草原森林河流湖泊休养生息制度。县级以上人民政府及其有关部门依法划定江河湖海限捕、禁捕的时间和区域，并可以根据地下水超采情况，划定禁止、限制开采地下水区域。

禁止违法将污染环境、破坏生态的产业、企业向农村转移。禁止违法将城镇垃圾、工业固体废物、未经达标处理的城镇污水等向农业农村转移。禁止向农用地排放重金属或者其他有毒有害物质含量超标的污水、污泥，以及可能造成土壤污染的清淤底泥、尾矿、矿渣等；禁止将有毒有害废物用作肥料或者用于造田和土地复垦。

地方各级人民政府及其有关部门应当采取措施，推进废旧农膜和农药等农业投入品包装废弃物回收处理，推进农作物秸秆、畜禽粪污的资源化利用，严格控制河流湖库、近岸海域投饵网箱养殖。

第六章 组织建设

第四十一条 建立健全党委领导、政府负责、民主协商、社会协同、公众参与、法治保障、科技支撑的现代乡村社会治理体制和自治、法治、德治相结合的乡村社会治理体系，建设充满活力、和谐有序的善治乡村。

地方各级人民政府应当加强乡镇人民政府社会管理和服务能力建设，把乡镇建成乡村治理中心、农村服务中心、乡村经济中心。

第四十二条 中国共产党农村基层组织，按照中国共产党章程和有关规定发挥全面领导作用。村民委员会、农村集体经济组织等应当在乡镇党委和村党组织的领导下，实行村民自治，发展集体所有制经济，维护农民合法权益，并应当接受村民监督。

第四十三条 国家建立健全农业农村工作干部队伍的培养、配备、使用、管理机制，选拔优秀干部充实到农业农村工作干部队伍，采取措施提高农业农村工作干部队伍的能力和水平，落实农村基层干部相关待遇保障，建设懂农业、爱农村、爱农民的农业农村工作干部队伍。

第四十四条 地方各级人民政府应当构建简约高效的基层管理体制，科学设置乡镇机构，加强乡村干部培训，健全农村基层服务体系，夯实乡村治理基础。

第四十五条 乡镇人民政府应当指导和支持农村基层群众性自治组织规范化、制度化建设，健全村民委员会民主决策机制和村务公开制度，增强村民自我管理、自我教育、自我服务、自我监督能力。

第四十六条 各级人民政府应当引导和支持农村集体经济组织发挥依法

管理集体资产、合理开发集体资源、服务集体成员等方面的作用，保障农村集体经济组织的独立运营。

县级以上地方人民政府应当支持发展农民专业合作社、家庭农场、农业企业等多种经营主体，健全农业农村社会化服务体系。

第四十七条　县级以上地方人民政府应当采取措施加强基层群团组织建设，支持、规范和引导农村社会组织发展，发挥基层群团组织、农村社会组织团结群众、联系群众、服务群众等方面的作用。

第四十八条　地方各级人民政府应当加强基层执法队伍建设，鼓励乡镇人民政府根据需要设立法律顾问和公职律师，鼓励有条件的地方在村民委员会建立公共法律服务工作室，深入开展法治宣传教育和人民调解工作，健全乡村矛盾纠纷调处化解机制，推进法治乡村建设。

第四十九条　地方各级人民政府应当健全农村社会治安防控体系，加强农村警务工作，推动平安乡村建设；健全农村公共安全体系，强化农村公共卫生、安全生产、防灾减灾救灾、应急救援、应急广播、食品、药品、交通、消防等安全管理责任。

第七章　城乡融合

第五十条　各级人民政府应当协同推进乡村振兴战略和新型城镇化战略的实施，整体筹划城镇和乡村发展，科学有序统筹安排生态、农业、城镇等功能空间，优化城乡产业发展、基础设施、公共服务设施等布局，逐步健全全民覆盖、普惠共享、城乡一体的基本公共服务体系，加快县域城乡融合发展，促进农业高质高效、乡村宜居宜业、农民富裕富足。

第五十一条　县级人民政府和乡镇人民政府应当优化本行政区域内乡村发展布局，按照尊重农民意愿、方便群众生产生活、保持乡村功能和特色的原则，因地制宜安排村庄布局，依法编制村庄规划，分类有序推进村庄建设，严格规范村庄撤并，严禁违背农民意愿、违反法定程序撤并村庄。

第五十二条　县级以上地方人民政府应当统筹规划、建设、管护城乡道路以及垃圾污水处理、供水供电供气、物流、客运、信息通信、广播电视、消防、防灾减灾等公共基础设施和新型基础设施，推动城乡基础设施互联互通，保障乡村发展能源需求，保障农村饮用水安全，满足农民生产生活需要。

第五十三条　国家发展农村社会事业，促进公共教育、医疗卫生、社会保障等资源向农村倾斜，提升乡村基本公共服务水平，推进城乡基本公共服务均等化。

国家健全乡村便民服务体系，提升乡村公共服务数字化智能化水平，支持完善村级综合服务设施和综合信息平台，培育服务机构和服务类社会组织，完善服务运行机制，促进公共服务与自我服务有效衔接，增强生产生活服务功能。

第五十四条 国家完善城乡统筹的社会保障制度，建立健全保障机制，支持乡村提高社会保障管理服务水平；建立健全城乡居民基本养老保险待遇确定和基础养老金标准正常调整机制，确保城乡居民基本养老保险待遇随经济社会发展逐步提高。

国家支持农民按照规定参加城乡居民基本养老保险、基本医疗保险，鼓励具备条件的灵活就业人员和农业产业化从业人员参加职工基本养老保险、职工基本医疗保险等社会保险。

国家推进城乡最低生活保障制度统筹发展，提高农村特困人员供养等社会救助水平，加强对农村留守儿童、妇女和老年人以及残疾人、困境儿童的关爱服务，支持发展农村普惠型养老服务和互助性养老。

第五十五条 国家推动形成平等竞争、规范有序、城乡统一的人力资源市场，健全城乡均等的公共就业创业服务制度。

县级以上地方人民政府应当采取措施促进在城镇稳定就业和生活的农民自愿有序进城落户，不得以退出土地承包经营权、宅基地使用权、集体收益分配权等作为农民进城落户的条件；推进取得居住证的农民及其随迁家属享受城镇基本公共服务。

国家鼓励社会资本到乡村发展与农民利益联结型项目，鼓励城市居民到乡村旅游、休闲度假、养生养老等，但不得破坏乡村生态环境，不得损害农村集体经济组织及其成员的合法权益。

第五十六条 县级以上人民政府应当采取措施促进城乡产业协同发展，在保障农民主体地位的基础上健全联农带农激励机制，实现乡村经济多元化和农业全产业链发展。

第五十七条 各级人民政府及其有关部门应当采取措施鼓励农民进城务工，全面落实城乡劳动者平等就业、同工同酬，依法保障农民工工资支付和社会保障权益。

第八章 扶持措施

第五十八条 国家建立健全农业支持保护体系和实施乡村振兴战略财政投入保障制度。县级以上人民政府应当优先保障用于乡村振兴的财政投入，确保投入力度不断增强、总量持续增加、与乡村振兴目标任务相适应。

省、自治区、直辖市人民政府可以依法发行政府债券,用于现代农业设施建设和乡村建设。

各级人民政府应当完善涉农资金统筹整合长效机制,强化财政资金监督管理,全面实施预算绩效管理,提高财政资金使用效益。

第五十九条 各级人民政府应当采取措施增强脱贫地区内生发展能力,建立农村低收入人口、欠发达地区帮扶长效机制,持续推进脱贫地区发展;建立健全易返贫致贫人口动态监测预警和帮扶机制,实现巩固拓展脱贫攻坚成果同乡村振兴有效衔接。

国家加大对革命老区、民族地区、边疆地区实施乡村振兴战略的支持力度。

第六十条 国家按照增加总量、优化存量、提高效能的原则,构建以高质量绿色发展为导向的新型农业补贴政策体系。

第六十一条 各级人民政府应当坚持取之于农、主要用之于农的原则,按照国家有关规定调整完善土地使用权出让收入使用范围,提高农业农村投入比例,重点用于高标准农田建设、农田水利建设、现代种业提升、农村供水保障、农村人居环境整治、农村土地综合整治、耕地及永久基本农田保护、村庄公共设施建设和管护、农村教育、农村文化和精神文明建设支出,以及与农业农村直接相关的山水林田湖草沙生态保护修复、以工代赈工程建设等。

第六十二条 县级以上人民政府设立的相关专项资金、基金应当按照规定加强对乡村振兴的支持。

国家支持以市场化方式设立乡村振兴基金,重点支持乡村产业发展和公共基础设施建设。

县级以上地方人民政府应当优化乡村营商环境,鼓励创新投融资方式,引导社会资本投向乡村。

第六十三条 国家综合运用财政、金融等政策措施,完善政府性融资担保机制,依法完善乡村资产抵押担保权能,改进、加强乡村振兴的金融支持和服务。

财政出资设立的农业信贷担保机构应当主要为从事农业生产和与农业生产直接相关的经营主体服务。

第六十四条 国家健全多层次资本市场,多渠道推动涉农企业股权融资,发展并规范债券市场,促进涉农企业利用多种方式融资;丰富农产品期货品种,发挥期货市场价格发现和风险分散功能。

第六十五条 国家建立健全多层次、广覆盖、可持续的农村金融服务体系，完善金融支持乡村振兴考核评估机制，促进农村普惠金融发展，鼓励金融机构依法将更多资源配置到乡村发展的重点领域和薄弱环节。

政策性金融机构应当在业务范围内为乡村振兴提供信贷支持和其他金融服务，加大对乡村振兴的支持力度。

商业银行应当结合自身职能定位和业务优势，创新金融产品和服务模式，扩大基础金融服务覆盖面，增加对农民和农业经营主体的信贷规模，为乡村振兴提供金融服务。

农村商业银行、农村合作银行、农村信用社等农村中小金融机构应当主要为本地农业农村农民服务，当年新增可贷资金主要用于当地农业农村发展。

第六十六条 国家建立健全多层次农业保险体系，完善政策性农业保险制度，鼓励商业性保险公司开展农业保险业务，支持农民和农业经营主体依法开展互助合作保险。

县级以上人民政府应当采取保费补贴等措施，支持保险机构适当增加保险品种，扩大农业保险覆盖面，促进农业保险发展。

第六十七条 县级以上地方人民政府应当推进节约集约用地，提高土地使用效率，依法采取措施盘活农村存量建设用地，激活农村土地资源，完善农村新增建设用地保障机制，满足乡村产业、公共服务设施和农民住宅用地合理需求。

县级以上地方人民政府应当保障乡村产业用地，建设用地指标应当向乡村发展倾斜，县域内新增耕地指标应当优先用于折抵乡村产业发展所需建设用地指标，探索灵活多样的供地新方式。

经国土空间规划确定为工业、商业等经营性用途并依法登记的集体经营性建设用地，土地所有权人可以依法通过出让、出租等方式交由单位或者个人使用，优先用于发展集体所有制经济和乡村产业。

第九章 监督检查

第六十八条 国家实行乡村振兴战略实施目标责任制和考核评价制度。上级人民政府应当对下级人民政府实施乡村振兴战略的目标完成情况等进行考核，考核结果作为地方人民政府及其负责人综合考核评价的重要内容。

第六十九条 国务院和省、自治区、直辖市人民政府有关部门建立客观反映乡村振兴进展的指标和统计体系。县级以上地方人民政府应当对本行政区域内乡村振兴战略实施情况进行评估。

第七十条 县级以上各级人民政府应当向本级人民代表大会或者其常务

委员会报告乡村振兴促进工作情况。乡镇人民政府应当向本级人民代表大会报告乡村振兴促进工作情况。

第七十一条 地方各级人民政府应当每年向上一级人民政府报告乡村振兴促进工作情况。

县级以上人民政府定期对下一级人民政府乡村振兴促进工作情况开展监督检查。

第七十二条 县级以上人民政府发展改革、财政、农业农村、审计等部门按照各自职责对农业农村投入优先保障机制落实情况、乡村振兴资金使用情况和绩效等实施监督。

第七十三条 各级人民政府及其有关部门在乡村振兴促进工作中不履行或者不正确履行职责的，依照法律法规和国家有关规定追究责任，对直接负责的主管人员和其他直接责任人员依法给予处分。

违反有关农产品质量安全、生态环境保护、土地管理等法律法规的，由有关主管部门依法予以处罚；构成犯罪的，依法追究刑事责任。

第十章　附　　则

第七十四条 本法自2021年6月1日起施行。

中华人民共和国反食品浪费法

（2021年4月29日中华人民共和国第十三届全国人民代表大会常务委员会第二十八次会议通过　2021年4月29日中华人民共和国主席令第78号公布　自公布之日起施行）

第一条 为了防止食品浪费，保障国家粮食安全，弘扬中华民族传统美德，践行社会主义核心价值观，节约资源，保护环境，促进经济社会可持续发展，根据宪法，制定本法。

第二条 本法所称食品，是指《中华人民共和国食品安全法》规定的食品，包括各种供人食用或者饮用的食物。

本法所称食品浪费，是指对可安全食用或者饮用的食品未能按照其功能目的合理利用，包括废弃、因不合理利用导致食品数量减少或者质量下降等。

第三条 国家厉行节约，反对浪费。

国家坚持多措并举、精准施策、科学管理、社会共治的原则，采取技术上可行、经济上合理的措施防止和减少食品浪费。

国家倡导文明、健康、节约资源、保护环境的消费方式，提倡简约适度、绿色低碳的生活方式。

第四条 各级人民政府应当加强对反食品浪费工作的领导，确定反食品浪费目标任务，建立健全反食品浪费工作机制，组织对食品浪费情况进行监测、调查、分析和评估，加强监督管理，推进反食品浪费工作。

县级以上地方人民政府应当每年向社会公布反食品浪费情况，提出加强反食品浪费措施，持续推动全社会反食品浪费。

第五条 国务院发展改革部门应当加强对全国反食品浪费工作的组织协调；会同国务院有关部门每年分析评估食品浪费情况，整体部署反食品浪费工作，提出相关工作措施和意见，由各有关部门落实。

国务院商务主管部门应当加强对餐饮行业的管理，建立健全行业标准、服务规范；会同国务院市场监督管理部门等建立餐饮行业反食品浪费制度规范，采取措施鼓励餐饮服务经营者提供分餐服务、向社会公开其反食品浪费情况。

国务院市场监督管理部门应当加强对食品生产经营者反食品浪费情况的监督，督促食品生产经营者落实反食品浪费措施。

国家粮食和物资储备部门应当加强粮食仓储流通过程中的节粮减损管理，会同国务院有关部门组织实施粮食储存、运输、加工标准。

国务院有关部门依照本法和国务院规定的职责，采取措施开展反食品浪费工作。

第六条 机关、人民团体、国有企业事业单位应当按照国家有关规定，细化完善公务接待、会议、培训等公务活动用餐规范，加强管理，带头厉行节约，反对浪费。

公务活动需要安排用餐的，应当根据实际情况，节俭安排用餐数量、形式，不得超过规定的标准。

第七条 餐饮服务经营者应当采取下列措施，防止食品浪费：

（一）建立健全食品采购、储存、加工管理制度，加强服务人员职业培训，将珍惜粮食、反对浪费纳入培训内容；

（二）主动对消费者进行防止食品浪费提示提醒，在醒目位置张贴或者摆放反食品浪费标识，或者由服务人员提示说明，引导消费者按需适量点餐；

（三）提升餐饮供给质量，按照标准规范制作食品，合理确定数量、分量，提供小份餐等不同规格选择；

（四）提供团体用餐服务的，应当将防止食品浪费理念纳入菜单设计，按照用餐人数合理配置菜品、主食；

（五）提供自助餐服务的，应当主动告知消费规则和防止食品浪费要求，提供不同规格餐具，提醒消费者适量取餐。

餐饮服务经营者不得诱导、误导消费者超量点餐。

餐饮服务经营者可以通过在菜单上标注食品分量、规格、建议消费人数等方式充实菜单信息，为消费者提供点餐提示，根据消费者需要提供公勺公筷和打包服务。

餐饮服务经营者可以对参与“光盘行动”的消费者给予奖励；也可以对造成明显浪费的消费者收取处理厨余垃圾的相应费用，收费标准应当明示。

餐饮服务经营者可以运用信息化手段分析用餐需求，通过建设中央厨房、配送中心等措施，对食品采购、运输、储存、加工等进行科学管理。

第八条　设有食堂的单位应当建立健全食堂用餐管理制度，制定、实施防止食品浪费措施，加强宣传教育，增强反食品浪费意识。

单位食堂应当加强食品采购、储存、加工动态管理，根据用餐人数采购、做餐、配餐，提高原材料利用率和烹饪水平，按照健康、经济、规范的原则提供饮食，注重饮食平衡。

单位食堂应当改进供餐方式，在醒目位置张贴或者摆放反食品浪费标识，引导用餐人员适量点餐、取餐；对有浪费行为的，应当及时予以提醒、纠正。

第九条　学校应当对用餐人员数量、结构进行监测、分析和评估，加强学校食堂餐饮服务管理；选择校外供餐单位的，应当建立健全引进和退出机制，择优选择。

学校食堂、校外供餐单位应当加强精细化管理，按需供餐，改进供餐方式，科学营养配餐，丰富不同规格配餐和口味选择，定期听取用餐人员意见，保证菜品、主食质量。

第十条　餐饮外卖平台应当以显著方式提示消费者适量点餐。餐饮服务经营者通过餐饮外卖平台提供服务的，应当在平台页面上向消费者提供食品分量、规格或者建议消费人数等信息。

第十一条　旅游经营者应当引导旅游者文明、健康用餐。旅行社及导游应当合理安排团队用餐，提醒旅游者适量点餐、取餐。有关行业应当将旅游经营者反食品浪费工作情况纳入相关质量标准等级评定指标。

第十二条　超市、商场等食品经营者应当对其经营的食品加强日常检查，对临近保质期的食品分类管理，作特别标示或者集中陈列出售。

第十三条　各级人民政府及其有关部门应当采取措施，反对铺张浪费，鼓励和推动文明、节俭举办活动，形成浪费可耻、节约为荣的氛围。

婚丧嫁娶、朋友和家庭聚会、商务活动等需要用餐的，组织者、参加者应当适度备餐、点餐，文明、健康用餐。

第十四条 个人应当树立文明、健康、理性、绿色的消费理念，外出就餐时根据个人健康状况、饮食习惯和用餐需求合理点餐、取餐。

家庭及成员在家庭生活中，应当培养形成科学健康、物尽其用、防止浪费的良好习惯，按照日常生活实际需要采购、储存和制作食品。

第十五条 国家完善粮食和其他食用农产品的生产、储存、运输、加工标准，推广使用新技术、新工艺、新设备，引导适度加工和综合利用，降低损耗。

食品生产经营者应当采取措施，改善食品储存、运输、加工条件，防止食品变质，降低储存、运输中的损耗；提高食品加工利用率，避免过度加工和过量使用原材料。

第十六条 制定和修改有关国家标准、行业标准和地方标准，应当将防止食品浪费作为重要考虑因素，在保证食品安全的前提下，最大程度防止浪费。

食品保质期应当科学合理设置，显著标注，容易辨识。

第十七条 各级人民政府及其有关部门应当建立反食品浪费监督检查机制，对发现的食品浪费问题及时督促整改。

食品生产经营者在食品生产经营过程中严重浪费食品的，县级以上地方人民政府市场监督管理、商务等部门可以对其法定代表人或者主要负责人进行约谈。被约谈的食品生产经营者应当立即整改。

第十八条 机关事务管理部门会同有关部门建立机关食堂反食品浪费工作成效评估和通报制度，将反食品浪费纳入公共机构节约能源资源考核和节约型机关创建活动内容。

第十九条 食品、餐饮行业协会等应当加强行业自律，依法制定、实施反食品浪费等相关团体标准和行业自律规范，宣传、普及防止食品浪费知识，推广先进典型，引导会员自觉开展反食品浪费活动，对有浪费行为的会员采取必要的自律措施。

食品、餐饮行业协会等应当开展食品浪费监测，加强分析评估，每年向社会公布有关反食品浪费情况及监测评估结果，为国家机关制定法律、法规、政策、标准和开展有关问题研究提供支持，接受社会监督。

消费者协会和其他消费者组织应当对消费者加强饮食消费教育，引导形成自觉抵制浪费的消费习惯。

第二十条 机关、人民团体、社会组织、企业事业单位和基层群众性自治组织应当将厉行节约、反对浪费作为群众性精神文明创建活动内容，纳入相关创建测评体系和各地市民公约、村规民约、行业规范等，加强反食品浪费宣传教育和科学普及,推动开展“光盘行动”,倡导文明、健康、科学的饮食文化,增强公众反食品浪费意识。

县级以上人民政府及其有关部门应当持续组织开展反食品浪费宣传教育,并将反食品浪费作为全国粮食安全宣传周的重要内容。

第二十一条 教育行政部门应当指导、督促学校加强反食品浪费教育和管理。

学校应当按照规定开展国情教育,将厉行节约、反对浪费纳入教育教学内容,通过学习实践、体验劳动等形式,开展反食品浪费专题教育活动,培养学生形成勤俭节约、珍惜粮食的习惯。

学校应当建立防止食品浪费的监督检查机制,制定、实施相应的奖惩措施。

第二十二条 新闻媒体应当开展反食品浪费法律、法规以及相关标准和知识的公益宣传,报道先进典型,曝光浪费现象,引导公众树立正确饮食消费观念,对食品浪费行为进行舆论监督。有关反食品浪费的宣传报道应当真实、公正。

禁止制作、发布、传播宣扬量大多吃、暴饮暴食等浪费食品的节目或者音视频信息。

网络音视频服务提供者发现用户有违反前款规定行为的,应当立即停止传输相关信息;情节严重的,应当停止提供信息服务。

第二十三条 县级以上地方人民政府民政、市场监督管理部门等建立捐赠需求对接机制,引导食品生产经营者等在保证食品安全的前提下向有关社会组织、福利机构、救助机构等组织或者个人捐赠食品。有关组织根据需要,及时接收、分发食品。

国家鼓励社会力量参与食品捐赠活动。网络信息服务提供者可以搭建平台,为食品捐赠等提供服务。

第二十四条 产生厨余垃圾的单位、家庭和个人应当依法履行厨余垃圾源头减量义务。

第二十五条 国家组织开展营养状况监测、营养知识普及,引导公民形成科学的饮食习惯,减少不健康饮食引起的疾病风险。

第二十六条 县级以上人民政府应当采取措施,对防止食品浪费的科学研究、技术开发等活动予以支持。

政府采购有关商品和服务,应当有利于防止食品浪费。

国家实行有利于防止食品浪费的税收政策。

第二十七条 任何单位和个人发现食品生产经营者等有食品浪费行为

的，有权向有关部门和机关举报。接到举报的部门和机关应当及时依法处理。

第二十八条 违反本法规定，餐饮服务经营者未主动对消费者进行防止食品浪费提示提醒的，由县级以上地方人民政府市场监督管理部门或者县级以上地方人民政府指定的部门责令改正，给予警告。

违反本法规定，餐饮服务经营者诱导、误导消费者超量点餐造成明显浪费的，由县级以上地方人民政府市场监督管理部门或者县级以上地方人民政府指定的部门责令改正，给予警告；拒不改正的，处一千元以上一万元以下罚款。

违反本法规定，食品生产经营者在食品生产经营过程中造成严重食品浪费的，由县级以上地方人民政府市场监督管理部门或者县级以上地方人民政府指定的部门责令改正，拒不改正的，处五千元以上五万元以下罚款。

第二十九条 违反本法规定，设有食堂的单位未制定或者未实施防止食品浪费措施的，由县级以上地方人民政府指定的部门责令改正，给予警告。

第三十条 违反本法规定，广播电台、电视台、网络音视频服务提供者制作、发布、传播宣扬量大多吃、暴饮暴食等浪费食品的节目或者音视频信息的，由广播电视、网信等部门按照各自职责责令改正，给予警告；拒不改正或者情节严重的，处一万元以上十万元以下罚款，并可以责令暂停相关业务、停业整顿，对直接负责的主管人员和其他直接责任人员依法追究法律责任。

第三十一条 省、自治区、直辖市或者设区的市、自治州根据具体情况和实际需要，制定本地方反食品浪费的具体办法。

第三十二条 本法自公布之日起施行。

中华人民共和国海上交通安全法

（1983 年 9 月 2 日第六届全国人民代表大会常务委员会第二次会议通过　根据 2016 年 11 月 7 日第十二届全国人民代表大会常务委员会第二十四次会议《关于修改〈中华人民共和国对外贸易法〉等十二部法律的决定》修正　2021 年 4 月 29 日第十三届全国人民代表大会常务委员会第二十八次会议修订　2021 年 4 月 29 日中华人民共和国主席令第 79 号公布　自 2021 年 9 月 1 日起施行）

目　录

第一章　总　　则

第一条　为了加强海上交通管理，维护海上交通秩序，保障生命财产安全，维护国家权益，制定本法。

第二条　在中华人民共和国管辖海域内从事航行、停泊、作业以及其他与海上交通安全相关的活动，适用本法。

第三条　国家依法保障交通用海。

海上交通安全工作坚持安全第一、预防为主、便利通行、依法管理的原则，保障海上交通安全、有序、畅通。

第四条　国务院交通运输主管部门主管全国海上交通安全工作。

国家海事管理机构统一负责海上交通安全监督管理工作，其他各级海事管理机构按照职责具体负责辖区内的海上交通安全监督管理工作。

第五条　各级人民政府及有关部门应当支持海上交通安全工作，加强海上交通安全的宣传教育，提高全社会的海上交通安全意识。

第六条　国家依法保障船员的劳动安全和职业健康，维护船员的合法权益。

第七条　从事船舶、海上设施航行、停泊、作业以及其他与海上交通相关活动的单位、个人，应当遵守有关海上交通安全的法律、行政法规、规章以及强制性标准和技术规范；依法享有获得航海保障和海上救助的权利，承担维护海上交通安全和保护海洋生态环境的义务。

第八条　国家鼓励和支持先进科学技术在海上交通安全工作中的应用，促进海上交通安全现代化建设，提高海上交通安全科学技术水平。

第二章　船舶、海上设施和船员

第九条　中国籍船舶、在中华人民共和国管辖海域设置的海上设施、船运集装箱，以及国家海事管理机构确定的关系海上交通安全的重要船用设备、部件和材料，应当符合有关法律、行政法规、规章以及强制性标准和技术规范的要求，经船舶检验机构检验合格，取得相应证书、文书。证书、文书的清单由国家海事管理机构制定并公布。

设立船舶检验机构应当经国家海事管理机构许可。船舶检验机构设立条件、程序及其管理等依照有关船舶检验的法律、行政法规的规定执行。

持有相关证书、文书的单位应当按照规定的用途使用船舶、海上设施、船运集装箱以及重要船用设备、部件和材料，并应当依法定期进行安全技术检验。

第十条　船舶依照有关船舶登记的法律、行政法规的规定向海事管理机构申请船舶国籍登记、取得国籍证书后，方可悬挂中华人民共和国国旗航行、停泊、作业。

中国籍船舶灭失或者报废的，船舶所有人应当在国务院交通运输主管部门规定的期限内申请办理注销国籍登记；船舶所有人逾期不申请注销国籍登记的，海事管理机构可以发布关于拟强制注销船舶国籍登记的公告。船舶所有人自公告发布之日起六十日内未提出异议的，海事管理机构可以注销该船舶的国籍登记。

第十一条　中国籍船舶所有人、经营人或者管理人应当建立并运行安全营运和防治船舶污染管理体系。

海事管理机构经对前款规定的管理体系审核合格的，发给符合证明和相应的船舶安全管理证书。

第十二条　中国籍国际航行船舶的所有人、经营人或者管理人应当依照国务院交通运输主管部门的规定建立船舶保安制度，制定船舶保安计划，并按照船舶保安计划配备船舶保安设备，定期开展演练。

第十三条　中国籍船员和海上设施上的工作人员应当接受海上交通安全以及相应岗位的专业教育、培训。

中国籍船员应当依照有关船员管理的法律、行政法规的规定向海事管理机构申请取得船员适任证书，并取得健康证明。

外国籍船员在中国籍船舶上工作的，按照有关船员管理的法律、行政法规的规定执行。

船员在船舶上工作，应当符合船员适任证书载明的船舶、航区、职务的范围。

第十四条 中国籍船舶的所有人、经营人或者管理人应当为其国际航行船舶向海事管理机构申请取得海事劳工证书。船舶取得海事劳工证书应当符合下列条件：

（一）所有人、经营人或者管理人依法招用船员，与其签订劳动合同或者就业协议，并为船舶配备符合要求的船员；

（二）所有人、经营人或者管理人已保障船员在船舶上的工作环境、职业健康保障和安全防护、工作和休息时间、工资报酬、生活条件、医疗条件、社会保险等符合国家有关规定；

（三）所有人、经营人或者管理人已建立符合要求的船员投诉和处理机制；

（四）所有人、经营人或者管理人已就船员遣返费用以及在船就业期间发生伤害、疾病或者死亡依法应当支付的费用提供相应的财务担保或者投保相应的保险。

海事管理机构商人力资源社会保障行政部门，按照各自职责对申请人及其船舶是否符合前款规定条件进行审核。经审核符合规定条件的，海事管理机构应当自受理申请之日起十个工作日内颁发海事劳工证书；不符合规定条件的，海事管理机构应当告知申请人并说明理由。

海事劳工证书颁发及监督检查的具体办法由国务院交通运输主管部门会同国务院人力资源社会保障行政部门制定并公布。

第十五条 海事管理机构依照有关船员管理的法律、行政法规的规定，对单位从事海船船员培训业务进行管理。

第十六条 国务院交通运输主管部门和其他有关部门、有关县级以上地方人民政府应当建立健全船员境外突发事件预警和应急处置机制，制定船员境外突发事件应急预案。

船员境外突发事件应急处置由船员派出单位所在地的省、自治区、直辖市人民政府负责，船员户籍所在地的省、自治区、直辖市人民政府予以配合。

中华人民共和国驻外国使馆、领馆和相关海事管理机构应当协助处置船员境外突发事件。

第十七条 本章第九条至第十二条、第十四条规定适用的船舶范围由有关法律、行政法规具体规定，或者由国务院交通运输主管部门拟定并报国务院批准后公布。

第三章　海上交通条件和航行保障

第十八条　国务院交通运输主管部门统筹规划和管理海上交通资源，促进海上交通资源的合理开发和有效利用。

海上交通资源规划应当符合国土空间规划。

第十九条　海事管理机构根据海域的自然状况、海上交通状况以及海上交通安全管理的需要，划定、调整并及时公布船舶定线区、船舶报告区、交通管制区、禁航区、安全作业区和港外锚地等海上交通功能区域。

海事管理机构划定或者调整船舶定线区、港外锚地以及对其他海洋功能区域或者用海活动造成影响的安全作业区，应当征求渔业渔政、生态环境、自然资源等有关部门的意见。为了军事需要划定、调整禁航区的，由负责划定、调整禁航区的军事机关作出决定，海事管理机构予以公布。

第二十条　建设海洋工程、海岸工程影响海上交通安全的，应当根据情况配备防止船舶碰撞的设施、设备并设置专用航标。

第二十一条　国家建立完善船舶定位、导航、授时、通信和远程监测等海上交通支持服务系统，为船舶、海上设施提供信息服务。

第二十二条　任何单位、个人不得损坏海上交通支持服务系统或者妨碍其工作效能。建设建筑物、构筑物，使用设施设备可能影响海上交通支持服务系统正常使用的，建设单位、所有人或者使用人应当与相关海上交通支持服务系统的管理单位协商，作出妥善安排。

第二十三条　国务院交通运输主管部门应当采取必要的措施，保障海上交通安全无线电通信设施的合理布局和有效覆盖，规划本系统（行业）海上无线电台（站）的建设布局和台址，核发船舶制式无线电台执照及电台识别码。

国务院交通运输主管部门组织本系统（行业）的海上无线电监测系统建设并对其无线电信号实施监测，会同国家无线电管理机构维护海上无线电波秩序。

第二十四条　船舶在中华人民共和国管辖海域内通信需要使用岸基无线电台（站）转接的，应当通过依法设置的境内海岸无线电台（站）或者卫星关口站进行转接。

承担无线电通信任务的船员和岸基无线电台（站）的工作人员应当遵守海上无线电通信规则，保持海上交通安全通信频道的值守和畅通，不得使用海上交通安全通信频率交流与海上交通安全无关的内容。

任何单位、个人不得违反国家有关规定使用无线电台识别码，影响海上搜救的身份识别。

第二十五条 天文、气象、海洋等有关单位应当及时预报、播发和提供航海天文、世界时、海洋气象、海浪、海流、潮汐、冰情等信息。

第二十六条 国务院交通运输主管部门统一布局、建设和管理公用航标。海洋工程、海岸工程的建设单位、所有人或者经营人需要设置、撤除专用航标，移动专用航标位置或者改变航标灯光、功率等的，应当报经海事管理机构同意。需要设置临时航标的，应当符合海事管理机构确定的航标设置点。

自然资源主管部门依法保障航标设施和装置的用地、用海、用岛，并依法为其办理有关手续。

航标的建设、维护、保养应当符合有关强制性标准和技术规范的要求。航标维护单位和专用航标的所有人应当对航标进行巡查和维护保养，保证航标处于良好适用状态。航标发生位移、损坏、灭失的，航标维护单位或者专用航标的所有人应当及时予以恢复。

第二十七条 任何单位、个人发现下列情形之一的，应当立即向海事管理机构报告；涉及航道管理机构职责或者专用航标的，海事管理机构应当及时通报航道管理机构或者专用航标的所有人：

（一）助航标志或者导航设施位移、损坏、灭失；

（二）有妨碍海上交通安全的沉没物、漂浮物、搁浅物或者其他碍航物；

（三）其他妨碍海上交通安全的异常情况。

第二十八条 海事管理机构应当依据海上交通安全管理的需要，就具有紧迫性、危险性的情况发布航行警告，就其他影响海上交通安全的情况发布航行通告。

海事管理机构应当将航行警告、航行通告，以及船舶定线区的划定、调整情况通报海军航海保证部门，并及时提供有关资料。

第二十九条 海事管理机构应当及时向船舶、海上设施播发海上交通安全信息。

船舶、海上设施在定线区、交通管制区或者通航船舶密集的区域航行、停泊、作业时，海事管理机构应当根据其请求提供相应的安全信息服务。

第三十条 下列船舶在国务院交通运输主管部门划定的引航区内航行、停泊或者移泊的，应当向引航机构申请引航：

（一）外国籍船舶，但国务院交通运输主管部门经报国务院批准后规定可以免除的除外；

（二）核动力船舶、载运放射性物质的船舶、超大型油轮；

（三）可能危及港口安全的散装液化气船、散装危险化学品船；

（四）长、宽、高接近相应航道通航条件限值的船舶。

前款第三项、第四项船舶的具体标准，由有关海事管理机构根据港口实际情况制定并公布。

船舶自愿申请引航的，引航机构应当提供引航服务。

第三十一条 引航机构应当及时派遣具有相应能力、经验的引航员为船舶提供引航服务。

引航员应当根据引航机构的指派，在规定的水域登离被引领船舶，安全谨慎地执行船舶引航任务。被引领船舶应当配备符合规定的登离装置，并保障引航员在登离船舶及在船上引航期间的安全。

引航员引领船舶时，不解除船长指挥和管理船舶的责任。

第三十二条 国务院交通运输主管部门根据船舶、海上设施和港口面临的保安威胁情形，确定并及时发布保安等级。船舶、海上设施和港口应当根据保安等级采取相应的保安措施。

第四章 航行、停泊、作业

第三十三条 船舶航行、停泊、作业，应当持有有效的船舶国籍证书及其他法定证书、文书，配备依照有关规定出版的航海图书资料，悬挂相关国家、地区或者组织的旗帜，标明船名、船舶识别号、船籍港、载重线标志。

船舶应当满足最低安全配员要求，配备持有合格有效证书的船员。

海上设施停泊、作业，应当持有法定证书、文书，并按规定配备掌握避碰、信号、通信、消防、救生等专业技能的人员。

第三十四条 船长应当在船舶开航前检查并在开航时确认船员适任、船舶适航、货物适载，并了解气象和海况信息以及海事管理机构发布的航行通告、航行警告及其他警示信息，落实相应的应急措施，不得冒险开航。

船舶所有人、经营人或者管理人不得指使、强令船员违章冒险操作、作业。

第三十五条 船舶应当在其船舶检验证书载明的航区内航行、停泊、作业。

船舶航行、停泊、作业时，应当遵守相关航行规则，按照有关规定显示信号、悬挂标志，保持足够的富余水深。

第三十六条 船舶在航行中应当按照有关规定开启船舶的自动识别、航行数据记录、远程识别和跟踪、通信等与航行安全、保安、防治污染相关的装置，并持续进行显示和记录。

任何单位、个人不得拆封、拆解、初始化、再设置航行数据记录装置或者读取其记录的信息,但法律、行政法规另有规定的除外。

第三十七条 船舶应当配备航海日志、轮机日志、无线电记录簿等航行记录,按照有关规定全面、真实、及时记录涉及海上交通安全的船舶操作以及船舶航行、停泊、作业中的重要事件,并妥善保管相关记录簿。

第三十八条 船长负责管理和指挥船舶。在保障海上生命安全、船舶保安和防治船舶污染方面,船长有权独立作出决定。

船长应当采取必要的措施,保护船舶、在船人员、船舶航行文件、货物以及其他财产的安全。船长在其职权范围内发布的命令,船员、乘客及其他在船人员应当执行。

第三十九条 为了保障船舶和在船人员的安全,船长有权在职责范围内对涉嫌在船上进行违法犯罪活动的人员采取禁闭或者其他必要的限制措施,并防止其隐匿、毁灭、伪造证据。

船长采取前款措施,应当制作案情报告书,由其和两名以上在船人员签字。中国籍船舶抵达我国港口后,应当及时将相关人员移送有关主管部门。

第四十条 发现在船人员患有或者疑似患有严重威胁他人健康的传染病的,船长应当立即启动相应的应急预案,在职责范围内对相关人员采取必要的隔离措施,并及时报告有关主管部门。

第四十一条 船长在航行中死亡或者因故不能履行职责的,应当由驾驶员中职务最高的人代理船长职务;船舶在下一个港口开航前,其所有人、经营人或者管理人应当指派新船长接任。

第四十二条 船员应当按照有关航行、值班的规章制度和操作规程以及船长的指令操纵、管理船舶,保持安全值班,不得擅离职守。船员履行在船值班职责前和值班期间,不得摄入可能影响安全值班的食品、药品或者其他物品。

第四十三条 船舶进出港口、锚地或者通过桥区水域、海峡、狭水道、重要渔业水域、通航船舶密集的区域、船舶定线区、交通管制区,应当加强瞭望、保持安全航速,并遵守前述区域的特殊航行规则。

前款所称重要渔业水域由国务院渔业渔政主管部门征求国务院交通运输主管部门意见后划定并公布。

船舶穿越航道不得妨碍航道内船舶的正常航行,不得抢越他船船艏。超过桥梁通航尺度的船舶禁止进入桥区水域。

第四十四条 船舶不得违反规定进入或者穿越禁航区。

船舶进出船舶报告区,应当向海事管理机构报告船位和动态信息。

在安全作业区、港外锚地范围内,禁止从事养殖、种植、捕捞以及其他影响海上交通安全的作业或者活动。

第四十五条 船舶载运或者拖带超长、超高、超宽、半潜的船舶、海上设施或者其他物体航行，应当采取拖拽部位加强、护航等特殊的安全保障措施，在开航前向海事管理机构报告航行计划，并按有关规定显示信号、悬挂标志；拖带移动式平台、浮船坞等大型海上设施的，还应当依法交验船舶检验机构出具的拖航检验证书。

第四十六条 国际航行船舶进出口岸，应当依法向海事管理机构申请许可并接受海事管理机构及其他口岸查验机构的监督检查。海事管理机构应当自受理申请之日起五个工作日内作出许可或者不予许可的决定。

外国籍船舶临时进入非对外开放水域，应当依照国务院关于船舶进出口岸的规定取得许可。

国内航行船舶进出港口、港外装卸站，应当向海事管理机构报告船舶的航次计划、适航状态、船员配备和客货载运等情况。

第四十七条 船舶应当在符合安全条件的码头、泊位、装卸站、锚地、安全作业区停泊。船舶停泊不得危及其他船舶、海上设施的安全。

船舶进出港口、港外装卸站，应当符合靠泊条件和关于潮汐、气象、海况等航行条件的要求。

超长、超高、超宽的船舶或者操纵能力受到限制的船舶进出港口、港外装卸站可能影响海上交通安全的，海事管理机构应当对船舶进出港安全条件进行核查，并可以要求船舶采取加配拖轮、乘潮进港等相应的安全措施。

第四十八条 在中华人民共和国管辖海域内进行施工作业，应当经海事管理机构许可，并核定相应安全作业区。取得海上施工作业许可，应当符合下列条件：

（一）施工作业的单位、人员、船舶、设施符合安全航行、停泊、作业的要求；

（二）有施工作业方案；

（三）有符合海上交通安全和防治船舶污染海洋环境要求的保障措施、应急预案和责任制度。

从事施工作业的船舶应当在核定的安全作业区内作业，并落实海上交通安全管理措施。其他无关船舶、海上设施不得进入安全作业区。

在港口水域内进行采掘、爆破等可能危及港口安全的作业，适用港口管理的法律规定。

第四十九条 从事体育、娱乐、演练、试航、科学观测等水上水下活动，应当遵守海上交通安全管理规定；可能影响海上交通安全的，应当提前十个工作日将活动涉及的海域范围报告海事管理机构。

第五十条 海上施工作业或者水上水下活动结束后，有关单位、个人应当及时消除可能妨碍海上交通安全的隐患。

第五十一条 碍航物的所有人、经营人或者管理人应当按照有关强制性标准和技术规范的要求及时设置警示标志，向海事管理机构报告碍航物的名称、形状、尺寸、位置和深度，并在海事管理机构限定的期限内打捞清除。碍航物的所有人放弃所有权的，不免除其打捞清除义务。

不能确定碍航物的所有人、经营人或者管理人的，海事管理机构应当组织设置标志、打捞或者采取相应措施，发生的费用纳入部门预算。

第五十二条 有下列情形之一，对海上交通安全有较大影响的，海事管理机构应当根据具体情况采取停航、限速或者划定交通管制区等相应交通管制措施并向社会公告：

（一）天气、海况恶劣；

（二）发生影响航行的海上险情或者海上交通事故；

（三）进行军事训练、演习或者其他相关活动；

（四）开展大型水上水下活动；

（五）特定海域通航密度接近饱和；

（六）其他对海上交通安全有较大影响的情形。

第五十三条 国务院交通运输主管部门为维护海上交通安全、保护海洋环境，可以会同有关主管部门采取必要措施，防止和制止外国籍船舶在领海的非无害通过。

第五十四条 下列外国籍船舶进出中华人民共和国领海，应当向海事管理机构报告：

（一）潜水器；

（二）核动力船舶；

（三）载运放射性物质或者其他有毒有害物质的船舶；

（四）法律、行政法规或者国务院规定的可能危及中华人民共和国海上交通安全的其他船舶。

前款规定的船舶通过中华人民共和国领海，应当持有有关证书，采取符合中华人民共和国法律、行政法规和规章规定的特别预防措施，并接受海事管理机构的指令和监督。

第五十五条 除依照本法规定获得进入口岸许可外，外国籍船舶不得进入中华人民共和国内水；但是，因人员病急、机件故障、遇难、避风等紧急情况未及获得许可的可以进入。

外国籍船舶因前款规定的紧急情况进入中华人民共和国内水的,应当在进入的同时向海事管理机构紧急报告,接受海事管理机构的指令和监督。海事管理机构应当及时通报管辖海域的海警机构、就近的出入境边防检查机关和当地公安机关、海关等其他主管部门。

第五十六条 中华人民共和国军用船舶执行军事任务、公务船舶执行公务,遇有紧急情况,在保证海上交通安全的前提下,可以不受航行、停泊、作业有关规则的限制。

第五章 海上客货运输安全

第五十七条 除进行抢险或者生命救助外,客船应当按照船舶检验证书核定的载客定额载运乘客,货船载运货物应当符合船舶检验证书核定的载重线和载货种类,不得载运乘客。

第五十八条 客船载运乘客不得同时载运危险货物。

乘客不得随身携带或者在行李中夹带法律、行政法规或者国务院交通运输主管部门规定的危险物品。

第五十九条 客船应当在显著位置向乘客明示安全须知,设置安全标志和警示,并向乘客介绍救生用具的使用方法以及在紧急情况下应当采取的应急措施。乘客应当遵守安全乘船要求。

第六十条 海上渡口所在地的县级以上地方人民政府应当建立健全渡口安全管理责任制,制定海上渡口的安全管理办法,监督、指导海上渡口经营者落实安全主体责任,维护渡运秩序,保障渡运安全。

海上渡口的渡运线路由渡口所在地的县级以上地方人民政府交通运输主管部门会同海事管理机构划定。渡船应当按照划定的线路安全渡运。

遇有恶劣天气、海况,县级以上地方人民政府或者其指定的部门应当发布停止渡运的公告。

第六十一条 船舶载运货物,应当按照有关法律、行政法规、规章以及强制性标准和技术规范的要求安全装卸、积载、隔离、系固和管理。

第六十二条 船舶载运危险货物,应当持有有效的危险货物适装证书,并根据危险货物的特性和应急措施的要求,编制危险货物应急处置预案,配备相应的消防、应急设备和器材。

第六十三条 托运人托运危险货物,应当将其正式名称、危险性质以及应当采取的防护措施通知承运人,并按照有关法律、行政法规、规章以及强制性标准和技术规范的要求妥善包装,设置明显的危险品标志和标签。

托运人不得在托运的普通货物中夹带危险货物或者将危险货物谎报为普通货物托运。

托运人托运的货物为国际海上危险货物运输规则和国家危险货物品名表上未列明但具有危险特性的货物的，托运人还应当提交有关专业机构出具的表明该货物危险特性以及应当采取的防护措施等情况的文件。

货物危险特性的判断标准由国家海事管理机构制定并公布。

第六十四条 船舶载运危险货物进出港口，应当符合下列条件，经海事管理机构许可，并向海事管理机构报告进出港口和停留的时间等事项：

（一）所载运的危险货物符合海上安全运输要求；

（二）船舶的装载符合所持有的证书、文书的要求；

（三）拟靠泊或者进行危险货物装卸作业的港口、码头、泊位具备有关法律、行政法规规定的危险货物作业经营资质。

海事管理机构应当自收到申请之时起二十四小时内作出许可或者不予许可的决定。

定船舶、定航线并且定货种的船舶可以申请办理一定期限内多次进出港口许可，期限不超过三十日。海事管理机构应当自收到申请之日起五个工作日内作出许可或者不予许可的决定。

海事管理机构予以许可的，应当通报港口行政管理部门。

第六十五条 船舶、海上设施从事危险货物运输或者装卸、过驳作业，应当编制作业方案，遵守有关强制性标准和安全作业操作规程，采取必要的预防措施，防止发生安全事故。

在港口水域外从事散装液体危险货物过驳作业的，还应当符合下列条件，经海事管理机构许可并核定安全作业区：

（一）拟进行过驳作业的船舶或者海上设施符合海上交通安全与防治船舶污染海洋环境的要求；

（二）拟过驳的货物符合安全过驳要求；

（三）参加过驳作业的人员具备法律、行政法规规定的过驳作业能力；

（四）拟作业水域及其底质、周边环境适宜开展过驳作业；

（五）过驳作业对海洋资源以及附近的军事目标、重要民用目标不构成威胁；

（六）有符合安全要求的过驳作业方案、安全保障措施和应急预案。

对单航次作业的船舶，海事管理机构应当自收到申请之时起二十四小时内作出许可或者不予许可的决定；对在特定水域多航次作业的船舶，海事管理机构应当自收到申请之日起五个工作日内作出许可或者不予许可的决定。

第六章　海上搜寻救助

第六十六条　海上遇险人员依法享有获得生命救助的权利。生命救助优先于环境和财产救助。

第六十七条　海上搜救工作应当坚持政府领导、统一指挥、属地为主、专群结合、就近快速的原则。

第六十八条　国家建立海上搜救协调机制，统筹全国海上搜救应急反应工作，研究解决海上搜救工作中的重大问题，组织协调重大海上搜救应急行动。协调机制由国务院有关部门、单位和有关军事机关组成。

中国海上搜救中心和有关地方人民政府设立的海上搜救中心或者指定的机构（以下统称海上搜救中心）负责海上搜救的组织、协调、指挥工作。

第六十九条　沿海县级以上地方人民政府应当安排必要的海上搜救资金，保障搜救工作的正常开展。

第七十条　海上搜救中心各成员单位应当在海上搜救中心统一组织、协调、指挥下，根据各自职责，承担海上搜救应急、抢险救灾、支持保障、善后处理等工作。

第七十一条　国家设立专业海上搜救队伍，加强海上搜救力量建设。专业海上搜救队伍应当配备专业搜救装备，建立定期演练和日常培训制度，提升搜救水平。

国家鼓励社会力量建立海上搜救队伍，参与海上搜救行动。

第七十二条　船舶、海上设施、航空器及人员在海上遇险的，应当立即报告海上搜救中心，不得瞒报、谎报海上险情。

船舶、海上设施、航空器及人员误发遇险报警信号的，除立即向海上搜救中心报告外，还应当采取必要措施消除影响。

其他任何单位、个人发现或者获悉海上险情的，应当立即报告海上搜救中心。

第七十三条　发生碰撞事故的船舶、海上设施，应当互通名称、国籍和登记港，在不严重危及自身安全的情况下尽力救助对方人员，不得擅自离开事故现场水域或者逃逸。

第七十四条　遇险的船舶、海上设施及其所有人、经营人或者管理人应当采取有效措施防止、减少生命财产损失和海洋环境污染。

船舶遇险时，乘客应当服从船长指挥，配合采取相关应急措施。乘客有权获知必要的险情信息。

船长决定弃船时，应当组织乘客、船员依次离船，并尽力抢救法定航行资料。船长应当最后离船。

第七十五条 船舶、海上设施、航空器收到求救信号或者发现有人遭遇生命危险的，在不严重危及自身安全的情况下，应当尽力救助遇险人员。

第七十六条 海上搜救中心接到险情报告后，应当立即进行核实，及时组织、协调、指挥政府有关部门、专业搜救队伍、社会有关单位等各方力量参加搜救，并指定现场指挥。参加搜救的船舶、海上设施、航空器及人员应当服从现场指挥，及时报告搜救动态和搜救结果。

搜救行动的中止、恢复、终止决定由海上搜救中心作出。未经海上搜救中心同意，参加搜救的船舶、海上设施、航空器及人员不得擅自退出搜救行动。

军队参加海上搜救，依照有关法律、行政法规的规定执行。

第七十七条 遇险船舶、海上设施、航空器或者遇险人员应当服从海上搜救中心和现场指挥的指令，及时接受救助。

遇险船舶、海上设施、航空器不配合救助的，现场指挥根据险情危急情况，可以采取相应救助措施。

第七十八条 海上事故或者险情发生后，有关地方人民政府应当及时组织医疗机构为遇险人员提供紧急医疗救助，为获救人员提供必要的生活保障，并组织有关方面采取善后措施。

第七十九条 在中华人民共和国缔结或者参加的国际条约规定由我国承担搜救义务的海域内开展搜救，依照本章规定执行。

中国籍船舶在中华人民共和国管辖海域以及海上搜救责任区域以外的其他海域发生险情的，中国海上搜救中心接到信息后，应当依据中华人民共和国缔结或者参加的国际条约的规定开展国际协作。

第七章　海上交通事故调查处理

第八十条 船舶、海上设施发生海上交通事故，应当及时向海事管理机构报告，并接受调查。

第八十一条 海上交通事故根据造成的损害后果分为特别重大事故、重大事故、较大事故和一般事故。事故等级划分的人身伤亡标准依照有关安全生产的法律、行政法规的规定确定；事故等级划分的直接经济损失标准，由国务院交通运输主管部门会同国务院有关部门根据海上交通事故中的特殊情况确定，报国务院批准后公布施行。

第八十二条 特别重大海上交通事故由国务院或者国务院授权的部门组

织事故调查组进行调查,海事管理机构应当参与或者配合开展调查工作。

其他海上交通事故由海事管理机构组织事故调查组进行调查,有关部门予以配合。国务院认为有必要的,可以直接组织或者授权有关部门组织事故调查组进行调查。

海事管理机构进行事故调查,事故涉及执行军事运输任务的,应当会同有关军事机关进行调查;涉及渔业船舶的,渔业渔政主管部门、海警机构应当参与调查。

第八十三条 调查海上交通事故,应当全面、客观、公正、及时,依法查明事故事实和原因,认定事故责任。

第八十四条 海事管理机构可以根据事故调查处理需要拆封、拆解当事船舶的航行数据记录装置或者读取其记录的信息,要求船舶驶向指定地点或者禁止其离港,扣留船舶或者海上设施的证书、文书、物品、资料等并妥善保管。有关人员应当配合事故调查。

第八十五条 海上交通事故调查组应当自事故发生之日起九十日内提交海上交通事故调查报告;特殊情况下,经负责组织事故调查组的部门负责人批准,提交事故调查报告的期限可以适当延长,但延长期限最长不得超过九十日。事故技术鉴定所需时间不计入事故调查期限。

海事管理机构应当自收到海上交通事故调查报告之日起十五个工作日内作出事故责任认定书,作为处理海上交通事故的证据。

事故损失较小、事实清楚、责任明确的,可以依照国务院交通运输主管部门的规定适用简易调查程序。

海上交通事故调查报告、事故责任认定书应当依照有关法律、行政法规的规定向社会公开。

第八十六条 中国籍船舶在中华人民共和国管辖海域外发生海上交通事故的,应当及时向海事管理机构报告事故情况并接受调查。

外国籍船舶在中华人民共和国管辖海域外发生事故,造成中国公民重伤或者死亡的,海事管理机构根据中华人民共和国缔结或者参加的国际条约的规定参与调查。

第八十七条 船舶、海上设施在海上遭遇恶劣天气、海况以及意外事故,造成或者可能造成损害,需要说明并记录时间、海域以及所采取的应对措施等具体情况的,可以向海事管理机构申请办理海事声明签注。海事管理机构应当依照规定提供签注服务。

第八章 监督管理

第八十八条 海事管理机构对在中华人民共和国管辖海域内从事航行、停泊、作业以及其他与海上交通安全相关的活动，依法实施监督检查。

海事管理机构依照中华人民共和国法律、行政法规以及中华人民共和国缔结或者参加的国际条约对外国籍船舶实施港口国、沿岸国监督检查。

海事管理机构工作人员执行公务时，应当按照规定着装，佩戴职衔标志，出示执法证件，并自觉接受监督。

海事管理机构依法履行监督检查职责，有关单位、个人应当予以配合，不得拒绝、阻碍依法实施的监督检查。

第八十九条 海事管理机构实施监督检查可以采取登船检查、查验证书、现场检查、询问有关人员、电子监控等方式。

载运危险货物的船舶涉嫌存在瞒报、谎报危险货物等情况的，海事管理机构可以采取开箱查验等方式进行检查。海事管理机构应当将开箱查验情况通报有关部门。港口经营人和有关单位、个人应当予以协助。

第九十条 海事管理机构对船舶、海上设施实施监督检查时，应当避免、减少对其正常作业的影响。

除法律、行政法规另有规定或者不立即实施监督检查可能造成严重后果外，不得拦截正在航行中的船舶进行检查。

第九十一条 船舶、海上设施对港口安全具有威胁的，海事管理机构应当责令立即或者限期改正、限制操作，责令驶往指定地点、禁止进港或者将其驱逐出港。

船舶、海上设施处于不适航或者不适拖状态，船员、海上设施上的相关人员未持有有效的法定证书、文书，或者存在其他严重危害海上交通安全、污染海洋环境的隐患的，海事管理机构应当根据情况禁止有关船舶、海上设施进出港，暂扣有关证书、文书或者责令其停航、改航、驶往指定地点或者停止作业。船舶超载的，海事管理机构可以依法对船舶进行强制减载。因强制减载发生的费用由违法船舶所有人、经营人或者管理人承担。

船舶、海上设施发生海上交通事故、污染事故，未结清国家规定的税费、滞纳金且未提供担保或者未履行其他法定义务的，海事管理机构应当责令改正，并可以禁止其离港。

第九十二条 外国籍船舶可能威胁中华人民共和国内水、领海安全的，海事管理机构有权责令其离开。

外国籍船舶违反中华人民共和国海上交通安全或者防治船舶污染的法律、行政法规的，海事管理机构可以依法行使紧追权。

第九十三条 任何单位、个人有权向海事管理机构举报妨碍海上交通安全的行为。海事管理机构接到举报后，应当及时进行核实、处理。

第九十四条 海事管理机构在监督检查中，发现船舶、海上设施有违反其他法律、行政法规行为的，应当依法及时通报或者移送有关主管部门处理。

第九章 法律责任

第九十五条 船舶、海上设施未持有有效的证书、文书的，由海事管理机构责令改正，对违法船舶或者海上设施的所有人、经营人或者管理人处三万元以上三十万元以下的罚款，对船长和有关责任人员处三千元以上三万元以下的罚款；情节严重的，暂扣船长、责任船员的船员适任证书十八个月至三十个月，直至吊销船员适任证书；对船舶持有的伪造、变造证书、文书，予以没收；对存在严重安全隐患的船舶，可以依法予以没收。

第九十六条 船舶或者海上设施有下列情形之一的，由海事管理机构责令改正，对违法船舶或者海上设施的所有人、经营人或者管理人处二万元以上二十万元以下的罚款，对船长和有关责任人员处二千元以上二万元以下的罚款；情节严重的，吊销违法船舶所有人、经营人或者管理人的有关证书、文书，暂扣船长、责任船员的船员适任证书十二个月至二十四个月，直至吊销船员适任证书：

（一）船舶、海上设施的实际状况与持有的证书、文书不符；

（二）船舶未依法悬挂国旗，或者违法悬挂其他国家、地区或者组织的旗帜；

（三）船舶未按规定标明船名、船舶识别号、船籍港、载重线标志；

（四）船舶、海上设施的配员不符合最低安全配员要求。

第九十七条 在船舶上工作未持有船员适任证书、船员健康证明或者所持船员适任证书、健康证明不符合要求的，由海事管理机构对船舶的所有人、经营人或者管理人处一万元以上十万元以下的罚款，对责任船员处三千元以上三万元以下的罚款；情节严重的，对船舶的所有人、经营人或者管理人处三万元以上三十万元以下的罚款，暂扣责任船员的船员适任证书六个月至十二个月，直至吊销船员适任证书。

第九十八条 以欺骗、贿赂等不正当手段为中国籍船舶取得相关证书、文书的，由海事管理机构撤销有关许可，没收相关证书、文书，对船舶所有人、经营人或者管理人处四万元以上四十万元以下的罚款。

以欺骗、贿赂等不正当手段取得船员适任证书的，由海事管理机构撤销有关许可，没收船员适任证书，对责任人员处五千元以上五万元以下的罚款。

第九十九条 船员未保持安全值班，违反规定摄入可能影响安全值班的食品、药品或者其他物品，或者有其他违反海上船员值班规则的行为的，由海事管理机构对船长、责任船员处一千元以上一万元以下的罚款，或者暂扣船员适任证书三个月至十二个月；情节严重的，吊销船长、责任船员的船员适任证书。

第一百条 有下列情形之一的，由海事管理机构责令改正；情节严重的，处三万元以上十万元以下的罚款：

（一）建设海洋工程、海岸工程未按规定配备相应的防止船舶碰撞的设施、设备并设置专用航标；

（二）损坏海上交通支持服务系统或者妨碍其工作效能；

（三）未经海事管理机构同意设置、撤除专用航标，移动专用航标位置或者改变航标灯光、功率等其他状况，或者设置临时航标不符合海事管理机构确定的航标设置点；

（四）在安全作业区、港外锚地范围内从事养殖、种植、捕捞以及其他影响海上交通安全的作业或者活动。

第一百零一条 有下列情形之一的，由海事管理机构责令改正，对有关责任人员处三万元以下的罚款；情节严重的，处三万元以上十万元以下的罚款，并暂扣责任船员的船员适任证书一个月至三个月：

（一）承担无线电通信任务的船员和岸基无线电台（站）的工作人员未保持海上交通安全通信频道的值守和畅通，或者使用海上交通安全通信频率交流与海上交通安全无关的内容；

（二）违反国家有关规定使用无线电台识别码，影响海上搜救的身份识别；

（三）其他违反海上无线电通信规则的行为。

第一百零二条 船舶未依照本法规定申请引航的，由海事管理机构对违法船舶的所有人、经营人或者管理人处五万元以上五十万元以下的罚款，对船长处一千元以上一万元以下的罚款；情节严重的，暂扣有关船舶证书三个月至十二个月，暂扣船长的船员适任证书一个月至三个月。

引航机构派遣引航员存在过失，造成船舶损失的，由海事管理机构对引航机构处三万元以上三十万元以下的罚款。

未经引航机构指派擅自提供引航服务的，由海事管理机构对引领船舶的人员处三千元以上三万元以下的罚款。

第一百零三条 船舶在海上航行、停泊、作业，有下列情形之一的，由海事管理机构责令改正，对违法船舶的所有人、经营人或者管理人处二万元以上二十万元以下的罚款，对船长、责任船员处二千元以上二万元以下的罚款，暂扣船员适任证书三个月至十二个月；情节严重的，吊销船长、责任船员的船员适任证书：

（一）船舶进出港口、锚地或者通过桥区水域、海峡、狭水道、重要渔业水域、通航船舶密集的区域、船舶定线区、交通管制区时，未加强瞭望、保持安全航速并遵守前述区域的特殊航行规则；

（二）未按照有关规定显示信号、悬挂标志或者保持足够的富余水深；

（三）不符合安全开航条件冒险开航，违章冒险操作、作业，或者未按照船舶检验证书载明的航区航行、停泊、作业；

（四）未按照有关规定开启船舶的自动识别、航行数据记录、远程识别和跟踪、通信等与航行安全、保安、防治污染相关的装置，并持续进行显示和记录；

（五）擅自拆封、拆解、初始化、再设置航行数据记录装置或者读取其记录的信息；

（六）船舶穿越航道妨碍航道内船舶的正常航行，抢越他船船艏或者超过桥梁通航尺度进入桥区水域；

（七）船舶违反规定进入或者穿越禁航区；

（八）船舶载运或者拖带超长、超高、超宽、半潜的船舶、海上设施或者其他物体航行，未采取特殊的安全保障措施，未在开航前向海事管理机构报告航行计划，未按规定显示信号、悬挂标志，或者拖带移动式平台、浮船坞等大型海上设施未依法交验船舶检验机构出具的拖航检验证书；

（九）船舶在不符合安全条件的码头、泊位、装卸站、锚地、安全作业区停泊，或者停泊危及其他船舶、海上设施的安全；

（十）船舶违反规定超过检验证书核定的载客定额、载重线、载货种类载运乘客、货物，或者客船载运乘客同时载运危险货物；

（十一）客船未向乘客明示安全须知、设置安全标志和警示；

（十二）未按照有关法律、行政法规、规章以及强制性标准和技术规范的要求安全装卸、积载、隔离、系固和管理货物；

（十三）其他违反海上航行、停泊、作业规则的行为。

第一百零四条 国际航行船舶未经许可进出口岸的，由海事管理机构对违法船舶的所有人、经营人或者管理人处三千元以上三万元以下的罚款，对船长、责任船员或者其他责任人员,处二千元以上二万元以下的罚款;情节严重的,吊销船长、责任船员的船员适任证书。

国内航行船舶进出港口、港外装卸站未依法向海事管理机构报告的,由海事管理机构对违法船舶的所有人、经营人或者管理人处三千元以上三万元以下的罚款,对船长、责任船员或者其他责任人员处五百元以上五千元以下的罚款。

第一百零五条 船舶、海上设施未经许可从事海上施工作业,或者未按照许可要求、超出核定的安全作业区进行作业的,由海事管理机构责令改正,对违法船舶、海上设施的所有人、经营人或者管理人处三万元以上三十万元以下的罚款,对船长、责任船员处三千元以上三万元以下的罚款,或者暂扣船员适任证书六个月至十二个月;情节严重的,吊销船长、责任船员的船员适任证书。

从事可能影响海上交通安全的水上水下活动,未按规定提前报告海事管理机构的,由海事管理机构对违法船舶、海上设施的所有人、经营人或者管理人处一万元以上三万元以下的罚款,对船长、责任船员处二千元以上二万元以下的罚款。

第一百零六条 碍航物的所有人、经营人或者管理人有下列情形之一的,由海事管理机构责令改正,处二万元以上二十万元以下的罚款;逾期未改正的,海事管理机构有权依法实施代履行,代履行的费用由碍航物的所有人、经营人或者管理人承担:

(一)未按照有关强制性标准和技术规范的要求及时设置警示标志;

(二)未向海事管理机构报告碍航物的名称、形状、尺寸、位置和深度;

(三)未在海事管理机构限定的期限内打捞清除碍航物。

第一百零七条 外国籍船舶进出中华人民共和国内水、领海违反本法规定的,由海事管理机构对违法船舶的所有人、经营人或者管理人处五万元以上五十万元以下的罚款,对船长处一万元以上三万元以下的罚款。

第一百零八条 载运危险货物的船舶有下列情形之一的,海事管理机构应当责令改正,对违法船舶的所有人、经营人或者管理人处五万元以上五十万元以下的罚款,对船长、责任船员或者其他责任人员,处五千元以上五万元以下的罚款;情节严重的,责令停止作业或者航行,暂扣船长、责任船员的船员适任证书六个月至十二个月,直至吊销船员适任证书:

(一)未经许可进出港口或者从事散装液体危险货物过驳作业;

(二)未按规定编制相应的应急处置预案,配备相应的消防、应急设备和器材;

(三)违反有关强制性标准和安全作业操作规程的要求从事危险货物装

卸、过驳作业。

第一百零九条 托运人托运危险货物，有下列情形之一的，由海事管理机构责令改正，处五万元以上三十万元以下的罚款：

（一）未将托运的危险货物的正式名称、危险性质以及应当采取的防护措施通知承运人；

（二）未按照有关法律、行政法规、规章以及强制性标准和技术规范的要求对危险货物妥善包装，设置明显的危险品标志和标签；

（三）在托运的普通货物中夹带危险货物或者将危险货物谎报为普通货物托运；

（四）未依法提交有关专业机构出具的表明该货物危险特性以及应当采取的防护措施等情况的文件。

第一百一十条 船舶、海上设施遇险或者发生海上交通事故后未履行报告义务，或者存在瞒报、谎报情形的，由海事管理机构对违法船舶、海上设施的所有人、经营人或者管理人处三千元以上三万元以下的罚款，对船长、责任船员处二千元以上二万元以下的罚款，暂扣船员适任证书六个月至二十四个月；情节严重的，对违法船舶、海上设施的所有人、经营人或者管理人处一万元以上十万元以下的罚款，吊销船长、责任船员的船员适任证书。

第一百一十一条 船舶发生海上交通事故后逃逸的，由海事管理机构对违法船舶的所有人、经营人或者管理人处十万元以上五十万元以下的罚款，对船长、责任船员处五千元以上五万元以下的罚款并吊销船员适任证书，受处罚者终身不得重新申请。

第一百一十二条 船舶、海上设施不依法履行海上救助义务，不服从海上搜救中心指挥的，由海事管理机构对船舶、海上设施的所有人、经营人或者管理人处三万元以上三十万元以下的罚款，暂扣船长、责任船员的船员适任证书六个月至十二个月，直至吊销船员适任证书。

第一百一十三条 有关单位、个人拒绝、阻碍海事管理机构监督检查，或者在接受监督检查时弄虚作假的，由海事管理机构处二千元以上二万元以下的罚款，暂扣船长、责任船员的船员适任证书六个月至二十四个月，直至吊销船员适任证书。

第一百一十四条 交通运输主管部门、海事管理机构及其他有关部门的工作人员违反本法规定，滥用职权、玩忽职守、徇私舞弊的，依法给予处分。

第一百一十五条 因海上交通事故引发民事纠纷的，当事人可以依法申请仲裁或者向人民法院提起诉讼。

第一百一十六条 违反本法规定，构成违反治安管理行为的，依法给予治安管理处罚；造成人身、财产损害的，依法承担民事责任；构成犯罪的，依法追究刑事责任。

第十章　附　　则

第一百一十七条　本法下列用语的含义是：

船舶，是指各类排水或者非排水的船、艇、筏、水上飞行器、潜水器、移动式平台以及其他移动式装置。

海上设施，是指水上水下各种固定或者浮动建筑、装置和固定平台，但是不包括码头、防波堤等港口设施。

内水，是指中华人民共和国领海基线向陆地一侧至海岸线的海域。

施工作业，是指勘探、采掘、爆破，构筑、维修、拆除水上水下构筑物或者设施，航道建设、疏浚（航道养护疏浚除外）作业，打捞沉船沉物。

海上交通事故，是指船舶、海上设施在航行、停泊、作业过程中发生的，由于碰撞、搁浅、触礁、触碰、火灾、风灾、浪损、沉没等原因造成人员伤亡或者财产损失的事故。

海上险情，是指对海上生命安全、水域环境构成威胁，需立即采取措施规避、控制、减轻和消除的各种情形。

危险货物，是指国际海上危险货物运输规则和国家危险货物品名表上列明的，易燃、易爆、有毒、有腐蚀性、有放射性、有污染危害性等，在船舶载运过程中可能造成人身伤害、财产损失或者环境污染而需要采取特别防护措施的货物。

海上渡口，是指海上岛屿之间、海上岛屿与大陆之间，以及隔海相望的大陆与大陆之间，专用于渡船渡运人员、行李、车辆的交通基础设施。

第一百一十八条　公务船舶检验、船员配备的具体办法由国务院交通运输主管部门会同有关主管部门另行制定。

体育运动船舶的登记、检验办法由国务院体育主管部门另行制定。训练、比赛期间的体育运动船舶的海上交通安全监督管理由体育主管部门负责。

渔业船员、渔业无线电、渔业航标的监督管理，渔业船舶的登记管理，渔港水域内的海上交通安全管理，渔业船舶（含外国籍渔业船舶）之间交通事故的调查处理，由县级以上人民政府渔业渔政主管部门负责。法律、行政法规或者国务院对渔业船舶之间交通事故的调查处理另有规定的，从其规定。

除前款规定外，渔业船舶的海上交通安全管理由海事管理机构负责。渔业船舶的检验及其监督管理，由海事管理机构依照有关法律、行政法规的规定执行。

浮式储油装置等海上石油、天然气生产设施的检验适用有关法律、行政法规的规定。

第一百一十九条 海上军事管辖区和军用船舶、海上设施的内部海上交通安全管理,军用航标的设立和管理,以及为军事目的进行作业或者水上水下活动的管理,由中央军事委员会另行制定管理办法。

划定、调整海上交通功能区或者领海内特定水域,划定海上渡口的渡运线路,许可海上施工作业,可能对军用船舶的战备、训练、执勤等行动造成影响的,海事管理机构应当事先征求有关军事机关的意见。

执行军事运输任务有特殊需要的,有关军事机关应当及时向海事管理机构通报相关信息。海事管理机构应当给予必要的便利。

海上交通安全管理涉及国防交通、军事设施保护的,依照有关法律的规定执行。

第一百二十条 外国籍公务船舶在中华人民共和国领海航行、停泊、作业,违反中华人民共和国法律、行政法规的,依照有关法律、行政法规的规定处理。

在中华人民共和国管辖海域内的外国籍军用船舶的管理,适用有关法律的规定。

第一百二十一条 中华人民共和国缔结或者参加的国际条约同本法有不同规定的,适用国际条约的规定,但中华人民共和国声明保留的条款除外。

第一百二十二条 本法自2021年9月1日起施行。

全国人民代表大会常务委员会关于修改《中华人民共和国教育法》的决定

（2021年4月29日第十三届全国人民代表大会常务委员会第二十八次会议通过 2021年4月29日中华人民共和国主席令第80号公布 自2021年4月30日起施行）

第十三届全国人民代表大会常务委员会第二十八次会议决定对《中华人民共和国教育法》作如下修改:

一、将第三条修改为:“国家坚持中国共产党的领导,坚持以马克思列宁主义、毛泽东思想、邓小平理论、‘三个代表’重要思想、科学发展观、习近平新时代中国特色社会主义思想为指导，遵循宪法确定的基本原则，发展社会主义的教育事业。”

二、将第四条第一款修改为：“教育是社会主义现代化建设的基础，对提高人民综合素质、促进人的全面发展、增强中华民族创新创造活力、实现中华民族伟大复兴具有决定性意义，国家保障教育事业优先发展。”

三、将第五条修改为：“教育必须为社会主义现代化建设服务、为人民服务，必须与生产劳动和社会实践相结合，培养德智体美劳全面发展的社会主义建设者和接班人。”

四、将第七条修改为：“教育应当继承和弘扬中华优秀传统文化、革命文化、社会主义先进文化，吸收人类文明发展的一切优秀成果。”

五、将第七十七条修改为：“在招收学生工作中滥用职权、玩忽职守、徇私舞弊的，由教育行政部门或者其他有关行政部门责令退回招收的不符合入学条件的人员；对直接负责的主管人员和其他直接责任人员，依法给予处分；构成犯罪的，依法追究刑事责任。

“盗用、冒用他人身份，顶替他人取得的入学资格的，由教育行政部门或者其他有关行政部门责令撤销入学资格，并责令停止参加相关国家教育考试二年以上五年以下；已经取得学位证书、学历证书或者其他学业证书的，由颁发机构撤销相关证书；已经成为公职人员的，依法给予开除处分；构成违反治安管理行为的，由公安机关依法给予治安管理处罚；构成犯罪的，依法追究刑事责任。

“与他人串通，允许他人冒用本人身份，顶替本人取得的入学资格的，由教育行政部门或者其他有关行政部门责令停止参加相关国家教育考试一年以上三年以下；有违法所得的，没收违法所得；已经成为公职人员的，依法给予处分；构成违反治安管理行为的，由公安机关依法给予治安管理处罚；构成犯罪的，依法追究刑事责任。

“组织、指使盗用或者冒用他人身份，顶替他人取得的入学资格的，有违法所得的，没收违法所得；属于公职人员的，依法给予处分；构成违反治安管理行为的，由公安机关依法给予治安管理处罚；构成犯罪的，依法追究刑事责任。

“入学资格被顶替权利受到侵害的，可以请求恢复其入学资格。”

本决定自 2021 年 4 月 30 日起施行。

《中华人民共和国教育法》根据本决定作相应修改，重新公布。

全国人民代表大会常务委员会关于修改《中华人民共和国道路交通安全法》等八部法律的决定

（2021年4月29日第十三届全国人民代表大会常务委员会第二十八次会议通过　2021年4月29日中华人民共和国主席令第81号公布　自公布之日起施行）

第十三届全国人民代表大会常务委员会第二十八次会议决定：

一、对《中华人民共和国道路交通安全法》作出修改

将第二十条第一款修改为："机动车的驾驶培训实行社会化，由交通运输主管部门对驾驶培训学校、驾驶培训班实行备案管理，并对驾驶培训活动加强监督，其中专门的拖拉机驾驶培训学校、驾驶培训班由农业（农业机械）主管部门实行监督管理。"

二、对《中华人民共和国消防法》作出修改

（一）将第十五条修改为："公众聚集场所投入使用、营业前消防安全检查实行告知承诺管理。公众聚集场所在投入使用、营业前，建设单位或者使用单位应当向场所所在地的县级以上地方人民政府消防救援机构申请消防安全检查，作出场所符合消防技术标准和管理规定的承诺，提交规定的材料，并对其承诺和材料的真实性负责。

"消防救援机构对申请人提交的材料进行审查；申请材料齐全、符合法定形式的，应当予以许可。消防救援机构应当根据消防技术标准和管理规定，及时对作出承诺的公众聚集场所进行核查。

"申请人选择不采用告知承诺方式办理的，消防救援机构应当自受理申请之日起十个工作日内，根据消防技术标准和管理规定，对该场所进行检查。经检查符合消防安全要求的，应当予以许可。

"公众聚集场所未经消防救援机构许可的，不得投入使用、营业。消防安全检查的具体办法，由国务院应急管理部门制定。"

（二）将第三十四条修改为："消防设施维护保养检测、消防安全评估等消防技术服务机构应当符合从业条件，执业人员应当依法获得相应的资格；依照法律、行政法规、国家标准、行业标准和执业准则，接受委托提供消防技术服

务，并对服务质量负责。”

（三）将第五十八条第一款第四项修改为：“（四）公众聚集场所未经消防救援机构许可，擅自投入使用、营业的，或者经核查发现场所使用、营业情况与承诺内容不符的”。

增加一款，作为第二款：“核查发现公众聚集场所使用、营业情况与承诺内容不符，经责令限期改正，逾期不整改或者整改后仍达不到要求的，依法撤销相应许可。”

（四）将第六十九条修改为：“消防设施维护保养检测、消防安全评估等消防技术服务机构，不具备从业条件从事消防技术服务活动或者出具虚假文件的，由消防救援机构责令改正，处五万元以上十万元以下罚款，并对直接负责的主管人员和其他直接责任人员处一万元以上五万元以下罚款；不按照国家标准、行业标准开展消防技术服务活动的，责令改正，处五万元以下罚款，并对直接负责的主管人员和其他直接责任人员处一万元以下罚款；有违法所得的，并处没收违法所得；给他人造成损失的，依法承担赔偿责任；情节严重的，依法责令停止执业或者吊销相应资格；造成重大损失的，由相关部门吊销营业执照，并对有关责任人员采取终身市场禁入措施。

“前款规定的机构出具失实文件，给他人造成损失的，依法承担赔偿责任；造成重大损失的，由消防救援机构依法责令停止执业或者吊销相应资格，由相关部门吊销营业执照，并对有关责任人员采取终身市场禁入措施。”

三、对《中华人民共和国进出口商品检验法》作出修改

（一）将第三条中的“经国家商检部门许可的检验机构”修改为“依法设立的检验机构（以下称其他检验机构）”。

（二）第六条增加一款，作为第三款：“对本条第一款规定的进出口商品检验，商检机构可以采信检验机构的检验结果；国家商检部门对前述检验机构实行目录管理。”

（三）将第八条中的“经国家商检部门许可的检验机构”修改为“其他检验机构”。

（四）删去第二十二条。

（五）将第二十三条改为第二十二条，将其中的“经国家商检部门许可的检验机构”修改为“其他检验机构”。

（六）删去第三十四条。

四、对《中华人民共和国广告法》作出修改

（一）删去第二十九条中的“并向县级以上地方市场监督管理部门办理广告发布登记”。

（二）删去第五十五条第三款、第五十七条、第五十八条第三款中的“吊销广告发布登记证件”。

（三）删去第六十条。

五、对《中华人民共和国草原法》作出修改

（一）将第五十二条修改为：“在草原上开展经营性旅游活动，应当符合有关草原保护、建设、利用规划，并不得侵犯草原所有者、使用者和承包经营者的合法权益，不得破坏草原植被。”

（二）删去第六十九条中的“擅自”。

六、对《中华人民共和国民用航空法》作出修改

（一）将第六十四条第一款修改为：“设立国际机场，由机场所在地省级人民政府报请国务院审查批准。”

（二）将第一百四十七条第一款修改为：“从事非经营性通用航空的，应当向国务院民用航空主管部门备案。”

（三）第二百一十一条增加一款，作为第二款：“从事非经营性通用航空未向国务院民用航空主管部门备案的，由国务院民用航空主管部门责令改正；逾期未改正的，处三万元以下罚款。”

七、对《中华人民共和国海关法》作出修改

（一）删去第九条第一款中的“海关准予注册登记的”。

（二）将第十一条修改为：“进出口货物收发货人、报关企业办理报关手续，应当依法向海关备案。

“报关企业和报关人员不得非法代理他人报关。”

（三）将第八十八条修改为：“未向海关备案从事报关业务的，海关可以处以罚款。”

（四）将第八十九条修改为：“报关企业非法代理他人报关的，由海关责令改正，处以罚款；情节严重的，禁止其从事报关活动。

“报关人员非法代理他人报关的，由海关责令改正，处以罚款。”

（五）将第九十条第一款修改为：“进出口货物收发货人、报关企业向海关工作人员行贿的，由海关禁止其从事报关活动，并处以罚款；构成犯罪的，依法追究刑事责任。”

八、对《中华人民共和国食品安全法》作出修改

将第三十五条第一款修改为：“国家对食品生产经营实行许可制度。从事食品生产、食品销售、餐饮服务，应当依法取得许可。但是，销售食用农产品和仅销售预包装食品的，不需要取得许可。仅销售预包装食品的，应当报所在地县级以上地方人民政府食品安全监督管理部门备案。”

本决定自公布之日起施行。

《中华人民共和国道路交通安全法》、《中华人民共和国消防法》、《中华人民共和国进出口商品检验法》、《中华人民共和国广告法》、《中华人民共和国草原法》、《中华人民共和国民用航空法》、《中华人民共和国海关法》、《中华人民共和国食品安全法》根据本决定作相应修改并对条文顺序作相应调整，重新公布。

全国人民代表大会常务委员会关于修改《中国人民解放军选举全国人民代表大会和县级以上地方各级人民代表大会代表的办法》的决定

（2021 年 4 月 29 日第十三届全国人民代表大会常务委员会第二十八次会议通过　2021 年 4 月 29 日中华人民共和国主席令第 82 号公布　自 2021 年 4 月 30 日起施行）

第十三届全国人民代表大会常务委员会第二十八次会议决定对《中国人民解放军选举全国人民代表大会和县级以上地方各级人民代表大会代表的办法》作如下修改：

一、将第五条第一款修改为："人民解放军军人、文职人员，军队管理的离休、退休人员和其他人员，参加军队选举。"

二、将第八条第三款修改为："选举委员会任期五年，行使职权至新的选举委员会产生为止。选举委员会的组成人员调离本单位或者免职、退役的，其在选举委员会中担任的职务自行终止；因职务调整或者其他原因不宜继续在选举委员会中担任职务的，应当免除其在选举委员会中担任的职务。选举委员会的组成人员出缺时，应当及时增补。"

三、将第十一条第二款修改为："办公室设在政治工作部门，工作人员由本级选举委员会确定。"

四、将第十三条修改为："中央军事委员会机关部门和战区、军兵种、军事科学院、国防大学、国防科技大学等单位应选全国人民代表大会代表的名额，由人民解放军选举委员会分配。中央军事委员会直属机构参加其代管部门的选举。"

五、将第十四条第二款修改为："有关选举事宜，由省军区（卫戍区、警备区）、军分区（警备区）、人民武装部分别与驻地的人民代表大会常务委员会协商决定。"

六、将第十六条第二款修改为："中央军事委员会机关部门和战区、军兵种、军事科学院、国防大学、国防科技大学等单位的军人代表大会，选举全国人民代表大会代表。"

七、第三十八条增加一款，作为第四款："因执行任务等原因无法召开军人代表大会的，可以由本级选举委员会进行补选。"

八、增加一条，作为第四十条："人民武装警察部队选举全国人民代表大会和县级以上地方各级人民代表大会代表，适用本办法。"

九、将第二条、第十五条第一款中的"现役军人"修改为"军人"。

本决定自2021年4月30日起施行。

《中国人民解放军选举全国人民代表大会和县级以上地方各级人民代表大会代表的办法》根据本决定作相应修改，重新公布。

有关法律问题的决定

全国人民代表大会常务委员会关于加强中央预算审查监督的决定

（1999年12月25日第九届全国人民代表大会常务委员会第十三次会议通过　2021年4月29日第十三届全国人民代表大会常务委员会第二十八次会议修订）

为履行宪法法律赋予全国人民代表大会及其常务委员会的预算审查监督职责，贯彻落实党中央关于加强人大预算决算审查监督职能的部署要求，推进全面依法治国，健全完善中国特色社会主义预算审查监督制度，规范预算行为，提高预算绩效，厉行节约，更好地发挥中央预算在推进国家治理体系和治理能力现代化、推动高质量发展、促进社会进步、改善人民生活和全面深化改革开放中的重要作用，必须进一步加强对中央预算的审查监督。为此，特作如下决定：

一、加强全口径审查和全过程监管。全国人民代表大会及其常务委员会对政府预算决算开展全口径审查和全过程监管，坚持党中央集中统一领导，坚持围绕服务党和国家工作大局，坚持以人民为中心，坚持依法审查监督，聚焦重点，注重实效，保障宪法和法律贯彻实施，保障国家方针政策和决策部署贯彻落实。

（一）加强财政政策审查监督。审查监督重点包括：财政政策贯彻落实国家方针政策和决策部署的情况；与经济社会发展目标和宏观调控总体要求相衔接的情况；加强中期财政规划管理工作，对国家重大战略任务保障的情况；财政政策制定过程中充分听取人大代表与社会各界意见建议的情况；财政政策的合理性、可行性、可持续性等情况。

（二）加强一般公共预算审查监督。审查监督一般公共预算支出总量和结构的重点包括：支出总量和结构贯彻落实国家方针政策和决策部署的情况；支出总量及其增减的情况，财政赤字规模及其占年度预计国内生产总值比重的情况；调整优化支出结构，严格控制一般性支出，提高财政资金配置效率和使用绩效等情况。

审查监督重点支出与重大投资项目的重点包括：重点支出预算和支出政策相衔接的情况；重点支出规模变化和结构优化的情况；重点支出决策论证、政策目标和绩效的情况。重大投资项目与国民经济和社会发展规划相衔接的情况；重大投资项目决策论证、投资安排和实施效果的情况。

审查监督部门预算的重点包括：部门各项收支全部纳入预算的情况；部门预算与支出政策、部门职责衔接匹配的情况；项目库建设情况；部门重点项目预算安排和绩效的情况；新增资产配置情况；结转资金使用情况；审计查出问题整改落实等情况。

审查监督中央对地方转移支付的重点包括：各类转移支付保障中央财政承担的财政事权和支出责任的情况；促进地区间财力均衡及增强基层公共服务保障能力的情况；健全规范转移支付制度、优化转移支付结构的情况；专项转移支付定期评估和退出的情况；转移支付预算下达和使用的情况；转移支付绩效的情况。

审查监督一般公共预算收入的重点包括：预算收入安排与经济社会发展目标、国家宏观调控总体要求相适应的情况；各项税收收入与对应税基相协调的情况；预算收入依法依规征收、真实完整的情况；预算收入结构优化、质量提高的情况；依法规范非税收入管理等情况。

（三）加强政府债务审查监督。审查监督中央政府债务重点包括：根据中央财政赤字规模和上年末国债余额限额，科学确定当年国债余额限额，合理控制国债余额与限额之间的差额；评估政府债务风险水平情况，推进实现稳增长和防风险的长期均衡。审查监督地方政府债务重点包括：地方政府债务纳入预算管理的情况；根据债务率、利息支出率等指标评估地方政府债务风险水平，审查地方政府新增一般债务限额和专项债务限额的合理性情况；地方政府专项债务偿还的情况；积极稳妥化解地方政府债务风险等情况。

（四）加强政府性基金预算审查监督。审查监督重点包括：基金项目设立、征收、使用和期限符合法律法规规定的情况；收支政策和预算安排的合理性、可行性、可持续性的情况；政府性基金支出使用情况；政府性基金项目绩效和评估调整等情况。

（五）加强国有资本经营预算审查监督。审查监督重点包括：预算范围完整、制度规范的情况；国有资本足额上缴收益和产权转让等收入的情况；支出使用方向和项目符合法律法规规定和政策的情况；国有资本经营预算调入一般公共预算的情况；政府投资基金管理的情况；发挥优化国有资本布局、与国资国企改革相衔接等情况。

（六）加强社会保险基金预算审查监督。审查监督重点包括：各项基金收支安排、财政补助和预算平衡的情况；预算安排贯彻落实社会保障政策的情况；推进基本养老保险全国统筹的情况；基金绩效和运营投资的情况；中长期收支预测及可持续运行等情况。

（七）进一步推进预算决算公开，提高预算决算透明度。以公开为常态、不公开为例外，监督中央政府及其部门依法及时公开预算决算信息，主动回应社会普遍关注的问题，接受社会监督。

二、加强中央预算编制的监督工作。坚持先有预算、后有支出、严格按预算支出的原则，细化预算和提前编制预算。按预算法规定的时间将中央预算草案全部编制完毕。中央预算应当按照宪法和法律规定，贯彻落实国家方针政策和决策部署，做到政策明确、标准科学、安排合理，增强可读性和可审性。

中央一般公共预算草案，应当列示预算收支情况表、转移支付预算表、基本建设支出表、政府债务情况表等，说明收支预算安排及转移支付绩效目标情况。中央政府性基金预算草案应当按基金项目分别编列、分别说明。政府性基金支出编列到资金使用的具体项目，说明结转结余和绩效目标情况。中央国有资本经营预算草案收入编列到行业或企业，说明纳入预算的企业单位的上年总体经营财务状况；支出编列到使用方向和用途，说明项目安排的依据和绩效目标。中央社会保险基金预算草案应当按保险项目编制，反映基本养老保险全国统筹推进情况，说明社会保险基金可持续运行情况。

三、加强和改善中央预算的初步审查工作。国务院财政部门应当及时向全国人民代表大会财政经济委员会和全国人民代表大会常务委员会预算工作委员会通报有关中央预算编制的情况。预算工作委员会应当结合听取全国人大代表和社会各界意见建议情况，与国务院财政等部门密切沟通，研究提出关于年度预算的分析报告。在全国人民代表大会会议举行的四十五日前，国务院财政部门应当将中央预算草案初步方案提交财政经济委员会，由财政经济委员会对中央预算草案初步方案进行初步审查，并就有关重点问题开展专题审议，提出初步审查意见。

财政经济委员会开展初步审查阶段，全国人民代表大会有关专门委员会围绕国家方针政策和决策部署，对相关领域部门预算初步方案、转移支付资金和政策开展专项审查，提出专项审查意见。专项审查意见中增加相关支出预算的建议，应当与减少其他支出预算的建议同时提出，以保持预算的平衡性、完整性和统一性。有关专门委员会的专项审查意见，送财政经济委员会、预算工作委员会研究处理，必要时作为初步审查意见的附件印发全国人民代表大会会议。

四、加强中央预算执行情况的监督工作。在全国人民代表大会及其常务委员会领导下，财政经济委员会和预算工作委员会应当做好有关工作。国务院有关部门应当及时向财政经济委员会、预算工作委员会提交落实全国人民代表大会关于预算决议的情况。国务院财政部门应当定期提供全国、中央和地方的预算执行报表，反映预算收支、政府债务等相关情况。国务院有关部门应当通过国家电子政务网等平台，定期提供部门预算执行、宏观经济、金融、审计、税务、海关、社会保障、国有资产等方面政策制度和数据信息。

全国人民代表大会常务委员会通过听取和审议专项工作报告、执法检查、专题调研等监督方式，加强对重点收支政策贯彻实施、重点领域财政资金分配和使用、重大财税改革和政策调整、重大投资项目落实情况的监督。国务院在每年八月向全国人民代表大会常务委员会报告当年预算执行情况。国务院财政部门及相关主管部门每季度提供预算执行、有关政策实施和重点项目进展情况。

全国人民代表大会常务委员会利用现代信息技术开展预算联网监督，提高预算审查监督效能，实现预算审查监督的网络化、智能化。对预算联网监督发现的问题，适时向国务院有关部门通报，有关部门应当核实处理并反馈处理情况。

五、加强中央预算调整方案的审查工作。中央预算执行中，农业、教育、科技、社会保障等重点领域支出的调减，新增发行特别国债，增加地方政府举借债务规模，须经全国人民代表大会常务委员会审查和批准。中央预算执行中必须作出预算调整的，国务院应当编制中央预算调整方案，一般于当年六月至十月期间提交全国人民代表大会常务委员会。严格控制预算调剂，各部门、各单位的预算支出应当按照预算执行，因重大事项确需调剂的，严格按照规定程序办理。中央预算执行中出台重要的增加财政收入或者支出的政策措施，调入全国社会保障基金，或者预算收支结构发生重要变化的情况，国务院财政部门应当及时向预算工作委员会通报。预算工作委员会及时将有关情况向财政经济委员会通报，必要时向全国人民代表大会常务委员会报告。

六、加强中央决算的审查工作。中央决算草案应当按照全国人民代表大会批准的预算所列科目编制，按预算数、调整预算数以及决算数分别列出，对重要变化应当作出说明。一般公共预算支出应当按功能分类编列到项，按经济性质分类编列到款。政府性基金预算支出、国有资本经营预算支出、社会保险基金预算支出，应当按功能分类编列到项。按照国务院规定实行权责发生制的特定事项，在审查中央决算草案前向全国人民代表大会常务委员会报告。中央决算草案应当在全国人民代表大会常务委员会举行会议审查和批准的三十日前，提交财政经济委员会，由财政经济委员会结合审计工作报告进行初步审查。

七、加强预算绩效的审查监督工作。各部门、各单位应当实施全面预算绩效管理，强化事前绩效评估，严格绩效目标管理，完善预算绩效指标体系，提升绩效评价质量。加强绩效评价结果运用，促进绩效评价结果与完善政策、安排预算和改进管理相结合，推进预算绩效信息公开，将重要绩效评价结果与决算草案同步报送全国人民代表大会常务委员会审查。全国人民代表大会常务委员会加强对重点支出和重大项目绩效目标、绩效评价结果的审查监督。必要时，召开预算绩效听证会。

八、加强对中央预算执行和决算的审计监督。审计机关应当按照真实、合法和效益的要求，对中央预算执行和其他财政收支情况以及决算草案进行审计监督，为全国人民代表大会常务委员会开展预算执行、决算审查监督提供支持服务。国务院应当在每年六月向全国人民代表大会常务委员会提出对上一年度中央预算执行和其他财政收支的审计工作报告。审计工作报告应当重点报告上一年度中央预算执行和决算草案、重要政策实施、财政资金绩效的审计情况，全面客观反映审计查出的问题，揭示问题产生的原因，提出改进工作的建议。审计查出的问题要依法纠正、处理，加强审计结果运用，强化责任追究，完善审计查出问题整改工作机制，健全整改情况公开机制。必要时，全国人民代表大会常务委员会可以对审计工作报告作出决议。

九、加强审计查出问题整改情况的监督工作。全国人民代表大会常务委员会对审计查出突出问题整改情况开展跟踪监督。综合运用听取和审议专项工作报告、专题询问等方式开展跟踪监督，加大监督力度，增强监督效果，推动建立健全整改长效机制，完善预算管理制度。健全人大预算审查监督与纪检监察监督、审计监督的贯通协调机制，加强信息共享，形成监督合力。

全国人民代表大会常务委员会在每年十二月听取和审议国务院关于审计查出问题整改情况的报告，根据需要可以听取审计查出突出问题相关责任部门单位的单项整改情况报告。有关责任部门单位负责人应当到会听取意见，回答询问。国务院提交的整改情况报告，应当与审计工作报告揭示的问题和提出的建议相对应，重点反映审计查出突出问题的整改情况，并提供审计查出突出问题的单项整改结果和中央部门预算执行审计查出问题整改情况清单。必要时，全国人民代表大会常务委员会可以对审计查出问题整改情况报告作出决议。

十、依法执行备案制度、强化预算法律责任。国务院应当将有关预算的法规及规范性文件，中央预算与地方预算有关收入和支出项目的划分、地方向中央上解收入、中央对地方税收返还或者转移支付的具体办法，省、自治区、直辖市政府报送国务院备案的预算决算的汇总，中央政府综合财务报告，以及其他应当报送的事项，及时报送全国人民代表大会常务委员会备案。

全国人民代表大会常务委员会开展预算决算审查监督工作发现的问题，相关机关、部门单位和地方应当及时研究处理，对违反预算法等法律规定的，依法追究法律责任；需要给予政务处分的，全国人民代表大会常务委员会有关工作机构及时通报监察机关。

十一、更好发挥全国人大代表作用。国务院财政等部门应当通过座谈会、通报会、专题调研、办理议案建议和邀请全国人大代表视察等方式，在编制预算、制定政策、推进改革过程中，认真听取全国人大代表意见建议，主动回应全国人大代表关切。全国人民代表大会有关专门委员会、常务委员会有关工作机构应当加强与全国人大代表的沟通联系，更好发挥代表作用。健全预算审查联系代表工作机制。

十二、预算工作委员会职责。预算工作委员会是全国人民代表大会常务委员会的工作机构，协助财政经济委员会承担全国人民代表大会及其常务委员会审查预算决算、审查预算调整方案和监督预算执行方面的具体工作；承担国有资产管理情况监督、审计查出突出问题整改情况跟踪监督方面的具体工作；承担预算、国有资产联网监督方面的具体工作；受委员长会议委托，承担有关法律草案的起草工作，协助财政经济委员会承担有关法律草案审议方面的具体工作；以及承办本决定规定的和常务委员会、委员长会议交办以及财政经济委员会需要协助办理的其他有关财政预算的具体事项。经委员长会议同意，预算工作委员会可以要求政府有关部门和单位提供预算情况，并获取相关信息资料及说明。经委员长会议批准，可以对各部门、各预算单位、重大建设项目的预算资金使用和专项资金的使用进行调查，政府有关部门和单位应积极协助、配合。

本决定自公布之日起施行。

全国人民代表大会常务委员会关于授权国务院在自由贸易试验区暂时调整适用有关法律规定的决定

（2021 年 4 月 29 日第十三届全国人民代表大会常务委员会第二十八次会议通过）

为深化“证照分离”改革，进一步推进“放管服”改革，优化营商环境，激发市场活力，加快政府职能转变，第十三届全国人民代表大会常务委员会第二十八次会议决定：授权国务院在自由贸易试验区内，暂时调整适用《中华人民共和国民办教育促进法》、《中华人民共和国会计法》、《中华人民共和国注册会计师法》、《中华人民共和国拍卖法》、《中华人民共和国银行业监督管理法》、《中华人民共和国商业银行法》、《中华人民共和国保险法》的有关规定（目录附后），自由贸易试验区所在县、不设区的市、市辖区的其他区域参照执行。上述调整的期限为三年，自本决定施行之日起算。

国务院及其有关部门要加强对试点工作的指导、协调和监督，及时总结试点工作经验，并就暂时调整适用有关法律规定的情况向全国人民代表大会常务委员会作出中期报告。对实践证明可行的，国务院应当提出修改有关法律的意见；对实践证明不宜调整的，在试点期限届满后恢复施行有关法律规定。

本决定自 2021 年 7 月 1 日起施行。

授权国务院在自由贸易试验区暂时调整适用有关法律规定目录

<table>
<tr><th>序号</th><th>事项名称</th><th>有关法律规定</th><th>调整实施方式</th></tr>
<tr><td>1</td><td>实施中等及中等以下学历教育、学前教育、自学考试助学及其他文化教育的民办学校筹设审批</td><td rowspan="3">《中华人民共和国民办教育促进法》
第十三条　申请筹设民办学校，举办者应当向审批机关提交下列材料：
（一）申办报告，内容应当主要包括：举办者、培养目标、办学规模、办学层次、办学形式、办学条件、内部管理体制、经费筹措与管理使用等；
（二）举办者的姓名、住址或者名称、地址；
（三）资产来源、资金数额及有效证明文件，并载明产权；
（四）属捐赠性质的校产须提交捐赠协议，载明捐赠人的姓名、所捐资产的数额、用途和管理方法及相关有效证明文件。
第十四条　审批机关应当自受理筹设民办学校的申请之日起三十日内以书面形式作出是否同意的决定。
同意筹设的，发给筹设批准书。不同意筹设的，应当说明理由。
筹设期不得超过三年。超过三年的，举办者应当重新申报。
第十五条　申请正式设立民办学校的，举办者应当向审批机关提交下列材料：
（一）筹设批准书；
（二）筹设情况报告；
（三）学校章程、首届学校理事会、董事会或者其他决策机构组成人员名单；
（四）学校资产的有效证明文件；
（五）校长、教师、财会人员的资格证明文件。</td><td>直接取消审批</td></tr>
<tr><td>2</td><td>民办普通、高级技工学校筹设审批</td><td>直接取消审批</td></tr>
<tr><td>3</td><td>民办技师学院筹设审批</td><td>直接取消审批</td></tr>
</table>

续表

序号	事项名称	有关法律规定	调整实施方式
4	实施自学考试助学的民办学校设立、变更和终止审批	《中华人民共和国民办教育促进法》 **第十二条** 举办实施学历教育、学前教育、自学考试助学及其他文化教育的民办学校，由县级以上人民政府教育行政部门按照国家规定的权限审批；举办实施以职业技能为主的职业资格培训、职业技能培训的民办学校，由县级以上人民政府人力资源社会保障行政部门按照国家规定的权限审批，并抄送同级教育行政部门备案。 **第五十三条** 民办学校的分立、合并，在进行财务清算后，由学校理事会或者董事会报审批机关批准。 申请分立、合并民办学校的，审批机关应当自受理之日起三个月内以书面形式答复；其中申请分立、合并民办高等学校的，审批机关也可以自受理之日起六个月内以书面形式答复。 **第五十四条** 民办学校举办者的变更，须由举办者提出，在进行财务清算后，经学校理事会或者董事会同意，报审批机关核准。 **第五十五条** 民办学校名称、层次、类别的变更，由学校理事会或者董事会报审批机关批准。 申请变更为其他民办学校，审批机关应当自受理之日起三个月内以书面形式答复；其中申请变更为民办高等学校的，审批机关也可以自受理之日起六个月内以书面形式答复。 **第五十六条** 民办学校有下列情形之一的，应当终止： （一）根据学校章程规定要求终止，并经审批机关批准的； （二）被吊销办学许可证的；…… **第六十二条** 民办学校有下列行为之一的，由县级以上人民政府教育行政部门、人力资源社会保障行政部门或者其他有关部门责令限期改正，并予以警告；有违法所得的，退还所收费用后没收违法所得；情节严重的，责令停止招生、吊销办学许可证；构成犯罪的，依法追究刑事责任： （一）擅自分立、合并民办学校的； （二）擅自改变民办学校名称、层次、类别和举办者的； …… （六）提交虚假证明文件或者采取其他欺诈手段隐瞒重要事实骗取办学许可证的； （七）伪造、变造、买卖、出租、出借办学许可证的；……	审批改为备案

续表

序号	事项名称	有关法律规定	调整实施方式
5	中介机构从事代理记账业务审批	《中华人民共和国会计法》 **第三十六条第一款** 各单位应当根据会计业务的需要，设置会计机构，或者在有关机构中设置会计人员并指定会计主管人员；不具备设置条件的，应当委托经批准设立从事会计代理记帐业务的中介机构代理记帐。	直接取消审批
6	会计师事务所分支机构设立审批	《中华人民共和国注册会计师法》 **第二十七条** 会计师事务所设立分支机构，须经分支机构所在地的省、自治区、直辖市人民政府财政部门批准。	审批改为备案
7	从事拍卖业务许可	《中华人民共和国拍卖法》 **第十一条** 企业取得从事拍卖业务的许可必须经所在地的省、自治区、直辖市人民政府负责管理拍卖业的部门审核批准。拍卖企业可以在设区的市设立。 **第十二条** 企业申请取得从事拍卖业务的许可，应当具备下列条件： （一）有一百万元人民币以上的注册资本； （二）有自己的名称、组织机构、住所和章程； （三）有与从事拍卖业务相适应的拍卖师和其他工作人员； （四）有符合本法和其他有关法律规定的拍卖业务规则； （五）符合国务院有关拍卖业发展的规定； （六）法律、行政法规规定的其他条件。 **第六十条** 违反本法第十一条的规定，未经许可从事拍卖业务的，由工商行政管理部门予以取缔，没收违法所得，并可以处违法所得一倍以上五倍以下的罚款。	审批改为备案

续表

<table>
<tr><th>序号</th><th>事项名称</th><th>有关法律规定</th><th>调整实施方式</th></tr>
<tr><td>8</td><td>中资银行业金融机构分行级以下分支机构（不含分行）设立、变更、终止以及业务范围审批</td><td rowspan="2">《中华人民共和国银行业监督管理法》
第十九条　未经国务院银行业监督管理机构批准，任何单位或者个人不得设立银行业金融机构或者从事银行业金融机构的业务活动。
第四十五条　银行业金融机构有下列情形之一，由国务院银行业监督管理机构责令改正，有违法所得的，没收违法所得，违法所得五十万元以上的，并处违法所得一倍以上五倍以下罚款；没有违法所得或者违法所得不足五十万元的，处五十万元以上二百万元以下罚款；情节特别严重或者逾期不改正的，可以责令停业整顿或者吊销其经营许可证；构成犯罪的，依法追究刑事责任：
（一）未经批准设立分支机构的；
（二）未经批准变更、终止的；……

《中华人民共和国商业银行法》
第十九条第一款　商业银行根据业务需要可以在中华人民共和国境内外设立分支机构。设立分支机构必须经国务院银行业监督管理机构审查批准。在中华人民共和国境内的分支机构，不按行政区划设立。
第二十四条第一款　商业银行有下列变更事项之一的，应当经国务院银行业监督管理机构批准：
（一）变更名称；
（二）变更注册资本；
（三）变更总行或者分支行所在地；
（四）调整业务范围；
（五）变更持有资本总额或者股份总额百分之五以上的股东；
（六）修改章程；
（七）国务院银行业监督管理机构规定的其他变更事项。
第七十四条　商业银行有下列情形之一，由国务院银行业监督管理机构责令改正，有违法所得的，没收违法所得，违法所得五十万元以上的，并处违法所得一倍以上五倍以下罚款；没有违法所得或者违法所得不足五十万元的，处五十万元以上二百万元以下罚款；情节特别严重或者逾期不改正的，可以责令停业整顿或者吊销其经营许可证；构成犯罪的，依法追究刑事责任：
（一）未经批准设立分支机构的；
（二）未经批准分立、合并或者违反规定对变更事项不报批的；……</td><td>审批改为备案</td></tr>
<tr><td>9</td><td>外资银行分行级以下分支机构（不含分行）设立、变更、终止以及部分业务范围审批</td><td>审批改为备案</td></tr>
</table>

续表

<table>
<tr><th>序号</th><th>事项名称</th><th>有关法律规定</th><th>调整实施方式</th></tr>
<tr><td>10</td><td>中资银行业金融机构分行级以下分支机构（不含分行）高级管理人员任职资格核准</td><td rowspan="2">《中华人民共和国银行业监督管理法》
第四十六条　银行业金融机构有下列情形之一，由国务院银行业监督管理机构责令改正，并处二十万元以上五十万元以下罚款；情节特别严重或者逾期不改正的，可以责令停业整顿或者吊销其经营许可证；构成犯罪的，依法追究刑事责任：
（一）未经任职资格审查任命董事、高级管理人员的；……
《中华人民共和国商业银行法》
第二十四条　商业银行有下列变更事项之一的，应当经国务院银行业监督管理机构批准：
……
更换董事、高级管理人员时，应当报经国务院银行业监督管理机构审查其任职资格。
第七十四条　商业银行有下列情形之一，由国务院银行业监督管理机构责令改正，有违法所得的，没收违法所得，违法所得五十万元以上的，并处违法所得一倍以上五倍以下罚款；没有违法所得或者违法所得不足五十万元的，处五十万元以上二百万元以下罚款；情节特别严重或者逾期不改正的，可以责令停业整顿或者吊销其经营许可证；构成犯罪的，依法追究刑事责任：
……
（二）未经批准分立、合并或者违反规定对变更事项不报批的；……</td><td>审批改为备案</td></tr>
<tr><td>11</td><td>外资银行分行级以下分支机构（不含分行）高级管理人员任职资格核准</td><td>审批改为备案</td></tr>
<tr><td>12</td><td>保险公司支公司及以下分支机构设立、重大事项变更、撤销审批</td><td>《中华人民共和国保险法》
第七十四条第一款　保险公司在中华人民共和国境内设立分支机构，应当经保险监督管理机构批准。
第八十四条　保险公司有下列情形之一的，应当经保险监督管理机构批准：
……
（三）变更公司或者分支机构的营业场所；
（四）撤销分支机构；……
第一百六十二条　保险公司违反本法第八十四条规定的，由保险监督管理机构责令改正，处一万元以上十万元以下的罚款。
第一百六十四条　违反本法规定，有下列行为之一的，由保险监督管理机构责令改正，处五万元以上三十万元以下的罚款；情节严重的，可以限制其业务范围、责令停止接受新业务或者吊销业务许可证：
……
（六）未经批准设立分支机构的；……</td><td>审批改为备案</td></tr>
</table>

续表

序号	事项名称	有关法律规定	调整实施方式
13	保险公司支公司及以下分支机构高级管理人员任职资格审批	《中华人民共和国保险法》 **第八十一条** 保险公司的董事、监事和高级管理人员,应当品行良好,熟悉与保险相关的法律、行政法规,具有履行职责所需的经营管理能力,并在任职前取得保险监督管理机构核准的任职资格。 保险公司高级管理人员的范围由国务院保险监督管理机构规定。 **第一百六十七条** 违反本法规定,聘任不具有任职资格的人员的,由保险监督管理机构责令改正,处二万元以上十万元以下的罚款。	审批改为备案

国务院文件

国务院关于进一步深化预算管理制度改革的意见

（2021年3月7日　国发〔2021〕5号）

预算体现国家的战略和政策，反映政府的活动范围和方向，是推进国家治理体系和治理能力现代化的重要支撑，是宏观调控的重要手段。党的十八大以来，按照党中央、国务院决策部署，预算管理制度不断改革完善，为建立现代财政制度奠定了坚实基础。当前和今后一个时期，财政处于紧平衡状态，收支矛盾较为突出，加之预算管理中存在统筹力度不足、政府过紧日子意识尚未牢固树立、预算约束不够有力、资源配置使用效率有待提高、预算公开范围和内容仍需拓展等问题，影响了财政资源统筹和可持续性。为落实《中华人民共和国预算法》及其实施条例有关规定，规范管理、提高效率、挖掘潜力、释放活力，现就进一步深化预算管理制度改革提出以下意见。

一、总体要求

（一）指导思想。以习近平新时代中国特色社会主义思想为指导，深入贯彻党的十九大和十九届二中、三中、四中、五中全会精神，全面贯彻党的基本理论、基本路线、基本方略，坚持稳中求进工作总基调，立足新发展阶段、贯彻新发展理念、构建新发展格局，以推动高质量发展为主题，以深化供给侧结构性改革为主线，以改革创新为根本动力，以满足人民日益增长的美好生活需要为根本目的，更加有效保障和改善民生，进一步完善预算管理制度，更好发挥财政在国家治理中的基础和重要支柱作用，为全面建设社会主义现代化国家提供坚实保障。

（二）基本原则。

坚持党的全面领导。将坚持和加强党的全面领导贯穿预算管理制度改革全过程。坚持以人民为中心，兜牢基本民生底线。坚持系统观念，加强财政资源统筹，集中力量办大事，坚决落实政府过紧日子要求，强化预算对落实党和国家重大政策的保障能力，实现有限公共资源与政策目标有效匹配。

坚持预算法定。增强法治观念，强化纪律意识，严肃财经纪律，更加注重强化约束，着力提升制度执行力，维护法律的权威性和制度的刚性约束力。明确地方和部门的主体责任，切实强化预算约束，加强对权力运行的制约和监督。

坚持目标引领。按照建立现代财税体制的要求，坚持目标导向和问题导向相结合，完善管理手段，创新管理技术，破除管理瓶颈，推进预算和绩效管理一体化，以信息化推进预算管理现代化，加强预算管理各项制度的系统集成、协同高效，提高预算管理规范化、科学化、标准化水平和预算透明度。

坚持底线思维。把防风险摆在更加突出的位置，统筹发展和安全、当前和长远，杜绝脱离实际的过高承诺，形成稳定合理的社会预期。加强政府债务和中长期支出事项管理，牢牢守住不发生系统性风险的底线。

二、加大预算收入统筹力度，增强财政保障能力

（三）规范政府收入预算管理。实事求是编制收入预算，考虑经济运行和实施减税降费政策等因素合理测算。严禁将财政收入规模、增幅纳入考核评比。严格落实各项减税降费政策，严禁收取过头税费、违规设置收费项目或提高收费标准。依照法律法规及时足额征收应征的预算收入，如实反映财政收入情况，提高收入质量，严禁虚收空转。不得违法违规制定实施各种形式的歧视性税费减免政策，维护全国统一市场和公平竞争。严禁将政府非税收入与征收单位支出挂钩。

（四）加强政府性资源统筹管理。将依托行政权力、国有资源（资产）获取的收入以及特许经营权拍卖收入等按规定全面纳入预算，加大预算统筹力度。完善收费基金清单管理，将列入清单的收费基金按规定纳入预算。将应当由政府统筹使用的基金项目转列一般公共预算。合理确定国有资本收益上交比例。

（五）强化部门和单位收入统筹管理。各部门和单位要依法依规将取得的各类收入纳入部门或单位预算，未纳入预算的收入不得安排支出。各部门应当加强所属单位事业收入、事业单位经营收入等非财政拨款收入管理，在部门和单位预算中如实反映非财政拨款收入情况。加强行政事业性国有资产收入管理，资产出租、处置等收入按规定上缴国库或纳入单位预算。

（六）盘活各类存量资源。盘活财政存量资金，完善结余资金收回使用机制。新增资产配置要与资产存量挂钩，依法依规编制相关支出预算。严格各类资产登记和核算，所有资本性支出应当形成资产并予以全程登记。各级行政事业单位要将资产使用管理责任落实到人，确保资产安全完整、高效利用。推动国有资产共享共用，促进长期低效运转、闲置和超标准配置资产以及临时配置资产调剂使用,有条件的部门和地区可以探索建立公物仓,按规定处置不需使用且难以调剂的国有资产,提高财政资源配置效益。

三、规范预算支出管理,推进财政支出标准化

(七)加强重大决策部署财力保障。各级预算安排要将落实党中央、国务院重大决策部署作为首要任务,贯彻党的路线方针政策,增强对国家重大战略任务、国家发展规划的财力保障。完善预算决策机制和程序,各级预算、决算草案提请本级人大或其常委会审查批准前,应当按程序报本级党委和政府审议;各部门预算草案应当报本部门党组(党委)审议。

(八)合理安排支出预算规模。坚持量入为出原则,积极运用零基预算理念,打破支出固化僵化格局,合理确定支出预算规模,调整完善相关重点支出的预算编制程序,不再与财政收支增幅或生产总值层层挂钩。充分发挥财政政策逆周期调节作用,安排财政赤字和举借债务要与经济逆周期调节相适应,将政府杠杆率控制在合理水平,并预留应对经济周期变化的政策空间。

(九)大力优化财政支出结构。各级预算安排要突出重点,坚持"三保"(保基本民生、保工资、保运转)支出在财政支出中的优先顺序,坚决兜住"三保"底线,不留硬缺口。严格控制竞争性领域财政投入,强化对具有正外部性创新发展的支持。不折不扣落实过紧日子要求,厉行节约办一切事业,建立节约型财政保障机制,精打细算,严控一般性支出。严禁违反规定乱开口子、随意追加预算。严格控制政府性楼堂馆所建设,严格控制和执行资产配置标准,暂时没有标准的要从严控制、避免浪费。清理压缩各种福利性、普惠性、基数化奖励。优化国有资本经营预算支出结构,强化资本金注入,推动国有经济布局优化和结构调整。

(十)完善财政资金直达机制。在保持现行财政体制、资金管理权限和保障主体责任基本稳定的前提下,稳步扩大直达资金范围。完善直达资金分配审核流程,加强对地方分配直达资金情况的监督,确保资金安排符合相关制度规定、体现政策导向。建立健全直达资金监控体系,加强部门协同联动,强化从资金源头到使用末端的全过程、全链条、全方位监管,资金监管"一竿子插到底",确保资金直达使用单位、直接惠企利民,防止挤占挪用、沉淀闲置等,提高财政资金使用的有效性和精准性。

(十一)推进支出标准体系建设。建立国家基础标准和地方标准相结合的基本公共服务保障标准体系,由财政部会同中央有关职能部门按程序制定国家基础标准,地方结合公共服务状况、支出成本差异、财政承受能力等因素因地制宜制定地方标准,按程序报上级备案后执行。鼓励各地区结合实际在国家尚未出台基础标准的领域制定地方标准。各地区要围绕"三保"等基本需要研究制定县级标准。根据支出政策、项目要素及成本、财力水平等，建立不同行业、不同地区、分类分档的预算项目支出标准体系。根据经济社会发展、物价变动和财力变化等动态调整支出标准。加强对项目执行情况的分析和结果运用，将科学合理的实际执行情况作为制定和调整标准的依据。加快推进项目要素、项目文本、绩效指标等标准化规范化。将支出标准作为预算编制的基本依据，不得超标准编制预算。

四、严格预算编制管理，增强财政预算完整性

（十二）改进政府预算编制。上级政府应当依法依规提前下达转移支付和新增地方政府债务限额预计数，增强地方预算编制的完整性、主动性。下级政府应当严格按照提前下达数如实编制预算，既不得虚列收支、增加规模，也不得少列收支、脱离监督。进一步优化转移支付体系，完善转移支付资金分配方法，健全转移支付定期评估和动态调整、退出机制，提高转移支付管理的规范性、科学性、合理性。规范国有资本经营预算编制，经本级人大或其常委会批准，国有资本规模较小或国有企业数量较少的市县可以不编制本级国有资本经营预算。

（十三）加强跨年度预算平衡。加强中期财政规划管理，进一步增强与国家发展规划的衔接，强化中期财政规划对年度预算的约束。对各类合规确定的中长期支出事项和跨年度项目，要根据项目预算管理等要求，将全生命周期内对财政支出的影响纳入中期财政规划。地方政府举借债务应当严格落实偿债资金来源，科学测算评估预期偿债收入，合理制定偿债计划，并在中期财政规划中如实反映。鼓励地方结合项目偿债收入情况，建立政府偿债备付金制度。

（十四）加强部门和单位预算管理。政府的全部收入和支出都应当依法纳入预算，执行统一的预算管理制度。落实部门和单位预算管理主体责任，部门和单位要对预算完整性、规范性、真实性以及执行结果负责。各部门要统筹各类资金资产，结合本部门非财政拨款收入情况统筹申请预算，保障合理支出需求。将项目作为部门和单位预算管理的基本单元，预算支出全部以项目形式纳入预算项目库，实施项目全生命周期管理，未纳入预算项目库的项目一律不得安排预算。有关部门负责安排的建设项目，要按规定纳入部门项目库并纳入预算项目库。实行项目标准化分类，规范立项依据、实施期限、支出标准、预算需求等要素。建立健全项目入库评审机制和项目滚动管理机制。做实做细项目储备，纳入预算项目库的项目应当按规定完成可行性研究论证、制定具体实施计划等各项前期工作，做到预算一经批准即可实施，并按照轻重缓急等排序，突出保障重点。推进运用成本效益分析等方法研究开展事前绩效评估。

依法依规管理预算代编事项，除应急、救灾等特殊事项外，部门不得代编应由所属单位实施的项目预算。

（十五）完善政府财务报告体系。建立完善权责发生制政府综合财务报告制度，全面客观反映政府资产负债与财政可持续性情况。健全财政总预算会计制度，将财政财务信息内容从预算收支信息扩展至资产、负债、投资等信息。推动预算单位深化政府会计改革，全面有效实施政府会计标准体系，完善权责发生制会计核算基础。完善国有资产管理情况报告制度，做好与政府综合财务报告的衔接。

五、强化预算执行和绩效管理，增强预算约束力

（十六）强化预算对执行的控制。严格执行人大批准的预算，预算一经批准非经法定程序不得调整。对预算指标实行统一规范的核算管理，精准反映预算指标变化，实现预算指标对执行的有效控制。坚持先有预算后有支出，严禁超预算、无预算安排支出或开展政府采购，严禁将国库资金违规拨入财政专户。严禁出台溯及以前年度的增支政策，新的增支政策原则上通过以后年度预算安排支出。规范预算调剂行为。规范按权责发生制列支事项，市县级财政国库集中支付结余不再按权责发生制列支。严禁以拨代支，进一步加强地方财政暂付性款项管理，除已按规定程序审核批准的事项外，不得对未列入预算的项目安排支出。加强对政府投资基金设立和出资的预算约束，提高资金使用效益。加强国有资本管理与监督，确保国有资本安全和保值增值。

（十七）推动预算绩效管理提质增效。将落实党中央、国务院重大决策部署作为预算绩效管理重点，加强财政政策评估评价，增强政策可行性和财政可持续性。加强重点领域预算绩效管理，分类明确转移支付绩效管理重点，强化引导约束。加强对政府和社会资本合作、政府购买服务等项目的全过程绩效管理。加强国有资本资产使用绩效管理，提高使用效益。加强绩效评价结果应用，将绩效评价结果与完善政策、调整预算安排有机衔接，对低效无效资金一律削减或取消，对沉淀资金一律按规定收回并统筹安排。加大绩效信息公开力度，推动绩效目标、绩效评价结果向社会公开。

（十八）优化国库集中收付管理。对政府全部收入和支出实行国库集中收付管理。完善国库集中支付控制体系和集中校验机制，实行全流程电子支付，优化预算支出审核流程，全面提升资金支付效率。根据预算收入进度和资金调度需要等，合理安排国债、地方政府债券的发行规模和节奏，节省资金成本。优化国债品种期限结构，发挥国债收益率曲线定价基准作用。完善财政收支和国库现金流量预测体系，建立健全库款风险预警机制，统筹协调国库库款管理、政府债券发行与国库现金运作。

（十九）拓展政府采购政策功能。建立政府采购需求标准体系，鼓励相关部门结合部门和行业特点提出政府采购相关政策需求，推动在政府采购需求标准中嵌入支持创新、绿色发展等政策要求。细化政府采购预算编制，确保与年度预算相衔接。建立支持创新产品及服务、中小企业发展等政策落实的预算编制和资金支付控制机制。对于适合以市场化方式提供的服务事项，应当依法依规实施政府购买服务，坚持费随事转，防止出现"一边购买服务，一边养人办事"的情况。

六、加强风险防控，增强财政可持续性

（二十）健全地方政府依法适度举债机制。健全地方政府债务限额确定机制，一般债务限额与一般公共预算收入相匹配，专项债务限额与政府性基金预算收入及项目收益相匹配。完善专项债券管理机制，专项债券必须用于有一定收益的公益性建设项目，建立健全专项债券项目全生命周期收支平衡机制，实现融资规模与项目收益相平衡，专项债券期限要与项目期限相匹配，专项债券项目对应的政府性基金收入、专项收入应当及时足额缴入国库，保障专项债券到期本息偿付。完善以债务率为主的政府债务风险评估指标体系，建立健全政府债务与项目资产、收益相对应的制度，综合评估政府偿债能力。加强风险评估预警结果应用，有效前移风险防控关口。依法落实到期法定债券偿还责任。健全地方政府债务信息公开及债券信息披露机制，发挥全国统一的地方政府债务信息公开平台作用，全面覆盖债券参与主体和机构，打通地方政府债券管理全链条，促进形成市场化融资自律约束机制。

（二十一）防范化解地方政府隐性债务风险。把防范化解地方政府隐性债务风险作为重要的政治纪律和政治规矩，坚决遏制隐性债务增量，妥善处置和化解隐性债务存量。完善常态化监控机制，进一步加强日常监督管理，决不允许新增隐性债务上新项目、铺新摊子。强化国有企事业单位监管，依法健全地方政府及其部门向企事业单位拨款机制，严禁地方政府以企业债务形式增加隐性债务。严禁地方政府通过金融机构违规融资或变相举债。金融机构要审慎合规经营，尽职调查、严格把关，严禁要求或接受地方党委、人大、政府及其部门出具担保性质文件或者签署担保性质协议。清理规范地方融资平台公司，剥离其政府融资职能，对失去清偿能力的要依法实施破产重整或清算。健全市场化、法治化的债务违约处置机制，鼓励债务人、债权人协商处置存量债务，切实防范恶意逃废债，保护债权人合法权益，坚决防止风险累积形成系统性风险。加强督查审计问责，严格落实政府举债终身问责制和债务问题倒查机制。

（二十二）防范化解财政运行风险隐患。推进养老保险全国统筹，坚持精算平衡,加强基金运行监测,防范待遇支付风险。加强医疗、失业、工伤等社保基金管理,推进省级统筹,根据收支状况及时调整完善缴费和待遇政策,促进收支基本平衡。各地区出台涉及增加财政支出的重大政策或实施重大政府投资项目前,要按规定进行财政承受能力评估,未通过评估的不得安排预算。规范政府和社会资本合作项目管理。各部门出台政策时要考虑地方财政承受能力。除党中央、国务院统一要求以及共同事权地方应负担部分外,上级政府及其部门不得出台要求下级配套或以达标评比、考核评价等名目变相配套的政策。加强政府中长期支出事项管理,客观评估对财政可持续性的影响。

七、增强财政透明度,提高预算管理信息化水平

(二十三)改进预决算公开。加大各级政府预决算公开力度,大力推进财政政策公开。扩大部门预决算公开范围,各部门所属预算单位预算、决算及相关报表应当依法依规向社会公开。推进政府投资基金、收费基金、国有资本收益、政府采购意向等信息按规定向社会公开。建立民生项目信息公示制度。细化政府预决算公开内容,转移支付资金管理办法及绩效目标、预算安排情况等应当依法依规向社会公开。细化部门预决算公开内容,项目预算安排、使用情况等项目信息应当依法依规向社会公开。推进按支出经济分类公开政府预决算和部门预决算。

(二十四)发挥多种监督方式的协同效应。充分发挥党内监督的主导作用,加强财会监督,促进财会监督与党内监督、监察监督、行政监督、司法监督、审计监督、统计监督、群众监督、舆论监督等协同发力。各级政府、各部门要依法接受各级人大及其常委会、审计部门的监督。推进人大预算联网监督工作。各级财政部门要做好财税法规和政策执行情况、预算管理有关监督工作,构建日常监管与专项监督协调配合的监督机制。强化监督结果运用,对监督发现的问题,严格依规依纪依法追究有关单位和人员责任,加大处理结果公开力度。

(二十五)实现中央和地方财政系统信息贯通。用信息化手段支撑中央和地方预算管理,规范各级预算管理工作流程等,统一数据标准,推动数据共享。以省级财政为主体加快建设覆盖本地区的预算管理一体化系统并与中央财政对接,动态反映各级预算安排和执行情况,力争2022年底全面运行。中央部门根据国家政务信息化建设进展同步推进相关信息系统建设。建立完善全覆盖、全链条的转移支付资金监控机制,实时记录和动态反映转移支付资金分配、拨付、使用情况,实现资金从预算安排源头到使用末端全过程来源清晰、流向明确、账目可查、账实相符。

(二十六)推进部门间预算信息互联共享。预算管理一体化系统集中反映单位基础信息和会计核算、资产管理、账户管理等预算信息，实现财政部门与主管部门共享共用。积极推动财政与组织、人力资源和社会保障、税务、人民银行、审计、公安、市场监管等部门实现基础信息按规定共享共用。落实部门和单位财务管理主体责任，强化部门对所属单位预算执行的监控管理职责。

各地区、各部门要充分认识到进一步深化预算管理制度改革的重要意义，把思想认识和行动统一到党中央、国务院的决策部署上来，增强“四个意识”、坚定“四个自信”、做到“两个维护”，主动谋划，精心组织，扎实推进改革。各地区要按照本意见要求，结合本地区实际，细化各项政策措施，切实加强制度建设，夯实改革基础，推进人才队伍建设，确保各项改革任务及时落地见效，推动预算管理水平再上新台阶。

国务院办公厅关于服务“六稳”“六保”进一步做好“放管服”改革有关工作的意见

（2021 年 4 月 7 日　国办发〔2021〕10 号）

深化“放管服”改革，打造市场化法治化国际化营商环境，是做好“六稳”工作、落实“六保”任务的重要抓手。近年来，“放管服”改革深入推进，有效激发了市场主体活力和社会创造力，但仍然存在一些企业和群众关注度高、反映强烈的突出问题亟待解决。为进一步深化“放管服”改革，切实做好“六稳”、“六保”工作，推动高质量发展，经国务院同意，现提出以下意见。

一、总体要求

（一）指导思想。以习近平新时代中国特色社会主义思想为指导，全面贯彻党的十九大和十九届二中、三中、四中、五中全会精神，认真落实党中央、国务院决策部署，立足新发展阶段、贯彻新发展理念、构建新发展格局，围绕“六稳”、“六保”，加快转变政府职能，深化“放管服”改革，促进要素资源高效配置，切实维护公平竞争，建设国际一流营商环境，推进政府治理体系和治理能力现代化，推动经济社会持续健康发展。

（二）基本原则。

坚持目标导向、综合施策。围绕稳定和扩大就业、培育市场主体、扩大有效投资、促进消费、稳外贸稳外资、保障基本民生等重点领域，以务实管用的政策和改革举措，增强企业和群众获得感。

坚持问题导向、务求实效。聚焦企业和群众办事创业的难点堵点继续

"啃硬骨头",坚持放管结合、并重,着力清理对市场主体的不合理限制,实施更加有效监管,持续优化政务服务,不断提高改革含金量。

坚持系统集成、协同推进。坚持系统观念,加强各领域"放管服"改革有机衔接、统筹推进,促进中央和地方上下联动,强化部门之间协作配合,立足全生命周期、全产业链条推进改革,完善配套政策,放大综合效应,增强发展内生动力。

二、进一步推动优化就业环境

(三)推动降低就业门槛。进一步梳理压减准入类职业资格数量,取消乡村兽医、勘察设计注册石油天然气工程师等职业资格,推进社会化职业技能等级认定,持续动态优化国家职业资格目录。合理降低或取消部分准入类职业资格考试工作年限要求。进一步规范小微电商准入,科学界定《中华人民共和国电子商务法》中"便民劳务活动"、"零星小额交易活动"标准。(人力资源社会保障部、住房城乡建设部、农业农村部、市场监管总局等国务院相关部门及各地区按职责分工负责)

(四)支持提升职业技能。建立职业技能培训补贴标准动态调整机制,科学合理确定培训补贴标准。拓宽职业技能培训资金使用范围。延长以工代训政策实施期限,简化企业申请以工代训补贴材料。加强对家政、养老等行业从业人员职业技能培训,全面提升就业能力。创新开展"行校合作",鼓励行业协会、跨企业培训中心等组织中小微企业开展学徒制培训,鼓励各地区探索开展项目制培训等多种形式培训。采取优化审批服务、探索实行告知承诺制等方式,便利各类职业培训机构设立。(人力资源社会保障部、民政部、财政部等国务院相关部门及各地区按职责分工负责)

(五)支持和规范新就业形态发展。着力推动消除制约新产业新业态发展的隐性壁垒,不断拓宽就业领域和渠道。加强对平台企业的监管和引导,促进公平有序竞争,推动平台企业依法依规完善服务协议和交易规则,合理确定收费标准,改进管理服务,支持新就业形态健康发展。落实和完善财税、金融等支持政策,发挥双创示范基地带动作用,支持高校毕业生、退役军人、返乡农民工等重点群体创业就业。完善适应灵活就业人员的社保政策措施,推动放开在就业地参加社会保险的户籍限制,加快推进职业伤害保障试点,扩大工伤保险覆盖面,维护灵活就业人员合法权益。(国家发展改革委、教育部、财政部、人力资源社会保障部、农业农村部、退役军人部、人民银行、税务总局、市场监管总局、国家医保局、银保监会等国务院相关部门及各地区按职责分工负责)

三、进一步推动减轻市场主体负担

（六）健全惠企服务机制。推广财政资金直达机制的有效做法，研究将具备条件的惠企资金纳入直达机制。优化国库退税审核程序，逐步实现智能化、自动化处理。推动实现非税收入全领域“跨省通缴”。精简享受税费优惠政策的办理流程和手续，持续扩大“自行判别、自行申报、事后监管”范围。整合财产和行为税10税纳税申报表，整合增值税、消费税及城市维护建设税等附加税费申报表。大力发展市场化征信机构，建设和完善“信易贷”平台，推动水电气、纳税、社保等信用信息归集共享，依托大数据等现代信息技术为企业精准“画像”、有效增信，提升金融、社保等惠企政策覆盖度、精准性和有效性。持续规范水电气暖等行业收费，确保政策红利传导到终端用户。推动企业建立健全合规经营制度，依法查处垄断行为，严厉打击价格串通、哄抬价格等价格违法行为。（国家发展改革委、财政部、人力资源社会保障部、国家医保局、人民银行、税务总局、市场监管总局、银保监会等国务院相关部门及各地区按职责分工负责）

（七）规范提升中介服务。从严查处行政机关为特定中介机构垄断服务设定隐性壁垒或将自身应承担的行政审批中介服务费用转嫁给企业承担等违规行为。严格规范国务院部门和地方政府设定的中介服务事项。依法降低中介服务准入门槛，破除行业壁垒，打破地方保护，引入竞争机制，促进提升中介服务质量，建立合理定价机制。加强对中介机构的监管，推动中介机构公开服务条件、流程、时限和收费标准，坚决查处乱收费、变相涨价等行为。（国务院办公厅、市场监管总局、国家发展改革委等国务院相关部门及各地区按职责分工负责）

（八）规范改进认证服务。推动认证机构转企改制、与政府部门脱钩，提高市场开放度，促进公平有序竞争。加强对认证机构的监管，督促认证机构公开收费标准，及时公布认证信息，提高服务质量。清理规范涉及认证的评价制度，推动向国家统一的认证制度转变。健全政府、行业、社会等多层面的认证采信机制，推动认证结果在不同部门、层级和地区间互认通用。（市场监管总局等国务院相关部门及各地区按职责分工负责）

（九）优化涉企审批服务。分行业分领域清理规范行政审批前置条件和审批标准，明确行政备案材料、程序，依托全国一体化政务服务平台，推动更多涉企事项网上办理，简化优化商事服务流程，大力推进减环节、减材料、减时限、减费用，降低制度性交易成本。精简优化涉及电子电器产品的管理措施，探索推行企业自检自证和产品系族管理。加快商标专利注册申请全流程电子化，分类压减商标异议、变更、转让、续展周期和专利授权公告周期，建立健全重大不良影响商标快速驳回机制,严厉打击商标恶意注册、非正常专利申请等行为。(国务院办公厅、工业和信息化部、市场监管总局、国家知识产权局等国务院相关部门及各地区按职责分工负责)

四、进一步推动扩大有效投资

(十)持续提高投资审批效率。进一步深化投资审批制度改革,简化、整合投资项目报建手续,推进实施企业投资项目承诺制,优化交通、水利、能源等领域重大投资项目审批流程。鼓励各地区推进"标准地"出让改革,科学构建"标准地"出让指标体系,简化优化工业项目供地流程,压缩供地时间,降低投资项目运行成本。推动投资项目在线审批监管平台和各相关审批系统互联互通和数据共享,避免企业重复填报、部门重复核验。(国家发展改革委、自然资源部、住房城乡建设部、交通运输部、水利部、国家能源局等国务院相关部门及各地区按职责分工负责)

(十一)优化工程建设项目审批。持续深化工程建设项目审批制度改革,完善全国统一的工程建设项目审批和管理体系。进一步精简整合工程建设项目全流程涉及的行政许可、技术审查、中介服务、市政公用服务等事项。支持各地区结合实际提高工程建设项目建筑工程施工许可证办理限额,对简易低风险工程建设项目实行"清单制+告知承诺制"审批。研究制定工程建设项目全过程审批管理制度性文件,建立健全工程建设项目审批监督管理机制,加强全过程审批行为和时间管理,规范预先审查、施工图审查等环节,防止体外循环。(住房城乡建设部、国家发展改革委等国务院相关部门及各地区按职责分工负责)

五、进一步推动激发消费潜力

(十二)清除消费隐性壁垒。着力打破行业垄断和地方保护,打通经济循环堵点,推动形成高效规范、公平竞争的国内统一市场。有序取消一些行政性限制消费购买的规定,释放消费潜力。加快修订《二手车流通管理办法》,推动各地区彻底清理违规设置的二手车迁入限制,放宽二手车经营条件。规范报废机动车回收拆解企业资质认定,支持具备条件的企业进入回收拆解市场,依法查处非法拆解行为。鼓励各地区适当放宽旅游民宿市场准入,推进实施旅游民宿行业标准。制定跨地区巡回演出审批程序指南,优化审批流程,为演出经营单位跨地区开展业务提供便利。(国家发展改革委、公安部、生态环境部、商务部、文化和旅游部等国务院相关部门及各地区按职责分工负责)

(十三)便利新产品市场准入。针对市场急需、消费需求大的新技术新产品,优先适用国家标准制定快速程序,简化标准制修订流程,缩短发布周期。在相关国家标准出台前,鼓励先由社会团体制定发布满足市场和创新需要的团体标准,鼓励企业制定有竞争力的企业标准并自我声明公开,推动新技术新产品快速进入市场。加快统一出口商品和内贸商品在工艺流程、流通规则等方面的规定,推进内外贸产品“同线同标同质”,破除制约出口商品转内销的系统性障碍。继续扩大跨境电商零售进口试点城市范围,调整扩大跨境电商零售进口商品清单。(市场监管总局、商务部、海关总署、财政部等国务院相关部门及各地区按职责分工负责)

六、进一步推动稳外贸稳外资

(十四)持续优化外商投资环境。完善外商投资准入前国民待遇加负面清单管理制度,确保外资企业平等享受各项支持政策。支持外资企业更好参与国家和行业标准制定。优化外商投资信息报告制度,完善企业登记系统和企业信用信息公示系统功能,加强填报指导,减轻企业报送负担。(国家发展改革委、商务部、市场监管总局等国务院相关部门及各地区按职责分工负责)

(十五)持续推进通关便利化。推动国际贸易“单一窗口”同港口、铁路、民航等信息平台及银行、保险等机构对接。优化海关风险布控规则,推广科学随机布控,提高人工分析布控精准度,降低守法合规企业和低风险商品查验率。深入推进进出口商品检验监管模式改革,积极推进第三方检验结果采信制度化建设。鼓励理货、拖轮、委托检验等经营主体进入市场,促进公平竞争。(海关总署、交通运输部、银保监会、国家铁路局、中国民航局等国务院相关部门及各地区按职责分工负责)

(十六)清理规范口岸收费。加快修订《港口收费计费办法》,进一步完善港口收费政策,减并港口收费项目。定向降低沿海港口引航费标准,进一步扩大船方自主决定是否使用拖轮的船舶范围。完善洗修箱服务规则,清理规范港外堆场洗修箱费、铁路运输关门费等收费。实行口岸收费项目目录清单制度,做到清单外无收费。对政府依成本定价的收费项目,开展成本监审或成本调查,及时调整收费标准;对实行市场调节价的收费项目及对应的收费主体,开展典型成本调查,为合理规范收费提供依据。(国家发展改革委、财政部、交通运输部、国务院国资委、海关总署、市场监管总局等国务院相关部门及各地区按职责分工负责)

七、进一步推动优化民生服务

(十七)创新养老和医疗服务供给。推进公办养老机构公建民营改革,引入社会资本和专业管理服务机构,盘活闲置床位资源,在满足失能、半失能特困人员集中供养基础上,向其他失能、失智、高龄老年人开放。推动取消诊所设置审批,推动诊所执业登记由审批改为备案。推动取消职业卫生技术服务机构资质等级划分,便利市场准入。在确保电子处方来源真实可靠的前提下,允许网络销售除国家实行特殊管理的药品以外的处方药。（民政部、国家卫生健康委、国家药监局等国务院相关部门及各地区按职责分工负责）

（十八）提高社会救助精准性。支持各地区推动民政、人力资源社会保障、残联、医保、乡村振兴等部门和单位相关数据共享，运用大数据等现代信息技术建立困难群众主动发现机制和动态调整机制，优化服务流程，缩短办理时限，实现民生保障领域问题早发现、早干预，确保符合条件的困难群众及时得到救助，防止产生违规冒领和设租寻租等问题。（民政部、人力资源社会保障部、国家医保局、国家乡村振兴局、中国残联等相关部门和单位及各地区按职责分工负责）

（十九）提升便民服务水平。建立健全政务数据共享协调机制，加强信息共享和证明互认，通过完善信用监管、全面推行告知承诺制等方式，推动减少各类证明事项。实施证明事项清单管理制度，清单之外不得向企业和群众索要证明。确需提供证明的，应告知证明事项名称、用途、依据、索要单位、开具单位等信息。围绕保障改善民生，推动更多服务事项"跨省通办"。坚持传统服务方式与智能化服务创新并行，切实解决老年人等特殊群体在运用智能技术方面遇到的突出困难。（国务院办公厅、司法部等国务院相关部门及各地区按职责分工负责）

八、进一步加强事中事后监管

（二十）加强取消和下放事项监管。坚持放管结合、并重，把有效监管作为简政放权的必要保障，推动政府管理从事前审批更多转向事中事后监管，对取消和下放的行政许可事项，由主管部门会同相关部门逐项制定事中事后监管措施，明确监管层级、监管部门、监管方式，完善监管规则和标准。进一步梳理监管部门监管职责，强化与地方监管执法的衔接，建立相互协作、齐抓共管的高效监管机制，确保责任清晰、监管到位。（国务院办公厅牵头，国务院相关部门及各地区按职责分工负责）

（二十一）提升事中事后监管效能。各地区各部门要完善"双随机、一公开"监管、信用监管、"互联网+监管"等方式，实施更加精准更加有效的监管。梳理职责范围内的重点监管事项，聚焦管好"一件事"实施综合监管。加强对日常监管事项的风险评估，实施分级分类监管，强化高风险环节监管。对涉及人民群众生命健康和公共安全的要严格监管，坚决守住安全底线。对新产业新业态实行包容审慎监管，引导和规范其健康发展。完善全国一体化在线监管平台，推动监管信息共享，加快形成统一的监管大数据，强化监管信息综合运用，提升监管质量和效率。（国务院办公厅牵头，国务院相关部门及各地区按职责分工负责）

（二十二）严格规范行政执法。制定出台进一步规范行政裁量权基准制度的指导意见，推动各地区各部门明确行政裁量种类、幅度，规范适用程序，纠正处罚畸轻畸重等不规范行政执法行为。鼓励各地区依法依规建立柔性执法清单管理制度，对轻微违法行为，慎用少用行政强制措施，防止一关了之、以罚代管。（司法部牵头，国务院相关部门及各地区按职责分工负责）

九、保障措施

（二十三）完善企业和群众评价机制。坚持以企业和群众获得感和满意度作为评判改革成效的标准，依托全国一体化政务服务平台、中国政府网建立企业和群众评价国家层面改革举措的常态化机制。及时公开评价结果，强化差评整改，形成评价、反馈、整改有机衔接的工作闭环，做到群众参与、社会评判、市场认可。各地区要建立地方层面改革举措社会评价机制。

（二十四）加强组织实施。各地区各部门要高度重视，及时研究解决“放管服”改革中出现的新情况、新问题，切实做到放出活力、管出公平、服出效率。要结合实际情况，依法依规制定实施方案，出台具体政策措施，逐项抓好落实。国务院办公厅要加强督促指导，确保改革举措落实到位。

国务院办公厅关于加强城市内涝治理的实施意见

（2021 年 4 月 8 日　国办发〔2021〕11 号）

治理城市内涝事关人民群众生命财产安全，既是重大民生工程，又是重大发展工程。近年来，各地区各部门大力推进排水防涝设施建设，城市内涝治理取得积极进展，但仍存在自然调蓄空间不足、排水设施建设滞后、应急管理能力不强等问题。为加快推进城市内涝治理，经国务院同意，现提出以下意见。

一、总体要求

（一）指导思想。以习近平新时代中国特色社会主义思想为指导，深入贯彻党的十九大和十九届二中、三中、四中、五中全会精神，认真落实习近平生态文明思想，牢固树立总体国家安全观，按照党中央、国务院决策部署，立足新发展阶段、贯彻新发展理念、构建新发展格局，坚持以人民为中心，坚持人与自然和谐共生，坚持统筹发展和安全，将城市作为有机生命体，根据建设海绵城市、韧性城市要求，因地制宜、因城施策，提升城市防洪排涝能力，用统筹的方式、系统的方法解决城市内涝问题，维护人民群众生命财产安全，为促进经济社会持续健康发展提供有力支撑。

（二）工作原则。

——规划统筹，完善体系。统筹区域流域生态环境治理和城市建设，统筹城市水资源利用和防灾减灾，统筹城市防洪和内涝治理，结合国土空间规划和流域防洪、城市基础设施建设等规划，逐步建立完善防洪排涝体系，形成流域、区域、城市协同匹配，防洪排涝、应急管理、物资储备系统完整的防灾减灾体系。

——全面治理，突出重点。坚持防御外洪与治理内涝并重、生态措施与工程措施并举，"高水高排、低水低排"，更多利用自然力量排水，整体提升城市内涝治理水平。以近年来内涝严重城市和重点防洪城市为重点，抓紧开展内涝治理，全面解决内涝顽疾，妥善处理流域防洪与城市防洪排涝的关系。

——因地制宜，一城一策。根据自然地理条件、水文气象特征和城市规模等因素，科学确定治理策略和建设任务，选择适用措施。老城区结合更新改造，修复自然生态系统，抓紧补齐排水防涝设施短板；新城区高起点规划、高标准建设排水防涝设施。

——政府主导，社会参与。压实城市主体责任，明晰各方责任，加强协调联动，形成多部门合作、多专业协同、各方面参与的社会共治格局。加大投入力度，创新投融资机制，多渠道吸引各方面力量参与排水防涝设施投资、建设和专业化运营管理。

（三）工作目标。到2025年，各城市因地制宜基本形成"源头减排、管网排放、蓄排并举、超标应急"的城市排水防涝工程体系，排水防涝能力显著提升，内涝治理工作取得明显成效；有效应对城市内涝防治标准内的降雨，老城区雨停后能够及时排干积水，低洼地区防洪排涝能力大幅提升，历史上严重影响生产生活秩序的易涝积水点全面消除，新城区不再出现"城市看海"现象；在超出城市内涝防治标准的降雨条件下，城市生命线工程等重要市政基础设施功能不丧失，基本保障城市安全运行；有条件的地方积极推进海绵城市建设。到2035年，各城市排水防涝工程体系进一步完善，排水防涝能力与建设海绵城市、韧性城市要求更加匹配，总体消除防治标准内降雨条件下的城市内涝现象。

二、系统建设城市排水防涝工程体系

（一）实施河湖水系和生态空间治理与修复。保护城市山体，修复江河、湖泊、湿地等，保留天然雨洪通道、蓄滞洪空间，构建连续完整的生态基础设施体系。恢复并增加水空间，扩展城市及周边自然调蓄空间，按照有关标准和规划开展蓄滞洪空间和安全工程建设；在蓄滞洪空间开展必要的土地利用、开发建设时，要依法依规严格论证审查，保证足够的调蓄容积和功能。在城市建设和更新中留白增绿，结合空间和竖向设计，优先利用自然洼地、坑塘沟渠、园林绿地、广场等实现雨水调蓄功能，做到一地多用。因地制宜、集散结合建设雨水调蓄设施，发挥削峰错峰作用。

（二）实施管网和泵站建设与改造。加大排水管网建设力度，逐步消除管网空白区，新建排水管网原则上应尽可能达到国家建设标准的上限要求。改造易造成积水内涝问题和混错接的雨污水管网，修复破损和功能失效的排水防涝设施；因地制宜推进雨污分流改造，暂不具备改造条件的，通过截流、调蓄等方式，减少雨季溢流污染，提高雨水排放能力。对外水顶托导致自排不畅或抽排能力达不到标准的地区，改造或增设泵站，提高机排能力，重要泵站应设置双回路电源或备用电源。改造雨水口等收水设施，确保收水和排水能力相匹配。改造雨水排口、截流井、阀门等附属设施，确保标高衔接、过流断面满足要求。

（三）实施排涝通道建设。注重维持河湖自然形态，避免简单裁弯取直和侵占生态空间，恢复和保持城市及周边河湖水系的自然连通和流动性。合理开展河道、湖塘、排洪沟、道路边沟等整治工程，提高行洪排涝能力，确保与城市管网系统排水能力相匹配。合理规划利用城市排涝河道，加强城市外部河湖与内河、排洪沟、桥涵、闸门、排水管网等在水位标高、排水能力等方面的衔接，确保过流顺畅、水位满足防洪排涝安全要求。因地制宜恢复因历史原因封盖、填埋的天然排水沟、河道等，利用次要道路、绿地、植草沟等构建雨洪行泄通道。

（四）实施雨水源头减排工程。在城市建设和更新中，积极落实"渗、滞、蓄、净、用、排"等措施，建设改造后的雨水径流峰值和径流量不应增大。要提高硬化地面中可渗透面积比例，因地制宜使用透水性铺装，增加下沉式绿地、植草沟、人工湿地、砂石地面和自然地面等软性透水地面，建设绿色屋顶、旱溪、干湿塘等滞水渗水设施。优先解决居住社区积水内涝、雨污水管网混错接等问题，通过断接建筑雨落管，优化竖向设计，加强建筑、道路、绿地、景观水体等标高衔接等方式，使雨水溢流排放至排水管网、自然水体或收集后资源化利用。

（五）实施防洪提升工程。统筹干支流、上下游、左右岸防洪排涝和沿海城市防台防潮等要求，合理确定各级城市的防洪标准、设计水位和堤防等级。完善堤线布置，优化堤防工程断面设计和结构型式，因地制宜实施防洪堤、海堤和护岸等生态化改造工程，确保能够有效防御相应洪水灾害。根据河流河势、岸坡地质条件等因素，科学规划建设河流护岸工程，合理选取护岸工程结构型式，有效控制河岸坍塌。对山洪易发地区，加强水土流失治理，合理规划建设截洪沟等设施，最大限度降低山洪入城风险。

三、提升城市排水防涝工作管理水平

（一）强化日常维护。落实城市排水防涝设施巡查、维护、隐患排查制度和安全操作技术规程，加强调蓄空间维护和城市河道清疏，增加施工工地周边、低洼易涝区段、易淤积管段的清掏频次。汛前要全面开展隐患排查和整治，清疏养护排水设施。加强安全事故防范，防止窨井伤人等安全事故，对车库、地下室、下穿通道、地铁等地下空间出入口采取防倒灌安全措施。

（二）实行洪涝"联排联调"。建立健全城区水系、排水管网与周边江河湖海、水库等"联排联调"运行管理模式。加强跨省、跨市河流水雨工情信息共享，健全流域联防联控机制，坚持立足全局、洪涝统筹，提升调度管理水平。加强统筹调度，根据气象预警信息科学合理及时做好河湖、水库、排水管网、调蓄设施的预腾空或预降水位工作。

（三）提升应急管理水平。完善城市排水与内涝防范相关应急预案，明确预警等级内涵，落实各相关部门工作任务、响应程序和处置措施。加强流域洪涝和自然灾害风险监测预警，按职责及时准确发布预警预报等动态信息，做好城区交通组织、疏导和应急疏散等工作。按需配备移动泵车等快速解决城市内涝的专用防汛设备和抢险物资，完善物资储备、安全管理制度及调用流程。加大城市防洪排涝知识宣传教育力度，提高公众防灾避险意识和自救互救能力。

（四）加强专业队伍建设。建立专业队伍或委托专业机构负责城市排水防涝设施运行维护。加强排水应急队伍建设，强化抢险应急演练，提升应急抢险能力。充分发挥专家团队在洪涝风险研判、规划建设、应急处置等方面的专业作用。加强政府组织领导，强化城市管理、水利、自然资源、生态环境保护、交通等执法队伍协调联动。

（五）加强智慧平台建设。建立完善城市综合管理信息平台，整合各部门防洪排涝管理相关信息，在排水设施关键节点、易涝积水点布设必要的智能化感知终端设备，满足日常管理、运行调度、灾情预判、预警预报、防汛调度、应急抢险等功能需要；有条件的城市，要与城市信息模型（CIM）基础平台深度融合，与国土空间基础信息平台充分衔接。

四、统筹推进城市内涝治理工作

（一）优化城市布局加强竖向管控。编制内涝风险图，探索划定洪涝风险控制线和灾害风险区。充分考虑洪涝风险，优化排涝通道和设施设置，加强城市竖向设计，合理确定地块高程。新城区建设要加强选址论证，合理布局城市功能，科学确定排水分区。

（二）强化规划管理与实施。尊重自然地理格局，严守生态保护红线、永久基本农田、城镇开发边界以及城市蓝线、绿线等重要控制线，保护山水林田湖草等自然调蓄空间。依法划定河湖管理范围，保护城市河湖水系。严格实施相关规划，在规划建设管理等阶段，落实排水防涝设施、调蓄空间、雨水径流和竖向管控要求。

（三）统筹项目建设。加强城市内涝治理项目储备和前期工作，加快开工建设一批重大项目，做到竣工一批、在建一批、开工一批、储备一批。严格把控工程质量，建立城市排水防涝设施工程质量终身责任制。将城市排水防涝设施建设改造与市政建设特别是洪涝灾后恢复重建、污水处理设施建设、城镇老旧小区改造等有机结合，优化各类工程的空间布局和建设时序安排，避免反复开挖、“马路拉链”、“遍地开花”。统筹防洪排涝、治污、雨水资源化利用等工程，避免相互造成不利影响。

（四）强化监督执法。严查违法违规占用河湖、水库、山塘、蓄滞洪空间和排涝通道等的建筑物、构筑物。严格实施污水排入排水管网许可制度，防止雨污水管网混错接。依法查处侵占、破坏、非法迁改排水防涝设施，以及随意封堵雨水排口，向雨水设施和检查井倾倒垃圾杂物、水泥残渣、施工泥浆等行为。强化对易影响排水设施安全的施工工地的监督检查，及时消除安全隐患。

五、保障措施

（一）落实工作责任。实行国家统筹、省负总责、城市具体落实的管理体制。城市政府是内涝治理工作的责任主体，要严格落实主体责任，建立多部门统筹协调的工作机制，形成工作合力，把治理内涝作为保障城市安全发展的重要任务抓实抓好。省级政府对本行政区域内各级城市内涝治理工作负总责，要加大指导、组织、协调、支持和监督力度，将内涝治理工作纳入政府工作绩效考核体系。国务院相关部门要做好顶层设计，加大支持、指导和督促力度，结合城市体检评估等工作，建立城市内涝治理评估机制。

（二）加大政府投入力度。中央预算内投资加大对城市内涝治理的支持力度。将城市内涝治理领域符合条件的项目纳入政府债券支持范围。地方政府按照尽力而为、量力而行的原则，加大城市内涝治理资金投入，统筹城市建设维护资金、城市防洪经费等支持城市内涝治理重点领域和关键环节，加强资金绩效管理，探索建立“按效付费”等资金安排机制，切实提高资金使用效益。

（三）多渠道筹措资金。探索供水、排水和水处理等水务事项全链条管理机制，吸引社会资本参与。探索统筹防洪排涝和城市建设的新开发模式，采用“分级设防、雨旱两宜、人水和谐”的城市公共空间弹性利用方式，整合盘活土地资源和各类经营性资源。

（四）加强用地保障。将城市内涝治理重大项目纳入国家重大项目清单，加大建设用地保障力度，确保排水防涝设施、应急抢险物资储备的用地需求。在地下设立建设用地使用权的，应优先保障城市排水防涝设施建设。排水防涝设施用地应纳入土地利用年度计划，防止侵占排水防涝设施用地。

（五）建立健全工作制度。各级城市政府要建立健全有利于城市排水防涝设施系统化管理的各项工作制度，明确职责分工，加强部门协调联动。统筹规划建设管理，因地制宜推广"厂网河（湖）一体化"运营管理模式。结合审批制度改革，协调做好岸上岸下、堤内堤外、地上地下等建设项目审批。

各省（自治区、直辖市）政府要认真贯彻落实党中央、国务院决策部署，在"十四五"时期加快治理城市内涝，组织本行政区域内各级有关城市行业主管部门牵头编制本城市内涝治理系统化实施方案，明确时间表和路线图，按照5年内见到明显成效的目标落实具体项目并列入系统化实施方案；在此基础上，各省级行业主管部门牵头组织编制本行政区域内城市内涝治理实施方案，并连同各级有关城市系统化实施方案，于2021年6月30日前一并报国家发展改革委、住房城乡建设部、自然资源部、水利部备案。

国务院办公厅关于印发
2021年政务公开工作要点的通知

（2021年4月9日　国办发〔2021〕12号）

《2021年政务公开工作要点》已经国务院同意，现印发给你们，请结合实际认真贯彻落实。

2021年政务公开工作要点

2021年是实施"十四五"规划、开启全面建设社会主义现代化国家新征程的第一年。做好政务公开工作，要以习近平新时代中国特色社会主义思想为指导，全面贯彻党的十九大和十九届二中、三中、四中、五中全会精神，立足新发展阶段、贯彻新发展理念、构建新发展格局，推动高质量发展，坚持以人民为中心深化政务公开，充分发挥政务公开在建设法治政府、服务型政府等方面的促进作用，加快转变政府职能，推动政府决策和管理服务更加透明规范，以优异成绩庆祝中国共产党成立100周年，为夺取全面建设社会主义现代化国家新胜利作出新贡献。

一、紧扣“十四五”开好局起好步深化政务公开

（一）做好各类规划主动公开。县级以上各级人民政府要主动公开国民经济和社会发展第十四个五年规划纲要、国土空间规划、专项规划和区域规划等，做好历史规划（计划）的归集整理和主动公开工作，充分展示“一张蓝图绘到底”的接续奋斗历程。加强数据互联互通工作，中国政府网以适当方式归集整理省级政府网站主动公开的规划，全面展示定位准确、边界清晰、功能互补、统一衔接的国家规划体系，更好引导全社会关心支持规划实施工作。

（二）做好市场规则标准和监管执法信息公开。全面落实“全国一张清单”管理模式，主动公开全国统一的市场准入负面清单并根据调整情况做好更新发布，切实做到平等准入、开放有序。及时公开建设高标准市场体系行动方案的落实举措，加快建设高效规范、公平竞争的国内统一市场。加强反垄断与反不正当竞争执法信息公开工作，一视同仁公正监管，营造诚信守法的市场环境，有效维护人民群众利益。

（三）做好财政信息公开。稳步扩大预决算公开范围，推进部门所属单位预算、决算及相关报表公开。持续深化地方政府债务信息公开，通过集中统一平台定期公开地方政府债务限额、余额、发行、品种、期限、利率、偿还计划、偿债资金来源等信息。加大惠民惠农政策和资金发放信息公开力度，县级政府信息公开工作主管部门及财政部门要推动补贴信息公开向村和社区延伸，并与村（居）务公开有效衔接。

（四）做好常态化疫情防控信息公开。切实增强新冠肺炎疫情防控信息发布的及时性针对性，准确把握常态化疫情防控的阶段性特征和要求，重点围绕散发疫情、隔离管控、流调溯源、精准防控、冷链物流、假期人员流动等发布权威信息，扎实做好疫苗接种信息公开和舆论引导工作，既要有效提示风险，也要做到科学精准，避免不当影响正常生产生活秩序或者侵害公民、法人和其他组织的合法权益。提高新冠肺炎疫情防控信息发布规范化水平，发布社会关注的重大政策、内容敏感的重要信息前，加强统筹协调，在实事求是的前提下，强化政府系统内部信息整合，统一步调对外发声。做好爱国卫生运动、健康中国行动等相关工作的信息公开，大力开展健康科普宣传，使健康生活理念更加深入人心、健康生活习惯更好养成。

二、紧扣宏观政策落地见效深化政务公开

（一）持续加强重大政策发布解读。认真贯彻落实中央经济工作会议精神和《政府工作报告》要求，以扎实做好“六稳”工作、全面落实“六保”任务为重点，聚焦保持宏观政策连续性稳定性可持续性、促进经济运行在合理区间，深入推进重点领域改革、更大激发市场主体活力，依靠创新推动实体经济高质量发展、培育壮大新动能，坚持扩大内需战略基点、充分挖掘国内市场潜力，以及全面实施乡村振兴战略，实行高水平对外开放，加强污染防治和生态建设，切实增进民生福祉等方面出台的重大政策，及时发布权威信息，开展深入解读，有效引导预期，为实现今年经济社会发展主要预期目标营造良好氛围。

（二）不断改进政策解读工作方式。加强政策咨询服务，政策制定机关要积极解答政策执行机关和企业、群众的咨询，精准传达政策意图，助力营商环境持续改善。政务公开工作机构要加强内部协调，畅通本机关政策咨询渠道。有条件的地方可依托政务服务便民热线、实体服务大厅和政府网站，设立政策咨询综合服务窗口，为企业和群众提供“一号答”、“一站式”的政策咨询服务。创新政策解读形式，加快形成以国务院政策问答平台为龙头，各地区各部门协同联动、对接共享的政策问答体系，增强政策解读效果。更加注重对政策背景、出台目的、重要举措等方面的实质性解读，避免设定过高的解读率考核指标催生形式主义问题，全面提升解读工作质量。

（三）切实增强回应关切效果。紧紧围绕政务舆情背后的实际问题，以解决问题的具体举措实质性回应社会关切。加强舆情回应台账管理，认真核查已作出的承诺落实及公开情况，切实维护政府公信力。增强回应工作的主动性，通过网上调研等方式，了解掌握社会公众对政策执行效果的反馈与评价，主动回应存在的共性问题，助力政策完善。密切关注涉及疫情防控、房地产金融、工资拖欠、环境污染和生态破坏、食品药品安全、教育医疗养老、安全生产、困难群众生活等方面的舆情并及时作出回应，助力防范化解重大风险。

三、紧扣强基础抓基层深化政务公开

（一）做好政务信息管理工作。用好行政法规集中统一公开成果，对照中国政府法制信息网行政法规库公布的行政法规国家正式版本，更新本机关网站上的行政法规文本。全面推进规章集中统一公开，具有规章制定权的地方政府和国务院部门在 2021 年底前将本地区本部门现行有效规章通过政府门户网站的政府信息公开专栏集中公开，方便公众查询使用。

（二）完善政务公开平台。全面推行政府网站集约化建设，构建网上政府的数据底座，推动公开、互动、服务融合发展，推动更多政务服务事项网上办、掌上办、一次办，实现一网通查、一网通答、一网通办、一网通管。健全政务新

媒体监管机制，针对一哄而上、重复建设、“娱乐化”、“空壳”等问题有序开展清理整合。对政府门户网站的政府信息公开专栏建设情况开展专项检查，未按要求完成的，依据有关规定督促整改、通报批评。推进省级政府、国务院部门门户网站政府信息公开专栏与中国政府网政府信息公开专栏的数据联通工作。2021 年底前，县级以上政府门户网站全部支持互联网协议第 6 版。稳步推动设区的市、自治州开设政府公报，完善政府公报数据库，推进数字化利用，通过政务新媒体等渠道加强政府公报内容传播。

（三）推进基层政务公开标准化规范化。尚未出台本领域基层政务公开标准指引的国务院部门，在 2021 年底前编制完成标准指引。已经出台本领域基层政务公开标准指引的国务院部门，要对标准指引落实情况进行跟踪评估，以基层群众实际需求为导向及时调整完善，增强操作性、实效性。基层政府要持续加强政府信息公开窗口建设，有效传递党和国家重大政策，积极解答政策咨询，更好打通政策落实“最后一公里”。

四、紧扣政府信息公开条例实施深化政务公开

（一）提高依申请公开工作质量。切实转变观念，强化服务理念，把依申请公开工作作为服务人民群众生产生活、支持市场主体创业创新的重要方式，更好满足申请人对政府信息的个性化合理需求。加强业务培训和案例指导，提升答复文书规范化水平。正确适用《政府信息公开信息处理费管理办法》，严格依照规定的标准、程序、方式计收信息处理费。

（二）规范政府信息公开行政复议案件审理标准。国务院行政复议机构在 2021 年底前制定政府信息公开行政复议案件审理规范，统一案件审理标准，有效解决实践中较为突出的同案不同判问题。充分发挥行政复议制度优势，加大监督力度，强化责任追究，不断增强政府工作人员法治意识、公开意识、服务意识，更好保障人民群众合法权益。

（三）加强配套制度建设。国务院有关主管部门在 2021 年底前出台教育、卫生健康、供水、供电、供气、供热、生态环境、公共交通等领域的公共企事业单位信息公开规定，进一步加强监管，优化公共服务。修订完善政府信息公开工作年度报告格式，推动各级行政机关向社会公开更多有价值的基础性数据，更好发挥政府信息公开制度的功能作用。

五、紧扣抓保障促落实深化政务公开

（一）加强工作指导。各政府信息公开工作主管部门要密切关注本地区、本系统推工作、抓落实的好经验好做法，及时总结推广。加强队伍建设，定期组织开展政府信息公开工作培训和研讨交流，不断提升业务能力。依法规范开展政府信息公开工作考核、评议，避免简单地以第三方评估代替应由政府自身开展的考核、评议，严肃整治评估工作中的形式主义苗头问题，有效防范廉政风险。

（二）改进工作作风。在日常指导和评估考核工作中，避免过度要求下级单位提供自查报告、情况说明等材料，切实减轻基层负担。正确对待社会上各类政务公开第三方评估结果，持续改进工作，原则上不以行政机关名义领取民间奖励，不选择性参加评估结果对本机关有利的发布会、论坛等相关活动。

（三）狠抓任务落实。加强业务指导和监督检查，对本要点提出的涉及本地区、本系统的重点任务，梳理形成工作台账，实时跟进推动，确保落实到位。对上一年度工作要点落实情况开展"回头看"，重点针对有明确责任主体和时限要求的工作任务，逐项核查落实情况，对未完成的依法督促整改。

各地区、各部门要将本要点落实情况纳入政府信息公开工作年度报告予以公开，接受社会监督。

国务院办公厅关于印发中国反对拐卖人口行动计划（2021—2030年）的通知

（2021年4月9日　国办发〔2021〕13号）

《中国反对拐卖人口行动计划（2021—2030年）》已经国务院同意，现印发给你们，请认真贯彻执行。

中国反对拐卖人口行动计划（2021—2030年）

为积极应对国内外拐卖人口犯罪严峻形势，有效预防、依法打击拐卖人口犯罪，积极救助、妥善安置被拐卖受害人，促进被拐卖受害人身心康复和回归家庭、社会，切实保障公民合法权益，依据有关国际公约和我国法律，制定《中国反对拐卖人口行动计划（2021—2030年）》（以下简称《行动计划》）。

一、指导思想和总体目标

（一）指导思想。

以习近平新时代中国特色社会主义思想为指导，坚持"以人为本、综合治理、预防为主、打防结合”工作方针，形成“党委领导、政府负责、部门联动、社会协同、公民参与、法治保障、科技支撑”工作格局，不断推进国家治理体系和治理能力现代化，完善制度，健全机制，落实责任，整合资源，标本兼治，有效预防和惩治拐卖人口犯罪，切实保障公民基本权利，维护社会和谐稳定，维护国家安全，展现我负责任大国形象。

（二）总体目标。

坚持和完善集预防、打击、救助、安置、康复于一体的反拐工作长效机制，健全反拐工作协调、配合、保障机制，推进法治反拐、协同反拐、科技反拐、全民反拐的工作模式，不断提高反拐工作法治化、协同化、科技化、社会化水平，形成与社会发展相适应的反拐工作格局。净化网络生态空间，有效防范和严厉打击利用网络拐卖人口等新型犯罪。细化落实各项行动措施，有效预防、坚决打击拐卖人口犯罪，确保被拐卖受害人及时得到救助康复和妥善安置，帮助被拐卖受害人顺利回归家庭和社会。

二、行动措施和任务分工

（一）健全预防犯罪机制。

1. 工作目标。

加强源头治理，完善以社区为基础的预防拐卖人口犯罪网络，实施网格化管理，构建多部门协同、社会广泛参与的群防群治工作体系。综合整治拐卖人口犯罪活动重点地区和“买方市场”，严厉打击利用网络实施拐卖人口犯罪，有效预防拐卖人口犯罪发生。

2. 行动措施。

（1）深化部门协同联动，实现信息互通、工作互动，综合运用大数据、人工智能等现代科技手段和入户走访、群众工作等传统手段，不断完善发现、举报拐卖人口犯罪工作机制。（中央政法委、公安部负责，中央网信办、工业和信息化部、教育部、民政部、司法部、国家卫生健康委、最高人民检察院、全国妇联配合）

（2）加强对全国拐卖人口犯罪形势的分析研判，适时调整预防犯罪工作思路策略。完善针对拐卖人口犯罪活动重点行业、重点场所、重点地区和重点人群的预防犯罪工作。突出预防犯罪工作“点”、“面”效果。（中央政法委负责，中央网信办、教育部、公安部、国家卫生健康委、国务院妇儿工委办公室、全国妇联配合）

——加强人力资源市场管理，规范劳动者求职、用人单位招用和职业介绍活动，推动职业介绍机构、用人单位、劳务派遣单位和用工单位开展反拐教育培训和预防工作。畅通劳动保障监察举报投诉渠道，加强劳动保障监察执法，完善部门联动协作机制，清理整治非法职业中介市场，严厉打击使用童工违法行为。加大对非法使用精神残疾人、智力残疾人或者非持工作居留许可证的外国人从事劳动等违法行为的查处力度。健全人力资源市场发生拐卖人口犯罪的风险防控机制，对在人力资源市场发生的拐卖人口犯罪开展有针对性的预防犯罪工作。（人力资源社会保障部、公安部、中国残联负责，市场监管总局、广电总局、全国总工会、全国妇联配合）

——加强娱乐休闲场所经营管理和治安管理，完善娱乐场所从业人员名簿、营业日志和巡查制度，坚决依法取缔营利性陪侍，严厉打击卖淫嫖娼等违法犯罪，完善对被拐妇女和被拐未成年人的教育挽救和帮扶安置工作机制。（公安部、文化和旅游部负责，民政部、人力资源社会保障部、国家卫生健康委、市场监管总局、全国妇联配合）

——加强网络空间监管和执法检查，督促网络服务提供者切实履行对网络产品、网络服务和网络信息内容管理的主体责任。监督各类网络平台完善对不良信息、违法犯罪信息内容的主动筛查、识别、过滤及举报等机制，严格网络社交账号实名制管理。严厉打击利用网络制作、复制、出版、贩卖、传播淫秽色情内容和实施性骚扰、性侵害未成年人的违法犯罪行为。（公安部负责，中央网信办、工业和信息化部、市场监管总局配合）

——加强幼儿园、学校等教育教学机构管理，开展人身安全和反拐教育，普及反拐法律、政策措施及相关知识，提高师生反拐警惕性和人身安全意识，掌握反拐应对和求助方法。在校园内外的醒目位置张贴反拐宣传海报。加强幼儿园、学校等教育教学机构门口或周边位置警务室或护学岗建设，完善校园周边巡防制度。（教育部、公安部负责，最高人民检察院、共青团中央配合）

——加大拐卖人口犯罪活动重点地区综合整治力度。上级政府及相关部门应当加强对下级政府及相关部门预防拐卖人口犯罪工作的领导、指导和监督。基层政府、村（居）委会应当将帮助易被拐卖人群和预防拐卖人口犯罪纳入基层社会治理重点工作中，监督父母或其他监护人切实履行对未成年子女的监护职责。落实政府对留守儿童、困境儿童等特殊群体的关爱保护和依法承担的监护职责。（中央政法委、民政部负责，公安部、国务院妇儿工委办公室、共青团中央、全国妇联配合）

——强化基层组织功能，做好预防拐卖人口犯罪基础工作。加强部门协同、信息互通，建立健全有关违法犯罪线索的及时发现和信息通报制度。（公安部、民政部负责）

——实施乡村振兴战略，巩固拓展脱贫攻坚成果。发展壮大乡村产业，为帮助更多农村劳动力就近就业创造条件。加大对脱贫地区妇女的扶持力度，提升农村妇女和农村低收入人口的就业创业能力，不断拓宽农民增收渠道。（农业农村部负责，国家发展改革委、国家民委、人力资源社会保障部、国家乡村振兴局、全国妇联配合）

——保障适龄儿童、少年接受义务教育的权利，监督父母或其他监护人保证适龄未成年人按时入学、稳定上学，采取有效措施切实防止学生在义务教育阶段失学辍学。将反拐工作作为学校管理重要内容，明确幼儿园、学校等单位教职工发现疑似拐卖情形应当及时报告和制止，鼓励学生及其父母或者其他监护人发现疑似拐卖情形及时向学校或公安机关报告。（教育部、公安部负责，最高人民检察院、民政部、中国关工委配合）

——充分利用救助管理机构、未成年人救助保护机构和儿童福利机构做好流浪未成年人和弃婴的救助安置，落实儿童督导员和儿童主任工作职责，完善政府购买服务方式支持社会组织培育发展，引入社会工作等专业力量提供心理疏导、行为矫治、文化教育、技能培训等服务。开发、利用智能化寻亲手段，深化与有关企业、社会组织等合作，做好流浪未成年人的救助寻亲服务。加强街面救助，建立覆盖全面、协同到位、服务及时的救助管理网络，及时发现、救助流浪乞讨和被利用、被强迫违法犯罪的未成年人。（民政部、公安部负责，教育部、财政部、人力资源社会保障部、住房城乡建设部、国家卫生健康委、国务院国资委、共青团中央配合）

——完善重点群体就业支持体系，促进农村有外出务工意愿的妇女、残疾人、失业下岗妇女、女大学生和解救的被拐卖妇女就业创业，落实好促进就业创业各项政策，组织开展实用技术、职业技能和就业创业培训。（人力资源社会保障部、中国残联负责，教育部、国家民委、农业农村部、全国妇联配合）

——加强对流动、留守妇女儿童较多区域的管理，加强对困境儿童的关爱和保护，持续关爱流动、留守妇女儿童。切实发挥儿童督导员、儿童主任、妇联执委、巾帼志愿者、青少年维权岗和“五老”等组织或人员的作用，完善儿童之家等服务平台的功能，提高流动、留守妇女儿童自我保护意识和反拐能力。（民政部、国务院妇儿工委办公室负责，财政部、广电总局、共青团中央、全国妇联、中国关工委配合）

——加强对有长期或多次吸毒、赌博、卖淫等违法行为人员的管理，做好对吸毒人员的强制戒毒和跟踪帮教，做好对有吸毒、赌博、卖淫等违法行为人员的安置帮扶工作，做好对服刑和强制戒毒人员的缺少监护人的未成年子女的监护帮助，防止拐卖人口犯罪发生。（公安部、民政部负责，共青团中央配合）

——加强拐卖人口罪犯教育改造工作，采取措施帮助刑满释放人员重新

回归社会，完善对有拐卖人口犯罪前科人员的跟踪管控机制，切实预防和减少重新犯罪。（司法部、公安部负责，民政部配合）

（3）加大拐卖人口犯罪“买方市场”整治力度，运用现代科技手段加强对“买方市场”分析研判，在收买人口犯罪活动高发地区开展综合治理和专项行动，依法惩处买方犯罪人，从源头上减少拐卖人口犯罪的发生。（中央政法委、公安部负责，教育部、民政部、司法部、人力资源社会保障部、国家卫生健康委、市场监管总局、全国妇联配合）

——规范婚姻登记管理。婚姻登记工作人员发现疑似拐卖妇女情形的，应当及时报告和制止。加强涉外婚姻登记管理，强化当事人身份情况和出入境信息共享共核机制，提高涉外婚姻登记的准确性，预防和打击拐卖妇女违法行为。加强婚姻家庭辅导、性别平等教育和亲子亲职教育培训。（民政部负责，公安部、全国妇联配合）

——加强出生人口性别比综合治理工作，大力开展出生人口性别比偏高综合治理工作。（国务院反拐部际联席会议各成员单位负责）

——加强医疗卫生机构管理，公安机关与医疗卫生机构的孕产信息联网，进一步做好孕产妇出入院信息登记和身份核实制度，严禁以他人名义入院就医和分娩。严厉打击代孕等违法行为。村（居）委会加强对辖区内孕产妇和新生儿的情况了解，发现疑似拐卖妇女儿童情形的，应当及时向有关部门报告和制止。加强出生医学证明管理，严厉打击伪造、变造、买卖出生医学证明等违法犯罪行为。医护人员发现疑似拐卖妇女儿童情形的，应当及时向医院或有关部门报告和制止，落实好侵害未成年人案件强制报告制度。（国家卫生健康委、公安部、民政部负责）

——完善儿童收养制度，严厉打击非法收留抚养行为，整治网络非法送养，严禁任何形式非法收留抚养，严厉打击以收养为名买卖儿童的行为。推进部门间信息共享，加强被非法收留抚养未成年人身份信息核实。规范儿童收养程序，强化收养登记审查。将收养领域不诚信行为纳入公民个人社会信用体系，加强相关法律法规宣传，挤压非法收留抚养行为生存空间。（公安部、民政部负责，中央网信办、工业和信息化部、国家卫生健康委、市场监管总局配合）

——完善维护妇女权益、促进性别平等的村民自治章程和村规民约，提高农村社区治理法治化水平，坚持男女平等基本国策，消除男尊女卑、传宗接代等落后观念，提高女孩受教育水平，营造尊重女性、保护女童的社会氛围。确保女性在农村平等享有土地承包经营、集体经济组织成员身份和收益分配、土地征收或者征用补偿费使用以及宅基地使用等权利。（农业农村部、司法部、

民政部、全国妇联负责，教育部、国家乡村振兴局配合）

(4)完善跨国跨境拐卖人口犯罪预防工作机制。加强部门协同，推进统一的出入境管理信息平台建设，实现各地区、各部门之间信息互通、数据共享、业务协同。加强口岸边防检查和边境通道管理，严格出入境人员查验制度，加大对非法入境、非法居留、非法就业外国人的清查力度，加强边境地区人力资源市场监管，严格规范对外劳务合作经营活动，清理整顿跨国婚姻介绍市场，依法取缔非法跨国婚姻介绍机构。加强跨国跨境拐卖人口犯罪预防的政府间合作与区域化治理，不断深化与其他国家、地区在预防跨国跨境拐卖人口犯罪方面的多边或者双边磋商合作机制。（公安部、外交部、人力资源社会保障部、商务部负责，民政部配合）

(5)加强拐卖人口犯罪预防工作信息化建设，完善“互联网＋反拐”工作模式，推动现代科技手段在拐卖人口犯罪预防工作中的应用。（公安部负责，中央网信办、工业和信息化部配合）

（二）打击犯罪和解救被拐卖受害人。

1. 工作目标。

始终保持打击拐卖人口犯罪高压态势，有力震慑和惩处拐卖人口犯罪。加大拐卖人口犯罪侦查中的新技术应用，推进侦查手段现代化升级。不断提高及时发现和侦破各类拐卖人口犯罪案件的能力和水平，依法严厉打击拐卖人口犯罪，惩治拐卖人口犯罪分子，及时解救被拐卖受害人。

2. 行动措施。

(1)持续组织开展全国打击拐卖人口犯罪专项行动，进一步完善公安机关牵头，有关单位配合、社会协同、公众参与的打拐工作机制，建立健全“线上”和“线下”一体的打拐工作网络。（公安部负责，中央网信办、最高人民法院、最高人民检察院、民政部、人力资源社会保障部、国家卫生健康委、全国妇联配合）

——各级政府相关部门、单位加大打拐工作力度，坚持党委重视、领导主抓、部门负责的工作思路，将打拐工作分解到岗、落实到人，确保事有人干、责有人负，完善拐卖人口犯罪线索发现和移送机制，切实加强打拐工作经费保障。（国务院反拐部际联席会议各成员单位负责）

——各级公安机关完善打拐工作机制，加强上下联动、部门联动、警种联动、地区联动。建立健全“线上”和“线下”打拐工作网络，由刑侦部门牵头，有关部门和警种通力协作，运用现代科技手段，定期分析全国拐卖人口犯罪形势，加强预测预判预警能力，研究完善打、防、控对策。（公安部负责）

——严厉打击利用网络平台实施拐卖人口犯罪。建立健全网络违法犯罪综合治理体系，对社交聊天、信息发布和服务介绍等各类网络平台实施严格管理，监督网络平台切实履行信息生态管理主体责任，切实做好儿童个人信息网络保护，不得违法收集、使用、披露儿童个人信息。完善网上投诉、举报系统，定期开展“净网”行动，清理利用网络平台发布的非法收留抚养、拐卖妇女儿童、性侵害未成年人等相关信息，及时发现相关犯罪线索，严厉打击利用网络实施拐卖人口犯罪。（公安部负责，中央网信办、工业和信息化部、市场监管总局配合）

——严格落实侦办拐卖儿童案件责任制。对拐卖儿童案件实行“一长三包责任制”，由县级以上公安机关负责人担任专案组组长，全面负责侦查破案、解救被拐卖儿童、安抚受害人亲属等工作。案件不破，专案组不得撤销。（公安部负责）

——严格执行儿童失踪快速查找机制。接到儿童失踪报警后，由公安机关指挥中心迅速调集相关警力开展堵截、查找工作，及时抓获犯罪嫌疑人，解救受害人。（公安部负责）

——完善儿童失踪信息发布制度，做好公安部儿童失踪信息紧急发布平台“团圆”系统建设，拓宽群众举报相关线索的渠道。（公安部负责）

——认真开展来历不明儿童摸排工作。各地公安机关负责采集失踪儿童父母血样，检验录入全国打拐 DNA（脱氧核糖核酸）信息库，并加强与有关部门沟通，及时发现来历不明、疑似被拐卖的儿童，采血检验入库。对来历不明儿童落户的，要采血检验入库比对，严把儿童落户关。严厉打击司法鉴定机构以及其他组织或者个人违法开展的虚假亲子鉴定行为。禁止除公安机关以外的任何组织或者个人收集被拐卖儿童、父母和疑似被拐卖人员的 DNA 数据信息。（公安部负责，教育部、民政部、司法部、国家卫生健康委、市场监管总局、广电总局、全国妇联配合）

——完善符合拐卖人口犯罪特点和与被拐卖受害人心理、生理相适应的案件调查程序。落实好“一站式”询问救助工作机制，提高取证质量和效果，避免被拐卖受害人受到二次伤害。（公安部负责，最高人民检察院配合）

（2）依法严惩拐卖人口犯罪。

——明确办理拐卖人口犯罪案件的法律适用标准，对以非法获利为目的偷盗婴幼儿、强抢儿童或者出卖亲生子女、借收养名义拐卖儿童、出卖捡拾儿童等行为，坚决依法惩处。建立统一的办理拐卖人口犯罪案件证据审查认定规则和量刑标准。（最高人民法院、最高人民检察院、公安部负责）

——对拐卖人口犯罪集团首要分子和多次参与、拐卖多人，同时实施其他违法犯罪或者具有累犯等从严、从重处罚情节的，坚决依法惩处。（最高人民

法院、最高人民检察院、公安部负责)

——对收买被拐卖受害人以及以暴力、威胁方法阻碍、聚众阻碍国家机关工作人员解救受害人,依法应当追究刑事责任的,坚决依法惩处。(最高人民法院、最高人民检察院、公安部负责)

——对组织卖淫、强迫卖淫、引诱卖淫以及制作、贩卖、传播淫秽物品等犯罪,坚决依法惩处。依法严惩性侵害未成年人犯罪。加大对网络拐卖人口犯罪的打击力度。对利用网络对儿童实施"隔空猥亵"或者制作、贩卖、传播儿童淫秽物品等犯罪,坚决依法惩处。(最高人民法院、最高人民检察院、公安部负责,中央网信办、工业和信息化部、民政部配合)

——对收买、介绍、强迫被拐卖受害人从事色情服务、淫秽表演及强迫劳动的单位和个人,严格依法追究其行政、民事、刑事责任。坚决取缔非法职业中介、婚姻中介机构。对组织强迫儿童、残疾人乞讨,强迫未成年人、残疾人从事违法犯罪活动的依法予以惩处,及时查找受害人亲属并护送受害人前往救助管理机构、未成年人救助保护机构、儿童福利机构等救助保护机构。完善人体器官捐献和移植制度,依法惩治盗窃人体器官、欺骗或强迫他人捐献器官、组织贩卖人体器官等犯罪行为。(公安部、人力资源社会保障部、国家卫生健康委、最高人民法院、最高人民检察院负责,中央政法委、民政部、市场监管总局、全国总工会、共青团中央、全国妇联、中国残联配合)

——对受教唆、欺骗或被胁迫从事违法犯罪行为的被拐卖受害人,依法从宽处理。(最高人民法院、最高人民检察院、公安部负责)

(3)进一步加强信息网络建设,完善全国打拐 DNA 信息库,健全信息收集和交流机制,推进信息共享,提高反拐工作信息化水平。(公安部负责,中央网信办、教育部、工业和信息化部、民政部、财政部、国家卫生健康委、全国妇联配合)

(4)依法解救被拐卖儿童,并送还其亲生父母。对无法查明父母或者其他监护人的打拐解救儿童,由公安机关提供相关材料,交由民政部门予以妥善安置,不得由收买家庭继续抚养。(公安部、民政部负责)

(三)加强被拐卖受害人的救助、安置、康复和回归社会工作。

1. 工作目标。

加强被拐卖受害人的救助、安置、康复、家庭与社区融入等工作,帮助其适应新环境新生活、顺利回归社会。保障被拐卖受害人合法权益,保护被拐卖受害人隐私,使其免受二次伤害。

2. 行动措施。

(1)进一步加强地区、部门和机构间救助被拐卖受害人的协作配合。(民

政部负责，中央政法委、公安部配合）

（2）规范被拐卖受害人救助、安置、康复和回归社会工作程序，完善无法查明父母或者其他监护人的打拐解救儿童的安置政策和办法，推动其回归家庭，促进其健康成长。（公安部、民政部负责，教育部、国家卫生健康委、全国妇联配合）

（3）完善政府多部门合作、社会广泛参与的被拐卖受害人救助、安置和康复工作机制，提升救助管理机构、未成年人救助保护机构、儿童福利机构等机构服务水平。（民政部负责，国家卫生健康委、公安部、全国妇联配合）

——充分利用现有社会福利等设施提供救助和中转康复服务，使被拐卖受害人得到符合其身心、年龄和性别特点的救助安置。（民政部负责，国家发展改革委、公安部、教育部、国家卫生健康委、中国残联配合）

——在被拐卖受害人救助和康复工作中引入专业社会工作服务，鼓励有关社会组织、企事业单位和个人为救助被拐卖受害人提供资金、技术支持和专业服务。（民政部负责，全国总工会、共青团中央、全国妇联、中国残联配合）

——帮助身份信息不明确的被拐卖受害人查找亲属，教育、督促其近亲属或其他监护人履行抚养（赡养）义务。（公安部、民政部负责）

——对滞留在救助管理机构一定期限以上仍未查明身份信息的被拐卖受害人，依法办理户籍，并落实相关社会保障政策。（公安部、民政部负责）

——指定定点医疗机构为被拐卖受害人提供基本医疗服务、心理疏导和治疗服务。相关机构为被拐卖受害人提供残疾等级评定。（国家卫生健康委、中国残联负责，民政部配合）

——通过"线下"、"线上"培训教育等活动，增强被拐卖受害人的法律意识、维权意识。法律援助机构依法为符合条件的被拐卖受害人提供法律援助。（司法部负责，公安部、民政部、全国总工会、共青团中央、全国妇联配合）

（4）落实部门责任，发挥社区功能，加强社会关怀，帮助被拐卖受害人顺利回归社会。

——确保被解救的适龄儿童入学、回归学校和适应新的生活，被救助儿童需要异地就学的，帮助其联系学校，引入专业社会工作服务，做好心理疏导和跟踪回访。（教育部负责，民政部配合）

——为有培训意愿的16岁以上被拐卖受害人提供适宜的职业技能培训、职业指导和职业介绍等就业服务，并帮助其在异地就业。（人力资源社会保障部负责，民政部、全国总工会、全国妇联配合）

——在保护个人隐私前提下，进一步做好被拐卖受害人及其家庭和所在社区工作，保障愿意返回原住地的被拐卖受害人顺利回归家庭和社区。（民

政部负责，共青团中央、全国妇联配合）

（5）为回归社会的被拐卖受害人提供必要服务，切实帮助解决就业、生活和维权等问题。（民政部、司法部、人力资源社会保障部负责，共青团中央、全国妇联配合）

（6）进一步加强被解救受害人的登记、管理和保护工作，建立并完善专门档案，跟踪了解其生活状况，积极协调有关部门和组织帮助解决实际困难。（公安部、民政部负责，全国妇联配合）

（7）进一步加强被拐卖受害人身心健康领域的研究，寻求更为有效的心理治疗方法。（国家卫生健康委负责，教育部、共青团中央、全国妇联配合）

（四）完善法律法规和政策体系。

1. 工作目标。

结合当前拐卖人口犯罪形势和实际工作需要，坚持法治反拐基本原则，研究制定和修订有关法律法规和政策，为深化反拐工作提供法律法规和政策支持。

2. 行动措施。

（1）修订有关法律法规，进一步健全反拐法律体系。（全国人大常委会法工委、司法部负责，最高人民法院、最高人民检察院、公安部、民政部、人力资源社会保障部、共青团中央、全国妇联配合）

——完善法律适用制度，加大对收买被拐卖受害人行为、网络拐卖人口犯罪的打击力度。（最高人民法院、最高人民检察院、公安部、司法部负责，中央网信办配合）

——制定家庭教育法，明确未成年人父母的监护责任，提高未成年子女防拐、防性侵、防溺水等安全意识，发挥家庭教育在儿童安全成长中的积极作用。（全国人大常委会法工委负责，教育部、司法部、全国妇联、中国关工委配合）

——完善被拐卖受害人救助有关法律法规，切实保障其合法权益。（民政部、司法部负责，全国人大常委会法工委、共青团中央、全国妇联配合）

——完善收养有关法规，规范收养程序，严格审查标准，强化收养登记审查与监督，防止被拐（买）卖儿童通过收养渠道“合法化”。（民政部负责，最高人民法院、最高人民检察院、公安部、司法部配合）

——研究论证对反对拐卖人口专门立法的必要性、可行性，推动将反对拐卖人口法纳入全国人大常委会立法规划。（全国人大常委会法工委负责，最高人民法院、最高人民检察院、公安部、司法部配合）

——落实儿童监护制度。落实家庭监护主体责任，加强对未成年人的父母或其他监护人的法治宣传、监护监督和指导，督促其履行监护责任，提高监护能力，为未成年人健康成长提供良好家庭环境和家庭教育。落实国家监护责任，完善撤销监护人资格诉讼程序，避免因监护人怠于履行监护职责、丧失监护能力或监护人侵权对未成年人造成伤害。（民政部、司法部负责，教育部、公安部、最高人民法院、最高人民检察院、共青团中央、全国妇联配合）

——完善办理拐卖人口犯罪案件司法解释，统一法律适用标准和证据审查认定规则。（最高人民法院、最高人民检察院、公安部、司法部负责）

（2）制定并完善有关政策，加强政策衔接，扩大政策宣传，监督政策落实，推动反拐预防、打击、救助、安置、康复工作科学化、规范化、制度化、法治化，坚持和完善反拐工作制度机制。（国务院反拐部际联席会议各成员单位负责）

（五）加强宣传、教育和培训。

1. 工作目标。

创新宣传教育方法，大力开展反拐安全教育和法治宣传，切实增强人民群众的反拐安全意识和法治观念，提高自我保护能力，警示不法分子，营造"不能拐"、"不敢拐"的全民反拐社会氛围。加强反拐安全教育培训和理论研究，提高反拐工作能力和水平。

2. 行动措施。

（1）创新宣传形式，加强舆论引导，积极回应社会关切，充分运用互联网和新媒体宣传手段，开展多渠道、多形式、全覆盖的反拐和防性侵宣传教育。着重在拐卖人口犯罪活动重点地区、重点场所和易被拐卖人群中开展反拐安全教育和法治宣传，增强群众反拐安全意识和自我保护能力，曝光打拐典型案例，以案说法、以案普法，警示和震慑社会上的不法分子。（中央宣传部、中央网信办、广电总局、公安部负责，教育部、司法部、交通运输部、文化和旅游部、国家卫生健康委、国务院妇儿工委办公室、全国总工会、共青团中央、全国妇联配合）

——发挥新闻媒体宣传教育作用，制作反拐和预防性侵害未成年人的广播电视节目和公益广告宣传片，加大反拐节目的播出频次并优先安排在黄金时段播放，不断提高反拐和预防性侵害未成年人宣传教育的传播力、影响力。（中央宣传部、中央网信办、广电总局负责，公安部、共青团中央、全国妇联配合）

——加强反拐和预防性侵害未成年人法治宣传教育，将反拐法治宣传教育纳入年度普法工作重点。（司法部负责，公安部配合）

——将反拐和防性侵教育纳入中小学和中职学校教育教学活动中，提高学生自我保护意识。教师发现疑似拐卖或者性侵未成年人情形的，应当根据侵害未成年人案件强制报告制度及时向学校或有关部门进行报告。（教育

部、司法部负责，公安部配合）

——加强对流动儿童、留守儿童等特殊儿童群体及其父母或其他监护人的反拐和防性侵教育培训，严格落实父母或其他监护人对未成年子女的监护职责。（教育部、民政部负责，公安部、全国妇联、共青团中央、中国关工委配合）

——将反拐宣传教育纳入城乡社区治理工作中，增强社区成员尤其是妇女、儿童的父母或者其他监护人、残疾人及其监护人的反拐、防性侵意识和自我保护能力。（民政部、公安部、全国妇联负责，教育部、国家民委、司法部、最高人民检察院配合）

——定期在火车站、汽车站、航空港、码头、娱乐场所、宾馆饭店等开展反拐专题宣传活动，并在日常安全宣传中纳入反拐相关内容，交通运输行业、娱乐场所、宾馆饭店等单位工作人员发现疑似拐卖或者性侵害未成年人情况应当及时报告和制止，鼓励社会公众发现疑似拐卖或者性侵害未成年人情况进行及时报告和制止。（交通运输部、文化和旅游部、中国民航局、中国国家铁路集团有限公司、公安部负责，司法部、财政部、商务部、共青团中央、全国妇联配合）

——加大对我公民涉外婚姻法律和反诈骗、反拐卖宣传力度，提升其守法和防范风险意识。（民政部、中央宣传部、中央网信办、公安部、司法部负责）

——加强边境地区和偏远地区群众反拐安全教育和法治宣传，提高群众反拐安全意识、识别犯罪和自我保护能力。（司法部负责，国家民委、公安部、民政部、人力资源社会保障部、全国妇联配合）

——在少数民族聚居地区、社区开展反拐和预防性侵害未成年人宣传教育。（国家民委、司法部负责，文化和旅游部、广电总局、全国妇联配合）

——开发符合残疾人特点的宣传教育品，提高残疾人的反拐和预防性侵害安全意识、法治观念和自我保护能力。（中国残联负责，文化和旅游部、广电总局、全国妇联配合）

（2）动员社会力量支持和参与反拐工作。完善公民举报奖励制度，支持、引导民间组织和社会爱心人士参与反拐和寻亲工作。规范反拐志愿者队伍的管理评估制度。运用现代科技手段，不断拓展线索来源渠道。（公安部负责，国务院反拐部际联席会议各成员单位配合）

（3）加强各级反拐工作人员教育培训和反拐工作队伍专业化建设，提高《行动计划》实施能力和反拐工作水平。（国务院反拐部际联席会议各成员单位负责）

——将妇女儿童权益保护和反拐法律法规、政策等纳入教育培训内容，不断提高有关部门开展反拐工作、保障被拐卖受害人合法权益的意识和能力，不断提高侦查、起诉、审判和执行等机关办理拐卖人口犯罪案件的能力和水平。（最高人民法院、最高人民检察院、公安部、司法部负责）

——加强边境口岸地区反拐工作人员教育培训，做好边境口岸地区人口管理和社会治安管理工作，完善边境口岸地区反拐防控体系，提高预防预测预警能力，提高打击跨国跨境拐卖人口犯罪的能力和水平。（最高人民法院、最高人民检察院、公安部、司法部负责）

——加强被拐卖受害人救助工作人员教育培训，提高救助能力和水平。（民政部、国家卫生健康委负责，全国总工会、共青团中央、全国妇联配合）

（4）进一步扩大社会参与，加强打拐法律政策普及，拓宽社会参与和群众举报拐卖人口犯罪线索的渠道。（公安部负责，中央宣传部、中央网信办、最高人民检察院、民政部、广电总局、共青团中央、全国妇联配合）

（六）加强国际合作。

1. 工作目标。

有效预防和严厉打击跨国跨境拐卖人口犯罪，加强对被跨国跨境拐卖受害人的救助。加强与其他国家和地区开展打击拐卖人口犯罪国际合作，积极参与国际社会有关打击贩运人口议题的讨论和磋商。

2. 行动措施。

（1）加强反拐工作国际交流与合作，深化区域间政府反拐合作，开创联合国框架下国际反拐合作新局面。（外交部、公安部负责，商务部配合）

（2）充分利用有关国际组织的资源和技术，加强国际反拐合作项目建设和引进工作。（公安部负责，外交部、商务部配合）

——积极参与湄公河次区域合作反拐进程等各项国际反拐合作机制，推动建立“一带一路”框架下国际反拐合作机制。（公安部负责，全国人大常委会法工委、最高人民法院、最高人民检察院、外交部、民政部、人力资源社会保障部、商务部、国务院妇儿工委办公室、全国妇联配合）

——加强与国际移民组织、联合国儿童基金会、联合国妇女署、联合国毒品和犯罪问题办公室、澜沧江湄公河综合执法安全合作中心等国际组织和相关国家、地区的交流合作，联合开展反拐教育培训、宣传，掌握国际拐卖人口犯罪发展趋势及应对措施，展示我国反拐工作成效。（外交部、公安部、商务部负责，最高人民法院、最高人民检察院、全国妇联配合）

（3）加强对跨国劳务人员的出国出境前安全培训，严格审查和密切监控输出对象大部分为年轻女性的跨国劳务合作项目，提高防范跨国拐卖妇女犯罪的意识。（公安部负责，商务部、外交部配合）

（4）加强国际警务合作，充分利用双边、多边合作机制和国际刑警组织等渠道，开展打击跨国跨境拐卖人口犯罪联合执法行动，强化跨国拐卖人口犯罪案件侦办合作和情报信息及时互通交流，充分发挥边境反拐警务联络机制作用，共同打击跨国跨境拐卖人口犯罪。（公安部负责，外交部、司法部配合）

（5）加强与相关拐入国政府和国际组织合作，及时解救和接收被拐卖出国的中国籍受害人，并为其提供必要的服务。（外交部、公安部负责，民政部配合）

（6）加强与相关拐出国政府和国际组织合作，及时发现和解救被拐卖入中国的外籍受害人，完善对被跨国跨境拐卖受害人的救助工作机制，做好中转康复工作，并安全送返。（外交部、公安部、民政部负责）

（7）认真履行和充分利用《联合国打击跨国有组织犯罪公约》及其关于预防、禁止和惩治贩运人口特别是妇女和儿童行为的补充议定书，按照《中华人民共和国引渡法》、《中华人民共和国国际刑事司法协助法》开展刑事司法领域的国际合作，稳步推进与其他国家缔结刑事司法协助条约和引渡条约工作，不断扩大打击拐卖人口犯罪国际司法合作网络。（外交部、公安部负责，最高人民法院、最高人民检察院、司法部配合）

三、保障措施

（一）加强组织协调。国务院反拐部际联席会议加强组织领导和统筹协调，制定并完善政策措施，及时研究解决突出问题和困难。联席会议办公室负责协调组织对《行动计划》实施情况进行督导检查，开展阶段性评估和终期评估，对拐卖人口犯罪重点案件和重点地区建立挂牌督办和警示制度。县级以上地方人民政府要逐级建立协调机制，组织协调和督导检查反拐工作，并制定本地区《行动计划》实施细则和年度实施方案。各级反拐工作协调机制成员单位要密切配合，根据任务分工制定本部门、本单位实施方案，并开展自我检查和评估。

（二）完善经费保障。各级政府统筹安排《行动计划》实施经费，支持本地区反拐工作。拓宽反拐资金筹措渠道，鼓励社会组织、慈善机构、企事业单位和个人捐助，争取国际援助，支持开展反拐公益项目。

（三）严格考核监督。将反拐工作纳入平安建设考核范畴以及相关部门、机构的目标管理和考核体系，考核结果送干部主管部门，作为对相关领导班子和领导干部综合考核评价的重要依据。对反拐措施得力、工作创新、成效显著的部门和地区，以及反拐工作先进团体和个人，按照国家有关规定给予表彰和奖励，并在有关推优评选中重点考虑。对拐卖人口犯罪严重、防控打击不力的地区和未切实履行相关职责的部门，进行通报批评，依法依纪追究有关人员的责任，并实行社会治安综合治理一票否决制。

国务院办公厅关于建立健全职工基本医疗保险门诊共济保障机制的指导意见

（2021 年 4 月 13 日　国办发〔2021〕14 号）

为进一步健全互助共济、责任共担的职工基本医疗保险（以下简称职工医保）制度，更好解决职工医保参保人员门诊保障问题，切实减轻其医疗费用负担，按照党中央、国务院关于深化医疗保障制度改革任务部署，经国务院同意，现就建立健全职工医保门诊共济保障机制提出如下意见。

一、总体要求

（一）指导思想。以习近平新时代中国特色社会主义思想为指导，全面贯彻党的十九大和十九届二中、三中、四中、五中全会精神，既尽力而为、又量力而行，坚持人人尽责、人人享有，完善制度、引导预期，加快医疗保障重点领域和关键环节改革，将门诊费用纳入职工医保统筹基金支付范围，改革职工医保个人账户，建立健全门诊共济保障机制，提高医保基金使用效率，逐步减轻参保人员医疗费用负担，实现制度更加公平更可持续。

（二）基本原则。坚持保障基本，实行统筹共济，切实维护参保人员权益。坚持平稳过渡，保持政策连续性，确保改革前后待遇顺畅衔接。坚持协同联动，完善门诊保障机制和改进个人账户制度同步推进、逐步转换。坚持因地制宜，在整体设计基础上，鼓励地方从实际出发，积极探索增强职工医保门诊保障的有效途径。

二、主要措施

（三）增强门诊共济保障功能。建立完善职工医保普通门诊费用统筹保障机制，在做好高血压、糖尿病等群众负担较重的门诊慢性病、特殊疾病（以下统称门诊慢特病）医疗保障工作的基础上，逐步将多发病、常见病的普通门诊费用纳入统筹基金支付范围。普通门诊统筹覆盖职工医保全体参保人员，政策范围内支付比例从 50% 起步，随着医保基金承受能力增强逐步提高保障水平，待遇支付可适当向退休人员倾斜。针对门诊医疗服务特点，科学测算起付标准和最高支付限额，并做好与住院费用支付政策的衔接。同步完善城乡居民基本医疗保险门诊统筹，并逐步提高保障水平。

根据医保基金承受能力，逐步扩大由统筹基金支付的门诊慢特病病种范围，将部分治疗周期长、对健康损害大、费用负担重的疾病门诊费用纳入共济保障，对部分适合在门诊开展、比住院更经济方便的特殊治疗，可参照住院待遇进行管理。不断健全门诊共济保障机制，逐步由病种保障向费用保障过渡。将符合条件的定点零售药店提供的用药保障服务纳入门诊保障范围，支持外配处方在定点零售药店结算和配药，充分发挥定点零售药店便民、可及的作用。探索将符合条件的"互联网＋"医疗服务纳入保障范围。

（四）改进个人账户计入办法。科学合理确定个人账户计入办法和计入水平，在职职工个人账户由个人缴纳的基本医疗保险费计入，计入标准原则上控制在本人参保缴费基数的2%，单位缴纳的基本医疗保险费全部计入统筹基金；退休人员个人账户原则上由统筹基金按定额划入，划入额度逐步调整到统筹地区根据本意见实施改革当年基本养老金平均水平的2%左右。个人账户的具体划入比例或标准，由省级医保部门会同财政部门按照以上原则，指导统筹地区结合本地实际研究确定。调整统筹基金和个人账户结构后，增加的统筹基金主要用于门诊共济保障，提高参保人员门诊待遇。

（五）规范个人账户使用范围。个人账户主要用于支付参保人员在定点医疗机构或定点零售药店发生的政策范围内自付费用。可以用于支付参保人员本人及其配偶、父母、子女在定点医疗机构就医发生的由个人负担的医疗费用，以及在定点零售药店购买药品、医疗器械、医用耗材发生的由个人负担的费用。探索个人账户用于配偶、父母、子女参加城乡居民基本医疗保险等的个人缴费。个人账户不得用于公共卫生费用、体育健身或养生保健消费等不属于基本医疗保险保障范围的支出。健全完善个人账户使用管理办法，做好收支信息统计。

（六）加强监督管理。完善管理服务措施，创新制度运行机制，引导医疗资源合理利用，确保医保基金稳定运行，充分发挥保障功能。严格执行医保基金预算管理制度，加强基金稽核制度和内控制度建设。建立对个人账户全流程动态管理机制，加强对个人账户使用、结算等环节的审核。强化对医疗行为和医疗费用的监管，严肃查处"挂床"住院、诱导住院等违法违规行为。建立医保基金安全防控机制，严厉打击欺诈骗保行为，确保基金安全高效、合理使用。创新门诊就医服务管理办法，健全医疗服务监控、分析和考核体系，引导定点医疗机构规范提供诊疗服务。加快全国统一的医疗保障信息平台建设，推进门诊费用异地就医直接结算。通过协同推动基层医疗服务体系建设、完善家庭医生签约服务、规范长期处方管理等，引导参保人员在基层就医首诊。结合完善门诊慢特病管理措施，规范基层定点医疗机构诊疗及转诊等行为。

（七）完善与门诊共济保障相适应的付费机制。对基层医疗服务可按人头付费，积极探索将按人头付费与慢性病管理相结合；对日间手术及符合条件的门诊特殊病种，推行按病种或按疾病诊断相关分组付费；对不宜打包付费的门诊费用，可按项目付费。科学合理确定医保药品支付标准，引导医疗机构和患者主动使用疗效确切、价格合理的药品。

三、组织实施

（八）加强组织领导。建立健全职工医保门诊共济保障机制是深化医疗保障制度改革的重要内容，涉及广大参保人员切身利益，政策性和技术性强。各省级人民政府要高度重视，切实加强领导，建立协调机制，抓好工作落实。国家医保局、财政部要会同相关部门加强对各地的工作指导，上下联动，形成合力。

（九）积极稳妥推进。各省级人民政府要按照本意见要求，统筹安排，科学决策，在2021年12月底前出台实施办法，指导各统筹地区推进落实，可设置3年左右的过渡期，逐步实现改革目标。各统筹地区要结合本地实际，进一步明确和细化政策规定，妥善处理好改革前后的政策衔接，确保参保人员待遇平稳过渡，已经开展相关工作的要进一步规范政策标准，尚未开展相关工作的要积极稳妥启动实施。

（十）注重宣传引导。要创新宣传方式，丰富宣传手段，广泛开展宣传，准确解读政策。充分宣传建立健全职工医保门诊共济保障机制对减轻参保人员医疗费用负担、促进制度更加公平更可持续的重要作用，大力宣传医疗保险共建共享、互助共济的重要意义。要建立舆情监测和处置机制，积极主动回应社会关切，营造良好舆论氛围。

国务院办公厅关于印发新时代中央国家机关及有关单位对口支援赣南等原中央苏区工作方案的通知

（2021年4月21日　国办发〔2021〕15号）

《新时代中央国家机关及有关单位对口支援赣南等原中央苏区工作方案》已经国务院同意，现印发给你们，请认真贯彻执行。

新时代中央国家机关及有关单位对口支援赣南等原中央苏区工作方案

按照党中央、国务院决策部署，2013 年以来中央国家机关及有关单位与赣南等原中央苏区加强工作对接，积极推进对口支援工作，助力受援地如期打赢脱贫攻坚战，振兴发展取得重大成效。为贯彻落实《国务院关于新时代支持革命老区振兴发展的意见》（国发〔2021〕3 号）有关部署，扎实推进新时代中央国家机关及有关单位对口支援赣南等原中央苏区工作，现制定以下工作方案。

一、总体要求

以习近平新时代中国特色社会主义思想为指导，全面贯彻党的十九大和十九届二中、三中、四中、五中全会精神，认真落实党中央、国务院关于新时代支持革命老区振兴发展的战略部署，立足新发展阶段、贯彻新发展理念、构建新发展格局，充分发挥中央国家机关及有关单位职能作用，激发赣南等原中央苏区内生发展动力，努力构建人才、产业、项目、创新等相结合的对口支援工作格局，探索新时代推动革命老区高质量发展、逐步实现共同富裕的有效途径。

二、工作安排

对口支援赣南等原中央苏区工作，对口支援单位包括 63 个中央国家机关及有关单位，受援地包括江西省赣州市、吉安市、抚州市和福建省龙岩市、三明市所辖共 43 个县（市、区）。工作期限为 2021 年至 2030 年。其中，国家发展改革委、中央组织部作为牵头部门，负责对口支援工作的组织协调和统筹指导，并结合自身职能全面开展对口支援相关工作，不安排具体对口支援关系；其他 61 个对口支援单位与受援地具体结对安排如下：

（一）赣州市 18 个县（市、区）。

国务院国资委、国家药监局——章贡区（含赣州经济技术开发区）

证监会、中国民航局——南康区

科技部、自然资源部——赣县区

财政部、新华社——瑞金市

工业和信息化部、海关总署——龙南市

农业农村部、国家能源局——信丰县

广电总局、中科院——大余县

教育部、全国工商联——上犹县
生态环境部、体育总局——崇义县
交通运输部、供销合作总社——安远县
银保监会、进出口银行——定南县
商务部、开发银行——全南县
人力资源社会保障部、水利部——宁都县
国家卫生健康委、国家粮食和储备局——于都县
民政部、国家烟草局——兴国县
审计署、市场监管总局——会昌县
中央宣传部、国家统计局——寻乌县
司法部、国家乡村振兴局——石城县

(二)吉安市8个县(区)。

税务总局——吉州区
招商局集团有限公司——青原区
中国人民保险集团股份有限公司——吉安县
国家国防科工局——吉水县
人民银行——新干县
国家铁路局——永丰县
社科院——泰和县
国家林草局——万安县

(三)抚州市5个县。

中国旅游集团有限公司——黎川县
农业发展银行——南丰县
国家民委——乐安县
国家文物局——宜黄县
中央统战部——广昌县

(四)龙岩市7个县(市、区)。

国家电网有限公司——新罗区
文化和旅游部——永定区
国务院台办——漳平市
中国建筑集团有限公司——长汀县
退役军人部——上杭县
国家开发投资集团有限公司——武平县
住房城乡建设部——连城县

（五）三明市5个县。

国家中医药局——明溪县

华润（集团）有限公司——清流县

应急部——宁化县

中国国家铁路集团有限公司——泰宁县

中粮集团有限公司——建宁县

三、工作要求

（一）完善工作机制。国家发展改革委、中央组织部要加强统筹协调，会同各对口支援单位和受援地明确工作总体目标和重点任务，扎实推进落实对口支援各项工作任务。各对口支援单位要加强与受援地沟通协商，健全领导有力、联系紧密、运转高效的工作推进机制。江西、福建等有关省份和受援地要落实主体责任，明确任务分工，加强沟通衔接，参照本方案推进省级部门和企事业单位对口支援革命老区，确保对口支援工作取得实效。

（二）落实重点任务。各对口支援单位要结合自身职能和优势，充分考虑受援地比较优势和发展需要，以干部挂职、人才培训、营商环境营造、产业和创新平台建设等为重点，科学编制并推动落实对口支援实施方案。要把红色资源作为坚定理想信念、加强党性修养的生动教材，选派优秀干部到赣南等原中央苏区和其他革命老区挂职锻炼。要聚焦提升内生发展动力，支持受援地培训一批专业技术人才，推广一批改革创新举措，实施一批有利于推动高质量发展的政策与项目。支持其他革命老区重点市县学习借鉴赣南等原中央苏区经验做法，结合中央国家机关及有关单位选派干部挂职锻炼，探索建立合作机制。

（三）加强督促评估。国家发展改革委、中央组织部要及时跟踪对口支援工作进展情况，加大督促检查力度，定期组织工作成效评估，并将评估结果纳入地方政府绩效评价考核体系。重大问题及时向国务院报告。

国务院办公厅关于对2020年落实有关重大政策措施真抓实干成效明显地方予以督查激励的通报

（2021年4月30日　国办发〔2021〕17号）

为进一步推动党中央、国务院重大决策部署贯彻落实，充分激发和调动各地担当作为、干事创业的积极性、主动性和创造性，根据《国务院办公厅关于对真抓实干成效明显地方进一步加大激励支持力度的通知》(国办发〔2018〕117号)，结合国务院大督查、专项督查、“互联网+督查”和部门日常督查情况，经国务院同意，对2020年落实稳就业保民生、打好三大攻坚战、深化“放管服”改革优化营商环境、推动创新驱动发展、实施乡村振兴战略等有关重大政策措施真抓实干、取得明显成效的216个地方予以督查激励，相应采取30项奖励支持措施。希望受到督查激励的地方充分发挥模范表率作用，再接再厉，取得新的更大成绩。

2021年是实施“十四五”规划、开启全面建设社会主义现代化国家新征程的第一年。各地区、各部门要在以习近平同志为核心的党中央坚强领导下，以习近平新时代中国特色社会主义思想为指导，全面贯彻党的十九大和十九届二中、三中、四中、五中全会精神，坚持稳中求进工作总基调，立足新发展阶段、贯彻新发展理念、构建新发展格局，推动高质量发展，巩固拓展疫情防控和经济社会发展成果，扎实做好“六稳”工作、全面落实“六保”任务，结合自身实际，积极开拓创新，勇于攻坚克难，增强抓落实的主动性和自觉性，力戒形式主义、官僚主义，确保“十四五”开好局起好步，以优异成绩庆祝中国共产党成立100周年。

附件：2020年落实有关重大政策措施真抓实干成效明显的地方名单及激励措施

附件

2020年落实有关重大政策措施真抓实干成效明显的地方名单及激励措施

一、在2020年脱贫攻坚成效考核中认定为完成年度计划、减贫成效显著、综合评价好的地方

河北省，山西省，内蒙古自治区，吉林省，黑龙江省，安徽省，江西省，河南省，湖北省，湖南省，广西壮族自治区，海南省，重庆市，四川省，贵州省，云南省，西藏自治区，陕西省，甘肃省，青海省，宁夏回族自治区，新疆维吾尔自治区。(按行政区划排列，下同)

2021年对上述地方在中央财政衔接推进乡村振兴补助资金分配中给予一定奖励。(财政部、国家乡村振兴局组织实施)

二、易地扶贫搬迁工作积极主动、成效明显的地方

湖北省，湖南省，四川省，云南省，新疆维吾尔自治区。

2021 年对上述地方进一步加大易地扶贫搬迁后续扶持工作支持力度，并在以工代赈资金安排上予以倾斜，支持脱贫地区改善基础设施条件。（国家发展改革委组织实施）

三、环境治理工程项目推进快，重点区域大气、重点流域水环境质量明显改善的地方

河北省保定市，辽宁省营口市，福建省三明市，广东省东莞市，广西壮族自治区柳州市。

2021 年中央财政年度污染防治资金下达后，由有关省份统筹中央财政切块下达的资金，安排一定比例对上述地方给予奖励。（生态环境部、财政部组织实施）

四、河长制湖长制工作推进力度大、河湖管理保护成效明显的地方

辽宁省大连市金州区，黑龙江省齐齐哈尔市，江苏省南京市高淳区，福建省泉州市，山东省日照市，河南省郏县，湖北省十堰市，湖南省长沙市，广东省深圳市，广西壮族自治区鹿寨县，重庆市永川区，四川省雅安市，贵州省黔西市，云南省腾冲市，西藏自治区噶尔县，宁夏回族自治区彭阳县，新疆维吾尔自治区布尔津县。

2021 年对上述地方在安排中央财政水利发展资金时适当倾斜，给予每个市 2000 万元、每个县（市、区）1000 万元奖励，用于河长制湖长制及河湖管理保护工作。（水利部、财政部组织实施）

五、防范化解金融风险、营造诚实守信金融生态环境、维护良好金融秩序、健全金融消费者权益保护机制成效较好的地方

北京市，江苏省，浙江省，山东省，广东省。

2021 年支持上述地方或其辖内地区开展金融改革创新先行先试，在同等条件下对其申报金融改革试验区等给予重点考虑和支持，在相关领域加大再贷款、再贴现的支持力度，鼓励符合条件的全国性股份制银行在上述地方开设分支机构，支持符合条件的企业发行“双创”公司债券、绿色债券等金融创新产品。（人民银行、银保监会、证监会组织实施）

六、开展农村人居环境整治成效明显的地方

北京市密云区，河北省秦皇岛市北戴河区，上海市浦东新区，江苏省太仓市，浙江省建德市，福建省上杭县，江西省井冈山市，河南省信阳市平桥区，湖南省浏阳市，广东省广州市从化区，重庆市九龙坡区，四川省北川羌族自治县，云南省开远市，陕西省凤县，甘肃省卓尼县，宁夏回族自治区隆德县，新疆生产建设兵团第一师阿拉尔市。

2021 年对上述地方在中央财政分配年度农村综合改革转移支付时，各给予2000万元激励支持，主要用于"厕所革命"整村推进、村容村貌整治提升等农村人居环境整治相关建设。（农业农村部、国家乡村振兴局、财政部组织实施）

七、深化商事制度改革成效显著、落实事中事后监管等相关政策措施社会反映好的地方

北京市通州区，天津市滨海新区，吉林省长春市，黑龙江省齐齐哈尔市，上海市徐汇区，江苏省徐州市，浙江省舟山市，安徽省六安市，福建省厦门市，江西省鹰潭市月湖区，山东省威海市文登区，河南省驻马店市，湖北省襄阳市，湖南省长沙县，广东省深圳市，海南省文昌市，重庆市大渡口区，四川省攀枝花市，陕西省安康市，新疆维吾尔自治区克拉玛依市。

2021年对上述地方优先选择为企业登记注册便利化改革、企业年报制度改革、社会共治、企业信用风险监管、大数据监管、信用修复等商事制度改革、事中事后监管工作的试点地区；优先授予外商投资企业登记注册权限；在国家广告产业园区认定中优先给予支持。（市场监管总局组织实施）

八、促进外贸、外资稳定增长，积极优化营商环境成效明显的地方

江苏省，浙江省，安徽省，江西省，山东省，四川省。

2021年对上述地方培育国家外贸转型升级基地给予优先支持。（商务部组织实施）

九、促进社会投资健康发展、企业债券发行、债券品种创新与风险防范等工作成效明显的地方

上海市浦东新区，江苏省苏州市，浙江省杭州市，安徽省安庆市，江西省上饶市，山东省济南市，湖南省株洲市，广东省深圳市福田区，四川省遂宁市。

从2021年起两年内，对上述地方行政区域内企业申请企业债券实行"直通车"机制（企业直接向国家发展改革委指定的受理机构申报，实行"即报即审"，审核时间由15个工作日缩短到5个工作日）。（国家发展改革委组织实施）

十、年度固定资产投资保持稳定增长，中央预算内投资项目开工、投资完成等情况较好的地方

江西省，湖南省，广西壮族自治区，云南省，新疆维吾尔自治区。

2021年对上述地方在中央预算内投资既有专项中安排投资，用于奖励支持其相关专项项目建设。（国家发展改革委组织实施）

十一、财政预算执行、盘活财政存量资金、国库库款管理、推进财政资金统筹使用、预算公开等财政管理工作完成情况好的地方

河北省保定市、威县，江苏省苏州市、沭阳县，浙江省杭州市、德清县，安徽省合肥市、肥东县，福建省厦门市湖里区，山东省日照市、兰陵县，湖南省长沙市、长沙县，广东省东莞市、广州市增城区，云南省昆明市、开远市，陕西省铜川市、镇巴县。

2021 年对上述地方利用年度预算中单独安排的资金等予以奖励，每个市奖励资金不低于 2000 万元，每个县（市、区）奖励资金不低于 1000 万元，适当体现向中、西部地区倾斜。（财政部组织实施）

十二、公路水路交通建设年度目标任务完成情况好、地方投资落实到位、促进社会资本进入交通建设领域措施有力、交通债务风险防控工作落实有力的地方

浙江省，江西省，山东省，广东省，广西壮族自治区，云南省。

2021 年对上述地方申报的具备条件的交通建设项目，优先列入三年滚动投资计划、优先安排中央交通建设资金；对上述地方各新增安排中央资金 5000 万元，用于交通项目建设。（交通运输部、财政部组织实施）

十三、地方水利建设投资落实好、中央水利建设投资计划完成率高的地方

浙江省，安徽省，河南省，广东省，贵州省。

2021 年对上述地方在安排年度中央预算内水利投资计划时给予适当奖励，各增加安排中央预算内投资 1000 万元，相应减少地方配套投资。（水利部、国家发展改革委组织实施）

十四、土地节约集约利用成效好、闲置土地少且用地需求量较大的地方

天津市西青区、蓟州区，辽宁省海城市、喀喇沁左翼蒙古族自治县，江苏省丰县、泰兴市，浙江省嘉善县、义乌市，福建省三明市，江西省芦溪县、兴国县，湖北省宜昌市，湖南省浏阳市、澧县，云南省禄劝彝族苗族自治县、楚雄市。

2021 年对上述地方按照每个市 2000 亩、每个县（市、区）1000 亩的标准奖励用地计划指标，在安排全国土地利用计划时单独列出。（自然资源部组织实施）

十五、按时完成高标准农田建设任务且成效显著的地方

黑龙江省，安徽省，河南省，四川省，甘肃省。

2021 年对上述地方在分配中央财政资金时予以倾斜支持（原则上不低于上年激励力度），用于高标准农田建设。（农业农村部组织实施）

十六、推进农产品流通现代化、积极发展农村电商和产销对接成效明显的地方

辽宁省庄河市，江苏省丰县，浙江省瑞安市，安徽省桐城市，福建省武夷山市，山东省诸城市，湖南省醴陵市，四川省峨眉山市，陕西省武功县，新疆维吾尔自治区阿克苏市。

2021 年对上述地方在电子商务进农村综合示范中优先支持,并给予专项资金扶持。(商务部、财政部组织实施)

十七、实施创新驱动发展战略、推进自主创新和发展高新技术产业成效明显的地方

北京市,江西省,湖南省,广东省。

2021 年对上述地方优先支持其行政区域内 1 家符合条件的国家自主创新示范区或国家高新技术产业开发区扩区或调整区位,优先支持其行政区域内 1 家符合条件且发展基础较好的省级高新技术产业开发区升级为国家高新技术产业开发区。(科技部组织实施)

十八、改善地方科研基础条件、优化科技创新环境、促进科技成果转移转化以及落实国家科技改革与发展重大政策成效较好的地方

北京市,浙江省,河南省,广东省。

2021 年对上述地方在中央引导地方科技发展资金分配中的绩效目标完成情况因素予以加分奖励,加大资金倾斜支持力度。(科技部、财政部组织实施)

十九、在推动“双创”政策落地、促进创业带动就业、加强融通创新、扶持“双创”支撑平台、构建“双创”发展生态、打造“双创”升级版等方面大胆探索、勇于尝试、成效明显的区域“双创”示范基地

北京市海淀区,山西转型综合改革示范区学府产业园区,吉林长春新区,上海市徐汇区,江苏省南京市雨花台区,浙江省宁波市鄞州区,福建省厦门火炬高技术产业开发区,山东省威海火炬高技术产业开发区,湖北省武汉东湖新技术开发区,湖南省湘潭高新技术产业开发区,广东省深圳市南山区,重庆两江新区,四川天府新区。

2021 年对上述区域“双创”示范基地优先支持创新创业支撑平台建设,在中央预算内投资安排等方面予以重点倾斜;对区域内符合条件的创新创业项目,优先推介与国家新兴产业创业投资引导基金、国家级战略性新兴产业发展基金、国家中小企业发展基金等对接;优先支持区域内创新创业成果在全国“双创”活动周主会场重点展示;优先支持举办“创响中国”等重大活动,宣传推广形成的好经验好做法。(国家发展改革委组织实施)

二十、促进工业稳增长和转型升级、实施技术改造成效明显的地方

吉林省长春市,安徽省合肥市,福建省厦门市,山东省青岛市,河南省洛阳市,湖南省株洲市,广东省深圳市,重庆市荣昌区,四川省自贡市。

2021 年对上述地方在新型工业化产业示范基地、工业企业技术改造升级导向计划安排,制造业单项冠军及其他示范项目、示范企业、示范平台评定等

方面予以优先支持。(工业和信息化部组织实施)

二十一、大力培育发展战略性新兴产业、产业特色优势明显、技术创新能力较强、产业基础雄厚的地方

天津市滨海新区,上海市浦东新区,江苏省昆山市,浙江省杭州市滨江区,安徽省合肥市蜀山区,福建省厦门市海沧区,山东省济南市历下区,河南省郑州市金水区,湖北省武汉市洪山区,湖南省长沙县,广东省广州市黄埔区,四川省成都市温江区。

2021 年对上述地方战略性新兴产业集群建设,优先将重点项目纳入国家重大建设项目储备库、给予较大额度和较长期优质信贷支持,在国家认定企业技术中心等创新平台申报中给予名额倾斜,推动国家级战略性新兴产业发展基金优先在上述地方设立子基金。(国家发展改革委会同有关部门组织实施)

二十二、老工业基地调整改造力度较大,支持传统产业改造、培育新产业新业态新模式、承接产业转移和产业合作等工作成效突出的地方

山西省长治市,辽宁省盘锦市,黑龙江省大庆市,江苏省常州市,河南省洛阳市,湖北省黄石市,湖南省湘潭市,广东省韶关市,四川省自贡市,贵州省六盘水市。

2021 年对上述地方优先支持在老工业基地振兴有关重大改革和重大政策方面先行先试,支持创建国家创新型产业集群和新型工业化产业示范基地,在安排产业转型升级示范区和重点园区建设中央预算内资金时各奖励 2000 万元。(国家发展改革委会同有关部门组织实施)

二十三、培育壮大接续替代产业、保障和改善民生、加强生态环境整治、着力解决历史遗留问题等转型成效突出的地方

江苏省徐州市贾汪区,安徽省铜陵市,江西省景德镇市,山东省枣庄市,河南省濮阳市,湖北省黄石市,四川省泸州市。

2021 年对上述地方在资源型地区经济转型重大改革和重大政策方面先行先试,在安排资源型地区转型发展中央预算内投资专项资金时增加资金分配系数;中央财政在安排资源枯竭城市转移支付时予以倾斜支持。(国家发展改革委、财政部会同有关部门组织实施)

二十四、推进质量工作成效突出的地方

北京市西城区,内蒙古自治区包头市,辽宁省沈阳市,上海市松江区,江苏省南通市海门区,浙江省湖州市南浔区,山东省青岛市黄岛区,湖北省武汉市,宁夏回族自治区银川市,新疆维吾尔自治区昌吉市。

2021 年对上述地方在质量工作改革创新先行先试、国家质量基础设施协

同服务及应用示范基地建设、质量技术机构优先布局建设等方面，予以激励支持。（市场监管总局组织实施）

二十五、校企合作推进力度大、职业教育发展环境好、推进职业教育改革成效明显的地方

辽宁省，江西省，广东省，四川省，甘肃省。

2021 年对上述地方优先纳入职业教育改革、产教融合建设试点，在中国特色高水平高职学校和专业建设、现代职业教育质量提升计划资金中予以倾斜支持。（教育部会同有关部门组织实施）

二十六、落实鼓励和支持就业创业政策措施工作力度大，促进失业人员、就业困难人员及各类重点群体就业创业等任务完成较好的地方

浙江省，安徽省，湖南省，广东省。

2021 年对上述地方在安排中央财政就业补助资金时予以倾斜支持。（财政部、人力资源社会保障部组织实施）

二十七、棚户区改造、农村危房改造工作积极主动、成效明显的地方

棚户区改造：江苏省徐州市，浙江省杭州市，安徽省亳州市，山东省青岛市，河南省郑州市，湖南省湘潭市，广东省深圳市，广西壮族自治区柳州市，四川省遂宁市；农村危房改造：北京市房山区，河北省滦平县，山西省平顺县，吉林省双辽市，黑龙江省拜泉县，安徽省宣城市宣州区，福建省寿宁县，江西省鄱阳县，山东省泗水县，河南省嵩县，湖北省安陆市，湖南省保靖县，广西壮族自治区大化瑶族自治县，四川省三台县，贵州省长顺县，云南省会泽县，西藏自治区工布江达县，陕西省白河县，青海省大通回族土族自治县，新疆维吾尔自治区昌吉市。

2021 年对棚户区改造工作成效明显的地方，在安排保障性安居工程中央预算内投资和中央财政城镇保障性安居工程补助资金时，给予适当奖励或倾斜支持；对农村危房改造工作成效明显的地方，在安排中央财政农村危房改造补助资金时，给予适当奖励或倾斜支持。（住房城乡建设部、国家发展改革委、财政部组织实施）

二十八、公立医院综合改革成效较为明显的地方

北京市东城区，河北省唐县，山西省介休市，内蒙古自治区突泉县，上海市长宁区，浙江省开化县，江西省丰城市，河南省郏县，湖北省潜江市，湖南省醴陵市，重庆市永川区，四川省大竹县，贵州省赤水市，甘肃省玉门市，青海省互助土族自治县，宁夏回族自治区西吉县，新疆维吾尔自治区拜城县，新疆生产建设兵团第十师北屯市。

2021 年对上述地方在公立医院综合改革中央财政补助资金分配中予以

倾斜，各单独安排奖励资金500万元。（国家卫生健康委、财政部组织实施）

二十九、落实养老服务业支持政策积极主动、养老服务体系建设成效明显的地方

推进养老项目建设：浙江省，贵州省；健全养老服务体系：上海市，新疆维吾尔自治区。

2021年对推进养老项目建设成效明显的地方，在安排年度养老服务体系建设中央预算内投资计划时，在原有投资分配基础上增加5%的奖励；对健全养老服务体系成效明显的地方，在安排年度福利彩票公益金补助地方老年人福利类项目资金时，通过工作绩效因素予以资金倾斜。（国家发展改革委、财政部、民政部组织实施）

三十、落实有关重大政策措施成效明显、创造典型经验做法且受到国务院督查表扬的地方

北京市海淀区，河北省保定市，黑龙江省齐齐哈尔市，上海市徐汇区，江苏省徐州市，浙江省杭州市滨江区，福建省将乐县，河南省濮阳市，湖北省宜昌市，湖南省长沙县，广东省广州市黄埔区，陕西省咸阳市，青海省尖扎县，新疆维吾尔自治区克拉玛依市，新疆生产建设兵团第一师阿拉尔市。

2021年对上述地方在国务院办公厅组织开展的国务院大督查及专项督查中予以“免督查”。（国务院办公厅组织实施）

国务院部门规章

机关档案管理规定

（2018年10月11日国家档案局令第13号公布　自2019年1月1日起施行　国司备字［2021004066］）

目　录

第一章　总　则

第一条　为了加强各级党和国家机关、人民团体（以下统称机关）档案工作，推进机关档案科学、规范管理，丰富国家档案资源，为各项工作提供有效服务，根据《中华人民共和国档案法》《机关档案工作条例》等法律法规，制定本规定。

第二条 本规定所称的机关档案，是指机关在公务活动中形成的，对国家和社会有查考、利用和保存价值的各种形式、各种载体的历史记录。

第三条 机关档案工作是档案工作开展的基础，是国家档案事业的重要组成部分。

机关档案工作是机关不可缺少的基础性工作，是推进依法行政、促进科学决策、提高治理水平的必要条件，是保护单位和个人合法权益、维护机关历史真实面貌的一项重要工作。

第四条 机关档案工作实行统一领导、分级管理。

国家档案行政管理部门负责全国机关档案工作的统筹规划、组织协调、统一制度，负责中央和国家机关档案工作的监督、指导和检查。地方档案行政管理部门在上级档案行政管理部门指导下，负责本行政区域内机关档案工作的统筹协调、制度建设，负责本行政区域内机关档案工作的监督、指导和检查。

档案行政管理部门履行检查职责时，以进入相关场所检查，询问有关人员，查阅、复制有关档案资料等方式开展。

中央、地方专业主管机关应当根据本专业的管理体制，在档案行政管理部门指导下对本系统和直属单位的档案工作进行监督、指导。中央、地方专业主管机关进行监督、指导时，应当遵循统一领导、分级管理原则。

第五条 机关的全部档案应当集中、统一管理。

机关档案管理应当维护档案的真实、完整、可用和安全，便于检索、利用和开发。

第六条 机关应当加强对档案工作的组织领导，将档案工作纳入整体规划、年度工作计划和考核体系，与业务工作同步部署、同步实施、同步发展。

档案工作所需的基础设施配备和维护经费，档案日常管理工作经费，档案信息化建设经费，档案宣传、培训等其他经费应当列入机关年度财政预算。

第二章　机构和人员

第七条 机关应当建立由分管档案工作的单位负责人、办公厅(室)(或承担该职能的其他综合办事机构，下同)及相关部门负责人组成的档案工作协调机制，协调处理本机关、本系统档案工作重大事务和重要事项。

第八条 机关应当按规定设立档案工作机构。不具备档案工作机构设立条件的机关，应当指定档案工作负责部门。档案工作负责部门的名称应当反映档案工作属性。

经同级档案行政管理部门同意，办公地点相对集中且条件成熟的县级或形成档案数量较少的多个机关可以成立联合档案工作机构，对相应机关的档案进行集中管理。

第九条 机关档案工作机构或档案工作负责部门（以下简称机关档案部门）应当配备与工作量相匹配的专职档案工作人员，具体承担机关档案业务工作。机关文书或业务部门应当指定人员，承担相应部门文件材料的收集、整理和归档工作。机关应当建立以机关档案部门为中心，由相关人员组成的机关档案工作网络。

县级或形成档案数量较少的机关可以综合考虑工作量等情况，配备适当数量的专（兼）职档案工作人员。

第十条 机关档案工作的基本任务是：

（一）贯彻执行档案工作的法律法规和方针政策，建立健全档案工作规章制度，并将规范本单位、本系统档案管理的基本制度报档案行政管理部门备案；

（二）制定并组织实施档案工作发展规划或计划；

（三）对机关各种文件材料的形成、积累和归档工作进行监督和指导，对所属机构的档案工作进行监督和指导；

（四）负责管理机关的全部档案并提供利用，协助做好机关政府信息公开工作；

（五）负责机关档案信息化工作并统筹机关及所属机构档案信息一体化工作，推动传统载体档案数字化和电子文件、电子档案规范管理；

（六）接受档案行政管理部门监督、指导和检查，执行年度报告制度，定期向同级国家综合档案馆移交档案；

（七）负责组织档案业务交流和档案工作人员培训，开展档案宣传、教育活动；

（八）对档案工作中取得突出成绩的部门或个人，向机关提出表彰奖励建议；对违反档案管理要求的部门或个人，向机关提出处理建议。

第十一条 机关通过政府购买服务方式辅助实现档案工作基本任务的，应当严格限定社会化服务范围，严格审核服务供方的信息安全保障能力和业务资质，并接受档案行政管理部门监督、指导和检查。

机关档案业务社会化服务限于档案整理、传统载体档案数字化、纸质档案数字复制件全文识别、电子档案管理技术支持等辅助性工作。社会化服务应当符合《档案服务外包工作规范》（DA/T 68）规定。

第十二条 档案工作人员应当为机关正式在编人员，且政治可靠、遵纪守法、忠于职守，具备胜任岗位要求的工作能力。

档案工作人员应当熟悉机关工作，具备档案管理、信息管理等相关知识背景，并定期参加业务培训。

不具备前述知识背景的档案工作人员，应当经过相关专业知识和技能培训。

第十三条 档案工作人员调离岗位或退休的，应当在离岗前办好交接手续。涉密档案工作人员的调离应当按照国家有关保密法律法规执行。

第三章 基础设施

第十四条 机关应当分别设置档案办公用房、整理用房、阅览用房和档案库房，并根据工作需要设置展览用房、档案数字化用房、服务器机房等。

档案库房应当根据载体类型分别设置，不具备条件的应当根据载体类型分区设置。

县级或形成档案数量较少的机关设置库房以外其他档案用房时，可以按照办公、整理、阅览等基本功能分区设置。

第十五条 档案办公用房面积按照《党政机关办公用房建设标准》执行。

阅览用房面积应当满足不同类型档案阅览需求，适应涉密档案与非涉密档案分区阅览的需要。

档案库房面积应当满足机关档案法定存放年限需要，使用面积按（档案存量 + 年增长量 × 存放年限）× $60m^2$/万卷（或 10 万件）测算。档案数量少于 2500 卷（或 25000 件）的，档案库房面积按 $15m^2$ 测算。

整理用房、展览用房、档案数字化用房、服务器机房等用房面积应当满足业务开展需要。

第十六条 档案用房宜集中布置，自成一区。

档案办公用房选址应当便于档案库房管理。档案库房选址应当防潮、防火、避免阳光直射，利于档案保护。

档案库房不应设置在地下或顶层，地处湿润地区的还不宜设置在首层。档案库房不得毗邻水房、卫生间、食堂（厨房）、变配电室、车库等可能危及档案安全的用房。

第十七条 档案办公用房建筑设计应当符合《办公建筑设计规范》（JGJ 67）规定，整理用房、阅览用房建筑设计应当符合《档案馆建筑设计规范》（JGJ 25）规定。

档案库房内不得设置其他用房和明火设施，不应设置除消防以外的给水点，其他给水排水管道不应穿越库房。档案库房的装具布置、门窗设置应当符合《档案馆建筑设计规范》(JGJ 25)规定。

第十八条 档案库房应当根据需要配备符合国家规定的密闭五节柜、密集架、光盘柜、底图柜等档案装具,不得采用木质柜、玻璃门柜等装具。档案整理台、档案梯、移动置物架、档案盒、装订用品等配备应当满足工作需要。

档案库房配备的档案装具应当与档案库房楼面均布活荷载标准值相匹配。库房采用密集架的,楼面均布活荷载标准值不应小于 $8kN/m^2$ 或按档案装载情况相应增加。

第十九条 档案库房应当配备温湿度监测调控系统,安装漏水报警设备。档案库房不得使用电阻丝加热、电热油汀及以水、汽为热媒的采暖系统。

保存重要档案或具备条件的,应当安装恒温恒湿设备,必要时可配备通风换气、空气净化设备。

第二十条 档案库房应当配备消防系统。根据档案重要程度和载体类型的不同,可以选择采用洁净气体、惰性气体或高压细水雾灭火设备。档案库房应当安装甲级防火门,配备火灾自动报警设备。

第二十一条 档案库房应当安装全封闭防盗门窗、遮光阻燃窗帘、防护栏等防护设施,可以选择设置智能门禁识别、红外报警、视频监控、出入口控制、电子巡查等安全防范系统。整理用房、阅览用房、档案数字化用房应当设置视频监控设备。

第二十二条 机关应当按照档案信息化要求,建设或配备能够满足库房现代化管理、档案数字化、电子文件及电子档案管理需求的基础设施设备。智能库房管理基础设施设备应当满足温湿度调控、漏水监测、消防报警、安全防范、视频监控等系统集成管理以及其他智能管理需要。档案数字化、电子文件及电子档案管理基础设施设备应当符合本规定第五章要求。

县级或形成档案数量较少的机关按照本规定第十九条至第二十二条配备基础设施设备的,应当满足温湿度调控、消防、安防和信息化工作的基本需求。

第四章 管 理 要 求

第一节 一 般 规 定

第二十三条 机关档案包括:

(一)文书、科技(科研、基建、设备)、人事、会计档案;

(二)机关履行行业特有职责形成的专业档案;

(三)照片、录音、录像等音像档案;

（四）业务数据、公务电子邮件、网页信息、社交媒体档案；

（五）印章、题词、奖牌、奖章、证书、公务礼品等实物档案；

（六）其他档案。

前款（一）（二）（三）项包含传统载体档案和电子档案两种形式。电子档案与传统载体档案具有同等效力。

第二十四条 机关全部档案构成一个全宗。机关隶属关系、名称发生变化但工作性质和主要业务范围未变化的，维持原全宗不变。

机关应当建立并定期完善全宗卷。全宗卷应当包含全宗背景、档案状况、工作制度、管理记录等内容，编制要求按照《全宗卷规范》（DA/T 12）执行。

第二十五条 机关档案管理应当做到收集齐全完整，整理规范有序，保管安全可靠，鉴定准确及时，利用简捷方便，开发实用有效。

涉及国家秘密档案的管理应当符合保密管理的相关规定。

第二节 形成与收集

第二十六条 机关履行职责过程中应当按照有关程序和要求形成归档文件材料。机关办公自动化和其他业务系统应当支持形成符合要求的归档文件材料。

文件材料形成时，应当采用耐久、可靠、满足长期保存需求的记录载体和记录方式。

归档文件材料应当真实、准确、系统，文件材料组件齐全、内容完整。

第二十七条 机关文书或业务部门应当及时收集形成的归档文件材料，交本部门指定人员保管。下列文件材料应当纳入收集范围。

机关在日常公务活动中形成的归档文件材料；机关设立临时机构处理专项工作、处置突发事件、举办重要活动等形成的归档文件材料；机关承担重大建设项目、重大科研课题等形成的归档文件材料；机关所属机构撤销形成的归档文件材料；机关向社会和个人征集的、与机关有关文件材料等。

第二十八条 机关应当编制本单位文件材料归档范围和档案保管期限表，经同级档案行政管理部门审查同意后施行。机关内部机构或工作职能发生变化时应当及时修订，经重新审查同意后施行。

文件材料归档范围和档案保管期限表应当全面、系统反映机关主要职能活动和基本历史面貌。人事、会计文件材料的归档范围和档案保管期限从其专门规定。

机关所属机构文件材料归档范围和档案保管期限表报机关审查同意后施行。

第二十九条 文书档案的收集范围按照《机关文件材料归档范围和文书档案保管期限规定》制定执行。

会计、科研、基建档案收集范围应当分别符合《会计档案管理办法》、《科学技术研究课题档案管理规范》(DA/T 2)、《建设项目档案管理规范》(DA/T 28)及《国家电子政务工程建设项目档案管理暂行办法》规定。

照片档案的收集范围应当符合《照片档案管理规范》(GB/T 11821)和《数码照片归档与管理规范》(DA/T 50)规定。

其他门类档案收集范围按照国家相关规定执行。

第三十条 电子文件应当连同元数据一并收集。收集的元数据应当符合《数字档案室建设指南》、《电子文件归档与电子档案管理规范》(GB/T 18894)、《文书类电子文件元数据方案》(DA/T 46)、《照片类电子档案元数据方案》(DA/T 54)、《录音录像类电子档案元数据方案》(DA/T 63)等规定。

第三节 整理与归档

第三十一条 机关应当按照本规定第二十三条制定统一的档案分类方案。不同门类、载体或形式的档案的分类方法应当协调呼应,便于档案的统一管理和利用。分类方案一经确定,应当保持一致,不得随意变动。

机关档案分类方案一般采用年度、机构(问题)、保管期限等分类项进行复式分类,有专门规定的,从其规定。

第三十二条 机关档案整理应当遵循文件材料的形成规律,保持文件材料之间的有机联系,区分不同价值,便于保管和利用,逐步推进卷件融合管理。

文书档案、照片档案、录音档案、录像档案、实物档案一般以件(张)等为单位进行整理。科技档案、人事档案、会计档案一般以卷为单位进行整理。其他门类档案根据需要以卷或件为单位进行整理。整理方法分别按照相应要求执行。

第三十三条 机关档案应当逐卷或逐件编制档号。档号应当指代单一,体现档案来源、档案门类、整理分类体系和排列顺序等档案基本属性。档号结构应当符合《档号编制规则》(DA/T 13)、《归档文件整理规则》(DA/T 22)和《数字档案室建设指南》要求,不同载体或形式的档号编制方法应当协调呼应。

机关档案门类宜按照文书(WS)、科技(KJ)、人事(RS)、会计(KU)、专业(ZY)、照片(ZP)、录音(LY)、录像(LX)、业务数据(SJ)、公务电子邮件(YJ)、网页信息(WY)、社交媒体(MT)、实物档案(SW)设置一级门类代码,按照科研(KJ·KY)、基建(KJ·JJ)、设备(KJ·SB)设置科技档案二级门类代码。专业档案按照相关规定设置二级门类代码。

第三十四条 机关档案应当编制检索工具,满足手工检索和计算机检索需要。

机关档案应当按照《档案著录规则》(DA/T 18)进行著录。传统载体照片、录音、录像档案和实物档案应当详细著录背景、人物、来源等信息。档案著录应当与目录编制、元数据收集等工作和要求协调对应。

第三十五条 机关档案经文书或业务部门整理完毕后,应当在第二年6月底前向机关档案部门归档;采用办公自动化或其他业务系统的,应当随办随归。归档时间有特殊规定的,从其规定。

归档时交接双方根据归档目录清点核对,并履行交接手续。机关档案实现随办随归的,还应当按规定履行登记手续,记录电子文件归档过程元数据。

任何部门和人员不得将应归档文件材料据为己有或拒绝归档。

第三十六条 归档文件材料应当为原件。电子文件需要转换为纸质文件归档的,若电子文件已经具备电子签名、电子印章,且电子印章按照规定转换为印章图形的,纸质文件不需再行实体签名、实体盖章。

满足本规定第五章规定且不具有永久保存价值或其他重要价值的电子文件,以及无法转换为纸质文件或缩微胶片的电子文件可以仅以电子形式进行归档。

第四节 保管与保护

第三十七条 机关应当根据档案载体的不同要求对档案进行存储和保管。档案存储和保管应当确保实体安全和信息安全。

机关应当制定档案管理应急预案并定期组织演练,以应对突发事件和自然灾害。档案管理应急预案应当纳入机关总体应急预案。

第三十八条 机关应当做好档案防火、防盗、防紫外线、防有害生物、防水、防潮、防尘、防高温、防污染等防护工作。库房温湿度应当符合《档案馆建筑设计规范》(JGJ 25)规定。

档案库房不得存放与档案保管、保护无关的物品。

第三十九条 档案工作人员应当监测和记录库房温湿度,根据需要采取措施调节;定期检查维护档案库房设施设备,确保正常运转;定期清扫除尘,保持库房清洁;定期采取措施,防治鼠虫霉等。

第四十条 机关档案部门应当定期组织人员对档案数量进行清点、对保管状况进行检查,定期对电子档案的保管情况、读取状况等进行检查,发现问题应当及时处理,并建立检查和处理情况台账。

第四十一条 档案工作人员应当及时对受损、易损档案进行修复、复制或作其他技术处理。档案修复应当保持档案内容的完整，尽量维持档案的原貌。档案修复前应当做好登记和检查工作，必要时进行复制备份，做出修复说明。

第四十二条 机关应当为档案工作人员配备劳动保护用品，避免档案管理过程中有毒有害物质损害健康。

第五节 鉴定与销毁

第四十三条 机关应当定期对已达到保管期限的档案进行鉴定处置。鉴定工作应当在档案工作协调机制下进行，由办公厅（室）负责人主持，档案部门会同相关业务部门有关人员组成鉴定小组共同开展，必要时可邀请相关领域专家参与。

鉴定结束后，应当形成鉴定工作报告。对仍需继续保存的档案，应当重新划定保管期限并做出标注；对确无保存价值的档案，应当按规定予以销毁。

第四十四条 经鉴定可以销毁的档案，应当按照以下程序销毁：

（一）机关档案部门编制档案销毁清册，列明拟销毁档案的档号、文号、责任者、题名、形成时间、应保管期限、已保管时间和销毁时间等内容，按档案工作协调机制报请审核批准；

（二）机关分管档案工作的单位负责人、办公厅（室）负责人、档案部门负责人、相关业务部门负责人、档案部门经办人、相关业务部门经办人在档案销毁清册上签署意见；

（三）机关档案部门组织档案销毁工作，并与相关业务部门共同派员监销。监销人在档案销毁前，应当按照档案销毁清册所列内容进行清点核对；在档案销毁后，应当在档案销毁清册上签名或盖章。销毁清册应当永久保存。

第四十五条 档案销毁应当在指定场所进行。

电子档案和档案数字复制件需要销毁的，除在指定场所销毁离线存储介质外，还应当确保电子档案和档案数字复制件从系统中彻底删除。销毁时应当留存电子档案和档案数字复制件元数据，并在管理过程元数据、审计日志中自动记录销毁活动。

涉密档案的销毁应当符合《国家秘密载体销毁管理规定》。

第六节 利用与开发

第四十六条 机关应当积极开展档案利用工作，建立健全档案利用制度，根据档案的密级、内容和利用方式，规定不同的利用权限、范围和审批手续。机关保管的档案对外提供利用的，需经本单位负责人批准。

利用档案应当履行查阅手续，进行档案查阅登记和利用效果反馈记录。档案工作人员应当对利用活动及时跟踪和监督。

第四十七条 机关应当按照《中华人民共和国政府信息公开条例》等有关规定，及时向同级国家综合档案馆提供主动公开的政府信息文件资料。

第四十八条 机关应当积极推进档案信息开发工作，采取编制全宗介绍、组织沿革、大事记、基础数字汇编、专题文件汇集，以及举办陈列展览、拍摄专题片等多种形式，发挥档案价值。

全宗介绍、组织沿革等应当纳入全宗卷管理。

第四十九条 机关应当积极采用数据分析、文本挖掘等新方法，扩展档案开发的力度和深度。

第七节 统计与移交

第五十条 机关应当建立完善统计工作，对所保管档案情况、档案年度出入库情况、档案设施设备情况、档案利用情况、档案移交进馆情况、档案鉴定销毁情况、档案信息化情况、档案工作人员情况、档案业务社会化服务等情况定期统计并建立完备的台账。

统计结果应当真实、准确、完整，支持以可视化方式显示，便于统计分析。

第五十一条 机关应当编制档案工作情况统计年报，汇总分析当年档案工作情况形成年度报告，报送同级档案行政管理部门、上级档案部门。

机关应当加强对档案工作变化情况的分析，为决策提供参考。

第五十二条 机关应当按照国家规定定期向同级国家综合档案馆移交档案。移交档案时，应同时移交检索工具、编研成果。传统载体档案的数字复制件应当与档案原件一并移交。

机关向国家综合档案馆移交前，应当按照相关规定做好移交档案的密级变更或解除工作，并提出划控与开放意见。

第五十三条 电子档案一般自形成之日起5年内向国家综合档案馆移交，也可按本规定第五十二条与相应的纸质文件或缩微胶片同步移交。

电子档案移交可以采用在线移交或离线移交。在线移交应当通过档案行政管理部门指定的电子档案接收系统和专用网络，不得通过未设置安全可靠措施的互联网移交。

电子档案移交后，机关继续留存的，应当按照档案管理的要求进行管理。

第五十四条 机关撤销或合并的，档案移交按照下列办法进行。

（一）撤销机关的档案，应当由有关主管机关代管或按照规定向同级国家综合档案馆移交；

（二）撤销机关的业务分别划归几个机关的，其档案不得分散，可由其中一个机关代管或向同级国家综合档案馆移交；

（三）一个机关并入另一个机关或几个机关合并为一个新的机关，其档案应当移交给合并后的机关代管或向同级国家综合档案馆移交；

（四）机关所属机构撤销的，其档案由主管机关代管，属于国家综合档案馆接收范围的可按照规定向同级国家综合档案馆移交。

第五章 信息化建设

第五十五条 机关应当加强档案信息化工作，将机关档案信息化工作纳入机关电子政务和信息化总体规划。

机关档案信息化工作应当与机关信息化建设、档案馆信息化建设协调配合，实现系统互联互通，资源共享共用。

第五十六条 机关应当开展数字档案室建设，统筹传统载体档案数字化、电子文件归档与电子档案管理工作。数字档案室建设按照《数字档案室建设指南》执行。

第五十七条 机关应当建立档案数字化常态机制，有序开展档案数字化工作。

档案数字化应当符合真实性管理要求，数字化过程的元数据应当收集齐全，数字复制件应当保持原貌并纳入电子档案管理系统统一管理。

第五十八条 纸质档案数字化按照《纸质档案数字化规范》（DA/T 31）执行，录音录像档案数字化按照《录音录像档案数字化规范》（DA/T 62）执行。其他传统载体档案数字化参照有关规定执行。

机关应当积极实施纸质档案数字复制件的全文识别，将现有图像数据转化为文本信息，便于检索和开发利用。

第五十九条 机关应当开展室藏传统载体档案目录数据库建设，数据库质量符合《档案著录规则》（DA/T 18）等标准规范要求。

各门类传统载体档案目录数据应当与相应数字化元数据、电子档案管理系统相应元数据库融合管理。

第六十条 机关应当建立电子文件归档与电子档案管理制度，按照《电子文件归档与电子档案管理规范》（GB/T 18894）确定的职责与分工开展电子文件归档与电子档案管理工作。

第六十一条 机关配备的网络基础设施、系统硬件、基础软件、安全保障系统、终端及辅助设备应当满足档案信息化的管理需要并适当冗余、方便扩展。

机关档案部门应当配置独立的专业服务器和专用存储设备。服务器和存储设备应当满足高效、可用、可扩展等要求。

机关在电子政务云或自建私有云上建设电子档案管理系统的，其计算资源、存储资源和安全防范等应当满足电子文件和电子档案管理要求。不得使用电子政务云之外的其他公有云存储管理电子文件、电子档案。

第六十二条 机关办公自动化系统和其他业务系统应当嵌入电子文件分类方案、归档范围与保管期限表和整理要求，在电子文件形成时自动或半自动开展鉴定、整理工作，实施预归档。

电子档案管理系统应当功能完善、适度前瞻，满足电子档案真实性、可靠性、完整性、可用性管理要求。电子档案管理系统基本功能和可选功能应当参照《数字档案室建设指南》、《数字档案室建设评价办法》、《电子文件管理系统通用功能要求》（GB/T 29194）以及同级国家综合档案馆的相关要求执行。

电子档案管理系统等级保护不得低于二级标准，分级保护等级应当与电子档案最高密级相适应。使用电子政务云服务的，应当与电子政务云管理机构明确安全管理责任。

第六十三条 电子档案的文件格式和质量应当符合标准要求，元数据应当齐全完整，满足长期保存和同级国家综合档案馆进馆要求。

第六十四条 机关应当为电子档案安全存储配置在线存储系统。在线存储系统应当实施容错技术方案，定期扫描、诊断存储设备。

第六十五条 机关应当制定电子档案备份方案和策略，采用磁带、一次性刻录光盘、硬磁盘等离线存储介质对电子档案实行离线备份。具备条件的，应当对电子档案进行近线备份和容灾备份。

机关应当根据需要制定电子档案转换与迁移方案和策略，转换与迁移活动应当记入电子档案管理过程元数据。

第六十六条 机关应当统筹开展传统载体档案数字化、电子文件归档与电子档案管理的安全保密工作，采取有效措施严防信息篡改、丢失、外泄。涉密档案进行数字化、涉密电子文件归档与电子档案管理应当严格遵守保密规定。

第六章　奖励与处罚

第六十七条 有下列情形之一的，由县级以上档案行政管理部门单独或联合有关部门，或由本单位给予表彰奖励。

（一）档案收集、整理、移交做出显著成绩的；

（二）档案保管、保护和现代化管理做出显著成绩的；

（三）档案利用、开发取得突出效果的；

（四）档案学理论研究、档案科研做出重要贡献的；

（五）同违反档案法律、法规的行为作斗争，表现突出的；

（六）从事专（兼）职档案工作满15年的。

第六十八条 有下列行为之一的，由县级以上档案行政管理部门责令限期改正；情节严重的，由有关主管部门对机关直接负责的主管人员和直接责任人员依法给予处分；构成犯罪的，依法追究刑事责任。

（一）机关未统一管理机关档案或未按规定形成、收集档案的；

（二）机关未按规定设置档案工作机构或未指定档案工作负责部门，未按要求配备专（兼）职档案工作人员的；

（三）将机关应当归档的文件材料据为己有，拒绝移交机关档案部门的；

（四）档案管理不符合档案安全保护要求的；

（五）拒不按照国家规定向国家综合档案馆移交档案的；

（六）明知所保存的档案面临危险而不采取措施，造成档案损失的；档案工作人员、对档案工作负有领导责任的人员玩忽职守，造成档案损失的。

第七章　附　　则

第六十九条 本规定由国家档案局负责解释。事业单位、《社会团体登记管理条例》界定的社会团体可参照执行。

第七十条 本规定自2019年1月1日起施行。

科学技术研究档案管理规定

（2020年9月11日国家档案局、科学技术部令第15号公布
自2020年11月1日起施行　国司备字［2021004067］）

第一条 为了加强科学技术研究档案（以下简称科研档案）管理，有效保护和利用科研档案，根据《中华人民共和国档案法》《科学技术档案工作条例》和国家科学技术管理有关法律、行政法规，结合科研工作和档案工作实际，制定本规定。

第二条 承担科研项目（包括科研课题，下同）研究、计划管理的机关、团

体、企业事业单位及其他组织开展科研档案管理工作适用本规定。

第三条 科研档案是指科研项目在立项论证、研究实施及过程管理、结题验收及绩效评价、成果管理等过程中形成的，具有保存价值的文字、图表、数据、图像、音频、视频等各种形式和载体的文件材料以及标本、样本等实物。

第四条 科研档案工作是科研管理的重要组成部分和科研活动的重要环节，各单位应当把科研档案工作要求纳入科研管理制度与工作流程，与科研项目工作同部署、同实施、同检查，将科研档案管理列入有关部门和人员的职责并予以考核。

第五条 科研项目结题验收时，各单位应当按照分类分级管理的原则，按照有关规定对科研档案的完整性、准确性、系统性进行审查或验收。

第六条 各单位应当按照集中统一管理原则，建立健全科研档案工作规章制度，在人员、库房、设备、经费等方面给予保障，保证科研档案工作顺利开展，确保科研档案完整、准确、可用、安全。

任何人不得以任何理由将应当归档的科研文件材料据为己有或拒绝归档。

第七条 各单位应当把科研档案工作经费纳入本单位预算；科研档案工作产生的支出列入科研项目预算相关科目。

第八条 按照国家档案工作统一领导、分级管理的原则，国家档案主管部门对全国科研档案工作实行监督和指导，国家科技主管部门在国家科技计划（专项、基金等）组织实施过程中加强科研档案工作的统筹协调。科研项目承担单位的上级主管部门（机构）应当把科研档案工作纳入本系统整体工作范畴，切实加强领导和管理。地方科技主管部门（机构）会同档案主管部门对本区域内科研档案工作实行监督和指导。

第九条 中央和地方各级科技主管部门（机构）会同档案主管部门，对本级财政支持的科技计划（专项、基金等）的科研档案工作建立工作机制，并进行监督和指导。

中央财政资金支持的科研项目管理单位对所负责科研项目的档案工作负责，按照科技计划管理要求制定工作制度，建立工作机制。

第十条 科研项目承担单位（含牵头承担单位）对所承担科研项目的档案工作负总责，对科研项目参加单位提出科研档案管理要求，明确档案归属与流向，并按照有关规定进行审查或验收。

科研项目参加单位应当按照国家有关规定及科研项目承担单位的要求做好所参加科研项目的文件材料收集、整理、归档及档案保管、利用、鉴定、处置等工作。

第十一条 各单位档案管理部门集中统一管理本单位科研档案，对本单位科研文件材料的归档工作进行监督和指导，协助科研人员做好科研文件材料收集、整理、归档及科研项目结题验收等工作。

第十二条 科研项目负责人对归档科研文件材料的完整性、准确性、系统性负责。

第十三条 科研项目应当明确专人负责科研文件材料的收集、整理、审核，结题验收后按照要求及时归档。

第十四条 各单位应当根据科研内容和科研管理程序，结合科研项目特点确定归档范围。科研项目在立项论证、研究实施及过程管理、结题验收及绩效评价、成果管理等全过程中形成的，具有保存价值的各种形式和载体的科研文件材料均应当纳入归档范围。

归档范围主要包括但不限于：

（一）立项论证阶段

项目指南、可行性研究报告，项目经费预算文件材料，申报书及相关证明；立项评审文件材料，预算申诉、评审文件材料；立项（含预算）批复，任务合同书（含预算书）及各类协议等。

（二）研究实施及过程管理阶段

研究计划、组织实施工作方案，研究、实验任务书、大纲，实验、探测、测试、观测、观察、野外调查、考察等的原始记录和整理记录，综合分析报告；设计文件、图样，集成电路布图，工艺文件，计算文件，数据处理文件；科学数据；研制的样机、样品、标本等的实物及其目录、图片等。

中期、年度等阶段执行进展情况报告、总结报告、研究成果等；项目、人员、进度、经费等的调整、变更文件材料；撤销项目已开展工作、已使用经费、已购置设备仪器、阶段性成果、知识产权等情况文件材料。

专家咨询、中期检查、中期评审、项目监督工作形成文件材料。

建设的中试线、试验基地、示范点一览表、图片及数据等。

（三）结题验收及绩效评价、成果管理阶段

验收申请书，验收承诺书；工作总结报告，技术报告，项目经费决算等财务情况文件材料。

验收通知，验收评审文件材料；验收现场测试报告，第三方检测、测试、评估报告，用户使用报告及证明、典型用户报告、产业化审核报告等；验收结论书，结题书面通知等。

绩效自评价报告，专家评议文件材料、评价结论等绩效评价工作文件材料。

研究报告、论文、专著、数据库等研究成果文件材料；自评价报告，科技报告；专利、软件及其他知识产权文件材料。

产业化报告、证书、出版物等成果应用、获奖、宣传推广文件材料。

第十五条 科研文件材料归档要求：

（一）归档的科研文件材料制成材料应当符合国家有关规范要求。

（二）科研项目完成或中止后，应当对所形成的科研文件材料加以系统整理，履行审查手续后及时归档；研究周期长的项目，可分阶段归档。

（三）科研文件材料归档时应当根据科研项目的性质、规模、创新性等确定保管期限。保管期限分为永久和定期，定期一般分为30年、10年。

第十六条 科研电子文件的形成、收集、整理、归档及科研电子档案的保管、利用、鉴定、处置等应当按照国家电子文件归档和电子档案管理的有关规定进行。

第十七条 各单位建设或使用科研项目管理系统时，应当充分考虑科研档案管理需要，设置科研电子文件归档管理功能或接口，并确保归档电子文件真实、完整、可用、安全。归档的科研电子文件及其存储格式、元数据等应当符合国家相关规范要求。

第十八条 符合下列条件的单位，科研电子文件可仅以电子形式归档保存。

（一）形成的科研电子文件来源真实有效，由计算机等电子设备形成和传输。

（二）形成科研电子文件的系统能够准确、完整、有效接收和读取电子文件，能够输出符合国家标准归档格式的电子文件，设定了经办、审核、审批等必要的审签程序。

（三）使用的电子档案管理系统能够有效接收、管理、利用电子文件，功能符合电子档案的长期保管要求。

（四）采取有效措施，防止科研电子档案被篡改。

（五）建立科研电子档案备份制度，能够有效防范自然灾害、意外事故和人为破坏的影响。

（六）从外部接收的电子文件来源可靠、程序规范、要素合规。

第十九条 科研档案应当按照《科学技术档案案卷构成的一般要求》（GB/T11822）进行整理，科研电子档案应当按照《电子文件归档与电子档案管理规范》（GB/T18894）进行整理。有条件的单位可以开展科研档案数字化。

第二十条 科研档案的保管应当符合国家有关档案保管的要求，库容量满足未来档案增长的需要。科研档案保管过程中应当定期检查科研档案的保管状况,及时修复破损档案。

涉密科研档案应当按照国家有关规定保管。

第二十一条 各单位档案部门应当按照国家有关规定对保管期满的科研档案进行鉴定。保管期满科研档案的鉴定应当由档案部门牵头,组织有关部门或人员共同进行。经鉴定仍需继续保存的科研档案应当重新划定保管期限,确无保存价值的应当按照有关规定进行销毁。

第二十二条 各单位应当建立健全科研档案开放利用机制,促进科研档案信息共享,加强科研档案资源深度开发。科研档案的开发利用应当严格按照制度执行,符合知识产权保护要求,涉密科研档案的开发利用应当遵守国家有关保密规定。

第二十三条 各单位应当建立科研档案工作统计制度,按照规定做好科研档案统计工作。

第二十四条 分工合作完成的科研项目,应当以任务合同或分工协议条款等书面形式明确约定科研档案的归属、流向、处置和利用共享事项。一般应当由牵头承担单位保存一套完整档案。参加单位在保存本单位承担任务所形成档案的同时,将副本或复制件送交牵头承担单位。

如确系涉及参加单位或该单位科研人员合法权益而不宜向牵头承担单位送交副本或复制件,且有书面约定的,参加单位应当将本单位形成的科研档案目录送交牵头承担单位。

第二十五条 对科研文件材料归档与科研档案管理工作做出突出贡献的单位和个人,应当给予表彰和奖励。

第二十六条 违反本规定的单位和个人,根据《中华人民共和国档案法》《中华人民共和国档案法实施办法》《档案管理违法违纪行为处分规定》等予以处理。

第二十七条 科研项目计划管理单位及项目综合管理形成的档案可按照文书档案管理。

第二十八条 本规定由国家档案局、科学技术部负责解释,自 2020 年 11 月 1 日起施行。1987 年 3 月 20 日国家科学技术委员会、国家档案局发布的《科学技术研究档案管理暂行规定》(国档发〔1987〕6 号)同时废止。

西部地区鼓励类产业目录(2020年本)

(2021年1月18日国家发展和改革委员会令第40号公布　自2021年3月1日起施行　国司备字[2021004064])

为推进西部大开发形成新格局,促进西部地区产业结构调整和特色优势产业发展,制定本目录。

本目录共包括两部分,一是国家现有产业目录中的鼓励类产业,二是西部地区新增鼓励类产业。

在符合市场准入政策的前提下,本目录原则上适用于在西部地区生产经营的各类企业,其中外商投资企业按照《鼓励外商投资产业目录》执行。

一、国家现有产业目录中的鼓励类产业

(一)《产业结构调整指导目录(2019年本)》(国家发展改革委令2019年第29号)中的鼓励类产业。

(二)《鼓励外商投资产业目录(2020年版)》(国家发展改革委、商务部令2020年第38号)中的产业。

以上目录如修订,按新修订版本执行。

二、西部地区新增鼓励类产业

西部地区新增鼓励类产业按省、自治区、直辖市分列,原则上适用于在相应省、自治区、直辖市生产经营的内资企业,并根据实际情况适时修订;如所列产业被国家相关产业目录明确为限制、淘汰、禁止等类型产业,其鼓励类属性自然免除。

(一)重庆市

1. 电弧炉短流程炼钢(《产业结构调整指导目录》限制类、淘汰类项目除外);高强度建筑用钢,汽车、电子信息、装备、轨道交通、航空航天等产业用金属材料;铸锻轻合金材料;镁合金深加工产品;金属基粉体及表面处理新材料;锰基等新材料(《产业结构调整指导目录》限制类、淘汰类项目除外)

2. 化工新材料生产(《产业结构调整指导目录》限制类、淘汰类项目除外)

3. 锶矿(天青石)等金属矿精深加工;毒重石、岩盐、萤石、重晶石等非金属矿精深加工;高性能玻璃纤维及复合材料(《产业结构调整指导目录》限制类、淘汰类项目除外);年生产能力1000万吨及以上机制砂石项目

4. 新型节能、隔音、防火门窗及配件的开发与生产

5. 节能环保材料预制装配式建筑构部件生产

6. 核设备、高精密核仪器、仪表的开发制造

7. 压缩天然气(CNG)汽车加气站成套设备及装置(汽车储气钢瓶、压缩机、储气罐、深度脱水装置、脱硫罐、冷凝管、油水分离器等)研发及制造

8. 矿山安全仪器、矿山应急救援装备研发及制造

9. 高压输变电及控制设备的研发及制造

10. 达到一级能效的压缩机、电机、变频器、磁控管等家用电器关键零部件制造

11. 钟表计时、珠宝加工等精密加工产业技术开发及设备制造

12. VR/AR/MR 等沉浸式互动式娱乐设施设备、数字舞台灯光、智能影音、内河游艇、数字印刷、玩具、文化用品等文化旅游装备及用品研发制造

13. 汽车整车、专用车(不包括仓栅车、栏板车、自卸车、普通厢式车、普通挂车)及零部件制造

14. 适用于丘陵山区的微耕机、拖拉机、农作物种植收获等中小型农具、农田建设所需农用工程机械及相关零部件的研发和制造

15. 摩托车整车及重要零部件制造

16. 船用齿轮箱和船用油泵油嘴、增压器、连杆、薄壁轴瓦、喷射控制单元等关键零部件研发生产,铸锻一体化工艺大抓力船锚生产

17. 氧化铁(Fe_2O_3)含量不超过0.02%的高档玻璃器皿生产

18. 教具教学仪器开发及生产

19. 公路、铁路客货运输

20. 笔记本电脑、通信产品整机和关键零部件的研发及制造

21. 三网融合类业务平台、通信、有线电视网络升级改造及设备制造

22. 5G、移动互联网、物联网、工业互联网、大数据、人工智能、区块链、绿色数据中心建设及运营

23. 风力、太阳能发电场建设及运营

24. 仓储、货代、船代、包装、装卸、搬运、流通加工、集拼集散、配送、多式联运服务、供应链服务以及单证、数据和信息处理等现代物流项目;口岸物流设施建设及运营;村级快递物流综合服务站建设及运营

25. 服务“三农”、小微企业、个体工商户的小额贷款金融服务

26. 服务外包、非金融机构支付服务

27. 城市及农村生活污水、黑臭水体、生活垃圾、畜禽粪便治理及厕所革命等城乡人居环境整治相关技术开发及应用

28. 医疗机构经营

29. 艺术及技能培训(音乐、演艺、美术、设计和传统手工艺)

30. 工业企业场址污染治理及修复技术研发及应用

31. 工业余热、余压、压差、发生气综合利用技术开发及应用

32. 再生铝、铝加工项目(《产业结构调整指导目录》限制类、淘汰类项目除外)

33. 特种陶瓷、日用陶瓷、卫生陶瓷、建筑陶瓷、陈设艺术陶瓷制造(《产业结构调整指导目录》限制类、淘汰类项目除外)

34. 电梯制造(《产业结构调整指导目录》限制类、淘汰类项目除外)

35. 化妆品制造(《产业结构调整指导目录》限制类、淘汰类项目除外)

36. 苗医药研发、生产、销售

37. 通过仿制药质量和疗效一致性评价的通用名药物的开发和生产

38. 新型化合物药物或活性成分药物、高附加值制剂产品的原料药及其关键中间体开发和生产

39. 药物筛选平台、临床技术转化平台、安全评价中心、中试放大平台、工程转化中心、研发定制平台、委托生产平台、公共检测中心等满足药物及医疗器械产品研发和生产所需的第三方技术服务平台

40. 富硒特色农产品开发

41. 园林绿化苗木生产

42. 影视节目、电竞、音乐、网络文学、知识付费、沉浸式互动式场景等数字内容创作生产、文化 IP 产业;数字媒体、数字出版、短视频、直播、网络表演等信息服务、数字营销、在线文化娱乐服务

43. 互联网生产服务、生活服务、科技创新、公共服务等平台建设

44. 特色地质文化村旅游开发;观光旅游、休闲度假、森林康养、温泉康养等服务

45. 页岩气开采地下水污染防治环保技术开发及应用

(二)四川省

1. 农产品质量安全检测技术研发、应用及设备制造

2. 农产品产地贮存、保鲜、烘干等初加工设施建设与运营(《产业结构调整指导目录》限制类、淘汰类项目除外)

3. 高效太阳能电池组件技术开发及生产

4. 核级石墨开发及生产

5. 高品质钛原料先进制造技术及应用($CaO + MgO \leq 1.5\%$);6 万吨/年及以上钛渣生产技术(电炉容量≥25000kVA);钛材深加工及产品应用;氯化

法钛白粉生产及配套氯碱生产、高盐废水处理(《产业结构调整指导目录》限制类、淘汰类项目除外)

6. 钒钛磁铁矿规模化高效清洁分离提取技术开发及应用(钒钛磁铁矿开采回采率、选矿回收率、综合利用率需符合国家有关标准)

7. 钨钼制品及钨钼丝材

8. 4 万吨/年及以上炭黑新工艺开发及应用

9. 3000 吨/年及以上氧化钒清洁生产技术开发及应用(废水、废渣零排放);钒制品先进制造技术开发及应用(钒基合金、钒基功能材料、钒精细化工产品)

10. 石墨烯和纳米碳材料、细结构石墨、生物炭、锂电池负极等新型碳材料的开发及生产

11. 生物乙醇制乙烯(以粮食为原料的除外)

12. 高精密核仪器、仪表开发制造

13. 压缩天然气(CNG)汽车加气站成套设备及装置(CNG 汽车储气钢瓶、压缩机、高压地下储气井、储气罐、深度脱水装置、脱硫罐、冷凝管、油水分离器等)制造与应用,液化天然气(LNG)汽车加气站成套设备及装置制造与应用

14. 无线电测试仪器、无线电监测系统或设备的研发、生产

15. 火力发电、水泥、钢铁等选择性催化还原法(SCR)脱硝催化剂及 SCR 烟气脱硝设备生产

16. 种子生产加工机械、烘干设备制造

17. 适用于丘陵山区的微耕机、拖拉机、农作物种植收获等中小型农具、农田建设所需农用工程机械及相关零部件的研发和制造

18. 汽车整车、专用车与零部件及配件制造(《产业结构调整指导目录》限制类、淘汰类项目除外)

19. 教育技术装备开发及生产

20. 公路旅客运输,水路、铁路货物运输;仓储、运输、货代、包装、装卸、搬运、流通加工、配送、信息处理等一体化服务;村级快递物流综合服务站建设及运营

21. 宽带网络建设及运营

22. 中药溯源电子码技术开发及应用

23. 服务外包

24. 服务“三农”、小微企业、个体工商户的小额贷款金融服务

25. 金融现代化技术开发及应用(移动支付、电子票据、金融 IC 卡等)

26. 医疗机构经营

27. 飞行员培训

28. 工业节能降耗技术开发及应用(余热、余压、压差、发生气综合利用等)

29. 核、化学、生物等领域的侦察、防护、消洗等防化应急装备开发制造

30. 农村生活污水治理、生活垃圾治理、畜禽粪便处理及厕所革命等农村人居环境整治相关技术开发及应用;高寒地区生活污水处理相关技术开发及应用;轻钢装配式和现代夯土技术等新型农房建造技术推广应用

31. 钒钛磁铁矿高炉—转炉冶炼工艺(钒钛磁铁矿入炉比例≥60%)(《产业结构调整指导目录》限制类、淘汰类项目除外)

32. 电子束辐照加工

33. 口腔科用设备及器具制造

34. 康复辅具器具制造

35. 页岩气装备制造和油气技术工程服务

36. 节能环保型建筑用铝合金模板产品开发、生产和应用

37. 高性能稀土永磁、发光、催化、合金等稀土功能材料及器件的开发、生产及应用

38. 40MW 及以上燃气轮机及关键辅机研发制造,分布式能源用小型燃气轮机研发及装备制造

39. 智能化绿色化纺织服装加工

40. 硅光集成电路芯片、光分路器、光纤活动连接器、光电收发模块、光网络设备的研发和生产

41. 彩灯设计与制作

42. 科技推广与创业孵化服务

43. 茶叶种植及深加工

44. 果酒制造,糯红高粱种植

45. 木材储备加工交易、竹产品的生产及深加工,特色经济林产品生产及加工

46. 森林康养基地建设与服务

47. 藏医药、彝医药研发、生产、销售

48. 动植物药材资源的保护和可持续利用(《产业结构调整指导目录》限制类、淘汰类项目除外)

49. 移动电信服务(5G)

50. 测绘地理信息服务

51. 风力、太阳能发电场建设及运营

52. 安全玻璃、节能玻璃等高端玻璃深加工

(三)贵州省

1. 大功率液压台车用凿岩钎具及钎具用钢生产

2. 优碳钢钢丝(强度≥1670N/mm^2)及其制品生产

3. 锰深加工新产品开发及生产(《产业结构调整指导目录》限制类、淘汰类项目除外)

4. 铝及铝精深加工(《产业结构调整指导目录》限制类、淘汰类项目除外)

5. 钛金属冶炼新工艺技术开发(直接用高钛渣、金红石电解生产金属钛),钛材深加工及含钛精细化学品新产品开发及生产

6. 钒深加工的先进工艺技术装备及新产品开发

7. 高性能镁合金开发及生产

8. "磷—电—化"一体化资源综合利用、精细磷化工(《产业结构调整指导目录》限制类、淘汰类项目除外)

9. 重晶石精深加工新产品开发及生产

10. 白云石精细加工及综合开发利用

11. 己二酸与尼龙 66 生产

12. 天然植物精细化工产品的开发(香精、香料、化学药、化工产品中间体)

13. 动植物药材资源的保护和可持续利用(《产业结构调整指导目录》限制类、淘汰类项目除外)

14. 高压柱塞式液压泵、液压马达等液压基础件研发及制造

15. 液力变速器研发及制造

16. 大型萃取装置(容器容积 50—3500L,压力等级 9.8—35Mpa,温度等级 10—85℃)研发及制造

17. 适用于山区的轻便、耐用、低耗中小型耕种收机械研发及制造

18. 粉煤灰储运及利用成套设备制造

19. 汽车整车制造,专用汽车(不包括普通挂车、自卸车、罐式车、厢式车和仓栅式汽车)制造,汽车零部件研发及制造

20. 民族工艺品加工生产

21. 公路旅客、公路货物运输

22. 宽带网络建设及运营

23. 服务"三农"、小微企业、个体工商户的小额贷款金融服务

24. 服务外包

25. 医疗、康养机构经营

26. 彝医药、苗医药研发、生产、销售

27. 农林特产品、竹产品生产及深加工；食用菌种植及菌种培育，茶叶、蔬菜、刺梨、中药材、辣椒、水果、石斛、油茶种植及加工；生态畜牧、生态渔业

28. 高品质易切削钢

29. 膜用新材料研发制造及膜元件自动化生产

30. 煤炭地下气化开采技术开发与应用，煤炭地下气化发电成套设备制造

31. 煤炭开采 110/N00 工法配套智能化装备研发应用

32. 玄武岩纤维及后制品研发生产

33. 石材加工生产

34. 风力、太阳能发电场建设及运营

35. 跨境贸易、国际物流、货运代理、跨境电商、外贸综合服务等产业；仓储、运输、货代、包装、装卸、搬运、流通加工、配送、信息处理等一体化服务；村级快递物流综合服务站建设及运营

36. 氢加工制造、氢能燃料电池制造、输氢管道和加氢站建设

37. 民族特色食品生产及加工

38. 芳香植物种植、观光及产品加工

39. 工业节能降耗技术开发及应用

40. 蛋白桑、蛋白菊种植推广

41. 农林渔牧技术推广服务

42. 农村生活污水治理、生活垃圾治理、畜禽粪便处理及厕所革命等农村人居环境整治相关技术开发及应用

43. 笔记本电脑、通信产品整机和关键零部件的研发及制造

44. 20MW 以下小型、微型燃气轮机研发及装备制造

45. 电梯制造（《产业结构调整指导目录》限制类、淘汰类项目除外）

（四）云南省

1. 花卉、绿化和观赏苗木培育

2. 高效太阳能电池组件技术开发及制造

3. 有色金属产品开发及精深加工（《产业结构调整指导目录》限制类、淘汰类项目除外）

4. 矿产资源综合利用及装备制造；园区资源利用高效化改造（详见《绿色产业指导目录》2019 年版相关解释说明）

5．石油精细化工产品开发及生产(《产业结构调整指导目录》限制类、淘汰类项目除外)

6．水溶性肥料、微量元素肥料、微生物肥料等新型肥料的开发及生产

7．生物乙醇制乙烯(以粮食为原料的除外)

8．绿色建筑材料制造、绿色建材认证推广

9．城镇供水管网分区计量漏损控制建设和运营

10．工业固体废物无害化处理处置、综合利用及装备制造

11．锅炉(窑炉)节能改造和能效提升

12．特殊环境(高原、湿热、高寒、重污染等环境)用发输变电、供配电及控制设备、高原型电工电器产品、中小水电成套设备研发及制造、智能化大型高效泵、城市排涝装备项目

13．先进适用的制药及生物制剂成套设备制造(《产业结构调整指导目录》限制类、淘汰类项目除外)

14．适用于高原山区的拖拉机、中耕机、微耕机以及水稻、玉米、马铃薯、甘蔗收割机等现代农机具的开发及制造

15．汽车整车制造,专用汽车(不包括普通挂车、自卸车、厢式车和仓栅式汽车)制造

16．蔗糖精深加工及废糖蜜、蔗渣、蔗叶、滤泥、酒精废液等副产品的综合利用(《产业结构调整指导目录》限制类、淘汰类项目除外)

17．民族工艺品加工生产

18．公路旅客运输

19．宽带网络建设及运营

20．口岸物流设施(物流仓库、堆场、装卸搬运工具、多式联运转运设施以及物流信息平台等)建设及经营;村级快递物流综合服务站建设及运营

21．服务“三农”、小微企业、个体工商户的小额贷款金融服务

22．服务外包

23．医疗机构经营

24．森林康养基地建设与服务

25．轧钢氧化皮生产磁性材料

26．高原湖泊水污染治理技术开发及应用

27．工业节能降耗技术开发及应用(余热、余压、余气等利用)

28．农村生活污水治理、生活垃圾治理、畜禽粪便处理及厕所革命等农村人居环境整治相关技术开发及应用

29．水污染防治装备制造

30. 绿色铝产业(生产、精深加工及其应用)(《产业结构调整指导目录》限制类、淘汰类项目除外)

31. 绿色硅产业(生产、精深加工及其应用)

32. 铁皮石斛、油桐培育、种植、加工等,绿色有机茶、蔬菜、特色水果、优质中药材、咖啡等高原特色农业,竹产品的生产及深加工

33. 优质酿酒葡萄种植与酿造,青稞种植与食品深加工

34. 猪、牛、羊及小家禽畜(含高原畜产品)饲养和深加工;云南高原特色水产养殖和加工

35. 互联网、物联网技术服务,工业控制计算机及系统制造、通信系统设备制造

36. 在边境县市进行边境贸易进出口产品加工(《产业结构调整指导目录》限制类、淘汰类项目除外)

37. 有机垃圾生物式处理设备和移动式破碎筛分系统

38. 生产天然橡胶深加工产品如浅色标准胶、子午线轮胎专用胶、恒粘胶、高等级轮胎专用胶、脱蛋白橡胶系列产品,大型子午线轮胎生产线,特种专用天然橡胶或胶乳产品的研制与开发

39. 联合疫苗产业

40. 民族地区院内制剂产业

41. 藏医药、傣医药、彝医药研发、生产、销售

42. 种桑养蚕,各类丝胶蛋白产品、蚕蛹深加工产品等综合利用产品的生产;茧丝绸深加工

43. 滇中锂资源开发利用及产业链发展

44. 跨境电子商务零售中心和大宗商品进出口分拨物流中心建设

45. 核桃生产和初加工一体化成套机械设备及标准化技术研发和推广

46. 超高清视频产业制造:4K/8K 超高清电视机、4K 摄像头、监视器等制造

47. 风力、太阳能发电场建设及运营

(五)西藏自治区

1. 特色农林畜产品生产及加工

2. 高寒冻土地带可燃冰勘探和开发利用研究

3. 太阳能光伏发电系统检测、建设及运营,风力发电场建设及运营

4. 盐湖资源综合开发利用(《产业结构调整指导目录》限制类、淘汰类项目除外)

5. 西藏特色食品加工、饮品加工(《产业结构调整指导目录》限制类、淘

汰类项目除外）

6. 民族工艺品加工生产

7. 公路旅客运输

8. 宽带网络建设及运营

9. 口岸物流设施（物流仓库、堆场、装卸搬运工具、多式联运转运设施以及物流信息平台等）建设及经营；村级快递物流综合服务站建设及运营

10. 医疗机构经营

11. 农村生活污水治理、生活垃圾治理、畜禽粪便处理及厕所革命等农村人居环境整治相关技术开发及应用

12. 三网融合类业务平台、通信、有线电视网络升级改造及设备制造

13. 藏医药研发、生产、销售

14. 服务“三农”、小微企业、专合组织的小额贷款金融服务

15. 特色产品溯源技术开发及应用

16. 食饮品外包装生产加工

17. 节能服务业

18. 天然饮用水（矿泉水）

19. 边贸产业（边贸市场建设、边贸企业培育）建设与发展

20. 在边境县市进行边境贸易进出口产品加工（《产业结构调整指导目录》限制类、淘汰类项目除外）

21. 科学研究和决策评价服务业

22. 自然资源及测绘地理信息技术开发和应用

23. 地质灾害勘查、监测、治理技术开发及应用

24. 利用太阳能和风能公路照明

25. 城镇道路桥梁和供水、供暖、污水垃圾处理等市政公用设施运营

26. 西藏乡土树种科研

27. 服务外包

28. 新型建材及装配式建筑材料研究、开发和应用

29. 新型墙体材料（《产业结构调整指导目录》限制类、淘汰类项目除外）

30. 石材开发（《产业结构调整指导目录》限制类、淘汰类项目除外）

31. 沙生植物种植与加工

32. 酒、饮料和精制茶制造，皮革及其制品制造和制鞋业，木材加工业，家具制造业，印刷和记录媒介复制业

33. 电力、热力、燃气及水生产和供应业

34. 居民服务、修理和其他服务业

35. 农、林、牧、渔产品批发，食品、饮料及烟草制品批发，纺织、服装及家庭用品批发，文化、体育用品及器材批发，医药及医疗器材批发，矿产品、建材及化工产品批发；综合零售，食品、饮料及烟草制品专门零售，纺织、服装及日用品专门零售，文化、体育用品及器材专门零售，医药及医疗器材专门零售

36. 初等教育、中等教育、高等教育、技能培训、教育辅助等教育服务业

37. 广播电视集成播控、录音制作、文艺创作与表演、文物保护、艺术表演场馆、图书馆与档案馆、博物馆、烈士陵园、纪念馆、群众文体活动等文化艺术服务业

38. 体育组织、体育场地设施管理、健身休闲活动等体育服务业

39. 住宿和餐饮业

40. 民族演艺服饰、乐器设计、生产和销售

41. 房屋、土木工程建筑业、建筑安装业、建筑装饰、装修和其他建筑业

(六)陕西省

1. 多元素共生矿资源综合利用

2. 高性能镁合金开发及生产、钛材深加工

3. 大型炼油、乙烯、芳烃生产装置生产的有机化工原料就地深加工(《产业结构调整指导目录》限制类、淘汰类项目除外)，新型、环保型油田化学品(二氧化碳及新型试剂驱油驱气)技术开发及生产，均聚甲醛、6万吨/年及以上二甲基甲酰胺、6万吨/年及以上聚乙烯醇等精细化工产品生产

4. 生物法、化学法生产可降解材料，包括聚乳酸、丙内酯基可降解材料、聚丁二酸丁二醇酯、聚羟基烷酸等，以及可降解高分子材料与淀粉共混的环境友好材料，新型炭质吸附材料，生物化学品等

5. 百万吨级大型乙烯、百万吨级大型芳烃、千万吨级大型炼油等重大煤化工、石油化工、电站用装备关键用泵、控制阀、调节阀的研发及制造

6. 高效微排放燃煤锅炉、高效煤泥复合循环流化床工业蒸汽/热水锅炉、烟气余热锅炉、全自动燃气(油)热水/蒸汽锅炉等锅炉的制造(优于国家标准)

7. 超越一级能效的微耗电冷暖空调系统

8. 汽车整车研发及制造，专用汽车(不包括普通挂车、自卸车、罐式车、厢式车和仓栅式汽车)研发及制造，汽车零部件研发及制造

9. 适用于丘陵山区的微耕机、拖拉机、农作物种植收获等中小型农具、农田建设所需农用工程机械及相关零部件的研发和制造

10. 教具教学仪器及文化健康用品开发及生产

11. 宽带网络建设及运营

12. 5G、人工智能、物联网、工业互联网建设

13. 仓储、运输、货代、包装、装卸、搬运、流通加工、配送、信息处理等服务;村级快递物流综合服务站建设及运营

14. 医疗机构经营

15. 艺术及技能培训(音乐、演艺、美术设计、服装设计和传统手工艺)

16. 地质灾害勘查、监测、治理技术开发及装备制造

17. 再生水、雨水、矿井疏干水等非常规水处理利用与分配工程建设及运营、节水产品研发、制造与推广、水资源循环利用与节水

18. 棚室栽培等设施农业,苹果、茶叶、小杂粮、魔芋、食用菌等区域特色产品种植、生产、加工,奶山羊养殖及羊乳深加工制造,林产品生产及深加工

19. 服务"三农"、小微企业、个体工商户的小额贷款金融服务

20. 服务外包

21. 物流业相关的仓储设施建设和商贸服务、农产品物流业

22. 北斗卫星导航及时空信息产业、遥感、通信、导航等卫星应用服务、雷达、通信、导航专用设备研制生产

23. 核、化学、生物等领域的侦察、防护、洗消等防化应急装备开发制造

24. 矿山安全仪器、矿山应急救援装备研发及制造

25. 复合材料加工设备

26. 陆上风电机组设备制造

27. 高掺量粉煤灰建材制品生产:粉煤灰 70% 及以上掺量生产烧结砖、85% 及以上掺量生产陶粒制品、25% 及以上掺量生产混凝土、30% 及以上掺量生产其他建材产品(水泥除外)

28. 工业节能降耗技术开发及应用(余热、余压、压差、发生气等)

29. 石油、天然气、电力等能源储备设施和系统建设及运营,天然气调峰工厂、应急储气调峰设施建设及运营

30. 化工新材料、高端专用化学品的制造及深加工

31. 风电、光伏、氢能、地热等新能源及相关装置制造产业;太阳能光伏发电系统检测、建设及运营;风力发电场建设及运营;地热能勘探、开发和利用;地热、氢能等新能源产业运营服务

32. 300 万吨/年及以上(焦煤 150 万吨/年及以上)安全高效煤矿(含矿井、露天)建设与生产,安全高产高效采煤技术开发利用

33. 进行煤炭分质利用,生产烯烃系、芳烃系及烯烃、芳烃结合产品

34. 第三代化合物半导体、高功率半导体激光器芯片研发及生产,化合物半导体外延生长及芯片生产

35. 无石棉纤维增强硅酸钙板(轻质墙板、预涂装饰板、外墙保湿一体板等)体系产品的研发制造

36. 国土空间环境污染修复技术研发及装备制造、矿山地质环境治理技术开发及应用

37. 半导体材料、新型光伏材料等电子材料的研制和生产,大功率金属氧化物半导体场效应晶体管(MOSFEF)和绝缘栅双极型晶体管(IGBT)器件的设计制造,低温共烧陶瓷(LTCC)滤波器、多芯片组件(MCM)、厚膜通信电源、压电驱动器等产品的研发制造

38. 汽车用机械式变速箱、电控机械式自动变速箱(AMT)、新能源变速箱、动力换挡变速箱、液压机械无级变速器(CVT)等,盘式制动器、离合器、同步器、取力器、齿轮、锻件、铸件等汽车零部件,RV 减速器,商用车制动防抱死系统(ABS)、胎温胎压监测系统(TPMS)、驱动防滑转(ASR)、电子制动系统(EBS)、驾驶辅助系统(ADAS)等汽车电子产品制造

39. 对污水污泥的处理和处置,及其净化后的利用活动,固体废物治理、危险废物治理,农村生活污水治理、生活垃圾治理、畜禽粪便处理及厕所革命等农村人居环境整治相关技术开发及应用

40. 农用地、生态用地、污染土地、废弃工矿用地等土地整治、修复、评估技术开发及应用

41. 信创产业(国产化)软硬件研发、适配及应用

42. 商业航天及相关配套

43. 新一代航天运载火箭发动机研制、测运控系统建设等,空间飞行器有效载荷及电子系统与设备

44. 复合材料、激光防护材料的研制与生产

45. 半导体、集成电路、连接器、传感器、人工智能处理器、新型电子元器件、高端芯片研制生产

46. 煤层气燃气电站、箱式移动电站等新能源装备研制

47. 机器人及关键零部件制造,工业机器人、工业机器人精密谐波减速器、电动舵机系统、永磁交流伺服电机、高精度直驱力矩电机、无刷旋转变压器等智能设备研制

48. 核辐射加工、核辐照产业、放射性同位素生产与研发、轻型辐射屏蔽材料、核级锆材等研发生产

49. 新能源材料、钛/锆/镍/镁/锂等特种合金材料、特种非金属材料、特种橡胶材料、高硅氧玻璃纤维、高温合金、3D 打印材料、超导材料、特种陶瓷、石墨烯、吸波材料、含能材料等新材料研制生产

（七）甘肃省

1. 优质酿酒葡萄种植与酿造

2. 太阳能发电系统建设及运营

3. 风力发电场建设及运营

4. 利用天然气替代化工及有色金属材料深加工中使用的重油、柴油、煤技术开发及应用（天然气产业政策限制、禁止类项目除外）

5. 高温气冷堆炭堆内构件及涉核炭—石墨材料开发及生产

6. 节能环保大型矿热炉用炭材料开发及生产

7. 高性能镁、钛合金开发及生产

8. 镍铜钴及贵金属粉体材料开发及生产

9. 镍钴二次电池材料开发及生产

10. 羰基冶金技术及羰基镍开发及生产

11. 电子级氟化氢（HF）生产（《产业结构调整指导目录》限制类、淘汰类项目除外）

12. 石棉湿法浮选改性工艺应用（《产业结构调整指导目录》限制类、淘汰类项目除外）

13. 石墨烯和纳米碳材料、细结构石墨、生物炭、锂电池负极等新型碳材料的开发及生产

14. 高掺量粉煤灰建材制品生产：粉煤灰70%及以上掺量生产烧结砖、85%及以上掺量生产陶粒制品、25%及以上掺量生产混凝土、30%及以上掺量生产其他建材产品（水泥除外）（《产业结构调整指导目录》限制类、淘汰类项目除外）

15. 300万吨/年及以上（焦煤150万吨/年及以上）安全高效煤矿（含矿井、露天）建设与生产，安全高产高效采煤技术开发利用

16. 种子生产加工机械、烘干设备制造

17. 高性能真空设备制造：真空获得类、真空材料表面改性类、真空炉类、低温贮运容器类、真空专用设备

18. 重离子治癌设备研发及制造

19. 余热余能利用锅炉、生物质锅炉、垃圾焚烧处理锅炉及高参数大容量高效节能锅炉（窑炉）制造

20. 绿色镀膜成套装备研发及制造：真空离子镀膜、磁控溅射镀膜、蒸镀膜、离子注入、离子清洁等装备

21. 高效电机及其控制系统制造（额定功率0.55—355kW，额定电压690V及以下的低压三相异步电动机；额定功率355—25000kW，额定电压6kV

或 10kV 的高压三相异步电动机；高效永磁伺服电机）

22. 电网系统节电设备制造（比同类产品空载损耗下降 10%—20%，负载损耗下降 5%）

23. 太阳能多热源蔬菜低温联合干燥技术开发及应用

24. 公路旅客运输

25. 宽带网络建设及运营

26. 服务“三农”、小微企业、个体工商户的小额贷款金融服务

27. 服务外包

28. 医疗机构经营

29. 体育竞赛表演、体育场馆（高尔夫球场、赛马场除外）设施建设及运营，大众体育健身休闲服务

30. 文化资源数字化、网络化展示平台研发及应用

31. 粉煤灰生产新型油田固井减轻剂

32. 高炉解毒铬浸出残渣技术开发及应用

33. 藏医药研发、生产、销售，天然药、原料药、中成药的深加工（《产业结构调整指导目录》限制类、淘汰类项目除外）

34. 林产品的生产及深加工

35. 农村生活污水治理、生活垃圾治理、畜禽粪便处理及厕所革命等农村人居环境整治相关技术开发及应用

36. 村级快递物流综合服务站建设及运营

37. 沙漠灾害综合治理

38. 单台 100 万吨/年及以上焦炉及焦炉煤气循环利用项目

39. 废钢、废铜、废铝以及稀有金属再生资源回收利用体系建设（《产业结构调整指导目录》限制类、淘汰类项目除外）

40. 石油、天然气、电力等能源储备设施和系统建设及运营

41. 年产 1000 万吨及以上的超大型机制砂石生产

42. 有机过氧化物生产（《产业结构调整指导目录》限制类、淘汰类项目除外）

（八）青海省

1. 沙生植物种植与加工

2. 太阳能发电系统建设及运营

3. 风力发电场建设及运营

4. 钾、钠、镁、锂、硼、锶、溴、碘、铷、铯等盐湖资源综合利用、系列产品开发及副产物利用（《产业结构调整指导目录》限制类、淘汰类项目除外）

5. 稀盐酸脱析制氯化氢

6. 六水氯化镁($MgCl_2 \cdot 6H_2O$)连续脱水制无水氯化镁

7. 高性能镁合金开发及生产

8. 石棉湿法浮选改性工艺应用

9. 以各类无机盐产品生产过程中所产生的固体废弃物、副产物为主的循环利用

10. 地下深层承压卤水资源勘探、研究及开发

11. 道路安全维护、养护设备研发及制造

12. 汽车整车制造,专用汽车(不包括普通挂车、自卸车、罐式车、厢式车和仓栅式汽车)制造

13. 民族工艺品加工生产

14. 公路旅客、公路货物运输

15. 宽带网络建设及运营

16. 医疗机构经营

17. 工业余热发电技术应用改造

18. 农村生活污水治理、生活垃圾治理、畜禽粪便处理及厕所革命等农村人居环境整治相关技术开发及应用

19. 服务"三农"、小微企业、个体工商户的小额贷款金融服务

20. 村级快递物流综合服务站建设及运营

21. AAA 级及以上旅游景区、星级酒店、旅行社的运营

22. 林草特色种植业、特色养殖业、林下经济产业、林产品的生产及深加工

23. 藏医药、蒙医药研发、生产、销售

24. 光伏设备及元器件制造

25. 新能源汽车充电站、充电桩建设

26. 石油、天然气、电力等能源储备设施和系统建设及运营

27. 高端、大规模集成电路用材料、电子特气及电子化学品

28. 服务外包

29. 移动互联网、物联网、工业互联网、人工智能、区块链建设及运营

30. 电子信息制造业

31. 小型家用电器、消费电子产品制造

32. 枸杞、沙棘、红景天、青稞、藜麦、奶制品等特色食品的生产和加工

(九)宁夏回族自治区

1. 地方特色优势农林产品(包括枸杞,优质高端乳品,优质肉牛肉羊,硒

砂瓜、供港蔬菜等特色果蔬，水稻、小麦、玉米、土豆等优质粮食）的生产及深加工

2. 300万吨/年及以上（焦煤150万吨/年及以上）安全高效煤矿（含矿井、露天）建设与生产；安全高产高效采煤技术开发利用及煤田火灾防治新技术装备研究与应用

3. 太阳能发电系统建设及运营

4. 风力发电场建设及运营

5. 硅系、锰系铁合金新产品（高纯硅铁、低钛微铝硅铁、高硅微碳锰、高硅硅锰、氮化硅铁、硅钙合金、硅钡铝合金等）的开发与生产，低硒锰片、脱氢锰片、氮化锰、低硫锰片、低氧化锰片的开发及生产（《产业结构调整指导目录》限制类、淘汰类项目除外）

6. 符合国家重要用途钢丝绳标准（GB8918－2006）、直径在20—60mm的钢丝绳制品开发及生产

7. 钽、铌、铍、钛等稀有金属材料新产品、新工艺技术开发及生产

8. 多层陶瓷电容器用镍粉开发及生产

9. 高性能镁合金开发及生产

10. 20万吨/年及以上醋酸乙烯、6万吨/年及以上聚乙烯醇、10万吨/年及以上聚碳酸酯（PC）、6万吨/年及以上环氧乙烷、6万吨/年及以上聚甲醛、双加压法硝酸生产工艺、电子级高纯化学品生产，单套装置5万吨/年及以上使用回转窑的石灰氮、使用液下投料低温循环分离法1万吨/年及以上单氰胺、2万吨/年及以上双氰胺生产（《产业结构调整指导目录》限制类、淘汰类项目除外）

11. 高掺量粉煤灰建材制品生产：粉煤灰70%及以上掺量生产烧结砖、85%及以上掺量生产陶粒制品、25%及以上掺量生产混凝土、30%及以上掺量生产其他建材产品（《产业结构调整指导目录》限制类、淘汰类项目除外）

12. 大型煤化工、石油化工、火电核电站、油气储运、海洋工程等领域用耐高压、耐高低温、低噪音等高端智能控制阀和智能定位器的研发及制造

13. 轨道交通牵引、制动、信号、供电、载荷等关键零部件，包括电力电子牵引变压器、电抗器、合金枕梁、制动盘、电气化铁路地面变电站用牵引变压器、车载牵引变压器等研发生产

14. 汽车整车制造（《产业结构调整指导目录》限制类、淘汰类项目除外）

15. 煤炭气化及尾气综合利用、液化合成等洁净煤技术开发及设备制造

16. 食品加工

17. 民族工艺品加工生产

18. 公路旅客运输

19. 宽带网络建设及运营

20. 氮化铝粉、氮化铝陶瓷基片、氮化硅、氮化硅陶瓷制品的生产

21. 医疗机构经营

22. 矿热炉节能减排技术改造和余热发电回收利用

23. 服务“三农”、小微企业、个体工商户的小额贷款金融服务

24. 服务外包

25. 农村生活污水治理、生活垃圾治理、畜禽粪便处理及厕所革命等农村人居环境整治相关技术开发及应用

26. 村级快递物流综合服务站建设及运营

27. 石油、天然气、电力等能源储备设施和系统建设及运营

28. 高性能铝合金产品开发及生产

29. 生物发酵、化学合成氨基酸及相关衍生物的开发及生产

30. 模块化、物联网、系统化、智慧化电能表、水表、燃气表、热量表的研发及生产

31. 与动车轴承、轨道交通轴承、高铁轴承等精密轴承生产配套的专用数控加工机床、锻造辗环成套装备、轴承/齿轮模压淬火成套设备,用于精密零件的表面清洗、毛刺清理及吹干的通过式清洗机的研发及生产

32. 高原型智能化中低压配网成套开关设备、预制式箱式变电站/紧凑型箱式变电站、高压真空断路器及高原型高压真空断路器、低压微型断路器的研发及生产

33. 太阳能光热回转驱动减速器、光伏跟踪系统减速器、风能用偏航、变桨减速器的研发及生产

34. IGBT 逆变电源焊机、等离子切割机的研发及生产

35. 千万吨级综采设备配套用采煤机、刮板输送机、皮带输送机、防爆电机的研发生产;与综采设备配套的铸造、焊接中部槽、链环、减速机、托辊;煤矿机械再制造(《产业结构调整指导目录》限制类、淘汰类项目除外)

36. 养殖成套装备:包括全混合自动化日粮饲料制备、搅拌、青贮取料、撒料等成套装备;饲舍垫料抛撒、铺沙、粪便清理装备;智能精准配料系统装备;智能化成套饲料混合装备;水稻、小麦、玉米等主要农作物精量播种机械的研发及生产

37. 无机房乘用电梯及载货、医用、观光电梯,自动扶梯、自动人行道的研发及生产

38. 优质酿酒葡萄种植与酿造

39. 节能环保大型矿热炉用炭材料开发及生产

（十）新疆维吾尔自治区（含新疆生产建设兵团）

1. 葡萄酒和饮料生产（《产业结构调整指导目录》限制类、淘汰类项目除外）

2. 单层厚度50米及以上巨厚煤层开采技术开发及应用

3. 风力、光伏发电场建设及运营，太阳能发电系统制造

4. 300万吨/年及以上（焦煤150万吨/年及以上）安全高效煤矿（含矿井、露天）建设与生产，安全高产高效采煤技术开发利用

5. 铁、锰、铜、镍、铅、锌、钨（锡）、锑、稀有金属勘探、有序开采、精深加工、加工新技术开发及应用，废铁、废钢、废铜、废铝以及稀有金属再生资源回收利用体系建设及运营（《产业结构调整指导目录》限制类、淘汰类项目除外）

6. 大型炼油、乙烯、芳烃生产装置生产的有机化工原料就地深加工（《产业结构调整指导目录》限制类、淘汰类项目除外）

7. 风电机组控制系统，风电机组用新型发电机、高速叶片、全功率变流器、变桨控制器、增速齿轮箱、主轴、轴承等关键部件，海上风电工程施工机械研发及制造

8. 轴承、齿轮等通用基础件制造

9. 金属切割及焊接设备制造

10. 建材机械及关键零部件制造

11. 塑料板、管及型材制造

12. 高压输变电及控制设备研发及制造，电线、电缆、光缆、电工器材制造、电容器及其配套设备制造，家用电力器具制造，电子产品及其零部件的组装、加工及销售

13. 钒钛磁铁矿开发、选冶联合工艺生产、综合利用及深加工

14. 干空气能应用装备研发及制造

15. 铸造、锻造、热处理、表面处理等基础工艺专业化服务（《产业结构调整指导目录》限制类、淘汰类项目除外）

16. 小麦、玉米、棉花、大麦、豆类、番茄、辣椒、甜菜、红枣、啤酒花等农林作物种植及精深加工、采收机械化技术开发及应用

17. 乳制品的开发和生产

18. 方便食品、保健食品、调味品、生物发酵制品的生产

19. 棉杆采收专用设备研发及制造

20. 节水器材、种子加工、肥料、高效低毒农药、农牧机械加工组装等农业资料和农用化工产品制造

21. 汽车整车制造、专用汽车制造、汽车关键零部件生产(《产业结构调整指导目录》限制类、淘汰类项目除外)

22. 日处理甜菜3000吨及以上食糖生产线;甜菜糖精深加工及废糖蜜、甜菜渣等副产品的综合利用(《产业结构调整指导目录》限制类、淘汰类项目除外)

23. 具有地方特色工艺美术产品研发设计及制造

24. 演艺设备和乐器制造及销售

25. 公路旅客运输,公路、铁路货物运输及多式联运

26. 宽带网络建设及运营

27. 口岸物流设施(物流仓库、堆场、装卸搬运工具、多式联运转运设施以及物流信息平台等)建设及经营;仓储、货代、包装、装卸、搬运、流通加工、配送、信息处理等服务;村级快递物流综合服务站建设及运营

28. 服务"三农"、小微企业、个体工商户的小额贷款金融服务

29. 服务外包

30. 医疗机构经营

31. 艺术及技能培训(民族音乐、演艺、美术、设计和传统手工艺)

32. 粮、棉秸秆、果木等农、林副产物资源综合利用技术开发及应用

33. 城镇、农村(含兵团团场、连队)生活污水治理、生活垃圾治理、畜禽粪便处理及厕所革命等农村人居环境整治相关技术开发及应用

34. 花卉、沙生植物种植与加工,林产品的生产及深加工

35. 维医药、蒙医药研发、生产、销售,医疗卫生产品生产

36. 节水型渔业养殖及盐碱地渔农综合利用生态养殖模式示范与应用

37. 冷水鱼养殖开发与应用

38. 石油、天然气、电力等能源储备设施和系统建设及运营,储能电池材料、储能电池、储能电源系统及其关键部件、装备的开发与生产

39. 5G移动互联网、物联网、工业互联网、大数据、云计算、人工智能、区块链建设及运营;网络技术;互联网生产服务、生活服务、科技创新、公共服务等平台建设及运营

40. 城镇智慧市政信息化技术、智慧社区(小区)信息化技术研发与应用

41. 纺织服装产业,可带动群众就业的假发、梭织、针织、服装、家纺、毛巾、手套、织袜、制鞋、手工地毯、机织地毯以及刺绣产品的设计与生产(《产业结构调整指导目录》限制类、淘汰类项目除外)

42. 幅宽3.2米及以上年生产规模8万吨及以上的白板纸、箱板纸及瓦楞纸生产线

43. 节能高效型三聚氰胺生产技术及其下游产品的开发和应用

44. 30 万吨/年及以上羰基法合成醋酸技术及其下游产品的研发及应用

45. 碳酸二甲酯(DMC)开发与生产

46. 聚己二酸对苯二甲酸丁二醇酯(PBAT)生物可降解聚合物的生产及其可降解塑料制品、农用地膜的研发及应用

47. 新型环保建材生产,废弃物烧结新型墙体、部件及道路用建材生产

48. 1 万吨/年及以上甲硫醇硫化法生产二甲基二硫及其深加工产业

49. 工业设计软件、基础数据库、资源信息库、成果展示库和快速模具手板打印中心、工程实验室服务平台等信息技术产品的研究开发、建设与推广应用

50. 煤制聚甲醛、煤经甲醇制烯烃、合成气制草酸酯、草酸酯加氢、合成气一步法制乙二醇等煤制乙二醇产业技术升级示范应用(《产业结构调整指导目录》限制类、淘汰类项目除外)

51. 农林产品产地贮存、保鲜、烘干等初加工设施建设和运营(《产业结构调整指导目录》限制类、淘汰类项目除外)

52. 畜禽产品开发及精深加工

53. 农用滴灌带、地膜回收再利用技术研发与应用

54. 高纯铝生产及其深加工,铝基结构材料、变形材料(高性能合金、航空航天用合金、型材及配件等)、铝基电子电工功能材料(电子铝箔、电极箔、LED蓝宝石用粉体、半导体、液晶面板、芯片用材料、光伏导电银工粉体等)研发及生产,再生铝及铝的固废循环利用及处理(《产业结构调整指导目录》限制类、淘汰类项目除外)

55. 现代马文化产业

56. 在边境县市进行边境贸易进出口产品加工(《产业结构调整指导目录》限制类、淘汰类项目除外)

(十一)内蒙古自治区

1. 沙生植物种植与加工,林产品的生产及深加工

2. 兽用药品制造、饲用微生物添加剂开发及生产(《产业结构调整指导目录》限制类、淘汰类项目除外)

3. 蒙医药研发、生产、销售

4. 有机—无机复混肥料生产,有机肥料生产

5. 太阳能发电系统建设及运营

6. 风力发电场建设及运营

7. 高性能稀土永磁、催化、抛光、合金、储氢、发光等稀土功能材料、器件

开发及生产，稀土钢开发及应用；高纯稀土化合物、高纯稀土金属、稀土助剂的开发及生产

8. 锗、铀等新材料研发及应用：重水堆、压水堆、气冷堆系列民用核电燃料组件制造、钍资源开发利用、高纯锗及光纤通讯生产

9. 6万吨/年及以上聚甲醛、6万吨/年及以上二甲基甲酰胺、6万吨/年及以上聚乙烯醇等精细化工产品生产

10. 15万吨/年及以上单套无水煤焦油深加工

11. 300万吨/年及以上（焦煤150万吨/年及以上）安全高效煤矿（含矿井、露天）建设与生产，安全高产高效采煤技术开发利用

12. 无汞催化剂聚氯乙烯生产技术开发及应用

13. 六氟乙烷等精细氟化工产品生产（《产业结构调整指导目录》限制类、淘汰类项目除外）

14. 石墨烯和纳米碳材料、细结构石墨、生物炭、锂电池负极等新型碳材料开发及生产；先进高分子材料、石墨新材料、高端金属材料、高性能纤维及复合材料等新材料产业（生产、精深加工及其应用）

15. 煤系高岭土替代高铝矾土系列耐火材料产品及其它非金属耐火材料及制品生产

16. 大口径高压厚壁锅炉管生产

17. 磁感应强度0.3T及以上的稀土永磁核磁共振影像设备的研发及制造

18. 牧区户用小型风机制造

19. 汽车整车制造，专用汽车（不包括普通挂车、自卸车、厢式车和仓栅式汽车）制造

20. 90吨及以上非公路矿用自卸车制造（《产业结构调整指导目录》限制类、淘汰类项目除外）

21. 毛绒棉纺织加工

22. 民族工艺品加工生产

23. 公路旅客运输，公路、铁路货物运输及多式联运

24. 宽带网络建设及运营

25. 进口木材加工

26. 口岸物流设施（物流仓库、堆场、装卸搬运工具、多式联运转运设施以及物流信息平台等）建设及经营；村级快递物流综合服务站建设及运营

27. 服务“三农”、小微企业、个体工商户的小额贷款金融服务

28. 服务外包

29. 医疗机构经营

30. 飞行员培训

31. 农村生活污水治理、生活垃圾治理、畜禽粪便处理及厕所革命等农村人居环境整治相关技术开发及应用

32. 传统蒙古包、蒙古族服装服饰的传承创新与开发应用

33. 新建120万吨/年及以上天然碱综合开发利用项目

34. 石油、天然气、电力等能源储备设施和系统建设及运营，电储能技术开发与应用

35. 5G网络建设及运营，5G技术开发及应用

36. 人工智能技术开发及应用

37. 在边境县市进行边境贸易进出口产品加工（《产业结构调整指导目录》限制类、淘汰类项目除外）

38. 电子信息制造产业（新型显示除外），软件与信息服务业

39. 铝后加工产业链配套项目（《产业结构调整指导目录》限制类、淘汰类项目除外）

40. 现代马文化产业

41. 氢加工制造、氢能燃料电池制造、输氢管道和加氢站建设

（十二）广西壮族自治区

1. 农产品质量安全检测新技术开发及应用

2. 铜、铝、钨、镁、锡、铟、锌、铅、锑、稀土等高性能新材料开发及精深加工（《产业结构调整指导目录》限制类、淘汰类项目除外）

3. 低品位难处理铝土矿综合利用

4. 生物乙醇制乙烯（以粮食为原料的除外）

5. 精细化工产品开发及生产（《产业结构调整指导目录》限制类、淘汰类项目除外）

6. 以锰矿为原料生产高纯硫酸锰、碳酸锰、四氧化三锰、锰酸锂以及电解金属锰为原料的电器元件、无汞碱锰电池、锂锰电池、不锈钢制品的先进生产技术开发及生产

7. 压缩天然气（CNG）汽车加气站成套设备及装置（CNG汽车储气钢瓶、长管玻璃纤维缠绕气瓶、压缩机、高压地下储气井、储气罐、深度脱水装置、脱硫罐、冷凝管、油水分离器等）制造，液化天然气（LNG）加气站成套设备（含LNG储罐）及装置制造

8. 甘蔗种植机、收获机、剥叶机等中小型农机具研发及制造

9. 1.8吨及以上挖掘机、1.6吨及以上装载机、45吨正面吊、电动叉车和

3吨及以上内燃叉车、牵引车等工业车辆，应用AI技术、5G技术、无人驾驶技术或新能源技术的工程机械产品，液压压路机、液压摊铺机、平地机、矿山机械制造（磨粉机、选粉机成套装备）和移动破碎筛分设备，挖掘机用回转减速机总成、行走减速机总成、装载机用驱动桥、装载机用动力换挡变速箱、装载机用铸造件、平地机驱动桥、推土机传动系统及元部件（变矩器、变速箱、中间传动总成、终传动总成）、工程机械用液压元件、液压管路和液压成套设备，工程机械电控系统制造（《产业结构调整指导目录》限制类、淘汰类项目除外）

10. 汽车整车制造，专用汽车（不包括普通挂车、自卸车、罐式车、厢式车和仓栅式汽车）制造，关键汽车零部件及配件制造

11. 适用于丘陵和山区的拖拉机及农作物种植、收获等中小型农机具，农村水利、田间道路建设等农用工程机械及其关键零部件的研发和制造

12. 蚕茧丝绸、纺织及印染、服装精深加工

13. 民族工艺品加工生产、民族传统手工艺人才培训、民族艺术文化培训

14. 蔗糖精深加工及废糖蜜、蔗渣、蔗叶、滤泥、酒精废液等副产品的综合利用和热电联产，蔗渣制浆造纸副产品及废液利用（《产业结构调整指导目录》限制类、淘汰类项目除外）

15. 桑蚕产业资源循环综合利用

16. 仓储、运输、货代、包装、装卸、搬运、流通加工、配送、信息处理等一体化服务；村级快递物流综合服务站建设及运营

17. 服务"三农"、小微企业、个体工商户的小额贷款金融服务

18. 城市水系淤泥综合利用

19. 工业余热、余压、压差、发生气综合利用技术开发及应用

20. 内燃机及其零部件产品研发和制造（《产业结构调整指导目录》限制类、淘汰类项目除外）

21. 船用配套设备制造

22. 电线、电缆、光缆、电工器材制造，电容器及其配套设备制造

23. 橡胶加工专用设备制造（高性能子午线轮胎及智能制造技术与装备、节能、环保型橡胶机械成套设备制造）

24. 乙烯、丙烯、烷烃等有机化工原料生产及下游精深加工；盐化工（《产业结构调整指导目录》限制类、淘汰类项目除外）

25. 高岭土、大理石、花岗岩、膨润土等特色矿物资源的综合开发、利用及精深加工（《产业结构调整指导目录》限制类、淘汰类项目除外）

26. 超细重钙、改性重钙、超细轻钙、改性轻钙、纳米钙等高端碳酸钙生产、下游精深加工及配套产业（《产业结构调整指导目录》限制类、淘汰类项目

除外)

27. 纳米碳材料、细结构石墨、生物炭、锂电池负极等新型碳材料开发及生产

28. 高端优质浮法玻璃、电子玻璃、汽车和光伏玻璃生产及下游精深加工

29. 电弧炉短流程炼钢及工艺(《产业结构调整指导目录》限制类、淘汰类项目除外)

30. 林木深加工及家具生产(《产业结构调整指导目录》限制类、淘汰类项目除外)

31. 康养基地建设与服务

32. 深度节能(氧化铝综合回收率达到80%、吨氧化铝综合能耗低于380千克标准煤、吨氧化铝新水消耗低于3吨)的氧化铝及其制品

33. 偏析法生产精铝技术,高纯铝生产技术

34. 笔记本电脑、通信产品整机及关键零部件的研发及制造

35. 生物芯片及相关数据获取、处理设备和软件的开发及制造

36. 风力、太阳能发电场建设及运营

37. 农产品贮存、保鲜、烘干、加工设备研发生产,设施建设与运营(《产业结构调整指导目录》限制类、淘汰类项目除外)

38. 农村生活污水治理、生活垃圾治理、畜禽粪便处理及厕所革命等农村人居环境整治相关技术开发及应用

39. 茶叶和代用茶制造业

40. 广西特色优势农产品生产、初加工及精深加工

41. 高端医药及医疗器材生产及现代医药物流,壮瑶等民族药及民族医疗器械研发生产

42. 文化创意产业

43. 跨境贸易、国际物流、货运代理、跨境电商、外贸综合服务、市场采购贸易

44. 服务外包

45. 农村道路旅客运输

46. 在边境县市进行边境贸易进出口产品加工(《产业结构调整指导目录》限制类、淘汰类项目除外)

宗教教职人员管理办法

（2021 年 1 月 18 日国家宗教事务局令第 15 号公布　自 2021 年 5 月 1 日起施行　国司备字[2021004096]）

第一章　总　　则

第一条　为了规范宗教教职人员管理，保障宗教教职人员合法权益，根据《宗教事务条例》，制定本办法。

第二条　本办法所称宗教教职人员，是指依法取得宗教教职人员资格、可以从事宗教教务活动的人员。

第三条　宗教教职人员应当热爱祖国，拥护中国共产党的领导，拥护社会主义制度，遵守宪法、法律、法规和规章，践行社会主义核心价值观，坚持我国宗教独立自主自办原则，坚持我国宗教中国化方向，维护国家统一、民族团结、宗教和睦与社会稳定。

第四条　宗教事务部门依法对宗教教职人员进行行政管理，保护宗教教职人员合法权益，指导宗教团体、宗教院校和宗教活动场所培养、管理宗教教职人员，引导宗教教职人员在促进经济社会发展中发挥积极作用。

第二章　宗教教职人员的权利和义务

第五条　宗教教职人员依法享有下列权利：

（一）主持宗教活动、举行宗教仪式；

（二）从事宗教典籍整理、进行宗教教义教规和宗教文化研究；

（三）从事、接受宗教教育培训；

（四）参与所在的宗教团体、宗教院校、宗教活动场所的管理，按程序担任相应的职务；

（五）开展公益慈善活动；

（六）参加社会保障并享有相关权利；

（七）法律、法规和规章规定的其他权利。

第六条　宗教教职人员应当履行下列义务：

（一）维护国家利益和社会公共利益，在法律、法规和规章规定的范围内开展活动；

（二）接受宗教事务部门和其他有关部门的依法管理；

（三）遵守宗教团体制定的规章制度，接受所在的宗教团体、宗教院校、宗教活动场所的管理；

（四）服务信教公民，引导信教公民爱国守法；

（五）维护宗教活动正常秩序，抵制非法宗教活动和宗教极端思想，抵御境外势力利用宗教进行的渗透；

（六）维护和促进不同宗教之间、同一宗教内部以及信教公民和不信教公民之间的和睦；

（七）法律、法规和规章规定的其他义务。

第七条 宗教教职人员应当注重提升自身素质，提高文化、道德素养，研究教义教规中有利于社会和谐、时代进步和健康文明的内容，并融入讲经讲道中，为推进我国宗教中国化发挥作用。

第八条 宗教教职人员发布互联网宗教信息，应当遵守国家互联网信息服务的有关规定。

第九条 宗教教职人员收入的取得应当符合法律、法规、规章和政策以及宗教团体规章制度的规定。

宗教教职人员应当区分个人财产与宗教团体、宗教院校、宗教活动场所的财产，不得侵占、挪用、私分、损毁或者擅自处分宗教团体、宗教院校、宗教活动场所的合法财产。

宗教教职人员应当依法纳税，依法办理纳税申报。

第十条 在宗教团体、宗教院校、宗教活动场所担任负责人或者从事财务相关工作的宗教教职人员应当按照国家财务、会计、资产管理有关规定，履行财务管理职责。

第十一条 宗教教职人员出境开展宗教交往，应当按照国家有关规定办理手续。

第十二条 宗教教职人员不得有下列行为：

（一）危害国家安全、公共安全，宣扬、支持、资助宗教极端主义，破坏民族团结、分裂国家，进行恐怖活动或者参与相关活动；

（二）干预行政、司法、教育等国家职能的实施；

（三）受境外势力支配，擅自接受境外宗教团体或者机构委任教职，以及其他违背宗教独立自主自办原则的行为；

（四）违反国家有关规定接受境内外捐赠；

（五）影响公民正常生产、生活；

（六）组织、主持或者参加未经批准的在宗教活动场所外举行的宗教活动；

（七）利用公益慈善活动传教，在宗教院校以外的学校和其他教育机构传教，以及其他违反国家规定进行传教的行为；

（八）以宗教名义进行商业宣传；

（九）其他违反法律、法规和规章的行为。

第三章　宗教教职人员资格

第十三条　取得宗教教职人员资格应当经宗教团体认定，报宗教事务部门备案。

全国性宗教团体应当制定本宗教的宗教教职人员认定办法，规定宗教教职人员的称谓、认定条件和程序等，认定条件应当包含本办法第三条规定的内容。全国性宗教团体制定的宗教教职人员认定办法应当报国家宗教事务局备案。

宗教团体应当按照全国性宗教团体制定的宗教教职人员认定办法认定宗教教职人员。

第十四条　宗教团体应当自认定宗教教职人员之日起二十日内，填写宗教教职人员备案表，报宗教事务部门备案，并提交拟备案宗教教职人员的户口簿复印件和居民身份证复印件。

全国性宗教团体认定的宗教教职人员，报国家宗教事务局备案；省、自治区、直辖市宗教团体认定的宗教教职人员，报省级人民政府宗教事务部门备案；设区的市（地、州、盟）宗教团体认定的宗教教职人员，报设区的市级人民政府宗教事务部门备案；县（市、区、旗）宗教团体认定的宗教教职人员，报县级人民政府宗教事务部门备案。

宗教教职人员备案表式样由国家宗教事务局制定。

第十五条　藏传佛教活佛传承继位，按照《宗教事务条例》《藏传佛教活佛转世管理办法》等有关规定办理。

第十六条　天主教的主教由中国天主教主教团批准并祝圣。中国天主教爱国会和中国天主教主教团应当在主教祝圣后二十日内，填写天主教主教备案表，报国家宗教事务局备案，并提交下列材料：

（一）该主教的户口簿复印件和居民身份证复印件；

（二）省、自治区、直辖市天主教团体出具的民主选举该主教的情况说明；

（三）中国天主教主教团批准书；

（四）主持祝圣的主教签署的祝圣情况说明。

天主教主教备案表式样由国家宗教事务局制定。

第十七条 宗教事务部门应当自收到宗教团体提交的备案材料之日起二十个工作日内，作出书面答复，逾期未答复的，视为已办理备案。

第十八条 有下列情形之一的，不予办理宗教教职人员备案：

（一）未按照全国性宗教团体制定的宗教教职人员认定办法认定的；

（二）提交的备案材料不属实的。

第十九条 宗教事务部门办理备案后，应当为宗教教职人员编制备案号。备案号采用十二位数字编码，依次由六位行政区划代码、一位教别号和五位流水号组成。

第二十条 宗教团体应当向完成备案的宗教教职人员颁发宗教教职人员证书，不得收取费用。

宗教教职人员证书在全国范围内适用。宗教团体、宗教事务部门不得重复认定或者备案宗教教职人员。

宗教教职人员证书由全国性宗教团体印制，证书应当载明备案号和有效期等内容。宗教教职人员应当在证书有效期满前及时办理延期手续。

第二十一条 宗教教职人员有下列情形之一的，宗教团体应当按照管理职责到相应的宗教事务部门办理注销备案手续，并以适当方式公告：

（一）被宗教事务部门依法建议宗教团体取消宗教教职人员资格的；

（二）被宗教团体依照本宗教的有关规定取消宗教教职人员资格的；

（三）因自愿放弃、死亡或者其他原因丧失宗教教职人员资格的。

第四章 宗教活动场所主要教职

第二十二条 本办法所称宗教活动场所主要教职，是指在宗教活动场所主持宗教教务的宗教教职人员。

全国性宗教团体应当制定本宗教的宗教活动场所主要教职任职办法，规定宗教活动场所主要教职的具体范围、任职条件和程序等，任职条件应当包含本办法第三条规定的内容。全国性宗教团体制定的宗教活动场所主要教职任职办法应当报国家宗教事务局备案。

第二十三条 拟任宗教活动场所主要教职的宗教教职人员，按照全国性宗教团体制定的宗教活动场所主要教职任职办法产生后十日内，由该场所填写宗教活动场所主要教职备案表，报宗教事务部门备案，并提交下列材料：

（一）拟任职人员产生情况说明；

（二）拟任职人员的户口簿复印件、居民身份证复印件和宗教教职人员证书复印件。

拟任职人员离任其他宗教活动场所主要教职的，还应当提交离任场所主要教职的注销备案材料。

宗教活动场所主要教职备案表式样由国家宗教事务局制定。

第二十四条 宗教事务部门应当自收到宗教活动场所提交的备案材料之日起二十个工作日内，作出书面答复，逾期未答复的，视为已完成备案程序。

第二十五条 有下列情形之一的，不予办理宗教活动场所主要教职备案：

（一）拟任职人员未按照全国性宗教团体制定的宗教活动场所主要教职任职办法产生的；

（二）拟任职人员离任其他宗教活动场所主要教职未办理注销备案手续的；

（三）提交的备案材料不属实的。

第二十六条 宗教活动场所主要教职备案程序完成后，该场所可以举行主要教职任职仪式，正式赋予职责。

第二十七条 宗教活动场所主要教职实行任期制，任期三至五年。期满后拟继续担任主要教职的，应当按照本办法第二十三条规定办理。

第二十八条 宗教教职人员离任宗教活动场所主要教职，该场所应当按照任职备案程序办理注销备案手续，并提交下列材料：

（一）该场所管理组织作出宗教教职人员离任宗教活动场所主要教职决定的情况说明；

（二）该场所所在地宗教团体出具的书面意见。

离任宗教活动场所主要教职的宗教教职人员同时担任该场所管理组织负责人或者财务管理机构负责人的，该场所还应当提交离任财务审查情况的报告。

第二十九条 有下列情形之一的，不予办理宗教活动场所主要教职注销备案：

（一）该场所管理组织未按照全国性宗教团体制定的宗教活动场所主要教职任职办法规定的程序，作出宗教教职人员离任宗教活动场所主要教职决定的；

（二）未经该场所所在地宗教团体同意的；

（三）离任该场所主要教职的宗教教职人员同时担任该场所管理组织负责人或者财务管理机构负责人，该场所未提交离任财务审查情况报告的。

第三十条 宗教教职人员一般只能担任一个宗教活动场所的主要教职。确有需要的，可以兼任一个宗教活动场所的主要教职。

兼任宗教活动场所主要教职，应当经拟兼任的宗教活动场所所在地县（市、区、旗）宗教团体同意，由该场所将兼任情况报县级人民政府宗教事务部门，县级人民政府宗教事务部门逐级报省级人民政府宗教事务部门备案。跨省、自治区、直辖市兼任的，拟兼任的宗教活动场所所在地省级人民政府宗教事务部门还应当征求该宗教教职人员现任职所在地省级人民政府宗教事务部门的意见。

第三十一条　担任宗教活动场所主要教职的宗教教职人员有下列情形之一的，应当按照任职备案程序办理注销备案手续，并以适当方式公告：

（一）丧失宗教教职人员资格的；

（二）违反法律、法规、规章或者宗教团体规章制度被撤销宗教活动场所主要教职的；

（三）超过一年未履行宗教活动场所主要教职职责或者不具备正常履行主要教职职责能力的。

第五章　监督管理

第三十二条　宗教事务部门应当依法履行宗教教职人员备案和宗教活动场所主要教职备案的职责，指导、监督宗教团体、宗教院校、宗教活动场所加强对宗教教职人员的管理。

第三十三条　宗教事务部门应当按照寓管理于服务之中的原则，加强宗教教职人员信息化管理。

国家宗教事务局应当建立宗教教职人员数据库，地方人民政府宗教事务部门应当及时提供和更新宗教教职人员的基本信息、奖惩情况、注销备案等信息。

第三十四条　宗教教职人员跨省、自治区、直辖市从事宗教教务活动的，应当经离开地和前往地的省、自治区、直辖市宗教团体同意，并报两地的省级人民政府宗教事务部门备案。其中，跨省、自治区、直辖市从事宗教教务活动一年以上的，由两地的省级人民政府宗教事务部门通过宗教教职人员数据库办理相关信息变更。对该宗教教职人员的管理职责转移至迁入地相应的宗教事务部门和宗教团体。

宗教教职人员跨县、设区的市级行政区域从事宗教教务活动的管理，由省、自治区、直辖市根据实际情况制定相关规定。

第三十五条　宗教团体应当制定宗教教职人员培养规划，加强宗教教职人员的政治教育、法治教育、文化教育、宗教教育，提高宗教教职人员的综合素质和宗教教职人员队伍的整体素质。

全国性宗教团体和省、自治区、直辖市宗教团体应当制定宗教教职人员出境留学的规章制度。

第三十六条 宗教团体应当规范宗教教职人员证书管理，不得违规颁发证书，不得借颁发证书牟利。

第三十七条 宗教团体应当根据宪法、法律、法规、规章和政策以及实际工作需要，在业务范围内建立健全宗教教职人员管理的规章制度，制定宗教教职人员行为规范，健全宗教教职人员奖惩机制和准入、退出机制，对违反法律、法规、规章和本团体规章制度的宗教教职人员予以相应处罚。

第三十八条 宗教团体应当制定宗教教职人员考核制度，对宗教教职人员进行考核，将考核结果作为任职、奖惩等的重要依据。

第三十九条 宗教团体应当建立宗教教职人员档案，健全宗教团体、宗教院校、宗教活动场所的宗教教职人员信息共享机制，定期将宗教教职人员信息变更情况报送宗教事务部门。

宗教院校应当将本院校宗教教职人员有关情况及时报送设立该院校的宗教团体。

宗教活动场所应当将本场所宗教教职人员有关情况及时报送所在地宗教团体和宗教事务部门。

第四十条 宗教院校应当坚持正确的办学方向，提高办学质量，培养高素质的宗教教职人员。

第四十一条 宗教活动场所接收宗教教职人员应当严格把关，核查身份并登记造册。

宗教活动场所不得超出本场所容纳能力及经济能力接收宗教教职人员。

第四十二条 宗教团体、宗教院校、宗教活动场所应当建立健全本团体、院校、场所宗教教职人员管理制度，加强对宗教教职人员从事宗教活动、接受境内外捐赠等的监督和管理。

第四十三条 担任宗教活动场所主要教职的宗教教职人员应当履行宗教教务管理职责，接受宗教团体的教务指导，服从宗教活动场所管理组织的管理，接受所在宗教活动场所的宗教教职人员和信教公民的监督。

第四十四条 宗教事务部门和宗教团体、宗教院校、宗教活动场所收到反映宗教教职人员违反法律、法规、规章或者宗教团体规章制度情况的，应当调查核实，依法依规予以处理。

第四十五条 宗教教职人员认为宗教团体、宗教院校、宗教活动场所及其成员侵犯其合法权益的，可以向宗教事务部门反映。宗教事务部门应当调查核实，依法予以处理。

第六章 法律责任

第四十六条 公职人员在宗教教职人员管理工作中滥用职权、玩忽职守、徇私舞弊,应当给予处分的,依法给予处分;构成犯罪的,依法追究刑事责任。

第四十七条 宗教团体、宗教院校、宗教活动场所有下列行为之一的,由宗教事务部门责令改正,拒不改正的,按照《宗教事务条例》第六十五条的规定予以处罚:

(一)未建立健全宗教教职人员管理制度的;

(二)未按本办法规定管理宗教教职人员的;

(三)未按规定认定或者批准宗教教职人员的;

(四)宗教活动场所未按规定选任宗教活动场所主要教职的;

(五)宗教团体未按本办法规定办理宗教教职人员备案手续,宗教活动场所未按本办法规定办理宗教活动场所主要教职备案手续的;

(六)未按规定颁发宗教教职人员证书,或者借颁发证书牟利的;

(七)侵犯宗教教职人员合法权益的;

(八)其他违反本办法有关规定的行为。

第四十八条 宗教教职人员违反本办法有关规定的,按照《宗教事务条例》第七十三条等规定予以处罚。

第四十九条 对宗教事务部门的行政行为不服的,可以依法申请行政复议;对行政复议决定不服的,可以依法提起行政诉讼。

第七章 附 则

第五十条 县(市、区、旗)没有相关宗教团体的,本办法规定的相应职责由设区的市(地、州、盟)宗教团体履行。

设区的市(地、州、盟)没有相关宗教团体的,相应职责由省、自治区、直辖市宗教团体履行。

省、自治区、直辖市没有相关宗教团体的,相应职责由全国性宗教团体履行。

第五十一条 本办法由国家宗教事务局负责解释。

第五十二条 本办法自 2021 年 5 月 1 日起施行。2006 年国家宗教事务局公布的《宗教教职人员备案办法》《宗教活动场所主要教职任职备案办法》同时废止。

公司债券发行与交易管理办法

（2021年2月26日中国证券监督管理委员会令第180号公布
自公布之日起施行　国司备字[2021004065]）

第一章　总　　则

第一条　为了规范公司债券的发行、交易或转让行为，保护投资者的合法权益和社会公共利益，根据《证券法》《公司法》和其他相关法律法规，制定本办法。

第二条　在中华人民共和国境内，公开发行公司债券并在证券交易所、全国中小企业股份转让系统交易，非公开发行公司债券并在证券交易所、全国中小企业股份转让系统、证券公司柜台转让的，适用本办法。法律法规和中国证券监督管理委员会（以下简称中国证监会）另有规定的，从其规定。本办法所称公司债券，是指公司依照法定程序发行、约定在一定期限还本付息的有价证券。

第三条　公司债券可以公开发行，也可以非公开发行。

第四条　发行人及其他信息披露义务人应当及时、公平地履行披露义务，所披露或者报送的信息必须真实、准确、完整，简明清晰，通俗易懂，不得有虚假记载、误导性陈述或者重大遗漏。

第五条　发行人及其控股股东、实际控制人应当诚实守信，发行人的董事、监事、高级管理人员应当勤勉尽责，维护债券持有人享有的法定权利和债券募集说明书约定的权利。

发行人及其控股股东、实际控制人、董事、监事、高级管理人员不得怠于履行偿债义务或者通过财产转移、关联交易等方式逃废债务，蓄意损害债券持有人权益。

第六条　为公司债券发行提供服务的承销机构、受托管理人，以及资信评级机构、会计师事务所、资产评估机构、律师事务所等专业机构和人员应当勤勉尽责，严格遵守执业规范和监管规则，按规定和约定履行义务。

发行人及其控股股东、实际控制人应当全面配合承销机构、受托管理人、证券服务机构的相关工作。

第七条　发行人、承销机构及其相关工作人员在发行定价和配售过程中，不得有违反公平竞争、进行利益输送、直接或间接谋取不正当利益以及其他破坏市场秩序的行为。

第八条　中国证监会对公司债券发行的注册，证券交易所对公司债券发行出具的审核意见，或者中国证券业协会按照本办法对公司债券发行的报备，不表明其对发行人的经营风险、偿债风险、诉讼风险以及公司债券的投资风险或收益等作出判断或者保证。公司债券的投资风险，由投资者自行承担。

第九条　中国证监会依法对公司债券的发行及其交易或转让活动进行监督管理。证券自律组织依照相关规定对公司债券的发行、上市交易或挂牌转让、登记结算、承销、尽职调查、信用评级、受托管理及增信等进行自律管理。

证券自律组织应当制定相关业务规则，明确公司债券发行、承销、报备、上市交易或挂牌转让、信息披露、登记结算、投资者适当性管理、持有人会议及受托管理等具体规定，报中国证监会批准或备案。

第二章　发行和交易转让的一般规定

第十条　发行公司债券，发行人应当依照《公司法》或者公司章程相关规定对以下事项作出决议：

（一）发行债券的金额；

（二）发行方式；

（三）债券期限；

（四）募集资金的用途；

（五）其他按照法律法规及公司章程规定需要明确的事项。

发行公司债券，如果对增信机制、偿债保障措施作出安排的，也应当在决议事项中载明。

第十一条　发行公司债券，可以附认股权、可转换成相关股票等条款。上市公司、股票公开转让的非上市公众公司股东可以发行附可交换成上市公司或非上市公众公司股票条款的公司债券。商业银行等金融机构可以按照有关规定发行公司债券补充资本。上市公司发行附认股权、可转换成股票条款的公司债券，应当符合上市公司证券发行管理的相关规定。股票公开转让的非上市公众公司发行附认股权、可转换成股票条款的公司债券，由中国证监会另行规定。

第十二条　根据财产状况、金融资产状况、投资知识和经验、专业能力等因素，公司债券投资者可以分为普通投资者和专业投资者。专业投资者的标准按照中国证监会的相关规定执行。

证券自律组织可以在中国证监会相关规定的基础上，设定更为严格的投资者适当性要求。

发行人的董事、监事、高级管理人员及持股比例超过百分之五的股东，可视同专业投资者参与发行人相关公司债券的认购或交易、转让。

第十三条 公开发行公司债券筹集的资金，必须按照公司债券募集说明书所列资金用途使用；改变资金用途，必须经债券持有人会议作出决议。非公开发行公司债券，募集资金应当用于约定的用途；改变资金用途，应当履行募集说明书约定的程序。

公开发行公司债券筹集的资金，不得用于弥补亏损和非生产性支出。发行人应当指定专项账户，用于公司债券募集资金的接收、存储、划转。

第三章 公开发行及交易

第一节 注册规定

第十四条 公开发行公司债券，应当符合下列条件：

（一）具备健全且运行良好的组织机构；

（二）最近三年平均可分配利润足以支付公司债券一年的利息；

（三）具有合理的资产负债结构和正常的现金流量；

（四）国务院规定的其他条件。

公开发行公司债券，由证券交易所负责受理、审核，并报中国证监会注册。

第十五条 存在下列情形之一的，不得再次公开发行公司债券：

（一）对已公开发行的公司债券或者其他债务有违约或者延迟支付本息的事实，仍处于继续状态；

（二）违反《证券法》规定，改变公开发行公司债券所募资金用途。

第十六条 资信状况符合以下标准的公开发行公司债券，专业投资者和普通投资者可以参与认购：

（一）发行人最近三年无债务违约或者延迟支付本息的事实；

（二）发行人最近三年平均可分配利润不少于债券一年利息的1.5倍；

（三）发行人最近一期末净资产规模不少于250亿元；

（四）发行人最近36个月内累计公开发行债券不少于3期，发行规模不少于100亿元；

（五）中国证监会根据投资者保护的需要规定的其他条件。

未达到前款规定标准的公开发行公司债券，仅限于专业投资者参与认购。

第二节　注 册 程 序

第十七条　发行人公开发行公司债券,应当按照中国证监会有关规定制作注册申请文件,由发行人向证券交易所申报。

证券交易所收到注册申请文件后,在五个工作日内作出是否受理的决定。

第十八条　自注册申请文件受理之日起,发行人及其控股股东、实际控制人、董事、监事、高级管理人员,以及与本次债券公开发行并上市相关的主承销商、证券服务机构及相关责任人员,即承担相应法律责任。

第十九条　注册申请文件受理后,未经中国证监会或者证券交易所同意,不得改动。

发生重大事项的,发行人、主承销商、证券服务机构应当及时向证券交易所报告,并按要求更新注册申请文件和信息披露资料。

第二十条　证券交易所负责审核发行人公开发行公司债券并上市申请。

证券交易所主要通过向发行人提出审核问询、发行人回答问题方式开展审核工作,判断发行人是否符合发行条件、上市条件和信息披露要求。

第二十一条　证券交易所按照规定的条件和程序,提出审核意见。认为发行人符合发行条件和信息披露要求的,将审核意见、注册申请文件及相关审核资料报送中国证监会履行发行注册程序。认为发行人不符合发行条件或信息披露要求的,作出终止发行上市审核决定。

第二十二条　证券交易所应当建立健全审核机制,提高审核工作透明度,公开审核工作相关事项,接受社会监督。

第二十三条　中国证监会收到证券交易所报送的审核意见、发行人注册申请文件及相关审核资料后,履行发行注册程序。中国证监会认为存在需要进一步说明或者落实事项的,可以问询或要求证券交易所进一步问询。

中国证监会认为证券交易所的审核意见依据不充分的,可以退回证券交易所补充审核。

第二十四条　证券交易所应当自受理注册申请文件之日起二个月内出具审核意见,中国证监会应当自证券交易所受理注册申请文件之日起三个月内作出同意注册或者不予注册的决定。发行人根据中国证监会、证券交易所要求补充、修改注册申请文件的时间不计算在内。

第二十五条　公开发行公司债券,可以申请一次注册,分期发行。中国证监会同意注册的决定自作出之日起两年内有效,发行人应当在注册决定有效期内发行公司债券,并自主选择发行时点。

公开发行公司债券的募集说明书自最后签署之日起六个月内有效。发行人应当及时更新债券募集说明书等公司债券发行文件，并在每期发行前报证券交易所备案。

第二十六条 中国证监会作出注册决定后，主承销商及证券服务机构应当持续履行尽职调查职责；发生重大事项的，发行人、主承销商、证券服务机构应当及时向证券交易所报告。

证券交易所应当对上述事项及时处理，发现发行人存在重大事项影响发行条件、上市条件的，应当出具明确意见并及时向中国证监会报告。

第二十七条 中国证监会作出注册决定后、发行人公司债券上市前，发现可能影响本次发行的重大事项的，中国证监会可以要求发行人暂缓或者暂停发行、上市；相关重大事项导致发行人不符合发行条件的，可以撤销注册。

中国证监会撤销注册后，公司债券尚未发行的，发行人应当停止发行；公司债券已经发行尚未上市的，发行人应当按照发行价并加算银行同期存款利息返还债券持有人。

第二十八条 中国证监会应当按规定公开公司债券发行注册行政许可事项相关的监管信息。

第二十九条 存在下列情形之一的，发行人、主承销商、证券服务机构应当及时书面报告证券交易所或者中国证监会，证券交易所或者中国证监会应当中止相应发行上市审核程序或者发行注册程序：

（一）发行人因涉嫌违法违规被行政机关调查，或者被司法机关侦查，尚未结案，对其公开发行公司债券行政许可影响重大；

（二）发行人的主承销商，以及律师事务所、会计师事务所、资信评级机构等证券服务机构因涉嫌公司债券发行业务违法违规，或者其他业务涉嫌违法违规且对市场有重大影响被中国证监会及其派出机构立案调查，或者被司法机关侦查，尚未结案；

（三）发行人的主承销商，以及律师事务所、会计师事务所、资信评级机构等证券服务机构的签字人员因涉嫌公司债券发行业务违法违规，或者其他业务涉嫌违法违规且对市场有重大影响被中国证监会及其派出机构立案调查，或者被司法机关侦查，尚未结案；

（四）发行人的主承销商，以及律师事务所、会计师事务所、资信评级机构等证券服务机构被中国证监会依法采取限制业务活动、责令停业整顿、指定其他机构托管、接管等监管措施，或者被证券交易所实施一定期限内不接受其出具的相关文件的纪律处分，尚未解除；

（五）发行人的主承销商、以及律师事务所、会计师事务所、资信评级机构等证券服务机构签字人员被中国证监会依法采取限制从事证券服务业务等监管措施或者证券市场禁入的措施，或者被证券交易所实施一定期限内不接受其出具的相关文件的纪律处分，尚未解除；

（六）发行人或主承销商主动要求中止发行上市审核程序或者发行注册程序，理由正当且经证券交易所或者中国证监会批准；

（七）中国证监会或证券交易所规定的其他情形。

中国证监会、证券交易所根据发行人、主承销商申请，决定中止审核的，待相关情形消失后，发行人、主承销商可以向中国证监会、证券交易所申请恢复审核。中国证监会、证券交易所依据相关规定中止审核的，待相关情形消失后，或者主承销商、证券服务机构就前款第（二）（三）项情形按照有关规定履行复核程序后，中国证监会、证券交易所按规定恢复审核。

第三十条 存在下列情形之一的，证券交易所或者中国证监会应当终止相应发行上市审核程序或者发行注册程序，并向发行人说明理由：

（一）发行人主动要求撤回申请或主承销商申请撤回所出具的核查意见；

（二）发行人未在要求的期限内对注册申请文件作出解释说明或者补充、修改；

（三）注册申请文件存在虚假记载、误导性陈述或重大遗漏；

（四）发行人阻碍或者拒绝中国证监会、证券交易所依法对发行人实施检查、核查；

（五）发行人及其关联方以不正当手段严重干扰发行上市审核或者发行注册工作；

（六）发行人法人资格终止；

（七）发行人注册申请文件内容存在重大缺陷，严重影响投资者理解和发行上市审核或者发行注册工作；

（八）发行人中止发行上市审核程序超过证券交易所规定的时限或者中止发行注册程序超过六个月仍未恢复；

（九）证券交易所认为发行人不符合发行条件或信息披露要求；

（十）中国证监会或证券交易所规定的其他情形。

第三节 交　　易

第三十一条 公开发行的公司债券，应当在证券交易场所交易。

公开发行公司债券并在证券交易场所交易的，应当符合证券交易场所规定的上市、挂牌条件。

第三十二条 证券交易场所应当对公开发行公司债券的上市交易实施分类管理，实行差异化的交易机制，建立相应的投资者适当性管理制度，健全风险控制机制。证券交易场所应当根据债券资信状况的变化及时调整交易机制和投资者适当性安排。

第三十三条 公开发行公司债券申请上市交易的,应当在发行前根据证券交易场所的相关规则,明确交易机制和交易环节投资者适当性安排。发行环节和交易环节的投资者适当性要求应当保持一致。

第四章 非公开发行及转让

第三十四条 非公开发行的公司债券应当向专业投资者发行,不得采用广告、公开劝诱和变相公开方式,每次发行对象不得超过二百人。

第三十五条 承销机构应当按照中国证监会、证券自律组织规定的投资者适当性制度,了解和评估投资者对非公开发行公司债券的风险识别和承担能力,确认参与非公开发行公司债券认购的投资者为专业投资者,并充分揭示风险。

第三十六条 非公开发行公司债券,承销机构或依照本办法第三十九条规定自行销售的发行人应当在每次发行完成后五个工作日内向中国证券业协会报备。

中国证券业协会在材料齐备时应当及时予以报备。报备不代表中国证券业协会实行合规性审查,不构成市场准入,也不豁免相关主体的违规责任。

第三十七条 非公开发行公司债券,可以申请在证券交易场所、证券公司柜台转让。

非公开发行公司债券并在证券交易场所转让的,应当遵守证券交易场所制定的业务规则,并经证券交易场所同意。

非公开发行公司债券并在证券公司柜台转让的,应当符合中国证监会的相关规定。

第三十八条 非公开发行的公司债券仅限于专业投资者范围内转让。转让后,持有同次发行债券的投资者合计不得超过二百人。

第五章 发行与承销管理

第三十九条 发行公司债券应当由具有证券承销业务资格的证券公司承销。

取得证券承销业务资格的证券公司、中国证券金融股份有限公司非公开发行公司债券可以自行销售。

第四十条 承销机构承销公司债券,应当依据本办法以及中国证监会、中国证券业协会有关风险管理和内部控制等相关规定,制定严格的风险管理和内部控制制度,明确操作规程,保证人员配备,加强定价和配售等过程管理,有效控制业务风险。

承销机构应当建立健全内部问责机制,相关业务人员因违反公司债券相关规定被采取自律监管措施、自律处分、行政监管措施、市场禁入措施、行政处罚、刑事处罚等的,承销机构应当进行内部问责。

承销机构应当制定合理的薪酬考核体系,不得以业务包干等承包方式开展公司债券承销业务,或者以其他形式实施过度激励。

承销机构应当综合评估项目执行成本与风险责任,合理确定报价,不得以明显低于行业定价水平等不正当竞争方式招揽业务。

第四十一条 主承销商应当遵守业务规则和行业规范,诚实守信、勤勉尽责、保持合理怀疑,按照合理性、必要性和重要性原则,对公司债券发行文件的真实性、准确性和完整性进行审慎核查,并有合理谨慎的理由确信发行文件披露的信息不存在虚假记载、误导性陈述或者重大遗漏。

主承销商对公司债券发行文件中证券服务机构出具专业意见的重要内容存在合理怀疑的,应当履行审慎核查和必要的调查、复核工作,排除合理怀疑。证券服务机构应当配合主承销商的相关核查工作。

第四十二条 承销机构承销公司债券,应当依照《证券法》相关规定采用包销或者代销方式。

第四十三条 发行人和主承销商应当签订承销协议,在承销协议中界定双方的权利义务关系,约定明确的承销基数。采用包销方式的,应当明确包销责任。组成承销团的承销机构应当签订承销团协议,由主承销商负责组织承销工作。公司债券发行由两家以上承销机构联合主承销的,所有担任主承销商的承销机构应当共同承担主承销责任,履行相关义务。承销团由三家以上承销机构组成的,可以设副主承销商,协助主承销商组织承销活动。承销团成员应当按照承销团协议及承销协议的约定进行承销活动,不得进行虚假承销。

第四十四条 公司债券公开发行的价格或利率以询价或公开招标等市场化方式确定。发行人和主承销商应当协商确定公开发行的定价与配售方案并予公告,明确价格或利率确定原则、发行定价流程和配售规则等内容。

第四十五条 发行人和承销机构不得操纵发行定价、暗箱操作;不得以代持、信托等方式谋取不正当利益或向其他相关利益主体输送利益;不得直接或通过其利益相关方向参与认购的投资者提供财务资助;不得有其他违反公平竞争、破坏市场秩序等行为。

发行人不得在发行环节直接或间接认购其发行的公司债券。发行人的董事、监事、高级管理人员、持股比例超过百分之五的股东及其他关联方认购或交易、转让其发行的公司债券的,应当披露相关情况。

第四十六条 公开发行公司债券的,发行人和主承销商应当聘请律师事务所对发行过程、配售行为、参与认购的投资者资质条件、资金划拨等事项进行见证,并出具专项法律意见书。公开发行的公司债券上市后十个工作日内,主承销商应当将专项法律意见、承销总结报告等文件一并报证券交易场所。

第四十七条 发行人和承销机构在推介过程中不得夸大宣传,或以虚假广告等不正当手段诱导、误导投资者,不得披露除债券募集说明书等信息以外的发行人其他信息。承销机构应当保留推介、定价、配售等承销过程中的相关资料,并按相关法律法规规定存档备查,包括推介宣传材料、路演现场录音等,如实、全面反映询价、定价和配售过程。相关推介、定价、配售等的备查资料应当按中国证券业协会的规定制作并妥善保管。

第四十八条 中国证券业协会应当制定非公开发行公司债券承销业务的风险控制管理规定,根据市场风险状况对承销业务范围进行限制并动态调整。

第四十九条 债券募集说明书及其他信息披露文件所引用的审计报告、法律意见书、评级报告及资产评估报告等,应当由符合《证券法》规定的证券服务机构出具。

证券服务机构应当严格遵守法律法规、中国证监会制定的监管规则、执业准则、职业道德守则、证券交易场所制定的业务规则及其他相关规定,建立并保持有效的质量控制体系、独立性管理和投资者保护机制,审慎履行职责,作出专业判断与认定,并对募集说明书或者其他信息披露文件中与其专业职责有关的内容及其出具的文件的真实性、准确性、完整性负责。

证券服务机构及其相关执业人员应当对与本专业相关的业务事项履行特别注意义务,对其他业务事项履行普通注意义务,并承担相应法律责任。

证券服务机构及其执业人员从事证券服务业务应当配合中国证监会的监督管理,在规定的期限内提供、报送或披露相关资料、信息,并保证其提供、报送或披露的资料、信息真实、准确、完整,不得有虚假记载、误导性陈述或者重大遗漏。

证券服务机构应当妥善保存客户委托文件、核查和验证资料、工作底稿以及与质量控制、内部管理、业务经营有关的信息和资料。

第六章 信息披露

第五十条 发行人及其他信息披露义务人应当按照中国证监会及证券自

律组织的相关规定履行信息披露义务。

第五十一条 公司债券上市交易的发行人应当按照中国证监会、证券交易所的规定及时披露债券募集说明书，并在债券存续期内披露中期报告和经符合《证券法》规定的会计师事务所审计的年度报告。非公开发行公司债券的发行人信息披露的时点、内容，应当按照募集说明书的约定及证券交易场所的规定履行。

发行人及其控股股东、实际控制人、董事、监事、高级管理人员等作出公开承诺的，应当在募集说明书等文件中披露。

第五十二条 公司债券募集资金的用途应当在债券募集说明书中披露。发行人应当在定期报告中披露公开发行公司债券募集资金的使用情况。非公开发行公司债券的，应当在债券募集说明书中约定募集资金使用情况的披露事宜。

第五十三条 发行人的董事、高级管理人员应当对公司债券发行文件和定期报告签署书面确认意见。

发行人的监事会应当对董事会编制的公司债券发行文件和定期报告进行审核并提出书面审核意见。监事应当签署书面确认意见。

发行人的董事、监事和高级管理人员应当保证发行人及时、公平地披露信息，所披露的信息真实、准确、完整。

董事、监事和高级管理人员无法保证公司债券发行文件和定期报告内容的真实性、准确性、完整性或者有异议的，应当在书面确认意见中发表意见并陈述理由，发行人应当披露。发行人不予披露的，董事、监事和高级管理人员可以直接申请披露。

第五十四条 发生可能对上市交易公司债券的交易价格产生较大影响的重大事件，投资者尚未得知时，发行人应当立即将有关该重大事件的情况向中国证监会、证券交易场所报送临时报告，并予公告，说明事件的起因、目前的状态和可能产生的法律后果。

前款所称重大事件包括：

（一）公司股权结构或者生产经营状况发生重大变化；

（二）公司债券信用评级发生变化；

（三）公司重大资产抵押、质押、出售、转让、报废；

（四）公司发生未能清偿到期债务的情况；

（五）公司新增借款或者对外提供担保超过上年末净资产的百分之二十；

（六）公司放弃债权或者财产超过上年末净资产的百分之十；

（七）公司发生超过上年末净资产百分之十的重大损失；

（八）公司分配股利，作出减资、合并、分立、解散及申请破产的决定，或者依法进入破产程序、被责令关闭；

（九）涉及公司的重大诉讼、仲裁；

（十）公司涉嫌犯罪被依法立案调查，公司的控股股东、实际控制人、董事、监事、高级管理人员涉嫌犯罪被依法采取强制措施；

（十一）中国证监会规定的其他事项。

发行人的控股股东或者实际控制人对重大事件的发生、进展产生较大影响的，应当及时将其知悉的有关情况书面告知发行人，并配合发行人履行信息披露义务。

第五十五条 资信评级机构为公开发行公司债券进行信用评级的，应当符合以下规定或约定：

（一）将评级信息告知发行人，并及时向市场公布首次评级报告、定期和不定期跟踪评级报告；

（二）公司债券的期限为一年以上的，在债券有效存续期间，应当每年至少向市场公布一次定期跟踪评级报告；

（三）应充分关注可能影响评级对象信用等级的所有重大因素，及时向市场公布信用等级调整及其他与评级相关的信息变动情况，并向证券交易场所报告。

第五十六条 公开发行公司债券的发行人及其他信息披露义务人应当将披露的信息刊登在其债券交易场所的互联网网站和符合中国证监会规定条件的媒体，同时将其置备于公司住所、证券交易场所，供社会公众查阅。

第七章 债券持有人权益保护

第五十七条 公开发行公司债券的，发行人应当为债券持有人聘请债券受托管理人，并订立债券受托管理协议；非公开发行公司债券的，发行人应当在募集说明书中约定债券受托管理事项。在债券存续期限内，由债券受托管理人按照规定或协议的约定维护债券持有人的利益。

发行人应当在债券募集说明书中约定，投资者认购或持有本期公司债券视作同意债券受托管理协议、债券持有人会议规则及债券募集说明书中其他有关发行人、债券持有人权利义务的相关约定。

第五十八条 债券受托管理人由本次发行的承销机构或其他经中国证监会认可的机构担任。债券受托管理人应当为中国证券业协会会员。为本次发行提供担保的机构不得担任本次债券发行的受托管理人。债券受托管理人应当勤勉尽责，公正履行受托管理职责，不得损害债券持有人利益。对于债券受托管理人在履行受托管理职责时可能存在的利益冲突情形及相关风险防范、解决机制，发行人应当在债券募集说明书及债券存续期间的信息披露文件中予以充分披露，并同时在债券受托管理协议中载明。

第五十九条　公开发行公司债券的受托管理人应当按规定或约定履行下列职责：

（一）持续关注发行人和保证人的资信状况、担保物状况、增信措施及偿债保障措施的实施情况，出现可能影响债券持有人重大权益的事项时，召集债券持有人会议；

（二）在债券存续期内监督发行人募集资金的使用情况；

（三）对发行人的偿债能力和增信措施的有效性进行全面调查和持续关注，并至少每年向市场公告一次受托管理事务报告；

（四）在债券存续期内持续督导发行人履行信息披露义务；

（五）预计发行人不能偿还债务时，要求发行人追加担保，并可以依法申请法定机关采取财产保全措施；

（六）在债券存续期内勤勉处理债券持有人与发行人之间的谈判或者诉讼事务；

（七）发行人为债券设定担保的，债券受托管理人应在债券发行前或债券募集说明书约定的时间内取得担保的权利证明或其他有关文件，并在增信措施有效期内妥善保管；

（八）发行人不能按期兑付债券本息或出现募集说明书约定的其他违约事件的，可以接受全部或部分债券持有人的委托，以自己名义代表债券持有人提起、参加民事诉讼或者破产等法律程序，或者代表债券持有人申请处置抵质押物。

第六十条　非公开发行公司债券的，债券受托管理人应当按照债券受托管理协议的约定履行职责。

第六十一条　受托管理人为履行受托管理职责，有权代表债券持有人查询债券持有人名册及相关登记信息、专项账户中募集资金的存储与划转情况。证券登记结算机构应当予以配合。

第六十二条　发行公司债券，应当在债券募集说明书中约定债券持有人会议规则。

债券持有人会议规则应当公平、合理。债券持有人会议规则应当明确债券持有人通过债券持有人会议行使权利的范围，债券持有人会议的召集、通知、决策生效条件与决策程序、决策效力范围和其他重要事项。债券持有人会议按照本办法的规定及会议规则的程序要求所形成的决议对全体债券持有人有约束力，债券持有人会议规则另有约定的除外。

第六十三条 存在下列情形的，债券受托管理人应当按规定或约定召集债券持有人会议：

（一）拟变更债券募集说明书的约定；

（二）拟修改债券持有人会议规则；

（三）拟变更债券受托管理人或受托管理协议的主要内容；

（四）发行人不能按期支付本息；

（五）发行人减资、合并等可能导致偿债能力发生重大不利变化，需要决定或者授权采取相应措施；

（六）发行人分立、被托管、解散、申请破产或者依法进入破产程序；

（七）保证人、担保物或者其他偿债保障措施发生重大变化；

（八）发行人、单独或合计持有本期债券总额百分之十以上的债券持有人书面提议召开；

（九）发行人管理层不能正常履行职责，导致发行人债务清偿能力面临严重不确定性；

（十）发行人提出债务重组方案的；

（十一）发生其他对债券持有人权益有重大影响的事项。

在债券受托管理人应当召集而未召集债券持有人会议时，单独或合计持有本期债券总额百分之十以上的债券持有人有权自行召集债券持有人会议。

第六十四条 发行人可采取内外部增信机制、偿债保障措施，提高偿债能力，控制公司债券风险。内外部增信机制、偿债保障措施包括但不限于下列方式：

（一）第三方担保；

（二）商业保险；

（三）资产抵押、质押担保；

（四）限制发行人债务及对外担保规模；

（五）限制发行人对外投资规模；

（六）限制发行人向第三方出售或抵押主要资产；

（七）设置债券回售条款。

公司债券增信机构可以成为中国证券业协会会员。

第六十五条 发行人应当在债券募集说明书中约定构成债券违约的情形、违约责任及其承担方式以及公司债券发生违约后的诉讼、仲裁或其他争议解决机制。

第八章　监督管理和法律责任

第六十六条　中国证监会建立对证券交易场所公司债券业务监管工作的监督机制，持续关注证券交易场所发行审核、发行承销过程及其他公司债券业务监管情况，并开展定期或不定期检查。中国证监会在检查和抽查过程中发现问题的，证券交易场所应当整改。

证券交易场所应当建立定期报告制度，及时总结公司债券发行审核、发行承销过程及其他公司债券业务监管工作情况，并报告中国证监会。

第六十七条　证券交易场所公司债券发行上市审核工作违反本办法规定，有下列情形之一的，由中国证监会责令改正；情节严重的，追究直接责任人员相关责任：

（一）未按审核标准开展公司债券发行上市审核工作；

（二）未按程序开展公司债券发行上市审核工作；

（三）不配合中国证监会对发行上市审核工作、发行承销过程及其他公司债券业务监管工作的检查、抽查，或者不按中国证监会的整改要求进行整改。

第六十八条　违反法律法规及本办法等规定的，中国证监会可以对相关机构和人员采取责令改正、监管谈话、出具警示函、责令公开说明、责令定期报告等相关监管措施；依法应予行政处罚的，依照《证券法》《行政处罚法》等法律法规和中国证监会的有关规定进行处罚；涉嫌犯罪的，依法移送司法机关，追究其刑事责任。

第六十九条　非公开发行公司债券，发行人及其他信息披露义务人披露的信息存在虚假记载、误导性陈述或者重大遗漏的，中国证监会可以对发行人、其他信息披露义务人及其直接负责的主管人员和其他直接责任人员采取本办法第六十八条规定的相关监管措施；情节严重的，依照《证券法》第一百九十七条予以处罚。

第七十条　非公开发行公司债券，发行人违反本办法第十三条规定的，中国证监会可以对发行人及其直接负责的主管人员和其他直接责任人员采取本办法第六十八条规定的相关监管措施；情节严重的，处以警告、罚款。

第七十一条　除中国证监会另有规定外，承销或自行销售非公开发行公司债券未按规定进行报备的，中国证监会可以对承销机构及其直接负责的主管人员和其他直接责任人员采取本办法第六十八条规定的相关监管措施；情节严重的，处以警告、罚款。

第七十二条　承销机构在承销公司债券过程中，有下列行为之一的，中国证监会可以对承销机构及其直接负责的主管人员和其他直接责任人员采取本办法第六十八条规定的相关监管措施;情节严重的,依照《证券法》第一百八十四条予以处罚。

(一)未勤勉尽责,违反本办法第四十一条规定的行为;

(二)以不正当竞争手段招揽承销业务;

(三)从事本办法第四十五条规定禁止的行为;

(四)从事本办法第四十七条规定禁止的行为;

(五)未按本办法及相关规定要求披露有关文件;

(六)未按照事先披露的原则和方式配售公司债券,或其他未依照披露文件实施的行为;

(七)未按照本办法及相关规定要求保留推介、定价、配售等承销过程中相关资料;

(八)其他违反承销业务规定的行为。

第七十三条 发行人及其控股股东、实际控制人、债券受托管理人等违反本办法规定,损害债券持有人权益的,中国证监会可以对发行人、发行人的控股股东和实际控制人、受托管理人及其直接负责的主管人员和其他直接责任人员采取本办法第六十八条规定的相关监管措施;情节严重的,处以警告、罚款。

第七十四条 发行人及其控股股东、实际控制人、董事、监事、高级管理人员违反本办法第五条第二款的规定,严重损害债券持有人权益的,中国证监会可以依法限制其市场融资等活动,并将其有关信息纳入证券期货市场诚信档案数据库。

第七十五条 发行人的控股股东滥用公司法人独立地位和股东有限责任,损害债券持有人利益的,应当依法对公司债务承担连带责任。

第九章 附 则

第七十六条 发行公司债券并在证券交易场所交易或转让的,应当由中国证券登记结算有限责任公司依法集中统一办理登记结算业务。非公开发行公司债券并在证券公司柜台转让的,可以由中国证券登记结算有限责任公司或者其他依法从事证券登记、结算业务的机构办理。

第七十七条 发行公司债券,应当符合地方政府性债务管理的相关规定,不得新增政府债务。

第七十八条 证券公司和其他金融机构次级债券的发行、交易或转让,适用本办法。境外注册公司在中国证监会监管的债券交易场所的债券发行、交易或转让,参照适用本办法。

第七十九条 本办法所称证券自律组织包括证券交易所、全国中小企业股份转让系统、中国证券登记结算有限责任公司、中国证券业协会以及中国证监会认定的其他自律组织。

本办法所称证券交易场所包括证券交易所、全国中小企业股份转让系统。

第八十条 本办法自公布之日起施行。2015 年 1 月 15 日发布的《公司债券发行与交易管理办法》(证监会令第 113 号)同时废止。

证券市场资信评级业务管理办法

(2021 年 2 月 26 日中国证券监督管理委员会令第 181 号公布
自公布之日起施行　国司备字[2021004069])

第一章　总　　则

第一条 为了促进证券市场资信评级业务规范发展,提高证券市场的效率和透明度,保护投资者的合法权益和社会公共利益,依据《证券法》,制定本办法。

第二条 资信评级机构从事证券市场资信评级业务(以下简称证券评级业务),应当依照《证券法》、本办法及有关规定,向中国证券监督管理委员会(以下简称中国证监会)备案。

本办法所称证券评级业务,是指对下列评级对象开展资信评级服务:

(一)经中国证监会依法注册发行的债券、资产支持证券;

(二)在证券交易所或者经中国证监会认可的其他证券交易场所上市交易或者挂牌转让的债券、资产支持证券,国债除外;

(三)本款第(一)项和第(二)项规定的证券的发行人、发起机构、上市公司、非上市公众公司、证券期货经营机构;

(四)中国证监会规定的其他评级对象。

第三条 经中国证监会备案的资信评级机构(以下简称证券评级机构),从事证券评级业务,应当遵循独立、客观、公正和审慎性原则。

第四条 证券评级机构从事证券评级业务,应当遵循一致性原则,对同一类评级对象评级,或者对同一评级对象跟踪评级,应当采用一致的评级标准和工作程序。评级标准或者工作程序有调整的，应当充分披露。

第五条 证券评级机构从事证券评级业务，应当制定科学的评级方法、完善的质量控制制度，遵守行业规范、职业道德和业务规则，勤勉尽责，恪尽职守，审慎分析，充分揭示相关风险。

第六条 证券评级机构及其人员在开展证券评级业务中，不得有违反公平竞争、进行利益输送、直接或者间接谋取不正当利益以及其他破坏市场秩序的行为。

第七条 中国证监会及其派出机构依法对证券评级业务活动进行监督管理。

相关自律组织依据《证券法》赋予的职责，对证券评级业务活动进行自律管理。

第二章 机构和人员管理

第八条 资信评级机构向中国证监会备案，应当报送下列材料：

（一）证券评级机构备案表；

（二）营业执照复印件；

（三）全球法人机构识别编码；

（四）股权结构说明，包括注册资本、股东名单及其出资额或者所持股份，股东在本机构以外的实体持股情况，实际控制人、受益所有人情况；

（五）董事、监事、高级管理人员以及资信评级分析人员的情况说明和证明文件；

（六）主要股东、实际控制人、受益所有人、董事、监事、高级管理人员未因犯有贪污、贿赂、侵占财产、挪用财产罪或者破坏社会主义市场经济秩序罪，被判处刑罚，或者因犯罪被剥夺政治权利的声明，以及主要股东、实际控制人、受益所有人的信用报告；

（七）营业场所、组织机构设置及公司治理情况；

（八）独立性、信息披露以及业务制度说明；

（九）中国证监会基于保护投资者、维护社会公共利益考虑，合理要求的与证券评级机构及其相关自然人有关的其他材料。

中国证监会可以对高级管理人员和主要资信评级分析人员进行政策法规、业务技能等方面的监管谈话，以评估其专业素质的合格性。

第九条 证券评级机构应当在下列重大事项发生变更之日起 10 个工作日内，报中国证监会备案：

（一）机构名称、住所、法定代表人；

（二）董事、监事、高级管理人员；

（三）实际控制人、受益所有人、持股5%以上股权的股东；

（四）内部控制机制与管理制度、业务制度；

（五）证券评级机构及其人员因执业行为涉嫌违法违规被立案调查，或者被司法机关侦查，以及因执业行为受到刑事处罚、行政处罚、监督管理措施、自律管理措施和纪律处分；

（六）证券评级机构及其人员因执业行为与委托方、投资者发生民事纠纷，进行诉讼或仲裁；

（七）设立或撤销分支机构；

（八）不再从事证券评级业务；

（九）中国证监会规定的其他重大事项。

第十条 鼓励具备下列条件的资信评级机构开展证券评级业务：

（一）实收资本与净资产均超过人民币2000万元；

（二）有20名以上证券从业人员，其中10名以上具有三年以上资信评级业务经验、3名以上具备中国注册会计师资格；

（三）有3名以上熟悉资信评级业务有关的专业知识，且通过资质测试的高级管理人员；

（四）最近五年未受到刑事处罚，最近三年未因违法经营受到行政处罚，不存在因涉嫌违法经营、犯罪正在被调查的情形；

（五）最近三年在税务、工商、金融等行政管理机关，以及自律组织、商业银行等机构无重大不良诚信记录；

（六）中国证监会基于保护投资者、维护社会公共利益规定的其他条件。

第十一条 证券评级机构应当符合《中华人民共和国公司法》规定的公司设立条件，内部控制机制和管理制度健全且运行良好。

证券评级机构的从业人员应当符合中国证监会及相关自律组织证券从业人员管理相关规定。

第十二条 证券评级机构应当建立证券评级从业人员和管理人员的培训制度，开展培训活动，采取有效措施提高人员的职业道德和业务水平。

第十三条 证券评级机构应当建立与其业务发展相适应的数据库和技术系统。

第十四条 证券评级机构不再从事证券评级业务的，应当向中国证监会报告，并按照以下方式处理证券评级数据库系统：

（一）与其他证券评级机构约定，转让给其他证券评级机构；

（二）不能依照前项规定转让的，移交给中国证监会指定的证券评级机构；

（三）不能依照前两项规定转让、移交的，在中国证监会的监督下销毁。

第三章 业务规则

第十五条 证券评级机构应当建立完善的业务制度，包括信用等级的划分与定义、评级方法与程序、评级质量控制、尽职调查、信用评审委员会、评级结果公布、跟踪评级、信息保密、业务档案管理等。

第十六条 证券评级机构在开展委托评级项目前，应当与委托方签订评级协议，明确双方的权利和义务。

第十七条 证券评级机构开展证券评级业务，应当成立评级项目组。

评级项目组成员应当具备从事相关项目的工作经历或者与评级项目相适应的知识结构，项目组组长应当完成证券从业人员登记且从事资信评级业务三年以上。

第十八条 证券评级机构应当对评级对象开展尽职调查，进行必要的评估以确信评级所需信息来源可靠且充分满足使用需求，并在调查前制定详细的调查提纲。

调查过程中，证券评级机构应当制作尽职调查工作底稿，作为评级资料一并存档保管。

第十九条 评级项目组应当依法收集评级对象的相关资料，并对所依据的文件资料内容进行核查验证和客观分析，在此基础上得出初评结果。

第二十条 证券评级初评结果应当经过三级审核程序，包括评级项目组初审、部门再审和公司三审。

各审核阶段应当相互独立，三级审核文件资料应当按相关要求存档保管。

第二十一条 证券评级机构应当建立信用评审委员会制度。评级结果应当由信用评审委员会召开评审会议，以投票表决方式最终确定。证券评级机构应当根据每一评级项目的具体情况，安排充足且具有相关经验的人员参加评审会议。

第二十二条 证券评级机构应当建立复评制度。证券评级机构接受委托开展证券评级业务，在确定信用等级后，应当将信用等级告知评级委托方、受评级机构或者受评级证券发行人。评级委托方、受评级机构或者受评级证券发行人对信用等级有异议且向证券评级机构提供充分、有效的补充材料的，可以申请复评一次。

证券评级机构受理复评申请的，应当召开信用评审委员会会议重新进行审查，作出决议，确定最终信用等级。

第二十三条 证券评级机构应当建立评级结果公布制度。

评级结果应当包括评级对象的信用等级和评级报告。评级报告应当采用简洁、明了的语言，对评级对象的信用等级做出明确解释，并由符合本办法规定的高级管理人员签字。

第二十四条 证券评级机构应当建立跟踪评级制度。证券评级机构应当在对评级对象出具的首次评级报告中，明确规定跟踪评级事项。在评级对象有效存续期间，证券评级机构应当持续跟踪评级对象的政策环境、行业风险、经营策略、财务状况等因素的重大变化，及时分析该变化对评级对象信用等级的影响，出具定期或者不定期跟踪评级报告。

证券评级机构对评级对象的信用等级做出调整的，应当依据充分、合理审慎。

第二十五条 评级委托方、受评级机构或者受评级证券发行人对其委托的证券评级机构出具的评级报告有异议，另行委托其他证券评级机构出具评级报告的，原受托证券评级机构与现受托证券评级机构应当同时公布评级结果。

第二十六条 证券评级机构应当建立证券评级业务信息保密制度。对于在开展证券评级业务活动中知悉的国家秘密、商业秘密和个人隐私，证券评级机构及其人员应当依法履行保密义务。

第二十七条 证券评级机构应当建立证券评级业务档案管理制度。业务档案应当包括受托开展证券评级业务的评级协议、出具评级报告所依据的原始资料、工作底稿、初评报告、评级报告、信用评审委员会表决意见及会议记录、跟踪评级资料、跟踪评级报告等。

上述信息和资料的保存期限不得少于十年，自业务委托结束之日起算。

第二十八条 证券评级机构应当建立评级质量控制制度，并定期评估评级质量控制执行效果。

第二十九条 发生下列情形之一的，证券评级机构可以终止或者撤销评级：

（一）评级委托方、受评级机构或者受评级证券发行人拒不提供评级所需关键材料或者提供的材料存在虚假记载、误导性陈述或者重大遗漏的；

（二）受评级机构解散或者被依法宣告破产的；

（三）受评级证券不再存续的；

（四）评级工作不能正常开展的其他情形。

因上述原因终止或者撤销评级的，证券评级机构应当及时公告并说明原因。

第三十条 证券评级机构不得有下列行为：

（一）篡改相关资料或者歪曲评级结果；

（二）以承诺分享投资收益或者分担投资损失、承诺高等级、承诺低收费、诋毁同行等手段招揽业务；

（三）以挂靠、外包等形式允许其他机构使用其名义开展证券评级业务；

（四）与评级委托方、受评级机构、受评级证券发行人或者相关第三方存在不正当交易或者商业贿赂；

（五）向评级委托方、受评级机构、受评级证券发行人或者相关第三方提供顾问或者咨询服务；

（六）对评级委托方、受评级机构、受评级证券发行人或者相关第三方进行敲诈勒索；

（七）违反证券评级业务规则，损害投资人、评级对象合法权益，损害资信评级业声誉的其他行为。

第四章　独立性要求

第三十一条 证券评级机构及其评级从业人员应当在对评级对象相关风险进行充分分析的基础之上独立得出评级结果，防止评级结果受到其他商业行为等因素的不当影响。

第三十二条 证券评级机构与评级委托方或者评级对象存在下列利害关系的，不得受托开展证券评级业务：

（一）证券评级机构与评级委托方、受评级机构或者受评级证券发行人为同一实际控制人所控制；

（二）同一股东持有证券评级机构的股份达到5%以上，且同时持有评级委托方、受评级机构或者受评级证券发行人的股份达到5%以上；

（三）评级委托方、受评级机构或者受评级证券发行人及其实际控制人直接或者间接持有证券评级机构股份达到5%以上；

（四）证券评级机构及其实际控制人直接或者间接持有评级委托方、受评级机构或者受评级证券发行人股份达到5%以上；

（五）证券评级机构及其实际控制人在开展证券评级业务之前6个月内及开展证券评级业务期间买卖评级委托方、受评级机构或者受评级证券发行人的证券；

（六）中国证监会基于保护投资者、维护社会公共利益认定的其他情形。

第三十三条 证券评级机构应当建立回避制度。证券评级机构信用评审委员会委员及评级从业人员在开展证券评级业务期间有下列情形之一的，应当回避：

（一）本人、直系亲属持有评级委托方、受评级机构或者受评级证券发行人的股份达到5%以上，或者是受评级机构、受评级证券发行人的实际控制人；

（二）本人、直系亲属担任评级委托方、受评级机构或者受评级证券发行人的董事、监事和高级管理人员；

（三）本人、直系亲属担任评级委托方、受评级机构或者受评级证券发行人聘任的会计师事务所、律师事务所、财务顾问等证券服务机构的负责人或者项目签字人；

（四）本人、直系亲属持有评级委托方、受评级证券或者受评级机构发行的证券金额超过50万元，或者与评级委托方、受评级机构、受评级证券发行人发生累计超过50万元的交易；

（五）中国证监会认定的足以影响独立、客观、公正、审慎性原则的其他情形。

第三十四条 证券评级机构应当建立完善的公司治理机制和清晰合理的组织结构，合理划分内部机构职能，建立健全防火墙制度，从事证券评级业务的业务部门应当与营销等其他业务部门保持独立。

证券评级机构的人员考核和薪酬制度，不得影响评级从业人员依据独立、客观、公正、审慎、一致性的原则开展业务。

证券评级机构应当建立独立的合规部门，负责监督并向董事会、注册地中国证监会派出机构报告证券评级机构及其员工的合规状况。

第三十五条 证券评级机构的董事、监事和高级管理人员以及评级从业人员不得以任何方式在评级委托方、受评级机构或者受评级证券发行人兼职。

第三十六条 证券评级机构的董事、监事和高级管理人员不得投资其他证券评级机构。

第三十七条 证券评级机构不得为他人提供融资或者担保。

证券评级机构的实际控制人、股东、董事、监事、高级管理人员应当遵纪守法，不得从事损害证券评级机构及其评级对象合法权益的活动。

第五章 信息披露要求

第三十八条 证券评级机构应当通过中国证券业协会网站和公司网站进

行信息披露,评级结果还应当通过受评级证券上市交易或者挂牌转让的证券交易场所网站进行披露。

第三十九条 证券评级机构应当自完成证券评级业务备案之日起20个工作日内,披露下列基本信息:

(一)机构基本情况、经营范围;

(二)股东及其出资额或者所持股份、出资方式、出资比例、股东之间是否存在关联关系的说明,股权变更信息;

(三)保证评级质量的内部控制制度;

(四)评级报告采用的评级符号、评级方法、评级模型和关键假设,披露程度以反映评级可靠性为限,不得涉及商业秘密或者妨碍创新;

(五)董事、监事、高级管理人员以及信用评审委员会委员基本信息;

(六)评级业务制度。

以上内容发生变更的,应当在10个工作日内披露变更后的情况、变更原因和对已评级项目的影响。

第四十条 证券评级机构开展资产支持证券评级的,应当持续更新,并按照本办法第三十九条第一款第(四)项的要求及时披露资产支持证券评级方法、评级模型和关键假设。

证券评级机构应当同时披露资产支持证券与公司债券的评级标准差异及理由。

第四十一条 证券评级机构应当在每个财务年度结束之日起4个月内披露下列独立性相关信息:

(一)每年对其独立性的内部审核结果;

(二)证券评级分析人员轮换政策;

(三)财务年度评级收入前20名或者占比5%以上的客户名单;

(四)证券评级机构的关联公司为评级委托方、受评级机构、受评级证券发行人或者相关第三方提供顾问、咨询服务的情况;

(五)证券评级机构为评级委托方、受评级机构、受评级证券发行人或者相关第三方提供其他附加服务的情况。

证券评级机构在前款规定时间内将前款第(三)项信息向中国证监会备案的,可以不披露该信息。

第四十二条 证券评级机构应当披露下列评级质量相关信息:

(一)一年、三年、五年期的证券评级违约率和信用等级迁移情况;

(二)评级委托方、受评级机构或者受评级证券发行人更换证券评级机构后级别调整的,现受托证券评级机构应当公布级别调整的原因及合理性分析;

（三）任何终止或者撤销证券评级的决定及原因；

（四）其他依法应当披露的信息。

第六章　监督管理和法律责任

第四十三条　中国证监会及其派出机构应当对证券评级机构内部控制、管理制度、经营运作、风险状况、从业活动、财务状况等进行非现场检查或者现场检查。

证券评级机构及其有关人员应当配合检查，提供的信息、资料应当真实、准确、完整。

第四十四条　证券评级机构应当在每一会计年度结束之日起4个月内，向注册地中国证监会派出机构报送年度报告。年度报告应当包括本机构的基本情况、经营情况、经中国证监会备案的会计师事务所审计的财务会计报告、重大诉讼事项、重大违法违规情况、独立性情况、评级质量控制情况、评级结果的准确性和稳定性统计情况等内容。证券评级机构的董事和高级管理人员应当对年度报告签署书面确认意见；对报告内容持有异议的，应当注明意见和理由。

证券评级机构应当在上半年结束之日起2个月内，向注册地中国证监会派出机构报送包含经营情况、财务会计报告、评级质量控制情况、评级结果的准确性和稳定性统计情况等内容的半年度报告。

发生影响或者可能影响本机构经营管理的重大事件时，证券评级机构应当立即向注册地中国证监会派出机构报送临时报告，说明事件的起因、目前的状态和可能产生的后果。

第四十五条　相关自律组织应当加强对证券评级业务的自律管理，制定证券评级机构及其人员的自律规则和业务规范，对违反自律规则和业务规范的证券评级机构及其人员给予自律管理措施和纪律处分。

相关自律组织应当建立证券评级机构及其人员从事证券评级业务的资料库和诚信档案，将相关诚信信息纳入证券期货市场诚信档案数据库。

中国证券业协会应当积极推动行业信息公开，建立信用评价机制，定期对证券评级机构及其人员开展信用评价。

第四十六条　证券评级机构及其人员应当遵守相关自律组织制定的自律规则和业务规范。

第四十七条　对违反本办法规定的机构和人员，中国证监会及其派出机构可采取责令改正、监管谈话、出具警示函、责令公开说明、责令定期报告等相关监管措施。

对违反本办法规定的机构和人员依法应予行政处罚的，中国证监会及其派出机构依照《证券法》《行政处罚法》《信用评级业管理暂行办法》等法律法规和中国证监会的有关规定进行处罚；涉嫌犯罪的，依法移送司法机关，追究其刑事责任。

第七章 附 则

第四十八条 资信评级机构从事期货相关资信评级活动，参照本办法执行。

第四十九条 本办法自公布之日起施行。2007 年 8 月 24 日发布的《证券市场资信评级业务管理暂行办法》（证监会令第 50 号）同时废止。

中国质量奖管理办法

（2021 年 3 月 3 日国家市场监督管理总局令第 36 号公布 自 2021 年 5 月 1 日起施行 国司备字[2021004058]）

第一章 总 则

第一条 为了规范中国质量奖管理工作，根据《中华人民共和国产品质量法》《国家功勋荣誉表彰条例》等有关规定，制定本办法。

第二条 中国质量奖是经中央批准的由国家市场监督管理总局主办的政府在质量管理领域授予相关组织和个人的最高荣誉。

第三条 中国质量奖旨在推广科学的质量管理制度、模式和方法，促进质量管理创新，传播先进质量理念，激励引导全社会不断提升质量，建设质量强国。

第四条 中国质量奖分为中国质量奖和中国质量奖提名奖，评选周期为 2 年。中国质量奖名额每届不超过 10 个组织和个人，中国质量奖提名奖名额每届不超过 90 个组织和个人。

第五条 中国质量奖的申报、受理、评审、表彰以及宣传推广、监督管理，适用本办法。

第六条 国家市场监督管理总局商有关部门设立中国质量奖评选表彰委

员会。评选表彰委员会由质量管理领域专家学者、有关主管部门相关人员、企业家以及消费者代表等组成,负责中国质量奖的受理、评审、表彰工作的组织实施。

评选表彰委员会下设评审分委员会和监督分委员会。评审分委员会负责中国质量奖的评审相关具体工作。监督分委员会负责监督中国质量奖的受理、评审、表彰工作。

第二章　申报与受理

第七条　符合本办法第八条规定的组织和符合本办法第九条规定的个人,可以自愿申报中国质量奖。

第八条　法人、非法人组织或者其分支、内设、派出等机构(以下简称申报组织)申报中国质量奖,应当符合下列条件:

(一)拥护中央的路线、方针、政策;

(二)在中华人民共和国境内依法设立;

(三)近5年内无重大质量、安全、环保等事故,无相关违法、违规、违纪行为;

(四)在质量水平、创新能力、品牌影响力以及效益等方面取得突出成绩并达到国际领先水平;

(五)实施质量发展战略,坚持质量第一的发展理念,崇尚优秀质量文化;

(六)质量管理制度、模式、方法有所创新,并且成熟度高,具有推广价值。

第九条　自然人(以下简称申报个人)申报中国质量奖,应当符合下列条件:

(一)拥护中央的路线、方针、政策;

(二)对中国质量管理制度、模式、方法创新以及质量发展事业作出突出贡献;

(三)恪守职业道德和社会规范,无相关违法、违规、违纪行为。

第十条　申报组织和申报个人应当按照规定填写申报表,提供书面材料,并对申报材料的完整性、真实性、准确性负责。

申报材料不得涉及国家安全、国家秘密。涉及商业秘密的,申报组织和申报个人应当予以注明。

第十一条　申报中国质量奖原则上应当按照本办法第十二条至第十四条规定的程序执行。

第十二条　申报组织应当在本组织内部进行公示。申报组织为法人或者非法人组织的分支、内设、派出等机构的,法人或者非法人组织应当对经其审查符合本办法第八条规定条件的组织在本单位内部进行公示,并对经公示无异议的申报组织出具申报推荐意见。

申报个人的所在单位应当对经其审查符合本办法第九条规定条件的个人在本单位内部进行公示,并对经公示无异议的申报个人出具申报推荐意见。

公示时间不少于5个工作日。

第十三条 申报组织和申报个人可以向下列单位提交申报材料:

(一)申报组织所在地省级市场监督管理部门、申报个人所在单位所在地省级市场监督管理部门;

(二)受国家市场监督管理总局委托的社会团体、行政机关。

按照本办法第十二条规定需要取得申报推荐意见的申报组织和申报个人,还应当提交申报推荐意见。

第十四条 省级市场监督管理部门以及受国家市场监督管理总局委托的社会团体、行政机关应当对收到的申报材料的完整性、真实性、准确性、合法性进行审核,征求相关部门意见后向社会公示。公示时间不少于5个工作日。

经公示无异议的,省级市场监督管理部门以及受国家市场监督管理总局委托的社会团体、行政机关应当出具审核意见,经有关单位同意后,与申报材料及申报推荐意见一并送评选表彰委员会。

第十五条 评选表彰委员会应当对下列事项进行形式审查:

(一)申报组织和申报个人是否符合本办法第八条、第九条规定;

(二)申报程序是否符合本办法第十二条至第十四条规定;

(三)申报材料及申报推荐意见、审核意见是否齐全。

第十六条 评选表彰委员会应当将通过形式审查的申报组织和申报个人征求有关主管部门意见。

第十七条 评选表彰委员会根据形式审查意见和有关主管部门意见,形成中国质量奖受理名单,向社会公示。公示时间不少于5个工作日。

对未被列入受理名单的申报组织和申报个人,应当退回申报材料,并书面说明理由。

第三章 评审与表彰

第十八条 对经公示无异议的申报组织和申报个人,评审分委员会应当按照规定进行评审。

评审包括材料评审、陈述答辩、现场评审。

第十九条 评审分委员会应当组织成立材料评审组对申报材料进行评审,投票产生中国质量奖候选名单和中国质量奖提名奖候选名单,送评选表彰委员会。

第二十条 中国质量奖候选名单和中国质量奖提名奖候选名单经评选表彰委员会审核后,向社会公示。公示时间不少于5个工作日。

第二十一条 对经公示无异议的列入中国质量奖候选名单的申报组织,评审分委员会应当组织其负责人对质量管理情况进行陈述答辩,并评议打分。

第二十二条 对通过陈述答辩的申报组织和经公示无异议的列入中国质量奖候选名单的申报个人,评审分委员会应当组织成立现场评审组进行现场评审,形成现场评审报告。

第二十三条 评审分委员会应当根据评审结果形成评审报告,送评选表彰委员会审议,由评选表彰委员会投票产生中国质量奖获奖建议名单和中国质量奖提名奖获奖建议名单,并向社会公示。公示时间不少于5个工作日。

第二十四条 对中国质量奖受理、评审相关公示有异议的,可以向评选表彰委员会提出异议,并提供相应证明。

个人提出异议的,应当在异议材料上签署本人姓名,注明联系电话、通讯地址,并提供身份证明;单位提出异议的,应当在异议材料上注明住所及联系电话、通讯地址,并加盖单位公章。

第二十五条 评选表彰委员会应当自收到异议材料之日起5个工作日内进行审查,对符合规定并能提供充分证明的异议,应当予以受理并出具书面凭证。

第二十六条 与异议有关的单位和个人应当配合评选表彰委员会进行异议调查。

必要时,评选表彰委员会可以组织与前款规定的单位和个人无利害关系的专家进行异议调查。

第二十七条 评选表彰委员会应当将异议处理结果书面告知异议人,并通报被异议人和出具审核意见的省级市场监督管理部门或者受国家市场监督管理总局委托的社会团体、行政机关。

经调查异议不成立的,不影响符合要求的申报组织和申报个人继续参加评审。

第二十八条 任何单位和个人发现中国质量奖的受理、评审存在违法、违规、违纪情形的,可以向监督分委员会举报。

第二十九条 监督分委员会应当对中国质量奖的受理、评审进行监督,并向评选表彰委员会报告监督情况。发现有关单位和个人存在违法、违规、违纪行为的，可以建议有权机关予以处理。

第三十条 对列入中国质量奖获奖建议名单和中国质量奖提名奖获奖建议名单的申报组织和申报个人，经公示无异议的，由评选表彰委员会报国家市场监督管理总局审定。

第三十一条 中国质量奖和中国质量奖提名奖的获奖组织和获奖个人（以下简称获奖组织和个人）由国家市场监督管理总局发布表彰决定，并颁发证书、奖牌或者奖章。

第四章 宣传推广与监督管理

第三十二条 获奖组织和个人应当积极宣传推广质量管理制度、模式、方法，并为其他组织学习观摩提供便利。

第三十三条 获奖组织的质量管理制度、模式、方法发生重大变化的，获奖组织应当书面告知出具审核意见的所在地省级市场监督管理部门或者受国家市场监督管理总局委托的社会团体、行政机关。

第三十四条 获奖组织和个人不得将中国质量奖用于产品、服务的标识或者产品、服务的质量宣传，不得出售、出租证书、奖牌或者奖章，或者将其用于从事其他营利性活动。

第三十五条 省级市场监督管理部门以及受国家市场监督管理总局委托的社会团体、行政机关应当按照职责，组织本地区、本行业获奖组织和个人开展质量管理交流推广活动，并对其遵守本办法规定的情况进行监督。发现存在重大违法行为的，应当报告国家市场监督管理总局。

第三十六条 申报组织和申报个人隐瞒有关情况或者提供虚假材料进行申报的，5 年内不予受理其申报。

第三十七条 获奖组织和个人以欺骗、贿赂等不正当手段获奖的，取消其奖励，收回证书、奖牌或者奖章，10 年内不予受理其申报，建议有权机关予以处理，并向社会公开。

获奖组织和个人自获奖之日起 5 年内发生重大质量、安全、环保等事故，或者存在严重违法、违规、违纪情形以及违反本办法有关规定情形的，取消其奖励，收回证书、奖牌或者奖章，并向社会公开。

第三十八条 省级市场监督管理部门或者受国家市场监督管理总局委托的社会团体、行政机关协助隐瞒相关情况、提供虚假材料进行申报，或者协助以欺骗、贿赂等不正当手段获奖的，建议有权机关对其直接责任人予以处理。

第五章　附　　则

第三十九条　参与中国质量奖受理、评审、表彰的单位和个人与申报组织或者申报个人存在利害关系的，应当回避，并对其知悉的商业秘密予以保密。

第四十条　本办法自2021年5月1日起施行。2015年9月14日原国家质量监督检验检疫总局令第167号发布的《中国质量奖管理办法》同时废止。

交通运输部关于修改《大型飞机公共航空运输承运人运行合格审定规则》的决定

（2021年3月15日交通运输部令2021年第5号公布　自公布之日起施行　国司备字[2021004084]）

交通运输部决定对《大型飞机公共航空运输承运人运行合格审定规则》（交通运输部令2017年第29号公布，交通运输部令2020年第9号修改）作如下修改：

将121.481条(a)款修改为：

"(a)除本条(b)款规定外，合格证持有人在实施本规则运行中，应当建立用于机组成员疲劳管理和定期疗养的制度及程序，保证其机组成员符合本章适用的值勤期限制、飞行时间限制和休息要求。任何违反本章规定的人员不得在本规则运行中担任机组必需成员。"

增加一款，作为(b)款：

"(b)合格证持有人可以通过建立经局方批准的疲劳风险管理系统，申请替代本章部分条款的限制和要求。合格证持有人的疲劳风险管理系统应能保证不低于本章要求的安全水平，并至少包括以下内容：

"(1)疲劳风险管理政策；

"(2)疲劳管理及疲劳相关知识的训练；

"(3)疲劳报告系统；

"(4)飞行员疲劳监控系统；

"(5)疲劳相关不安全事件报告程序；

“(6)系统有效性评估。”

(b)款修改为(c)款,增加一项,作为第(10)项:

“(10)疲劳风险管理系统(FRMS),是一种以科学原理和运行经验为基础,通过数据驱动,对疲劳风险进行持续监测和控制,保证相关人员在履行职责时保持充分警觉性的管理系统。”

本决定自公布之日起施行。

《大型飞机公共航空运输承运人运行合格审定规则》根据本决定作相应修改并对条文序号作相应调整,重新公布。

大型飞机公共航空运输承运人运行合格审定规则

(1999年5月5日公布 2000年7月18日第一次修订 2005年2月25日第二次修订 2006年10月30日第三次修订 2016年3月4日第四次修订 2017年9月4日第五次修订 2020年5月11日第六次修订 2021年3月15日第七次修订)

A章 总 则

第121.1条 目的和依据

为了对大型飞机公共航空运输承运人进行运行合格审定和持续监督检查,保证其达到并保持规定的运行安全水平,根据《中华人民共和国民用航空法》和《国务院对确需保留的行政审批项目设定行政许可的决定》制定本规则。

第121.3条 适用范围

(a)本规则适用于在中华人民共和国境内依法设立的航空运营人实施的下列公共航空运输运行:

(1)使用最大起飞全重超过5,700千克的多发飞机实施的定期载客运输飞行;

(2)使用旅客座位数超过30座或者最大商载超过3,400千克的多发飞机实施的不定期载客运输飞行;

(3)使用最大商载超过3,400千克的多发飞机实施的全货物运输飞行。

(b)对于适用于本条(a)款规定的航空运营人,在本规则中称之为大型飞机公共航空运输承运人。

(c)对于应按照本规则审定合格的大型飞机公共航空运输承运人,中国民用航空局(以下简称民航局)及民航地区管理局按照审定情况在其运行合格证及其运行规范中批准其实施下列一项或者多项运行种类的运行:

(1)国内定期载客运行,是指符合本条(a)款第(1)项规定,在中华人民共和国境内两点之间的运行,或者一个国内地点与另一个由局方专门指定、视为国内地点的国外地点之间的运行;

(2)国际定期载客运行,是指符合本条(a)款第(1)项规定,在一个国内地点和一个国外地点之间,两个国外地点之间,或者一个国内地点与另一个由局方专门指定、视为国外地点的国内地点之间的运行;

(3)补充运行,是指符合本条(a)款第(2)、(3)项规定的运行。

(d)大型飞机公共航空运输承运人应当遵守其他有关的涉及民航管理的规章,但在本规则对相应要求进行了增补或者提出了更高标准的情况下,应当按照本规则的要求执行。

(e)大型飞机公共航空运输承运人在运行中所使用的人员和大型飞机公共航空运输承运人所载运的人员应当遵守本规则中的适用要求。

(f)在本规则中,对于载运邮件的飞行,视为载运货物飞行;对于同时载运旅客和货物的飞行,视为载运旅客飞行,但应当同时满足本规则中有关货物运输条款的要求。

第 121.5 条　定义

(a)在本规则中,局方是指民航局和民航地区管理局及其派出机构。

(b)除本规则其他章中另有规定外,本规则中用语的含义在本规则附件A《定义》中规定。

第 121.7 条　运行合格审定和持续监督

(a)民航局对大型飞机公共航空运输承运人的合格审定和运行实施统一监督管理。

(b)民航局飞行标准职能部门依据本规则组织指导大型飞机公共航空运输承运人的运行合格审定和持续监督检查工作,制定必要的工作程序,规定运行合格证、运行规范及其申请书的统一格式。

(c)民航地区管理局负责对其所辖地区内设立的大型飞机公共航空运输承运人实施运行合格审定,颁发运行合格证及其运行规范,并及时向民航局飞行标准职能部门备案。

(d)大型飞机公共航空运输承运人取得运行合格证及其运行规范后,即成为本规则规定的运行合格证持有人(以下简称合格证持有人)。

(e)民航地区管理局及其派出机构负责对其所辖地区内设立的或者在其所辖地区内运行的合格证持有人实施持续监督检查。

第121.9条 飞机的湿租

(a)除经民航局批准外,合格证持有人不得湿租境外航空运营人或者境内未按照本规则批准运行的航空运营人的飞机。

(b)合格证持有人在进行涉及湿租的运行前,应当向局方提交一份与国内外其他公共航空运营人所签订的飞机湿租租赁合同和有关批准文件的副本,局方收到租赁合同副本后,将确定合同中飞机的运行控制方,并根据需要,向合同一方或者双方分别颁发运行规范的修改项,否则合格证持有人不得进行湿租运行。

(c)合格证持有人实施湿租运行,应当提供下列需要列入运行规范的信息:

(1)合同双方的名称和合同的有效期限;

(2)合同所涉及的每架飞机的国籍标志和登记标志;

(3)运行种类;

(4)运行的机场或者区域;

(5)具体说明计划由哪一方负责运行控制和实施这种运行控制的时间、机场或者区域。

(d)在对前款事项作出决定时,局方将考虑下列因素:

(1)机组成员资格;

(2)飞机适航性和维修工作;

(3)飞行签派;

(4)飞机的补给服务;

(5)航班计划;

(6)安全运行责任;

(7)局方认为有关的其他因素。

(e)经局方批准,合格证持有人在因特殊原因取消其飞机的飞行时,可以租用带有一名或者多名机组成员的飞机,载运其旅客进行飞行。这种飞行应当遵守本规则中与所实施运行有关的规定。

第121.11条 境外运行规则

大型飞机公共航空运输承运人在中国境外运行时,应当遵守《国际民用航空公约》附件二《空中规则》和所适用的外国法规。在《民用航空器驾驶员合格审定规则》(CCAR61)、《一般运行和飞行规则》(CCAR91)和本规则的规定严于上述附件和外国法规的规定并且不与其发生抵触时,还应当遵守《民用航空器驾驶员合格审定规则》(CCAR61)、《一般运行和飞行规则》(CCAR91)和本规则的规定。

B章　运行合格审定的一般规定

第121.20条　运行合格证及其运行规范

(a)在本规则中,运行合格证是指批准大型飞机公共航空运输承运人从事特定公共航空运输运行的许可证书。

(b)运行规范是运行合格证的附件,是指与运行合格证相对应的,大型飞机公共航空运输承运人运行应符合的批准、条件和限制等规范。

第121.21条　运行合格证及其运行规范的申请和颁发程序

(a)大型飞机公共航空运输承运人实施本规则第121.3条规定的运行,应向其主运营基地所在地的民航地区管理局申请颁发运行合格证及其运行规范。民航地区管理局按照预先申请、正式申请、文件审查、演示验证和发证五个步骤进行审查。运行合格证及其运行规范的申请人应当按照规定的格式和方法向其主运营基地所在地的民航地区管理局提交申请书,申请书应当至少附有下列材料:

(1)审查活动日程表;

(2)本规则第121.133条所要求的手册;

(3)训练大纲及课程;

(4)管理人员资历;

(5)飞机及运行设施、设备的购买或者租用合同复印件;

(6)说明申请人如何符合本规则所有适用条款的符合性声明。

(b)初次申请运行合格证的申请人,应当在提交申请书的同时,提交说明计划运行的性质和范围的文件,包括准许申请人从事经营活动的有关证明文件。

(c)民航地区管理局应当在收到申请书之后的5个工作日内书面通知申请人是否受理申请。申请人未能按照本条(a)款要求提交齐全的材料或者申请书格式不符合要求,需要申请人补充申请材料的,民航地区管理局应当在该5个工作日内一次性告知需要补正的全部内容。

(d)民航地区管理局受理申请后,将对申请人的申请材料是否符合本规则的要求进行审查,对申请人能否按照本规则安全运行进行验证检查。对于申请材料的内容与本规则要求不符或者申请人不能按照本规则安全运行的,应当书面通知申请人对申请材料的相关内容作出修订或者对运行缺陷进行纠正。

(e)民航地区管理局应当在20个工作日内做出是否颁发运行合格证及其运行规范的决定,民航地区管理局进行验证检查、组织专家评审的时间不计入前述期限。

(f)申请人属于本规则第121.23条(b)款规定情形的,不予颁发运行合格证及其运行规范。对于此种情况,民航地区管理局应当书面通知申请人,说明理由并告知申请人享有依法申请行政复议或者提起行政诉讼的权利。

第121.23条　运行合格证及其运行规范的颁发条件

(a)申请人经过审查后符合下列全部条件,可以取得大型飞机公共航空运输承运人运行合格证及其运行规范:

(1)满足本规则和涉及民航管理的规章所有适用条款的要求;

(2)按照涉及民航管理的规章的规定,配备了合格和足够的人员、设备、设施和资料,并且能够按照本规则的规定及其运行规范实施安全运行;

(3)符合安全保卫相关的涉及民航管理的规章的要求。

(b)申请人具有下列情形之一的,不予颁发运行合格证:

(1)申请人没有配备合格的或者足够的人员、设备、设施和资料,或者不能按照有关涉及民航管理的规章实施安全运行;

(2)申请人或者对其经营管理有控制权的人员,存在严重失信行为记录的;

(3)申请人安排或者计划安排担任本规则第121.43条(a)款规定的主要管理职位的人员,存在严重失信行为记录的;

第121.25条　运行合格证及其运行规范的内容

经审查合格后,局方应当向申请人颁发大型飞机公共航空运输承运人运行合格证及其运行规范。

(a)大型飞机公共航空运输承运人运行合格证包含下列内容:

(1)合格证持有人的名称;

(2)合格证持有人主运营基地的地址;

(3)合格证的编号;

(4)合格证的生效日期和有效期;

(5)负责监督该合格证持有人运行的局方机构名称和联系方式;

(6)被批准的运行种类;

(7)说明经审定,该合格证持有人符合本规则的相应要求,批准其按照所颁发的运行规范实施运行。

(b)大型飞机公共航空运输承运人的运行规范包含下列内容:

(1)主运营基地的具体地址,作为合格证持有人与局方进行通信联系的不同于其主运营基地地址的地址，以及其文件收发机构的名称与通信地址；

(2)对每种运行的实施规定的权利、限制和主要程序；

(3)每个级别和型别的飞机在运行中需要遵守的其他程序；

(4)批准使用的每架飞机的型号、系列编号、国籍标志和登记标志，运行中需要使用的每个正常使用机场、备降机场、临时使用机场和加油机场。经批准，这些项目可以列在现行有效的清单中，作为运行规范的附件，并在运行规范的相应条款中注明该清单名称。合格证持有人不得使用未列在清单上的任何飞机或者机场；

(5)批准的运行种类；

(6)批准运行的航线和区域及其限制；

(7)机场的限制；

(8)机体、发动机、螺旋桨、设备(包括应急设备)的维修时限或者确定维修时限的标准；

(9)批准的控制飞机重量与平衡的方法；

(10)飞机互换的要求；

(11)湿租飞机的有关资料；

(12)按照规定颁发的豁免或者批准的偏离；

(13)按照本规则需要局方批准的手册和训练大纲；

(14)按照本规则实施运行所必须的管理人员和机构；

(15)按照本规则需要局方批准的其他项目。

第121.27条　运行合格证及其运行规范的有效性

(a)运行合格证在出现下列情形之一时失效：

(1)合格证持有人自愿放弃，并将其交回局方；

(2)局方暂扣、撤销或者以其他方式终止该合格证。

(b)在出现下列情形时，运行规范全部失效或者部分条款失效：

(1)局方暂扣、撤销或者以其他方式终止运行合格证，则运行规范全部失效；

(2)局方暂停或者终止该运行规范中批准的全部运行，则运行规范全部失效；

(3)局方暂停或者终止该运行规范中批准的部分运行，则运行规范中关于该部分运行的条款失效；

(4)对于某一运行种类，合格证持有人没有满足本规则第121.47条(a)款中规定的近期经历要求，并且没有按照第121.47条(b)款规定的程序恢复该种类运行时，运行规范中关于该种类运行的条款失效。

(c)当运行合格证或者运行规范被暂扣、撤销或者因其他原因而失效时，合格证持有人应当将运行合格证或者运行规范交还局方。

第 121.29 条　运行合格证及其运行规范的检查

合格证持有人应当将其运行合格证及其运行规范保存在主运营基地，并能随时接受局方的检查，合格证持有人的飞机上应携带运行合格证及其运行规范复印件。

第 121.31 条　运行合格证的修改

(a)在下列情形下，局方可以修改按照本规则颁发的运行合格证：

(1)局方认为为了安全和公众利益需要修改；

(2)合格证持有人申请修改，并且局方认为安全和公众利益允许进行这种修改。

(b)合格证持有人申请修改其运行合格证时，适用本规则第 121.21 条(c)款至(f)款规定的程序和期限并应当遵守下列规定：

(1)合格证持有人应当在不迟于其计划的修改生效日期前适当的时间向其主运营基地所在地的民航地区管理局提交修改其运行合格证的申请书；

(2)申请书应当按照规定的格式和方法提交。

(c)当合格证持有人对其运行合格证修改的申请被拒绝或者对局方发出的修改决定有不同意见，请求重新考虑时，应当在收到通知后 20 个工作日内向局方提出重新考虑的请求。

第 121.33 条　合格证持有人保存和使用运行规范的责任

(a)合格证持有人应当在其主运营基地保存一套独立的和完整有效的运行规范。

(b)合格证持有人应当将其运行规范中的有关内容或者信息，写进本规则 G 章规定的手册中，并且应当清楚地写明这些内容是其运行规范的一部分，还应当说明运行规范的每一条要求具有强制性；或者将完整的运行规范与手册编制在一起进行分发、携带、保存和更新。

(c)合格证持有人应当持续保证其每个参与运行工作的人员，熟知运行规范中适用于该人员工作职责的有关规定。

第 121.35 条　运行规范的修改

(a)在下列任一情形下，局方可以修改按照本规则颁发的运行规范：

(1)局方为了安全和公众利益需要修改；

(2)合格证持有人申请修改，局方认为安全和公众利益允许此种修改。

(b)除本条(e)款规定的情形外，局方提出修改合格证持有人的运行规范时，使用下列程序：

(1)局方以书面形式提出修改内容,通知合格证持有人;

(2)局方确定一个不少于5个工作日的合理期限,在此期限内,合格证持有人可以对修改内容提交有关书面资料和意见;

(3)局方在审核了所提交的全部材料后,作出下列决定并通知合格证持有人:

(i)采用全部修改内容;

(ii)采用部分修改内容;

(iii)撤销所提出的修改内容。

(4)当局方颁发了运行规范的修改项时,修改项在合格证持有人收到通知之日起的20个工作日后生效,但下列情况除外:

(i)局方发现,根据本条(e)款,存在紧急情况,为了安全,需要立即行动;

(ii)合格证持有人根据本条(d)款,请求对修改的决定重新考虑。

(c)合格证持有人申请修改其运行规范,适用本规则第121.21条(c)款至(f)款规定的程序和期限并应当遵守下列规定:

(1)合格证持有人应当在计划的运行规范修改生效日期前适当时间提交修改其运行规范的申请书,但有下列情形之一的,申请人应当在计划的运行规范修改生效日期前足够的时间内提出申请:

(i)兼并其他运营人或者增设按照本规则运行的分支机构的;

(ii)增加运行的资产、需要通过验证试飞重新证明其能够安全运行的;

(iii)本规则第121.3条(c)款中确定的运行种类改变的;

(iv)由于破产行为而暂停运行后需要恢复运行的;

(v)初次引进以前未经大型飞机公共航空运输承运人运行验证试飞的飞机的。

(2)申请书应当以规定的格式和方法向其主运营基地所在地的民航地区管理局提交。

(3)在考虑了申请人提交的所有材料以及局方的审查情况后,局方将以下列方式之一通知合格证持有人:

(i)接受所申请的全部修改;

(ii)接受所申请的部分修改;

(iii)拒绝所申请的修改。此时,合格证持有人可以按照本条(d)款规定请求局方对其拒绝决定进行重新考虑。

(4)如果局方批准了修改,在与合格证持有人就其修改的贯彻问题进行协调后,修改项在局方批准的日期生效。

(5)如果合格证持有人守法信用信息记录中存在严重失信行为记录,局方可以拒绝其申请的部分或全部修改。

(d)当合格证持有人对局方关于运行规范修改项的决定提出重新考虑请求时,应当遵守下列程序:

(1)合格证持有人应当在收到局方拒绝修改其运行规范的通知后,或者在收到局方提出修改其运行规范的通知后20个工作日内,向局方提出对该决定进行重新考虑的请求;

(2)如果重新考虑的请求是在20个工作日内提出的,则局方颁发的任何修改暂停生效,除非局方发现,根据本条(e)款,存在紧急情况,为了安全,需要立即行动;

(3)如果重新考虑的请求不是在20个工作日内提出的,那么应当使用本条(c)款的程序。

(e)如果局方发现,存在危及安全、需要立即行动的紧急情况,不能执行本条规定的程序,或者按照程序进行将违背公众利益,则可以采取下列措施:

(1)局方修改运行规范,并使修改项在合格证持有人收到该修改通知日期起立即生效;

(2)在发给合格证持有人的通知中,局方将说明原因,指出存在危及安全、需要立即行动的紧急情况,或者指出修改推迟生效将违背公众利益的情况。

第121.37条 申请人的责任

申请人申请或者申请修改运行合格证及其运行规范以及与运行合格审定有关的其他项目,应当保证申请材料真实完整。

C章 管理运行合格证持有人的一般规定

第121.41条 监察和检查的实施

(a)合格证持有人应当接受局方在任何时间或者地点对其进行的监察或者检查,以确定其是否符合涉及民航管理的规章的规定,是否符合其运行合格证及其运行规范的规定。

(b)合格证持有人应当能在其主运营基地向局方提供下列资料:

(1)合格证持有人的大型飞机公共航空运输承运人运行合格证及其运行规范;

(2)负责按照涉及民航管理的规章规定应当保存的每种记录、文件、报告的人员的姓名、地点的现行清单。

(c)负责保存合格证持有人记录、文件、报告的所有人员,应当能向局方提供这些资料。

(d)局方可以根据本条(a)款检查的结果或者任何其他适当的材料,确定合格证持有人是否合格于继续持有其运行合格证及其运行规范。

(e)合格证持有人如果不能按照局方要求,提供其运行合格证、运行规范或者任何必需的记录、文件、报告,局方可以暂停其运行合格证或运行规范中的部分或者全部运行批准。

第 121.42 条　安全管理体系

合格证持有人应建立安全管理体系,并且能够按照本规则的规定实施安全管理,该体系应当:

(a)至少具备了下列功能:

(1)对影响安全的危险源能够及时识别;

(2)保证采取必要的纠正措施,保持可接受的安全水平;

(3)对安全水平进行持续的监督和定期评估;

(4)持续改进整体安全水平。

(b)明确地界定了整个组织内部的安全责任界限,包括高层管理者应对安全直接承担的责任;

(c)制订并持续实施非惩罚性的飞行数据分析计划,该计划应包含保护数据来源的妥当防护措施;

(d)制订供运行人员使用的飞行安全文件系统。

第 121.43 条　按照本规则实施运行所必需的管理人员和机构

(a)合格证持有人应当拥有能够有效控制和监督其整个运行的管理机构,并拥有足够的合格管理人员和技术人员,以保证在其运行中保持最高的安全水平。合格证持有人应当在下列职位或者同等职位上安排合格的人员:

(1)安全总监,负责独立地对合格证持有人的运行安全管理过程进行监督,并应该直接向总经理报告;

(2)运行副总经理,负责合格证持有人飞行运行的管理,使之符合本规则要求;

(3)维修副总经理,负责合格证持有人的飞机维修管理,使之符合本规则要求;

(4)总飞行师,负责合格证持有人的飞行人员训练和技术管理,使之符合本规则的要求;

(5)总工程师,负责合格证持有人飞机的维修工程技术管理,使之符合本规则的要求;

(6)本款要求的包括总经理在内的上述所有管理和技术人员不得在同一

时间任职于多个按本规则运行的合格证持有人。

(b)对于某一项具体运行,如果合格证持有人能证明,由于所涉及的运行种类、所使用的飞机数量与型号和运行的区域等因素,使用较少的管理人员能够完成本条(a)款规定的除安全总监以外其他职位的全部职责并能以同等安全水平完成运行,局方可以认可其管理人员的配备。除经局方批准外,安全总监不允许由本条(a)款其余职务的人员兼任。

(c)本条(a)款要求的或者按照本条(b)款认可的职位名称和管理人员数量,应当在合格证持有人的运行规范中明确载明。

(d)担任本条(a)款或者(b)款要求的或者认可的职位的人员,以及按照运行合格证实施运行的各级负责人,应当符合下列要求:

(1)在训练、经验、专业知识上保持合格水平;

(2)在其职责范围内,理解有关合格证持有人各种运行的下列资料:

(i)有关涉及民航管理的规章;

(ii)合格证持有人的运行规范;

(iii)航空安全标准和安全运行常规;

(iv)本规则及其他涉及民航管理的规章中所有适用的维修和适航要求;

(v)本规则第121.131条要求的手册。

(3)严格履行其职责,以符合适用的规章要求,并保证安全运行。

(e)合格证持有人应当在本规则G章要求的手册内的一般政策规定中,写明本条(a)款规定的人员的任务、职责和权力,并写明担任这些职务人员的姓名和业务地址。合格证持有人应当在上述所列职位上的人员变换或者空缺后10天内通知局方。

(f)合格证持有人应当设立由飞行、维修、签派和客舱安全等专业人员组成的运行管理机构,负责协调各业务部门有关运行的事项;办理运行合格审定的有关事宜;负责手册的分发、更改和报批工作,保持其有效性。

(g)合格证持有人应当设立独立于运行的安全监督机构,在安全总监的直接领导下,负责安全水平的持续监督和定期评估;调查安全相关事件;就安全有关事务提出建议和组织员工安全教育等。

第121.45条　管理人员的合格条件

(a)担任本规则第121.43条(a)款规定的安全总监应当符合下列条件:

(1)掌握运行安全管理知识、质量管理知识、涉及民航管理的规章、标准及程序;

(2)最近6年内在合格证持有人或局方的安全监督岗位工作3年以上,或持有下列任一专业执照并在相应岗位上工作3年以上:

(i)航线运输驾驶员执照；

(ii)维修人员执照；

(iii)飞行签派员执照。

(3)理解合格证持有人的运行规范、运行手册及其他相关要求；

(4)具有较强的分析解决问题能力和良好的沟通技能。

(b)担任第121.43条(a)款中规定的运行副总经理应当符合下列条件：

(1)持有航线运输驾驶员执照；

(2)在最近6年内，在该合格证持有人使用相同级别飞机按照本规则所实施的运行中具有运行控制权的职位上，至少有3年管理经历；

(3)对于初次担任运行副总经理的人员，在最近的6年内，至少在该合格证持有人按照本规则运行的相同级别的飞机上具有担任机长3年的经历；对于具有负责运行副总经理经历的人员，至少在该合格证持有人按照本规则运行的相同级别的飞机上具有担任机长3年的经历。

(c)担任本规则第121.43条(a)款中规定的维修副总经理应当符合下列条件：

(1)接受了局方认可的相关法规的培训并合格；

(2)在前6年内具有至少3年从事合格证持有人运行的至少一种类别和级别飞机的维修或者维修管理经历。

(d)担任第121.43条(a)款中总飞行师的人员应当符合下列条件：

(1)持有航线运输驾驶员执照，至少具有该合格证持有人按照本规则运行中所用的一种飞机的合适等级；

(2)对于初次担任总飞行师的人员，在最近6年内，至少在该合格证持有人按照本规则运行的相同级别的飞机上，具有担任机长3年的经历；对于具有总飞行师经历的人员，至少在与该合格证持有人按照本规则运行的相同级别的飞机上，具有担任机长3年的经历。

(e)担任本规则第121.43条(a)款中总工程师的人员应当符合下列条件：

(1)具备本条(c)款维修副总经理的条件；

(2)具有维修本规则运行的飞机至少5年的经历，其中至少有2年作为维修工程技术管理人员的经历；

(f)如果合格证持有人拟选任的人员不符合本条(a)、(b)、(c)、(d)或者(e)款规定的经历，但具有相应的经历，能够有效履行涉及民航管理的规章要求的相应职位的职责和合格证持有人手册规定的程序，局方可以批准对本条相应款项规定经历的偏离。

第 121.47 条　运行的近期经历

(a)合格证持有人如果连续中断其运行规范中批准实施的某一种类的运行达 30 个日历日,则在此日期之后,应当按照本条(b)款规定恢复运行,否则不得继续实施此种运行。

(b)在本条(a)款的中断期之后,只有符合下列条件并经局方批准后,方可以恢复相应种类的运行:

(1)在恢复该种运行之前,至少提前 5 个工作日通知局方;

(2)如果局方决定重新进行全面检查,以确定其是否保持了合适和足够的配备,能否实施安全运行,合格证持有人应当在前述 5 个工作日期间处于能随时接受检查的状态。

第 121.49 条　主运营基地、飞行基地和维修基地

(a)合格证持有人应当保持一个主运营基地。合格证持有人还可以按照运行需要建立飞行基地和维修基地,飞行基地和维修基地可以与主运营基地在同一地点,也可以在不同地点。

(b)在计划建立或者变更主运营基地、飞行基地或者维修基地之前至少 30 天,合格证持有人应当以书面形式通知局方。

第 121.51 条　合格证持有人名称的使用

(a)合格证持有人按照本规则实施运行时所使用的名称应当与其运行规范上所列名称一致。

(b)除经局方在运行规范中批准外,在按照本规则运行的飞机上应当明显地标出运行该飞机的合格证持有人的名称,否则不得运行该飞机。飞机上标示名称的方法及其可读性应当经局方认可。

第 121.53 条　按照军方合同实施运行的偏离批准

(a)局方可以批准合格证持有人偏离本规则的适用规定,实施其按照军方合同确定的运行。

(b)在按照本条批准一项偏离时,局方将对合格证持有人的运行规范颁发相应的修改项。

(c)局方在任何时候可以终止按照本条颁发的偏离批准。

第 121.55 条　实施应急运行的偏离批准

(a)在紧急情况下并满足下列条件时,局方可以批准合格证持有人偏离本规则的适用规定:

(1)在该紧急情况下为保护人员生命和财产应当采取运送人员或者财产的行动;

(2)局方认为,为了立即实施这些运行,应当偏离有关规定。

(b)在紧急情况下,局方可以使用下列方法之一批准偏离:

(1)局方对合格证持有人的运行规范颁发相应的修改项;

(2)如果情况紧急不允许及时修改运行规范,则局方可以用口头或者其他方式批准该偏离,但合格证持有人应当在开始这种运行后24小时之内,向局方提交说明这种紧急情况性质的报告。

第121.57条　遵守运行合格证及其运行规范的要求

合格证持有人不得违反运行合格证、运行规范和其他批准项目实施运行,不得超越批准的偏离或者豁免。

E章　国内、国际定期载客运行航路的批准

第121.91条　航路批准的基本要求

(a)申请航路批准的合格证持有人应当证明符合下列条件:

(1)能在该航路上每一正常使用机场、临时使用机场或者加油机场之间令人满意地实施运行;

(2)对于计划的运行,具有满足本规则第121.95条至第121.105条要求的设施与服务。

(b)在证明符合本条(a)款要求时,如果合格证持有人在考虑了机场、灯光、维修、通信、导航、加油、地面、机载无线电等各种设施的可用性和充分性,以及参与运行的全体人员的能力之后,证明能保证飞行安全,局方可以不要求在该航路上作航路试飞。

第121.93条　航路宽度

(a)经批准的航路、航段及固定航线具有的宽度应当至少与这些固定航线或者航路的规定宽度相等。在局方认为有必要对经批准的航路另行确定宽度时,将考虑下列因素:

(1)地形障碍的超越;

(2)最低航路高度;

(3)地面和机载导航设备;

(4)空中交通密度;

(5)空中交通管制程序。

(b)局方对经批准的航路另行确定的宽度,将具体规定在该大型飞机公共航空运输承运人的运行规范中。

第121.95条　必需的机场资料

(a)合格证持有人应当证明,所申请批准的航路上具有足够的机场,并且

这些机场装备了适合于所申请运行的设施。其中所考虑的因素应当包括机场的等级、道面、障碍物、设施、公众保护、灯光、导航、通信、气象设施以及空中交通管制等。

(b)合格证持有人应当证明,对于所使用的每个机场,都能够获得、保存现行有效的航行资料,并且具有将其分发给每个有关人员的经批准的资料管理系统,以确保飞机在该机场运行的安全。这种航行资料应当包括下列方面的内容:

(1)机场

(i)基本设施;

(ii)公众保护设施;

(iii)导航、通信、气象设施;

(iv)影响起飞、着陆或者地面运行的建筑物;

(v)空中交通服务设施。

(2)跑道、停止道和净空道

(i)尺寸;

(ii)道面性质、PCN 值;

(iii)标志和灯光系统;

(iv)标高和坡度。

(3)内移的跑道入口

(i)位置;

(ii)尺寸;

(iii)用于起飞、用于着陆或者二者兼用。

(4)障碍物

(i)影响按照本规则 I 章进行起飞和着陆性能计算的障碍物;

(ii)起控制作用的障碍物。

(5)仪表飞行程序

(i)离场程序;

(ii)进场程序;

(iii)进近程序;

(iv)复飞程序。

(6)特殊资料

(i)跑道视程测量设备;

(ii)低能见度条件下的盛行风。

(c)如果负责管理该合格证持有人的民航地区管理局发现该合格证持有

人经批准的关于收集、分发和使用航行资料的系统应当予以改进才能恰当地继续工作，则合格证持有人在接到该部门的通知后，应当立即对其系统进行改进。在合格证持有人接到这样的通知之后30天内，可以向民航局飞行标准部门提出重新考虑的请求。重新考虑的请求使该通知处于暂缓执行状态，直至民航局飞行标准部门作出决定时止。但是，如果民航地区管理局认为存在关系到航空运输安全、需要立即采取措施的紧急情况，则民航局飞行标准部门可以根据所陈述的理由，使要求改进的通知立即生效。

第121.97条　通信设施

合格证持有人应当证明，在正常运行条件下，在整个航路上，所有各点都具有陆空双向无线电通信系统，能保证每一架飞机与相应的签派室之间，每一架飞机与相应的空中交通管制单位之间，以直接的或者通过经批准的点到点间的线路进行迅速可靠的通信联系。除经局方根据所用机型和运行情况作出特殊批准外，对于合格证持有人的所有运行，每架飞机与签派室之间的通信系统应当是空中交通管制通信系统之外的独立系统，能够满足在正常运行条件下，在4分钟内建立迅速可靠语音通信联系。

第121.99条　气象服务

(a)合格证持有人应当证明，每一条航路沿线，均有足够的气象报告服务站可以供使用，以保证提供运行所必需的气象实况报告和气象预报。

(b)合格证持有人只能使用经局方认可的气象服务系统提供的气象资料。

(c)使用气象预报控制飞行活动的合格证持有人，应当使用依据本条(b)款规定的气象资料而编制的气象预报，以及按照本条(d)款规定采用的系统所批准的任何来源而编制的气象预报。

(d)合格证持有人应当使用经局方批准的危险天气实况报告与预报系统，以便获得可能影响所飞航路和所用机场飞行安全的危险天气现象，如晴空颠簸、雷暴和低空风切变等情况的实况报告和预报。

第121.101条　航路导航设施

(a)除本条(b)款规定外，合格证持有人应当证明，对于每一条计划中的航路，非目视地面导航设施符合下列要求：

(1)具有足够的非目视地面导航设施，能在空中交通管制要求的精度之内，在整个航路上为飞机导航；

(2)非目视地面导航设施的位置，能保证在该运行所必需的精度范围之内，引导飞机至任一正常使用机场、临时使用机场、加油机场或者备降机场。

(b)下列运行不需要非目视地面导航设施：

(1)昼间目视飞行规则运行,但合格证持有人应当证明,能够根据地形的特征,使用地标领航而安全运行;

(2)在经局方批准使用特殊导航方法导航的航段上实施的运行。

第121.103条　飞行签派中心

合格证持有人应当证明,对于其所实施的运行拥有足够数量的飞行签派中心,并且这些飞行签派中心的位置和能力,能够确保对每次飞行进行恰当的运行控制。

第121.105条　地面服务

每个实施国内、国际定期载客运行的合格证持有人应当建立相应的地面服务管理组织机构,在相关的手册中明确对所有地面服务的培训要求、外部委托政策、管理程序、工作标准和规范等内容,并具备足够的合格人员和适当的设施和设备(包括备件、地面保障和材料等),确保飞机起飞前或着陆后的地面服务符合本规则的相应要求。当合格证持有人通过外部委托方式由他人提供部分或全部地面服务时,合格证持有人应当向相应的地面服务人员提供必要的训练,并对其操作的安全性负责。

F章　补充运行的区域和航路批准

第121.113条　航路和区域要求概则

(a)实施补充运行的合格证持有人应当按照下列规定申请运行区域和航路的批准:

(1)对于国内运行,中国境内的空域按照一个运行区域批准,但包含高高原机场(海拔高度在2438米或8000英尺及以上的机场)起降点的航路还需按照航路进行批准;

(2)对于国际运行,所飞机场所在的每一国家(地区)按照一个运行区域批准,但包含高高原机场或者局方确定的特殊机场起降点的航路还需按照航路进行批准。

(b)按照本条(a)款申请运行区域和航路批准的合格证持有人,应当证明其具有足够的装备和能力,能够使用中国或者外国公布航路上有关导航设施,在仪表飞行规则和夜间目视飞行规则条件下实施安全运行。

(c)如果实施补充运行的合格证持有人可以证明,对于运行的航路是安全的,并且局方能够确定空中交通密度有足够的安全水平,局方可以批准合格证持有人管制空域外的航路。合格证持有人不可以使用没有经局方批准的,或者运行规范中没有列出的航路。

第 121.115 条　航路宽度

(a)经批准的航路、航段及固定航线具有的宽度应当至少与这些固定航线或者航路的规定宽度相等。在局方认为有必要对经批准的航路另行确定宽度时,将考虑下列因素:

(1)地形障碍的超越;

(2)最低航路高度;

(3)地面和机载导航设备;

(4)空中交通密度;

(5)空中交通管制程序。

(b)合格证持有人运行规范中局方加以规定的任何其他航路宽度。

第 121.117 条　必需的机场资料

(a)实施补充运行的合格证持有人使用的任何机场应当具有适当的装备并适合于所申请运行的设施。其中所考虑的因素应当包括机场的等级、道面、障碍物、设施、公众保护、灯光、导航、通信、气象设施以及空中交通管制等。

(b)每一实施补充运行的合格证持有人应当证明其有一个经批准的系统,能够获得、保存和分发给每个有关人员所使用机场现行有效的航行资料,以确保飞机在该机场运行的安全。这种航行资料应当包括下列方面的内容:

(1)机场

(i)基本设施;

(ii)公众保护设施;

(iii)导航、通信、气象设施;

(iv)影响起飞、着陆或者地面运行的建筑物;

(v)空中交通服务设施。

(2)跑道、停止道和净空道

(i)尺寸;

(ii)道面性质;

(iii)标志和灯光系统;

(iv)标高和坡度。

(3)内移的跑道入口

(i)位置;

(ii)尺寸;

(iii)用于起飞、用于着陆或者二者兼用。

(4)障碍物

(i)影响按照本规则 I 章进行起飞和着陆性能计算的障碍物;

(ii)起控制作用的障碍物。

(5)仪表飞行程序

(i)离场程序;

(ii)进场程序;

(iii)进近程序;

(iv)复飞程序。

(6)特殊资料

(i)跑道视程测量设备;

(ii)低能见度条件下的盛行风。

(c)如果负责管理该合格证持有人的民航地区管理局发现该合格证持有人经批准的关于收集、分发和使用航行资料的系统应当予以改进才能恰当地继续工作,则合格证持有人在接到该部门的通知后,应当立即对其系统进行改进。在合格证持有人接到这样的通知之后30天内,可以向民航局飞行标准部门提出重新考虑的请求。重新考虑的请求使该通知处于暂缓执行状态,直至民航局飞行标准部门作出决定时止。但是,如果民航地区管理局认为存在关系到航空运输安全、需要立即采取措施的紧急情况,则民航局飞行标准部门可以根据所陈述的理由,使要求改进的通知立即生效。

第121.119条　气象服务

(a)合格证持有人应当证明,每一条航路沿线,均有足够的气象报告服务站可以供使用,以保证提供运行所必需的气象实况报告和气象预报。

(b)合格证持有人只能使用经局方认可的气象服务系统提供的气象资料。

(c)使用气象预报控制飞行活动的合格证持有人,应当使用依据本条(b)款规定的气象资料而编制的气象预报。

第121.121条　航路导航设施

(a)除本条(b)款规定外,合格证持有人应当证明,对于每一条计划中的航路,非目视地面导航设施符合下列要求:

(1)能在空中交通管制要求的精度之内,在整个航路上为飞机导航;

(2)非目视地面导航设施的位置,能保证在该运行所必需的精度范围之内,引导飞机至任一目的地机场或者备降机场。

(b)下列运行不需要非目视地面导航设施:

(1)昼间目视飞行规则运行,但合格证持有人应当证明,能够根据地形的特征,使用地标领航而安全运行;

(2)在经局方批准使用特殊导航方法导航的航段上实施的运行。

第121.123条　地面服务

每个实施补充运行的合格证持有人应当建立相应的地面服务管理组织机构，在相关的手册中明确对所有地面服务的培训要求、外委政策、管理程序和工作标准、规范等内容，并具备足够的合格人员和适当的设施和设备（包括备件、地面保障和材料等），确保飞机起飞前或着陆后的地面服务符合本规则的相应要求。当合格证持有人通过外委方式由他人提供部分或全部的地面服务时，合格证持有人应当向相应的地面服务人员提供必要的训练，并对其操作的安全性负责。

第121.125条　飞行跟踪系统

(a)实施补充运行的合格证持有人应当证明：

(1)具有符合本规则U章要求的飞行跟踪系统，该系统根据所实施的运行可以对每次飞行进行有效的跟踪；

(2)飞行跟踪中心应当设在适用于对下列情况实施飞行跟踪的位置：

(i)确保对每次飞行的始发机场和目的地机场的飞行进程进行适当的监控，包括对中途停留机场和改航备降机场飞行进程的监控，以及对在这些机场所需的维修或者机械延误进行适当的监控；

(ii)确保机长能够得到安全飞行必需的所有资料。

(b)实施补充运行的合格证持有人可以使用非所属人员提供的飞行跟踪设施，但在这种情况下，合格证持有人应当对每次飞行的运行控制持续负责。

(c)飞行跟踪系统不要求与空中飞行的机组建立通信联系。

(d)在合格证持有人的运行规范中应当明确批准使用的飞行跟踪系统和飞行跟踪中心的所在位置。

第121.127条　飞行跟踪系统要求

(a)实施补充运行的每个合格证持有人应当证明：

(1)系统具备足够的设备和合格人员，为下列人员提供每一次飞行的起始和安全运行所必需的信息：

(i)每架飞机的飞行机组；

(ii)合格证持有人指定实施运行控制的人员。

(2)飞行跟踪系统具有利用公共或者私人设施（例如电话、电报或者无线电）获得通信的能力，以进行第121.125条(a)款第(2)项第(i)目要求的监控。

(b)实施补充运行的合格证持有人应当证明本条(a)款所述人员能够履行他们的职责。

G 章　手册的要求

第 121.131 条　手册的制定和保存

(a)合格证持有人应当具有为实施其各种运行的全体飞行、维修和其他地面运行工作人员制定并供其使用和指导其操作的手册,并且有合适的手册管理系统,负责制定、分发、修订和补充手册,使其保持现行有效。

(b)本条(a)款要求的手册应当符合下列要求:

(1)包含必需的指令和信息,使有关人员能安全地完成所担负的工作职责;

(2)除局方批准外,使用中文写成。如果合格证持有人在运行中使用了不熟悉中文的人员,则应当同时为其提供相应文字的手册,并且应当保证这些手册的一致性和同等有效性;

(3)采用易于修订的形式;

(4)在有关的每一页上,具有最后一次修订的日期;

(5)符合所有适用的涉及民航管理的规章、该合格证持有人的运行合格证与运行规范;对于实施国际运行的合格证持有人,还应当符合所适用的外国规章。

(c)合格证持有人在其主运营基地至少要保存一套完整的手册。

第 121.133 条　手册内容总体要求

手册应当包含下列所有内容,但可以分为两个或者两个以上的单独分册,每一分册应当包括所有适用于该类人员的内容:

(a)概述:

(1)实施飞行运行有关的人员与其职责的说明;

(2)飞行签派和运行控制,包括:适用的签派协调、飞行控制、飞行跟踪程序等;

(3)航路飞行、导航和通信程序,包括:当任何所需的特定设备不工作或无法提供服务时,签派或放行飞机继续飞行;

(4)关于限制飞行机组成员和客舱乘务员的飞行时间和值勤期以及为其提供足够休息期的规定;

(5)机载导航设备清单,其中包含与基于性能导航区域内的运行有关的任何规定;

(6)适用的远程导航程序、ETOPS 的发动机失效程序和备降机场的选择与使用;

(7)应持续保持无线电监听的情况;
(8)确定飞行最低高度的方法;
(9)确定机场运行最低标准的方法;
(10)乘客在机上时实施燃油加注的安全预防措施;
(11)地面操作的安排和程序;
(12)机长发现有事故发生后使用的搜寻和救援程序;
(13)不同类型运行中飞行机组指挥权接替次序的指定;
(14)对所要装载的燃油与滑油量计算的具体说明,其中考虑到运行中的所有情况,包括在航路上释压和一台或多台动力装置失效的可能性;
(15)应当使用氧气的情况和按照本规则第121.327、329、331和333条规定确定氧气的携带量;
(16)重量与平衡控制方面的操作指示;
(17)地面除冰、防冰操作的实施和控制方面的操作指示;
(18)空中交通服务飞行计划的填写规范,运行飞行计划的内容和使用方法;
(19)飞行各阶段标准操作程序(SOP);
(20)关于正常检查单的使用及其使用时机的操作指示;
(21)离场应急程序;
(22)保持高度意识和使用自动或飞行机组高度喊话的操作指示;
(23)在仪表气象条件下使用自动驾驶仪与自动油门的操作指示;
(24)关于空中交通管制许可的确认与接受的操作指示,特别是针对那些许可中包含有超越障碍物许可的情况;
(25)离场与进近简令;
(26)用于熟悉空域、航路和机场的程序;
(27)稳定进近程序;
(28)接近机场道面时的大下降率限制;
(29)开始或继续仪表进近所需的条件;
(30)实施精密、类精密和非精密仪表进近程序的操作指示;
(31)夜间与仪表气象条件下,仪表进近与着陆运行中的飞行机组职责分配和机组成员工作负荷管理的程序;
(32)避免可控飞行撞地的操作指示与训练要求,以及近地警告系统的使用政策;
(33)避免空中相撞和使用空中交通防撞系统(ACAS)的政策、操作指示、程序和训练要求;

(34)关于拦截民用飞机方面的信息和操作指示,包括:

(i)被拦截飞机的机长应当采取的程序;

(ii)拦截和被拦截飞机使用的目视信号。

(35)对准备在15000米(49000英尺)以上运行的飞机,还需要以下资料:

(i)在受到太阳宇宙射线辐射时,使驾驶员能够确定应采取的最佳行动方案的资料;

(ii)决定下降后的程序,其中包括:

(A)向合适的空中交通服务单位发出预先情况警告以及获得临时下降许可所必需的程序;

(B)与空中交通服务单位之间的通信不能建立或被中断时应采取的措施。

(36)安全管理体系的详细内容;

(37)载运危险物品的操作指示和资料,包括紧急情况下采取的措施;

(38)安保方面的操作指示及指南;

(39)根据安保部门相关规定制定的搜查程序检查单;

(40)航空人员健康管理、航空食品卫生、飞机消毒和卫生防疫的规定与程序;

(41)电子飞行包(EFB)管理要求和程序(如适用);

(42)电子导航数据管理程序。

(43)飞机追踪程序。

(b)飞机运行信息:

(1)飞机型号审定数据和运行极限数据;

(2)飞行机组使用的正常、非正常和应急程序及有关检查单;

(3)所有发动机工作时爬升性能的操作指示和信息;

(4)供飞行前和飞行中制定计划使用的飞行计划数据,包含不同的推力、功率和速度设定情况下的数据;

(5)所用每个机型的最大侧风和顺风分量限制,以及在考虑了阵风、低能见、跑道道面状况、机组经历、自动驾驶使用、非正常或紧急情况或其它有关运行因素影响时,对这些限制数值进行的缩减;

(6)重量与平衡计算方面的操作指示和数据;

(7)飞机装载和载荷固定方面的操作指示;

(8)可供每一型号飞机运行人员和飞行机组所使用的包括与该型号飞机运行有关的正常、非正常和应急程序以及该飞机各系统和所用检查单的详细信息在内的飞机操作手册,手册的设计还需符合人的因素要求;

(9)供所用机型和经批准的特殊运行使用的最低设备清单和外形缺损清单,其中包含与基于性能导航区域内的运行有关的任何规定;

(10)应急和安全设备的检查单和使用说明;

(11)应急撤离程序,包括与机型相关的程序、机组协调、紧急情况下机组成员的指定位置和紧急情况下每个机组成员的职责;

(12)客舱乘务员所使用的正常、非正常和应急程序,以及与此有关的检查单和必需的飞机系统信息,并且包括一个用于解释这些程序是供飞行机组成员和客舱乘务员之间协调使用的说明;

(13)用于不同航路的救生和应急设备清单,以及在起飞前验证其工作正常的必要程序,包括确定所需氧气量和可用量的程序;

(14)供幸存者使用的地空目视信号说明。

(c)航路和机场:

(1)航路信息指导,用于确保飞行机组每次飞行都能够获得适用于该运行的通讯设施、助航设备、机场、仪表进近、仪表进场和仪表离场方面的信息以及承运人认为正确实施飞行运行所必需其他信息。

(2)每一所飞航路的最低飞行高度;

(3)可能用作目的地机场或备降机场的每个机场的运行最低标准;

(4)在进近或机场设施降级的情况下机场运行最低标准的提高;

(5)符合规章要求的所有飞行剖面的必需信息,包括但不仅限于下列确定内容:

(i)干、湿和受污染情况下的起飞跑道长度要求,包括影响起飞距离的系统失效情况;

(ii)起飞爬升限制;

(iii)航路爬升限制;

(iv)进近爬升限制和着陆爬升限制;

(v)干、湿和受污染情况下的着陆跑道长度要求,包括影响着陆距离的系统失效情况;

(vi)补充信息,如轮胎速度限制。

(d)训练:

本规则 N 章规定的飞行机组成员、客舱乘务员和飞行签派员训练大纲的详细内容。

第 121.135 条　手册的分发和可用性

(a)合格证持有人应当向下列人员提供本规则第 121.131 条所要求的手册及其修改和补充,或者该手册的有关部分:

(1)维修人员和有关地面运行工作人员；

(2)机组成员；

(3)负责管理该合格证持有人的局方人员。

(b)按照本条(a)款持有手册或者手册相关部分的每个人,应当使用合格证持有人提供的修改和补充页,使手册内容保持最新有效状态,并在执行指定任务时可以随时查阅。

第 121.137 条　飞机飞行手册

(a)合格证持有人对其使用的每一型号飞机,应当保持现行有效的经局方批准的飞机飞行手册。

(b)合格证持有人的每架飞机应当携带用机组人员所熟悉的文字写成的经局方批准的飞机飞行手册,或者携带本规则第121.131条要求的手册,但该手册中应当包含相应的飞机飞行手册所要求的资料,并且应当清楚地标明这些资料中作为飞行手册的内容。

(c)如果该合格证持有人选择携带本规则第 121.131 条所要求的手册,合格证持有人可以根据相应的飞机飞行手册,修订其操作程序部分和修改性能数据的编排形式,但经修订的操作程序和经修改的性能数据编排形式应当符合下列要求:

(1)经局方批准；

(2)清楚地标明作为飞机飞行手册的内容。

H 章　飞机的要求

第 121.151 条　飞机的基本要求

(a)除本条(c)款规定外,合格证持有人运行的飞机应当符合下列要求:

(1)是在中华人民共和国登记的民用飞机,并携带现行有效的适航证、国籍登记证和无线电电台执照；

(2)处于适航状态并符合涉及民航管理的规章适用的适航要求,包括与标识和设备有关的要求。

(b)合格证持有人可以使用经批准的重量与平衡控制系统来符合适用的适航要求和运行限制,该重量与平衡控制系统可以以平均的、假定的或者估算的重量为基础。

(c)合格证持有人可以租用不含机组人员的国际民用航空公约缔约国所属的某一国家登记的民用飞机实施本规则运行,但应当符合下列规定:

(1)该飞机带有经民航局审查认可的原国籍登记国颁发的适航证和由民

航局颁发的适航认可证书,以及无线电电台执照;

(2)合格证持有人已将该飞机的租赁合同副本报局方。

第121.153条　飞机的审定和设备要求

合格证持有人按照本规则运行的飞机应当是型号合格审定为运输类或者通勤类的飞机,并符合本规则第121.173条的要求,否则不得实施本规则运行。

第121.155条　禁止使用单台发动机飞机

合格证持有人不得使用单台发动机的飞机实施本规则运行。

第121.157条　飞机的航路类型限制

(a)除经依据本规则W章的规定得到局方批准且满足合格证持有人运行规范许可的条件下,合格证持有人不得使用以涡轮发动机为动力的飞机实施以下运行:

(1)延程运行;

(2)在北极区域内的运行;

(3)在南极区域内的运行。

(b)合格证持有人用于延伸跨水运行的陆上飞机,应当是按照《运输类飞机适航标准》(CCAR25)中的水上迫降规定审定合格或者被批准为适合于水上迫降的飞机。

第121.159条　飞机的运行验证试飞

(a)合格证持有人使用以前未在公共航空运输运行中使用过的飞机,应当完成局方认可的至少100小时的运行验证试飞,包括相当数量的进入航路机场的飞行。在运行验证试飞过程中,如果局方认为试飞已达到令人满意的熟练水平,则局方可以减少验证试飞时间。上述运行验证试飞至少应当有10小时在夜间完成。

(b)除经局方特殊批准外,合格证持有人首次使用曾在公共航空运输运行中使用过的某一型号飞机,或者使用在设计上作了实质性更改的某一型号飞机,则在拟使用该飞机实施运行之前,应当完成经局方认可的至少25小时的运行验证试飞,包括相当数量的进入航路机场的飞行。

(c)本条(b)款所述飞机在设计上进行了实质性更改是指下述情形之一:

(1)整套动力装置的型号与飞机合格审定时所装动力装置的型号不相类似;

(2)对飞机或者其部件进行了实质上影响其飞行特性的更改。

(d)除了实施试飞所需的人员和局方指定的人员之外,合格证持有人不得在运行验证试飞的飞机上携带旅客。经局方批准,运行验证试飞的飞机可以携带邮件、快递或者其他货物。

第 121.161 条　应急撤离程序的演示

(a)合格证持有人应当依照本规则附件 C《本规则第 121.161 条规定的应急撤离程序演示准则》(a)款规定进行应急撤离程序的实际演示,证明在载客飞行中所用的旅客座位数大于 44 座的每个型号的飞机,能够使包括机组成员在内的满载量乘员在 90 秒(含)以内撤离飞机。但是,如果该型号飞机已被证明符合本规则附件 C(a)款规定或者适用的型号合格审定标准,可以不实施实际的演示。

(b)使用旅客座位数大于 44 座的飞机实施载客运行的合格证持有人,有下列情形之一的,应当按照本条(c)款进行应急撤离程序的部分演示:

(1)该合格证持有人新引进的某型号飞机投入载客飞行并且该合格证持有人没有按照本条(a)款实施实际演示;

(2)本规则第 121.391 条所要求的客舱乘务员的人数、位置或者其应急撤离职责、程序发生改变;

(3)应急出口的数量、位置、型号或者供撤离用的应急出口开启机构的型号发生改变。

(c)在实施(b)款要求的部分演示时,合格证持有人应当遵守下列规定:

(1)实施不要求旅客参加但要在局方观察下进行的演示,以验证其机组成员应急生存训练和应急撤离程序的有效性。在这种演示中,该型号飞机的客舱乘务员,应当使用该合格证持有人的航线操作程序,按照本规则第 121.397 条规定的应急撤离职责,打开 50% 所要求的地板高度的应急出口和 50% 所要求的非地板高度的应急出口,并放下 50% 的应急出口滑梯。这些应急出口和滑梯由局方选定,并且应当在 15 秒钟内准备就绪以供使用;

(2)在实施这种演示之前,向负责监督其运行的民航地区管理局提出申请;

(3)在这种演示中使用的客舱乘务员,由局方从已经完成合格证持有人经局方批准的该型号飞机训练大纲的训练并已通过应急设备和应急程序考试的客舱乘务员中随机挑选;

(4)在开始实施该型号飞机的运行之前,向负责监督其运行的民航地区管理局提出申请并获得批准。

(d)每个使用或者计划使用一架或者多架陆上飞机作延伸跨水运行或者按照要求配备相应应急设备的合格证持有人,应当按照本规则附件 C(b)款进行模拟水上迫降,证明其能有效地完成水上迫降程序。

(e)对于已经由其他合格证持有人进行过本条(d)款规定的模拟水上迫

降的那种型号飞机,如果每个救生筏都从其存放处取下,其中一个救生筏被投放并充气或者一个滑梯救生筏被充气,并且指定负责该充气救生筏或者滑梯救生筏的机组成员表演并说明了每项必需应急设备的使用,则认为已经符合本规则附件C(b)款第(2)项、(b)款第(4)项和(b)款第(5)项的要求。前述待充气的救生筏或者滑梯救生筏由局方选定。

I章　飞机性能使用限制

第121.171条　用语定义

本章中的用语按照下述定义:

(a)着陆的"跑道有效长度"是指从跑道进近端的超障面与跑道中心线的交点至跑道最远端的距离。

(b)"超障面"是指以与水平面成1:20的斜率从跑道向上倾斜,并与跑道周围规定区域内的所有障碍物相切或者越过其上的平面。在平面图上看,该规定区域的中心线与跑道的中心线相重合,以超障面与跑道中心线的交点为起点,延伸到距起点至少为450米(1500英尺)的那一点处。此后,该中心线与该跑道的起飞轨迹(在起飞时)重合,或者与仪表进近轨迹(在着陆时)重合,或者当这些轨迹中适用的一个未确定时,它沿至少1200米(4000英尺)半径的转弯延伸,直至某点,在此点外,超障面超越所有障碍物。这一区域在超障面与跑道中心线交点处的中心线两侧横向扩展各60米(200英尺),并以此宽度延伸至跑道端点;然后,向中心线两侧均匀扩大,至距超障面与跑道相交处450米(1500英尺)那一点扩展至两侧各150米(500英尺);在此之后,保持此宽度延伸。

第121.173条　概则

(a)使用活塞式发动机驱动的飞机的合格证持有人应当遵守本规则第121.175条至第121.187条的规定。

(b)使用涡轮发动机驱动的飞机的合格证持有人应当遵守本规则第121.189条至第121.197条的规定。

(c)合格证持有人应当使用飞机飞行手册中的性能数据来确定是否符合本规则第121.175条至第121.197条的规定。当涉及的条件与这些性能数据所依据的条件不同时,如果内插法或者计算法所得结果在实质上与直接试验的结果同样准确,则可以用内插法或者通过计算具体变量变化的影响来确定是否符合规定。合格证持有人在确定是否符合本规则第121.175条至第121.197条的规定时还应当考虑到所用航图的精度。

(d)在考虑到飞机飞行手册中所规定的温度修正因素后，活塞式发动机驱动的飞机，不得在起飞重量超过拟用跑道所允许重量的情况下起飞，拟用跑道所允许的重量依据本规则中对跑道起飞限制的使用规定确定。

(e)如果在特殊的环境条件下遵守某些规定对于安全已无必要，局方可以在运行规范中批准偏离本章的这些要求。

第 121.175 条　活塞式发动机驱动的飞机的重量限制

(a)活塞式发动机驱动的飞机不得从确定该飞机最大起飞重量所用的气压高度范围之外的机场起飞。

(b)活塞式发动机驱动的飞机不得飞向确定该飞机最大着陆重量所用的气压高度范围之外的目的地机场。

(c)活塞式发动机驱动的飞机不得使用确定最大着陆重量所用的气压高度范围之外的机场作为备降机场。

(d)活塞式发动机驱动的飞机不得以超过机场气压高度所确定的最大起飞重量起飞。

(e)活塞式发动机驱动的飞机起飞前，应当在考虑航路上正常的燃油和滑油消耗后，使到达目的地机场时的重量不超过该机场气压高度所确定的最大着陆重量。

第 121.177 条　活塞式发动机驱动的飞机的起飞限制

(a)活塞式发动机驱动的飞机，应当满足下列所有条件方可以起飞：

(1)在起飞过程中达到临界发动机失效决断速度 V1 之前的任一时刻，按照加速停止距离数据所示，能使该飞机安全停止在跑道或者停止道上；

(2)如果在该临界发动机在飞机达到临界发动机失效决断速度 V1 之后的任一时刻失效后继续起飞，在通过可用起飞距离末端上空之前，按照起飞轨迹数据所示高度能达到 15.2 米(50 英尺)；

(3)在达到 15.2 米(50 英尺)的高度(按照起飞轨迹数据所示)之前不带坡度，在此后坡度不超过 15 度的情况下，预定起飞飞行轨迹能以 15.2 米(50 英尺)+0.01D(其中 D 是指飞机离可用起飞距离末端的距离值)的余度垂直超越所有障碍物，或者能以一个特定距离侧向避开障碍物。该特定距离的值为下列两目中规定值的较小值：

(i)90 米(300 英尺)+0.125D；

(ii)对于 VFR 飞行，预定航迹的航向变化小于 15 度时，为 300 米，预定航迹的航向变化大于 15 度时，为 600 米；对于 IFR 飞行，预定航迹的航向变化小于 15 度时，为 600 米，预定航迹的航向变化大于 15 度时，为 900 米。

(b)在使用本条时，应当对有效跑道坡度进行修正。考虑到风的影响，对于以静止大气为基础的起飞数据，可以按照不大于50%的报告的逆风分量和不小于150%的报告的顺风分量进行修正。

第121.179条　活塞式发动机驱动的飞机的航路限制——所有发动机工作

活塞式发动机驱动的飞机起飞前的重量，应当在考虑正常的燃油和滑油消耗后，能使飞机在所有发动机工作的条件下，在预定航迹两侧各25公里(13.5海里)以内最高地面或者障碍物之上至少300米(1000英尺)的高度上，上升率至少达到0.0189V_{SO}米/秒(V_{SO}的公里/小时数量乘以0.0189得到的上升率每秒米数)或者达到6.90V_{SO}英尺/分(V_{SO}的海里/小时数量乘以6.90得到的上升率每分钟英尺数)。否则，该飞机不得起飞。

第121.181条　活塞式发动机驱动的飞机的航路限制——一台发动机不工作

(a)除本条(b)款规定外，活塞式发动机驱动的飞机起飞前的重量，应当在考虑正常的燃油和滑油消耗后，能使飞机在一台发动机不工作的条件下，在预定航迹两侧各25公里(13.5海里)以内最高地面或者障碍物之上至少300米(1000英尺)的高度上，上升率至少达到0.00148(0.079－0.106/N)V2 SO^2_{SO}米/秒(其中N为所装的发动机台数，V_{SO}以公里/小时表示)或者达到(0.079－0.106/N)V2 SO^2_{SO}英尺/分(其中N为所装的发动机台数，V_{SO}以海里/小时表示)。否则，该飞机不得起飞。

(b)为代替本条(a)款的要求，活塞式发动机驱动的飞机可以按照经批准的程序，在所有发动机工作的某个高度上运行，在该高度上，当一台发动机停车后，考虑到正常的燃油和滑油消耗，飞机可以继续飞至符合本规则第121.187条规定能进行着陆的备降机场。在假定的故障发生之后，飞行轨迹应当高于预定航迹两侧各25公里(13.5海里)范围内的地面和障碍物至少600米(2000英尺)。

(c)如果按照本条(b)款使用经批准的程序，合格证持有人应当遵守下列各项规定：

(1)对于按照涉及民航管理的规章型号合格审定标准审定合格的飞机，计算飞机飞行轨迹时所用的上升率(按照飞机飞行手册中对相应重量和高度所确定的数值)应当减去一个等于0.00148(0.079－0.106/N)V2 SO^2_{SO}米/秒的量(其中N为所装的发动机台数，V_{SO}以公里/小时表示)，或者减去一个等于(0.079－0.106/N)V2 SO^2_{SO}英尺/分的量(其中N为所装的发动机台数，V_{SO}以海里/小时表示)。

(2)在航路上任何一点临界发动机停止工作时，通过使用经批准的程序，所有发动机工作时的高度应当能够足以使飞机继续飞行到某一预定的备降机场。在确定起飞重量时,假定飞机是在某点发动机停车后越过临界障碍物的,而且这一点距临界障碍物的距离不小于距最近的经批准的无线电导航定位点的距离。但是,如果局方批准了依据不同的原则制定的程序,且该程序有足够的运行安全保证,对该点可以不作要求。

(3)在该程序中,飞机飞至备降机场上空300米(1000英尺)处时,其上升率应当符合本条(a)款的规定。

(4)在该程序中,应当包括对飞行轨迹有不利影响的风和温度的经批准的计算方法。

(5)在使用这一程序时,允许应急放油。但合格证持有人应当有适当的训练大纲,对飞行机组人员进行了合适的应急放油训练,并且为保证程序的安全性采取了其他安全措施。

(6)合格证持有人应当在签派或者放行单中指定符合本规则第121.643条要求的备降机场。

第121.183条　型号合格审定为四台或者四台以上活塞式发动机驱动的飞机的航路限制——两台发动机不工作

(a)按照型号合格审定标准审定合格的装有四台或者四台以上发动机的飞机运行时,应当遵守下列规定之一:

(1)预定航道上任何一点到符合第121.187条要求的机场的飞行时间不超过所有发动机以巡航功率工作飞行90分钟;

(2)飞机在某一重量下运行,在此重量下,飞机在预定航迹两侧各25公里(13.5海里)范围内最高地面或者障碍物之上300米(1000英尺)或者在1500米(5000英尺)两者中较高的高度上,在两台临界发动机不工作情况下,能以0.000019V2 SO^2_{SO}米/秒的上升率(由V_{SO}的公里/小时数的平方乘以0.000019而得到的上升率每秒米数)或者以0.013V2 SO^2_{SO}英尺/分的上升率(由V_{SO}的海里/小时数的平方乘以0.013而得到的上升率每分英尺数)上升。

(b)就本条(a)款第(2)项而言,假定:

(1)这两台发动机在对于起飞重量最为临界的那一点上失效;

(2)燃油和滑油消耗,在两台发动机失效的那一点之前,以所有发动机均工作时的正常消耗计算,在那一点之后,以两台发动机工作时的正常消耗计算;

(3)假定发动机是在高于规定的最低高度上失效的,在由巡航高度下降到规定的最低高度期间,无需证明是否符合在规定的最低高度上达到规定的上升率,但是在到达此规定的最低高度时,应当能满足这些要求,并且假定飞机是沿着净飞行轨迹下降的，其下降率应当比经批准的性能数据中规定的速率大 0.000019V2 SO_{SO}^2 米/秒（V_{SO} 单位为公里/小时）或者大 0.013V2 SO_{SO}^2 英尺/分（V_{SO} 单位为海里/小时）；

（4）如果有应急放油设备，则认为飞机在两台发动机失效那一点上的重量不小于包括足够燃油的重量，这些燃油可以使飞机飞到符合本规则第 121.187 条要求的机场并到达该机场正上空至少 300 米（1000 英尺）的高度。

第 121.185 条 活塞式发动机驱动的飞机的着陆限制——目的地机场

（a）除本条（b）款规定外，活塞式发动机驱动的飞机在起飞前，应当在考虑到飞行中正常的燃油和滑油消耗后，使该飞机在到达目的地机场时的重量，允许该飞机在预定目的地的下述跑道上，自超障面与该跑道交点上方 15.2 米（50 英尺）处算起，在跑道有效长度的 60% 以内作全停着陆。为确定在目的地机场允许的着陆重量，假定：

（1）飞机是在最理想的跑道上在静止大气中以最理想的方向着陆。

（2）考虑到可能的风速和风向（预期到达时间的预报风）、该型别飞机的地面操纵特性以及诸如着陆助航设备和地形等其他条件，飞机在最适宜的跑道上着陆，允许考虑不大于 50% 逆风分量或者不小于 150% 顺风分量对着陆轨迹和着陆滑跑的影响。

（b）对于不能符合本条（a）款第（2）项的要求而被禁止起飞的飞机，如果指定了备降机场，除允许该飞机在备降机场跑道有效长度 70% 内完成全停着陆外，该备降机场符合本条的所有其他要求，则可以允许该飞机起飞。

第 121.187 条 活塞式发动机驱动的飞机的着陆限制——备降机场

在签派或者放行单中所列的备降机场，应当能使飞机以到达该机场时预计的重量和按照本规则第 121.185 条假定的条件在该跑道有效长度的 70% 以内完成全停着陆。

第 121.189 条 涡轮发动机驱动的飞机的起飞限制

（a）涡轮发动机驱动的飞机不得以大于该飞机飞行手册中对应于该机场气压高度和起飞时环境温度所确定的重量起飞。

（b）涡轮发动机驱动的运输类飞机不得以大于该飞机飞行手册中规定的重量起飞，该重量应当保证飞机符合下列各项要求：

（1）加速停止距离不得超过跑道长度加上停止道的长度。

（2）起飞距离不得超过跑道长度加上净空道长度，但净空道长度不得大于跑道长度的一半。

（3）起飞滑跑距离不得大于跑道长度。

（c）涡轮发动机驱动的飞机不得以大于该飞机飞行手册中所确定的某个

重量起飞，在该重量下，预定净起飞飞行轨迹以10.7米(35英尺)的余度超越所有障碍物，或者能以一个特定距离侧向避开障碍物。该特定距离的值为下列两目中规定值的较小值：

(i)90米(300英尺)+0.125D，其中D是指飞机离可用起飞距离末端的距离值；

(ii)对于目视飞行规则飞行，预定航迹的航向变化小于15度时，为300米，预定航迹的航向变化大于15度时，为600米；对于仪表飞行规则飞行，预定航迹的航向变化小于15度时，为600米，预定航迹的航向变化大于15度时，为900米。

(d)在依据本条(a)至(c)款确定最大重量、最小距离和飞行轨迹时，应当对拟用的跑道、机场的标高、有效跑道坡度和起飞时的环境温度、风的分量进行修正。

(e)就本条而言，假定飞机在到达15.2米(50英尺)高度(按照飞机飞行手册中起飞轨迹或者净起飞飞行轨迹数据中的适用者)之前无坡度，并在此之后，最大坡度不超过15°。

(f)就本条而言，"起飞距离"、"起飞滑跑距离"、"净起飞飞行轨迹"和"起飞轨迹"等术语，与对该飞机进行型号合格审定的规章中所规定的术语具有相同的含意。

第121.191条　涡轮发动机驱动的飞机的航路限制——一台发动机不工作

(a)涡轮发动机驱动的飞机不得超过某一重量起飞，在该重量下，考虑到正常的燃油、滑油消耗和航路上预计的环境温度，根据经批准的该飞机飞行手册确定的一台发动机不工作时的航路净飞行轨迹数据应当能够符合下列两项要求之一：

(1)在预定航迹两侧各25公里(13.5海里)范围内的所有地形和障碍物上空至少300米(1000英尺)的高度上有正梯度，并且，在发动机失效后飞机要着陆的机场上空450米(1500英尺)的高度上有正梯度。

(2)净飞行轨迹允许飞机由巡航高度继续飞到可以按照本规则第121.197条要求进行着陆的机场，能以至少600米(2000英尺)的余度垂直超越预定航迹两侧各25公里(13.5海里)范围内所有地形和障碍物，并且在发动机失效后飞机要着陆的机场上空450米(1500英尺)的高度上有正梯度。

(b)就本条(a)款第(2)项而言，假定：

(1)发动机在航路上最临界的一点失效；

(2)飞机在发动机失效点之后飞越临界障碍物，该点距临界障碍物的距离不小于距最近的经批准的无线电导航定位点的距离，除非局方为充分保障运行安全批准了一个不同的程序；

(3)使用经批准的方法考虑了不利的风的影响；

(4)如果合格证持有人证明，机组人员进行了恰当的训练，并且采取了其他安全措施，能保证程序的安全性，则允许应急放油；

(5)在签派或者放行单中指定了备降机场，且该备降机场符合规定的最低气象条件；

(6)发动机失效后燃油和滑油的消耗与飞机飞行手册中经批准的净飞行轨迹数据所给定的消耗相同。

第121.193条 三台或者三台以上涡轮发动机驱动的飞机的航路限制——两台发动机不工作

三台或者三台以上涡轮发动机驱动的飞机沿预定航路运行时，应当符合下列两款要求之一：

(a)预定航迹上任何一点到符合本规则第121.197条要求的机场的飞行时间不超过所有发动机以巡航功率工作飞行90分钟。

(b)根据飞机飞行手册中航路上两台发动机不工作的净飞行轨迹数据，其重量允许该飞机从假定两台发动机同时失效的地点，飞到符合本规则第121.197条要求的某一机场。在这段飞行中，考虑到沿该航路的预计环境温度，其净飞行轨迹在垂直方向上至少高出预定航迹两侧各25公里(13.5海里)范围内所有地形和障碍物600米(2000英尺)。就本款而言，假定：

(1)两台发动机在航路上最临界的地点失效；

(2)这些发动机失效后在预定着陆的机场正上空450米(1500英尺)处，该净飞行轨迹具有正梯度；

(3)如果合格证持有人证明，机组人员进行了恰当的训练，并且采取了其他预防措施，能保证程序的安全性，则可以批准应急放油；

(4)在两台发动机失效的那一点，该飞机重量包含有足够的燃油，使其能继续飞到该机场正上空至少450米(1500英尺)的高度，此后还能以巡航功率或者推力飞行15分钟；

(5)发动机失效后，燃油和滑油的消耗与飞机飞行手册中净飞行轨迹数据所给定的消耗相同。

第121.195条 涡轮发动机驱动的飞机的着陆限制——目的地机场

(a)涡轮发动机驱动的飞机起飞前，应当在考虑到至目的地机场或者备降机场飞行中正常的燃油和滑油消耗后，使飞机到达时的重量不得超过该飞机飞行手册中对该目的地机场或者备降机场的气压高度以及着陆时预计的环境温度所确定的着陆重量。

(b)除本条(c)、(d)、(e)款规定外,涡轮发动机驱动的飞机起飞前,应当在考虑到飞行中正常的燃油和滑油消耗后,使该飞机到达目的地时的重量,根据飞机飞行手册中对该目的地机场的气压高度和预计在着陆时当地风的情况所规定的着陆距离,允许其在预定的目的地机场的下述跑道上,由超障面与该跑道交点上方15.2米(50英尺)处算起,在跑道的有效长度60%以内作全停着陆。为确定在目的地机场的允许着陆重量,假定:

(1)飞机在最理想的跑道上在静止大气中以最理想的方向着陆。

(2)考虑到可能的风速、风向和该飞机的地面操纵特性,以及考虑到诸如着陆助航设备和地形等其他条件,飞机在最适宜的跑道上着陆。

(c)对于不能符合本条(b)款第(2)项的要求而被禁止起飞的涡轮螺旋桨驱动的飞机,如果指定了备降机场,除允许飞机在备降机场跑道有效长度的70%以内完成全停着陆外,该备降机场符合本条所有其他要求,则可以允许该飞机起飞。

(d)对于涡轮喷气飞机,在有关的气象报告和预报表明目的地机场跑道在预计着陆时刻可能是湿的时,该目的地机场的有效跑道长度应当至少为本条(b)款所要求的跑道长度的115%,否则,该飞机不得起飞。如果在湿跑道上的实际着陆技术证明,对特定型号的飞机,已经批准了某一较短但绝不小于本条(b)款要求的着陆距离,并且已经载入飞机飞行手册,则可以按照手册的要求执行。

(e)对于涡轮喷气飞机,在有关的气象报告和预报表明目的地机场跑道在预计着陆时刻可能是污染的时,该目的地机场的有效跑道长度应当至少为以下距离中的较大者:本条(b)款所要求的跑道长度的115%,以及根据认可的污染跑道实际着陆距离数据确定的着陆距离的115%,否则,该飞机不得起飞。如果上述污染跑道的道面已经进行了特殊处理,而且实际着陆技术证明,对特定型号的飞机,已经批准了某一较短但不小于本条(b)款要求的着陆距离,并且已经载入飞机飞行手册,则可以按照手册的要求执行。

(f)由于不能符合本条(b)款第(2)项而被禁止起飞的涡轮喷气动力的飞机,如果指定了符合本条(b)款所有要求的备降机场,则可以起飞。

第121.197条　涡轮发动机驱动的飞机的着陆限制——备降机场

在涡轮发动机驱动的飞机的签派或者放行单中列为备降机场的机场,应当能使该飞机在到达该备降机场时以根据本规则第121.195条(b)款规定的假定条件预计的重量,由超障面与跑道交点上方15.2米(50英尺)处算起,在跑道有效长度的70%(涡轮螺旋桨动力飞机)或者60%(涡轮喷气动力飞机)

以内完成全停着陆。对于本规则第121.637条所规定的起飞备降机场，在确定到达时的预计重量时，除正常的燃油和滑油消耗之外，可以考虑应急放油量。

J章　特殊适航要求

第121.211条　总则

合格证持有人的飞机除满足相应型号合格审定要求外，还应符合本章的特殊适航要求。

第121.213条　旅客座椅间距

(a)对于2006年7月1日后加入合格证持有人运行规范的任何载客运行的飞机应当满足本条(b)款的要求。

(b)合格证持有人运行的任何载客运行的飞机，其座椅间距应当满足如下要求：

(1)任何座椅椅背与前面座椅椅背或者其他的固定结构之间的距离不得小于660毫米(26英寸)；

(2)任何座椅与前面的座椅或者其他的固定结构之间的距离不得小于178毫米(7英寸)；

(3)前后排座椅之间或者座椅与前面的任何固定结构之间的垂直投影距离不得小于76毫米(3英寸)。

(c)对于本条(b)款要求的距离的测量应满足如下要求：

(1)对于(b)款第(1)项要求的距离，以椅背腰垫(没有被压缩)76毫米(3英寸)高处为原点，在距地板635毫米(25英寸)以下的整个座椅宽度范围内测量与前面座椅或者其他固定结构之间的水平方向和垂直方向的距离(如下图所示)；

(2)对于(b)款第(2)项要求的距离，以椅垫和扶手最前端为原点测量水平方向和垂直方向的距离(如下图所示)；

(3)对于(b)款第(3)项要求的距离，测量椅垫和扶手最前端的投影与前面座椅或者固定结构的最后端的投影之间的距离(如下图所示)。

(d)对于有杂志袋和小桌板的座椅，在所有测量时杂志袋应当正常装载有关的客舱安全说明、清洁袋和合格证持有人提供的机上读物，小桌板应当在正常的收起位置(起飞和着陆位置)。

(e)所有测量应当在座椅调直和扶手放下的状态(起飞和着陆状态)下测量。

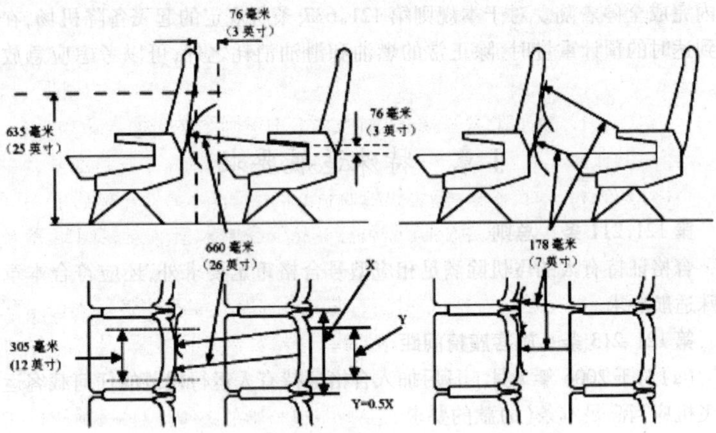

座椅间距测量方法示意图

第121.215条　在客舱内装货

(a)除本条(b)款或者(c)款规定之外,按照本规则运行的合格证持有人不得在飞机客舱内运载货物。

(b)如果货物在经批准的货箱之内且货箱满足下列要求,货物可以装在客舱内任一位置:

(1)货箱应当能承受适用于装有该货箱的飞机的旅客座椅载荷系数和应急着陆条件1.15倍的过载,计算时要用货箱重量和货箱中可以装载货物的最大重量的总重量;

(2)货箱上应当清晰地标出该货箱准许装载的货物的最大重量以及为保证货箱内正确的重量分布而必需的任何说明;

(3)货箱施加的载荷不得超过地板或者飞机其它结构件的载荷限制;

(4)货箱应当固定在座椅滑轨或者飞机地板结构件上,其固定点应当能承受适用于货箱安装于其上的飞机的旅客座椅的载荷系数和应急着陆情况一定倍数的过载,该倍数为1.15或者为该飞机规定的座椅固定系数,二者中取较大者,计算时要用货箱重量和在其中可能装载货物的最大重量的总重量;

(5)货箱不得装于妨碍通达或者使用任何需要的应急出口或者客舱通道之处;

(6)货箱应当为全封闭式的,而且应当用至少为阻燃的材料制成;

(7)货箱内应当有适当的安全防护装置以防止货物在应急着陆情况下发生移动;

(8)货箱不得安装在会遮挡任一旅客观察“系好安全带”标牌、“请勿吸烟”标牌或者任何所需要的出口标记的位置，除非备有辅助标记或者其他经批准的可以给旅客适当通告的措施。

(c)只要在《运输类飞机适航标准》(CCAR25)第25.561条(b)款第(3)项规定的载荷系数所对应的过载条件下能将货物束缚住，并且按照下列要求装载，则货物可以装于任一客舱内的隔框或者隔板后面：

(1)货物用安全带或者其他具有足够强度的系留索适当紧固；使货物在所有可以预计的正常飞行和地面情况下不可能移动；

(2)其包装或者覆盖方式能避免对旅客和客舱内人员可能的伤害；

(3)不会对座椅或者地板结构加上超过这些部件载荷限制的任何载荷；

(4)其位置不妨碍通达或者使用任何需要的应急出口、正常出口或者客舱内的通道；

(5)其位置不遮拦任一旅客观察“系好安全带”标牌，“请勿吸烟”标牌或者所需要的出口标记的视线，除非备有辅助标记或者其他经批准的可以给旅客适当通告的措施。

第121.217条　在货舱内装货

当货物装在其设计要求机组从外部进入其中以扑灭飞行中可能发生的任何火情的货舱内时，货物的装载应当使机组人员能携带手提灭火器有效地到达舱内所有部位。

K章　仪表和设备要求

第121.301条　概则

(a)除具体指明适用于特定运行的条款外，本规则关于仪表和设备的要求适用于按照本规则实施的所有运行。

(b)本规则第121.305条至第121.360条所要求的仪表和设备，应当按照适用的适航要求进行批准和安装。

(c)每个空速指示器应当以公里/小时或者海里/小时为单位校准，并且飞机飞行手册和有关标牌中的每个空速限制和有关资料中的空速应当相应地以公里/小时或者海里/小时表示。

(d)除经局方批准外，2005年7月1日后首次投入运行的飞机应当装备有以米为单位显示的高度表。如果该飞机需在以英尺为单位确定飞行高度的国家或者地区运行，则应当同时装备有以英尺为单位显示的高度表。

(e)除本规则第121.645条(b)款和第121.647条规定外，只有当下列仪表和设备处于工作状态，方可以使飞机起飞：

(1)为符合对该飞机进行型号合格审定的适航要求所要求的仪表和设备；

(2)本规则第121.305条至第121.319条和第121.359条、第121.360条以及第121.743条中规定的适用于所有运行的仪表与设备，以及本规则第121.323条至第121.351条中规定的适用于不同运行类型的仪表与设备，而这些仪表与设备在本条(e)款第(1)项未作出要求。

第121.305条　飞机仪表和设备

按照本规则运行的飞机应当装备下列飞行和导航的仪表与设备：

(a)一个空速指示系统，带有加温空速管或者可以防止由于结冰而失效的等效装置。对于以马赫数为单位来表示速度限制的飞机，则还应至少装有一个马赫数指示器。

(b)一个灵敏高度表，带有以百帕斯卡(毫巴)为单位的校正装置，并且该装置对于飞行中可能遇到的气压可以进行修正。

(c)一个带指针和/或者数字式显示的精确指示小时、分和秒的时钟(或者经批准的等效装置)。

(d)一个大气静温指示器。

(e)一个陀螺坡度与俯仰指示器(地平仪)。

(f)一个组合有侧滑指示器的陀螺转弯速率指示器，但在按照本条(l)款装有第三套姿态仪表系统(可以在360°俯仰和滚转飞行姿态中使用)时，只需要侧滑指示器。

(g)一个陀螺航向指示器(航向陀螺或者等效仪表)。

(h)一个磁罗盘。

(i)一个垂直速度指示器(升降率指示器)。

(j)副驾驶位置处应单独配备下述仪表：

(1)一个空速指示系统，具有加温空速管或者可以防止由于结冰而失效的等效装置。对于以马赫数为单位来表示速度限制的飞机，则还应至少装有一个马赫数指示器；

(2)一个灵敏高度表，带有以百帕斯卡(毫巴)为单位的校正装置，并且该装置对于飞行中可能遇到的气压可以进行修正；

(3)一个垂直速度指示器(升降率指示器)；

(4)一个组合有侧滑指示器的陀螺转弯速率指示器，但在按照本条(l)款装有第三套姿态仪表系统(可以在360°俯仰和滚转飞行姿态中使用)时，只需要侧滑指示器；

(5)一个陀螺坡度与俯仰指示器(地平仪);

(6)一个陀螺航向指示器(航向陀螺或者等效仪表)。

(k)当需要有重复的仪表时,要求对每个驾驶员有单独的显示和单独的选择开关或者其他相适用的设备。

(l)除局方批准的某些涡桨飞机外,在涡轮动力飞机上,除在每位驾驶员工作位置上各有一个陀螺坡度与俯仰指示器(地平仪)可以供使用之外,还应配备满足下列要求的第三套陀螺坡度与俯仰指示器(地平仪):

(1)由独立于飞机正常发电系统的应急备用电源供电;

(2)在正常发电系统全部失效之后至少能继续可靠地工作30分钟;

(3)不依赖任何其他姿态指示系统而独立工作;

(4)在正常发电系统全部失效之后无需选择就能工作;

(5)位于仪表板局方认可的位置上,使得任一驾驶员在其工作位置上都能清楚地看见并使用;

(6)在使用的所有阶段均有适当照明。

(m)对于本条要求的飞行和导航设备:

(1)可以通过仪表组合或者中央飞行系统或者在电子显示器上参数的组合来满足这些条款的各项要求,但要求每一必需驾驶员能够获得的信息不少于本条所规定的仪表及相应设备提供的信息。

(2)可以使用其他等效符合性方法来满足这些条款的设备要求,但要求在飞机型号审定批准过程中已表明该方法具有等效的安全水平。

第121.307条　发动机仪表

除了局方对涡轮发动机飞机允许或者要求具有等效安全性的不同仪表外,其他按照本规则实施运行的飞机应当安装下列发动机仪表:

(a)每台发动机一个汽化器空气温度指示器。

(b)每台空气冷却的发动机一个气缸头温度指示器。

(c)每台发动机一个燃油压力指示器。

(d)每台未装备自动高度混合气控制器的发动机一个燃油流量表或者燃油混合气指示器。

(e)所用每个燃油箱一个指示燃油量的装置。

(f)每台发动机一个进气压力指示器。

(g)每台发动机一个滑油压力指示器。

(h)当采用传输或者独立的供油方式时,每一滑油箱一个滑油量指示器。

(i)每台发动机一个滑油温度指示器。

(j)每台发动机一个转速表。

(k)每台发动机一个独立的燃油压力警告装置，或者一个用于所有发动机的总警告装置，该装置具有使单个警告电路与总警告装置隔离的功能。

(l)每一可以反桨的螺旋桨具有一个装置，当螺旋桨处于反桨状态时向飞行机组发出指示信号，该装置应符合下列要求：

(1)可以在正常低桨距限动位置至最大反桨距之间反桨循环过程中任一点被触发，但在正常低桨距限动位置或者高于此位置时不可以给出指示。

(2)指示的信号源应当由螺旋桨桨叶角触发或者直接对其作出响应。

第121.308条　厕所防火

(a)除经局方批准外，按照本规则运行的载客飞机应当在每个厕所装备烟雾探测系统或者等效装置，并能在驾驶舱提供警告灯光，或者在客舱中提供易于客舱机组发现的警告灯光或者音响警告。

(b)除经局方批准外，按照本规则运行的载客飞机应当在每个厕所每个处置纸制品或者废物的容器内装备内置式固定灭火器。该固定灭火器应当设计成当容器内失火时，能自动向容器内喷射灭火剂。

第121.309条　应急设备

(a)只有装备本条和本规则第121.310条所列的应急设备的飞机，方可以按照本规则实施运行。

(b)本条和本规则第121.310条和第121.339条所列的每项应急设备和漂浮设备应当符合下列要求：

(1)依照运行规范中规定的检验周期予以定期检验，以确保其处于持续可用和立即工作的状态，执行其预定的应急用途；

(2)易于机组成员取用，位于客舱的设备应当易于旅客取用；

(3)具有清楚的标识和标记，指明其使用方法，文字说明应当至少有中文；

(4)当装在某一舱室或者某一容器中时，在该舱室或者容器上易于观察的地方至少用中文标明其所装物品以及上次检验的日期。

(c)在驾驶舱、客舱、货舱、厨房内，应当按照下列规定，装备经批准型号的手提灭火器：

(1)灭火剂的型号和装量应当适用于该舱室可能发生的失火类型，并且对于客舱，应当设计成使有毒气体聚积的危险性减到最小；

(2)货舱。对于飞行中机组成员能够进入的E类货舱，应当配备至少一个手提灭火器，并放置于方便取用的地方；

(3)厨房隔舱。对于位于客舱、货舱或者驾驶舱之外隔舱内的厨房，应当在每个厨房内至少装备一个便于取用的手提灭火器；

(4)驾驶舱。驾驶舱内应当至少装备一个便于飞行机组使用的手提灭火器；

(5)客舱。在客舱使用的手提灭火器应当放置于方便的位置上。在要求配备两个或者两个以上手提灭火器时,这些设备应当均匀地分布于每个客舱内。应当按照下列要求配备手提灭火器：

(i)对于旅客座位数 7 至 30 的飞机,至少配备一个；

(ii)对于旅客座位数 31 至 60 的飞机,至少配备两个；

(iii)对于旅客座位数 60 以上的飞机,应当至少配备下列数量的手提灭火器：

旅客座位数	手提灭火器的最小数量
61 至 200 座	3 个
201 至 300 座	4 个
301 至 400 座	5 个
401 至 500 座	6 个
501 至 600 座	7 个
601 座或以上	8 个

(6)尽管本条(c)款第(5)项要求手提灭火器均匀分布,如果在客舱中有厨房,应当至少有一个手提灭火器位于方便之处并易于在厨房中取用；

(7)载运旅客飞机所要求配备的手提灭火器中至少 2 个应当装 Halon 1211(溴氯二氟甲烷)或者等效的灭火剂。客舱中应当至少有一个这样的灭火器。

(d)载运旅客的飞机上应当配备本规则第 121.743 条要求的应急医疗设备。

(e)应急斧。每架飞机应当配备至少一把应急斧。

(f)扩音器。每架载运旅客飞机应当配有电池供电的便携式扩音器,放在负责指挥应急撤离的机组成员方便取用的地方,其配备数量和位置按照以下规定：

(1)在旅客座位数 61 至 99(含)的飞机上配备一个,安放在客舱后部从客舱乘务员座位易于取用处。但是,如果局方认为安放在其他位置可能对应急情况下人员的撤离更为适合,可以批准偏离本款的要求；

(2)在旅客座位数大于 99 的飞机客舱内配备两个扩音器,一个安放在前部,另一个安放在后部,并且易于从客舱乘务员座位处取用。

第 121.310 条　附加应急设备

(a)应急撤离设施。当飞机停放于地面且起落架放下时,应急出口(机翼上方的应急出口除外)距地面高度超过 183 厘米(6 英尺)的每一载客陆上飞机,应当有经批准的可以帮助机上人员撤到地面的设施。用于地板高度应急出口的这种辅助设施应当符合《运输类飞机适航标准》(CCAR25)第 25.810 条的相应适航要求。能自动放出的辅助设施在滑行、起飞和着陆期间应当处于待命状态。但是,如果局方认为这个出口的设计使得满足这些要求不切实际,则局方可以批准偏离关于自动放出的要求,但该辅助设施在放出时应能自动展开,并按照本规则第 121.161 条(a)款的规定对所要求的应急出口进行应急撤离演示。

(b)机内应急出口标记。每架载客飞机应当符合下列要求:

(1)每个旅客应急出口,其通达方式及开启方法,应当有明显易懂的标记。每个旅客应急出口本身及其位置应当能从等同于客舱宽度的距离上认清。每个旅客应急出口的所在位置应当用机上人员能看到的沿客舱主通道的标志指明,下述部位应当有位置指示标志:

(i)每个翼上旅客应急出口附近的通道上方,如通道高度较低,可以放在顶棚合适位置上;

(ii)在紧靠每一地板高度的旅客应急出口处,如果一个位置指示标志可以清楚标明两个应急出口的位置,则一个位置指示标志可以用于两个应急出口位置的指示;

(iii)在客舱每个挡住前后视线的隔框或者隔板上,用以指示被其挡住的应急出口,若这样做不可能时,可以将标志置于其他适当的位置。

(2)每个旅客应急出口标记和每个位置标示应当符合《运输类飞机适航标准》(CCAR25)第 25.811 条的相应适航要求。在这些飞机上,如果任一标志的发光度(亮度)降低到 250 微朗伯之下,则不可以继续使用。

(c)机内应急出口标志的照明。每架载运旅客飞机应当具有独立于主照明系统的应急照明系统。但是,如果应急照明系统的供电电源独立于主照明系统的供电电源,则客舱一般照明的光源可以为应急照明系统和主照明系统二者所共用。应急照明系统应当:

(1)照亮每一旅客出口标志和位置标志;

(2)在客舱内提供足够的一般照明,沿着旅客主通道中心线在座椅扶手高度以 100 厘米(40 英寸)的间隔进行测量时,平均照度至少为 0.538 勒(0.05 英尺烛光);

(3)具有贴近地板的应急逃生通道标志,该标志符合《运输类飞机适航标准》(CCAR25)第 25.812 条相应适航要求或者经局方批准的其他等效要求。

(d)应急灯的工作。除按照《运输类飞机适航标准》(CCAR25)第 25.812

条的相应适航要求设置的仅限于一个辅助装置使用、独立于飞机主应急照明系统、在该辅助装置放下时能自动接通的那些灯外，本条(c)和(h)款所要求的每个灯均应当满足下列要求：

(1)每个灯应当：

(i)能从飞行机组工作位置和客舱中客舱乘务员正常座位易于接近处的两个地方进行人工控制；

(ii)有防止人工控制装置误操作的装置；

(iii)当在任一机组成员工作位置上使其处于接通或者待命状态时，一旦飞机正常的供电电源中断时，它将保持燃亮或者开始燃亮。

(2)在滑行、起飞和着陆期间，每个灯均应当处于待命或者接通状态。在证明与本款相符时，无需考虑机身的横向垂直分隔；

(3)每个灯应当在应急着陆后的临界环境条件下，提供所要求照度水平的照明至少达10分钟；

(4)每个灯应当有驾驶舱内的控制装置，该装置具有"接通"、"断开"和"待命"三个位置。

(e)应急出口操纵手柄。每个旅客应急出口操纵手柄的位置和出口的开启说明应当符合《运输类飞机适航标准》(CCAR25)第25.811条的相应适航要求，除非局方引用了满足本款的其他要求。当任一操作手柄或者操作手柄外罩的发光度(亮度)降至100微朗伯之下时，该手柄或者手柄外罩不得继续使用。

(f)应急出口的通道。每架载客飞机应当按照下述要求设置至应急出口的通道：

(1)各旅客区域之间的或者通向Ⅰ型或者Ⅱ型应急出口的每条旅客通道应当无障碍物，其宽度不少于508毫米(20英寸)；

(2)靠近每个Ⅰ型或者Ⅱ型应急出口处，应当有足够的空间以使机组成员能够帮助旅客撤离飞机，同时又满足本条(f)款第(1)项所要求的通道无障碍宽度；

(3)应当有从主通道至每一Ⅲ型和Ⅳ型应急出口的通道。从主通道至这些出口的通道应当不受座椅、卧铺或者其他可能减小该出口效用的障碍物的阻碍。另外，该通道应当符合《运输类飞机适航标准》(CCAR25)第25.813条的相应适航要求，除非局方引用了满足本款的其他要求；

(4)如果从客舱中任一座位到达任何要求的应急出口需要经过客舱间的通道，则该通道应当无障碍，但是可以使用不影响自由通行的布帘；

(5)不得在客舱间的任何分隔板上设置门；

(6)如果从任一旅客座位到达要求的应急出口需要经过把客舱和其他区域隔开的门,则此门应当有装置将其闩在开启位置,并且在每次起飞和着陆期间,这个门应当闩在开启位置。此闩锁装置应当能够承受当该门相对于周围结构受到一个《运输类飞机适航标准》(CCAR25)第25.561条所述的极限惯性力时对其施加的载荷。

(g)机外出口标记。每个旅客应急出口和从外面开启这个出口的装置应当在飞机外部予以标记,机身侧面应当有框出每一旅客应急出口的5厘米(2英寸)宽的色带。每一外部标记(包括这种色带)的颜色应当与周围机身表面有明显的对比而易于区别。这些标记应当符合下列要求:

(1)如果较深颜色的反射率等于或者小于15%,则较浅颜色的反射率应当至少为45%。反射率是物体反射的光通量与其接收的光通量之比;

(2)如果较深颜色的反射率大于15%,则其反射率与较浅颜色反射率之差应当至少有30%;

(3)不在机身侧面的出口应当有外部开启装置,并用红色醒目地标出适用的操作说明,或者,如果背景的颜色使得红色不醒目,应当用鲜明的铬黄色作标记,并且当这种出口的开启装置仅位于机身一侧时,应当在另一侧上作同样效果的标记。

(h)外部应急照明和撤离路线。

(1)每架载运旅客飞机应当装备符合《运输类飞机适航标准》(CCAR25)第25.812条相应适航要求的外部照明设备;

(2)每架载运旅客飞机应当装备有符合《运输类飞机适航标准》(CCAR25)第25.810条相应适航要求的防滑撤离路线。

(i)地板高度的出口。机身侧面高等于或者大于1118毫米(44英寸)、宽等于或者大于508毫米(20英寸)但不到1168毫米(46英寸)的每个地板高度的舱门或者出口(不包括那些不能由客舱进入的通向货舱或者行李舱的舱门或者出口)、每个机身下部出口和每个尾锥出口,应当符合本条关于地板高度应急出口的要求。但是,如果环境条件使得完全满足这些要求不切实际,并且偏离这些要求能够达到可以接受的安全水平,局方可以批准偏离本款的要求。

(j)额外的应急出口。客舱内超过应急出口最少数量要求外的经批准应急出口,应当符合本条除(f)款第(1)、(2)、(3)项以外的所有款项的要求,并且应当易于接近。

(k)在每架载客涡轮喷气动力飞机上,每个机身下部出口和尾锥出口应当符合下列要求:

(1)设计和结构应使其在飞行中不能被打开；

(2)在靠近出口开启装置明显位置上设置从762毫米(30英寸)的距离上即可以辨读的标牌，说明此出口的设计和结构使其在飞行中不能被打开。

(l)手电筒。载运旅客飞机应当装备有从每个客舱乘务员座位处易于接近的手电筒及其储放装置。

(m)对于按照本规则实施运行并且机身每侧配备了多个旅客应急出口的飞机，机身同侧位于同层客舱的任何旅客应急出口与相邻旅客应急出口之间的距离应当不超过18.3米(60英尺)，该距离的测量应当平行于飞机的纵轴线测量两个应急出口相距最近的出口边缘之间的距离。

第121.311条　座椅、安全带和肩带装置

(a)载客飞机应当装备下列装置：

(1)可以供机上每一个2周岁以上人员使用的经批准的座椅或者卧铺；

(2)可以供机上每一个2周岁以上的人员单独使用的经批准的安全带，但在航路飞行期间，占用一个卧铺的两个人和占用一个多座座椅或者长座椅的两个人可以共用一条经批准的安全带。

(b)在飞机于地面移动、起飞和着陆期间，按照本规则运行的飞机上每一个人均应当在经批准的座椅或者卧铺上就座，并用单独的安全带适当扣紧。座椅上为该乘员配备的安全带不得被2周岁以上的人共用。但是：

(1)对于不满2周岁的儿童可以由占有经批准座椅或者卧铺的成年人抱着；

(2)可以乘坐于经局方批准的儿童限制装置内，该装置可以是合格证持有人配备的，也可以是儿童父母、监护人携带的，或者该儿童父母、监护人指定在飞行中照料其安全的护理人员携带的，但合格证持有人应当确保：

(i)儿童限制装置能够被恰当地固定在经批准的前向座椅或者卧铺上；

(ii)儿童能够被恰当地系紧在该限制装置内，并且其体重不超过该装置所规定的重量限制；

(iii)在飞机起飞、着陆和地面移动期间，不得使用助力式儿童限制装置、马甲式儿童限制装置、背带式儿童限制装置和抱膝式儿童限制装置。

(c)如果儿童的父母、监护人或者指定的护理人员请求让该儿童乘坐他们提供的儿童限制装置，当该儿童持有经批准座位或者卧铺的机票，或者这种座位或者卧铺能够由合格证持有人提供给该儿童使用，并且本条(b)款第(2)项中的要求能够满足，则该合格证持有人不得拒绝该儿童乘坐飞机。本条并不阻止合格证持有人提供儿童限制装置，也不阻止合格证持有人遵循安全操作常规，为儿童限制装置确定最适合的旅客座椅位置。

(d)每一面向侧方的座椅应当符合《运输类飞机适航标准》(CCAR25)第25.785条的相应适航要求。

(e)除本条(e)款第(1)项和第(2)项规定外,只有每一旅客座椅的椅背处于竖立位置,合格证持有人方可以使飞机起飞或者着陆。每个旅客应当遵守机组成员依照本款发出的指令。

(1)本款不适用于为符合本规则第121.310条(f)款第(3)项的要求而让其处于非竖立位置的座椅靠背;

(2)本款不适用于根据合格证持有人的手册中规定的程序,在座位上载有货物或者坐有由于健康方面的原因不能直坐的人的座椅,但其椅背不得妨碍机上乘员走向通道或者任一应急出口。

(f)每架飞机应当在驾驶舱每一工作位置上配备有符合《运输类飞机适航标准》(CCAR25)第25.785条的相应适航要求的组合式安全带和肩带,方可以实施运行。

(g)每个客舱乘务员应当在客舱具有一个符合《运输类飞机适航标准》(CCAR25)第25.785条的相应适航要求的座椅(含安全带和肩带)供起飞和着陆时使用。这些要求不适用于非本规则第121.391条要求的客舱乘务员乘坐的旅客座椅。

(h)要求装备组合式安全带和肩带装置的座椅上的每个乘员,在起飞和着陆过程中都应当用这种组合式安全带和肩带装置将乘员恰当扣紧,但在履行其正常职责需要时,可以松开肩带。

(i)在每个无人乘坐的座椅上,若装有安全带或者肩带装置,则应当将其固定好,使其不妨碍机组成员执行任务或者紧急情况下人员的迅速撤离。

(j)实施载客运行运输类飞机的旅客和客舱机组成员的座椅要求:

(1)合格证持有人引进的按照本规则实施运行的2019年1月1日以后新制造的飞机,其所安装的旅客和客舱机组成员的座椅必须满足1990年7月18日颁布实施的《运输类飞机适航标准》(CCAR25)第25.562条或其后续修订的适用要求,否则不得投入运行。

(2)自2019年1月1日起,合格证持有人引进的按照本规则实施运行的非中国民航登记注册的二手飞机,其所安装的旅客和客舱机组成员的座椅必须满足1990年7月18日颁布实施的《运输类飞机适航标准》(CCAR25)第25.562条或其后续修订的适用要求,否则不得投入运行。

第121.312条　座舱内部材料

(a)除局方另行批准外,对于按照本规则运行的飞机,其每个座舱内的所有内部材料应当符合《运输类飞机适航标准》(CCAR25)第25.853条的相应适航要求。

(b)除飞行机组成员座椅外,机组或者旅客使用的坐垫应当符合《运输类飞机适航标准》(CCAR25)第25.853条的适用防火特性要求。

第121.313条　其他设备

飞机只有安装下列设备,方可以实施本规则的运行:

(a)如果飞机上装有保护性熔断器,每种规格保护性熔断器的备用数量应为该飞机批准的并在合格证持有人手册中规定的数量。

(b)每个驾驶员工作位置上的风挡雨刷或者等效设备。

(c)符合运输类飞机型号合格审定适航要求的电源和配电系统,或者在任一电源或者配电系统部件失效时,利用外部电源,能为所需要的仪表和设备供电的发电和配电系统。在系统中准许使用公共的元部件,只要局方认为其设计能合理地防止失效。当使用由发动机驱动的多个电源时,它们应当分装在各个发动机上。

(d)向必需飞行仪表供电的品质和充裕程度的指示装置。

(e)两个独立的静压系统,与外部大气相通,使得其受气流变化、湿气或者其他外来物影响最小,且其安装除通气口外均为气密的。当有装置将仪表从主工作系统转接到备用系统上时,这一装置里应当具有一个可靠的位置控制器,且应当予以标记,清楚地指明正在使用的系统。

(f)对于按照本规则运行的飞机,除机组成员外,如果机上还搭载有其他乘员,则驾驶舱和乘员舱之间应当装有带锁定装置的门(即驾驶舱门),该锁定装置应当设计成只能从驾驶舱内解锁,并且在使用中有效,以防止其他机上乘员未经驾驶舱内飞行机组成员的同意将门打开,否则只有驾驶舱内的飞行机组成员才能持有驾驶舱门的钥匙。对于从驾驶舱和客舱都能进入的机组休息区的飞机,则该区和客舱之间应当安装有带类似锁定装置的门。

(1)对于最大客座数大于20人的载客飞机,其驾驶舱门还应当满足下述要求:

(i)机上应急出口的布局应当设计成使机组成员或者旅客无需通过该舱门就能到达为他们设置的应急出口;

(ii)应当有措施使飞行机组成员在该舱门被卡住的情况下能从驾驶舱直接进入客舱;

(iii)合格证持有人应当建立紧急情况下的措施,使得客舱乘务员在飞行机组失去能力时能够进入驾驶舱。每位飞行机组成员应当能够从其工作位置处操纵驾驶舱门锁定和解锁装置,以及任何相关的指示信号或者身份确认系统。

(2)对于最大审定起飞重量超过45,500千克或者客座数超过60人的载客飞机,驾驶舱门还应当符合下述要求:

(i)能抵御未经许可人员的暴力入侵和关键部位能够承受300焦耳(221.3英尺磅)的冲击,同时在旋钮和把手处能够承受1,113牛顿(250磅)的拉伸载荷;

(ii)能抵御轻型武器火力和爆炸装置的穿透,符合有关适航要求规定的标准。

(g)将客舱与设有应急出口设施的其他舱室隔开的每一扇门应当配备钥匙,所配钥匙应当便于每个机组成员使用。

(h)在通往每一指定的旅客应急出口的每扇门上应有一块标牌,用以指明在起飞和着陆期间此门应当处于打开状态。

(i)对于旅客可以进入的舱室,如果舱门有可能被旅客锁上,则应当为机组配备这些门的开锁装置,以便在紧急情况下打开这些门。

第121.314条　货舱和行李舱

(a)飞机中每个容积大于5.7立方米(200立方英尺)、符合《运输类飞机适航标准》(CCAR25)第25.857条定义的C类舱,应当有下述任一材料构成的顶棚和侧墙衬板:

(1)玻璃纤维加强树脂;

(2)符合《运输类飞机适航标准》(CCAR25)附录F要求的材料;

(3)经局方批准的铝衬板。

(b)为符合本条,术语"衬板"包括诸如连结处或者紧固件这些影响衬板失火安全包容性能的任何设计细节。

第121.315条　驾驶舱检查单

(a)合格证持有人应当为每一型号飞机提供经批准的驾驶舱检查单。

(b)这些经批准的检查单应当至少包括在起动发动机、起飞或者着陆之前,以及在发动机和系统出现了紧急情况时,飞行机组成员为确保安全应当进行的每一项检查。检查单的设计应当使飞行机组成员无需依赖于对所要进行检查的项目的记忆。

(c)经批准的检查单应当放置在每架飞机驾驶舱内方便飞行机组成员使用的地方,飞行机组在操作飞机时应当遵循检查单规定的程序。

第121.316条　燃油箱

按照本规则运行的涡轮发动机飞机应当符合《运输类飞机适航标准》(CCAR25)第25.963条的要求。

第 121.317 条　旅客告示

(a)按照本规则实施运行的飞机应当装备旅客告示信号和标牌。这些信号装置应当设计成能由机组成员接通或者断开。

(b)飞机在地面的任何移动,以及每次起飞、着陆和机长认为必要的其它任何时间,应当接通“系好安全带”信号。

(c)按照本规则运行的载运旅客飞机,应当从每个旅客座位都能看到至少一个“系好安全带”的明显信号或者标牌。这些信号或者标牌无需符合本条(a)款的要求。

(d)当“系好安全带”信号亮时,本规则第 121.311 条(b)款要求具有座位的每位旅客,应当系好旅客座椅安全带并保持系紧状态。

(e)飞机在运行时,应当使“禁止吸烟”的告示信号灯保持常亮,或者出示一个或者几个符合《运输类飞机适航标准》(CCAR25)第 25.1541 条要求的“禁止吸烟”的标牌。若同时使用灯光信号及标牌,则灯光信号在整个飞行航段上应当保持常亮。

(f)每一厕所内应当有一个标志或者标牌,其上标明“严禁破坏厕所烟雾探测器”。该标志或者标牌无需符合本条(a)款的要求。

(g)在飞机上的任何人应当遵守下列规定:

(1)当“禁止吸烟”信号灯亮时或者“禁止吸烟”标牌出示时,不得在客舱内吸烟;

(2)不得在飞机的厕所内吸烟;

(3)不得触动、损害或者破坏飞机厕所内安装的烟雾探测器。

(h)当飞机在地面的任何移动,在每次起飞、着陆和机长认为必要的其它任何时间内,应当接通“禁止吸烟”信号。

(i)每个旅客应当遵守机组成员为符合本条(e)款、(g)款第(1)项和(f)款第(2)项要求而发出的指令。

第 121.318 条　机内广播系统

(a)旅客座位数超过 19 的飞机实施载客运行时,应当装备有符合下列要求的机内广播系统:

(1)除手持受话器、耳机、话筒、选择开关和信号发送装置外,能不依赖于本规则第 121.319 条所要求的机组成员机内通话系统而独立工作;

(2)依据《民用航空产品和零部件合格审定规定》(CCAR21)的规定获得批准或者认可。

(b)本条(a)款要求的机内广播系统应当符合下列要求:

(1)从驾驶舱两个飞行机组成员的每个工作位置上易于接近并能立即使用;

(2)为每个有邻近客舱乘务员座位的地板高度旅客应急出口配备一个话筒,使在邻近的客舱乘务员座位上就坐的客舱乘务员易于迅速使用。但若出口很接近,就坐的客舱乘务员之间能无困难地口头联络,则一个话筒可以为几个出口所共用;

(3)应当能让每一客舱内便于使用它的位置上的客舱乘务员,在10秒钟之内使其工作;

(4)在所有旅客座位、厕所、客舱乘务员座位与工作台上都能听见。

(c)按照本规则实施运行的1995年12月18日后制造的飞机,还应当符合《运输类飞机适航标准》(CCAR25)第25.1423条的要求。

第121.319条　机组成员机内通话系统

(a)旅客座位数超过19的飞机应当装备有符合下列要求的机组成员机内通话系统:

(1)除手持受话器、耳机、话筒、选择开关和信号发射装置外,能不依赖于本规则第121.318条(a)款所要求的机内广播系统而独立工作;

(2)符合本条(b)款的要求。

(b)本条(a)款所要求的机组成员机内通话系统应当依据《民用航空产品和零部件合格审定规定》(CCAR21)的规定获得批准或者认可,并且应当符合下列要求:

(1)应当提供驾驶舱与下列各处的双向通信:

(i)每一旅客客舱;

(ii)不在主客舱地板高度上的每一厨房。

(2)应当便于在驾驶舱内两个飞行机组成员工作位置中每一个位置上立即使用;

(3)应当便于在每个客舱内至少一个客舱乘务员正常工作位置上使用;

(4)应当能让每一客舱内便于使用它的位置上的客舱乘务员,在10秒钟之内使其工作;

(5)对于涡轮喷气动力的飞机:

(i)应当便于从足够数量的客舱乘务员工作位置上使用,使得从一个或者几个这样装备的工作位置上可以看到每一客舱内所有地板高度的应急出口(或者当出口在厨房内时看到通向这些出口的进口通道);

(ii)应当具有一个包括音响或者目视信号的警戒系统,用于飞行机组人员呼叫客舱乘务员和客舱乘务员呼叫飞行机组成员;

(iii)本条(b)款第(5)项第(ii)目所要求的警戒系统应当能使接收到呼叫的人确定是正常的呼叫还是紧急的呼叫;

(iv)当飞机停放于地面时,它应当有装置使地面人员和驾驶舱内至少两个飞行机组成员中的任一人之间进行双向通话。供地面人员使用的机内通话系统位置应当使得从飞机内看不到使用该系统的人员。

第 121.320 条 高度保持和警告系统

(a)按照本规则实施运行的飞机应当安装有一个具有下述功能的高度保持和警告系统:

(1)向飞行机组指示所飞的高度;

(2)自动保持所选择的高度;

(3)当接近预选高度时,能至少发出音频或者视频信号提示飞行机组;

(4)当飞机偏离预选高度时,能向飞行机组至少发出音频或者视频警告。

第 121.323 条 夜间运行的仪表和设备

在夜间实施运行的飞机,除装备有本规则第 121.305 条至第 121.320 条、第 121.743 条所要求的仪表和设备之外,还应当加装下列仪表和设备:

(a)航行灯;

(b)防撞灯;

(c)两个着陆灯;

(d)仪表灯光,能提供足够照明的仪表灯,其可以使每一必需的仪表、开关或者类似的装置清晰易读,并且其安装方式使得光线既不会直射飞行机组成员的眼睛,也不会造成有害的反射光线。除非无调光的仪表灯光是令人满意的,否则应有措施控制照明的强度;

(e)一个空速指示系统,带加温的空速管或者等效装置,以防止因结冰而故障;

(f)一个灵敏型高度表。

第 121.325 条 仪表飞行规则运行的仪表和设备

在仪表飞行规则条件下运行的飞机,除应装备有本规则第 121.305 条至第 121.319 条、第 121.743 条所要求的仪表和设备之外,还应当加装下列仪表和设备:

(a)一个空速指示系统,带加温的空速管或者等效装置,以防止因结冰而故障。

(b)一个灵敏型高度表。

(c)仪表灯光,能提供足够照明的仪表灯,可以使每一必需的仪表、开关或者类似的装置清晰易读,并且其安装方式使得光线既不会直射飞行机组成员的眼睛,也不会造成有害的反射光线。除非无调光的仪表灯光是令人满意的,否则应有措施控制照明的强度。

第121.327条　活塞发动机飞机用于生命保障的补充供氧要求

(a)除按照本规则第121.331条提供补充供氧的情况外,按照本规则运行的飞机应当按照本条(b)和(c)款的规定装备和使用补充供氧。某一特定运行所需要的补充供氧量,应当根据飞行高度和飞行持续时间,按照为每次运行和航路所制定的运行程序来确定。

(b)机组成员。

(1)在座舱气压高度3000米(10000英尺)以上至3600米(12000英尺)(含),应当对在驾驶舱内值勤的飞行机组每一成员提供氧气,驾驶舱内值勤的飞行机组成员也应当用氧,并且对于在这些高度上超过30分钟的那部分飞行中,应当对其他机组成员提供氧气;

(2)在座舱气压高度3600米(12000英尺)以上,应当对在驾驶舱内值勤的飞行机组每一成员提供氧气,驾驶舱内值勤的飞行机组成员也应当用氧,并且在此高度上整个飞行时间内,应当对其他机组成员提供氧气;

(3)当要求某一飞行机组成员用氧时,他应当连续用氧,除非为执行其正常勤务必需除去氧气面罩或者其他氧气分配器时。对那些处于待命状态的或者在完成此次飞行前肯定要在驾驶舱内值勤的后备机组成员,应当按照不在驾驶舱内值勤的其他值勤机组成员供氧量提供氧气。如果某一后备机组成员不在待命状态,并且在剩下的一段飞行中将不在驾驶舱内值勤,则就补充氧气要求而言,可将其视为一名旅客。

(c)旅客。合格证持有人应当按照下列要求提供为保证旅客安全的经批准的氧气源:

(1)对于座舱气压高度2400米(8000英尺)以上至4300米(14000英尺)(含)时间超过30分钟的飞行,足以为10%的旅客供氧30分钟;

(2)对于座舱气压高度4300米(14000英尺)以上至4600米(15000英尺)(含)的飞行,足以为30%的旅客在这些高度上的那部分飞行提供氧气;

(3)对于座舱气压高度4600米(15000英尺)以上的飞行,足以在此高度上的整个飞行时间内为机上每一旅客提供氧气。

(d)本章中“座舱气压高度”指与飞机座舱内压力相对应的气压高度,“飞行高度”指飞机在海平面以上的运行高度。对于无增压座舱的飞机,“座舱气压高度”和“飞行高度”是相同的。

第121.329条　涡轮发动机飞机用于生命保障的补充供氧要求

(a)在运行涡轮发动机驱动的飞机时,每个合格证持有人应当根据本条的规定,在飞机上配备生命保障氧气和分配设备以供使用:

(1)所提供的氧气量应当至少是为遵守本条(b)和(c)款所必需的量;

(2)某一特定运行符合本规则所需要的生命保障和急救用氧气量,应根据座舱气压高度和飞行持续时间,按照为每次飞行和每一航路所制定的运行程序确定;

(3)对具有增压座舱的飞机,氧气量应根据座舱气压高度和下列假设来确定:座舱增压故障发生在供氧需求临界的飞行高度或者飞行中某点,飞机按照飞机飞行手册中规定的应急程序,在不超过其使用限制的情况下,下降到不再需要补充氧气的飞行高度;

(4)发生了这种故障之后,座舱气压高度被认为与飞行高度相同,除非能证明,座舱增压设备任何可能的故障均不会导致座舱气压高度等于飞行高度。在这种情况下,应将达到的最大座舱气压高度作为审定或者确定供氧量的依据,或者它们二者的共同依据。

(b)机组成员。每个合格证持有人应当按照下列要求为机组成员提供氧气源:

(1)在座舱气压高度3000米(10000英尺)以上至3600米(12000英尺)(含),应当对在驾驶舱内值勤的每一飞行机组成员提供氧气,他们也应当用氧,并且如果在这些高度上超过30分钟,则对于30分钟后的那段飞行应当对其他机组成员提供氧气;

(2)在座舱气压高度3600米(12000英尺)以上,应当对在驾驶舱内值勤的每一飞行机组成员提供氧气,他们也应当用氧,并且在此高度上整个飞行时间内,应当对其他机组成员提供氧气;

(3)当要求某一飞行机组成员用氧时,他应当连续用氧,除非为执行其正常任务需要除去氧气面罩或者其他氧气分配器。对那些处于待命状态的或者在完成此次飞行前肯定要在驾驶舱内值勤的后备飞行机组成员,视为本款第(1)、(2)项所述的其他机组成员。如果某一后备飞行机组成员不在待命状态,并且在剩下的一段飞行中将不在驾驶舱内值勤,则就补充氧气要求而言,可以将其视为一名旅客。

(c)旅客。每个合格证持有人应当按照下列要求为旅客提供氧气:

(1)对于座舱气压高度3000米(10000英尺)以上至4300米(14000英尺)(含)的飞行,如果在这些高度上超过30分钟,则对于30分钟后的那段飞行应当为10%的旅客提供足够的氧气;

(2)对于座舱气压高度4300米(14000英尺)以上至4600米(15000英尺)(含)的飞行,足以为30%的旅客在这些高度的飞行中提供氧气;

(3)对于座舱气压高度4600米(15000英尺)以上的飞行,在此高度上整个飞行时间内为机上每一旅客提供足够的氧气。

第 121.331 条　具有增压座舱的活塞发动机飞机应急下降和急救用的补充氧气要求

(a)当运行活塞发动机驱动的有增压座舱的飞机时,合格证持有人应当按照本条(b)至(d)款在座舱增压失效时的要求来装备飞机。

(b)对机组成员。当在飞行高度 3000 米(10000 英尺)以上运行时,合格证持有人应当提供在这些高度上整个飞行时间内每一机组成员充足的氧气,并且对驾驶舱内值勤的每一飞行机组成员提供的氧气量不得少于 2 小时。所要求的 2 小时供氧量,是飞机以恒定的下降率从其最大合格审定使用高度用 10 分钟下降至 3000 米(10000 英尺),随后在 3000 米(10000 英尺)高度上保持 110 分钟所必需的氧气量。可用本规则第 121.337 条所要求的供氧量来确定在驾驶舱内值勤的飞行机组人员在座舱增压失效情况下所需要的补充供氧量。

(c)对旅客。当在飞行高度 2400 米(8000 英尺)以上运行时,合格证持有人应当按照下列要求提供氧气:

(1)当飞机在飞行高度 7600 米(25000 英尺)(含)以下飞行时,如果在飞行航路上任一点飞机均能在 4 分钟之内安全下降到飞行高度 4300 米(14000 英尺)(含)以下,则足以为 10% 的旅客供氧 30 分钟;

(2)如果飞机不能在 4 分钟之内降至飞行高度 4300 米(14000 英尺)(含)以下,则应当按照下列要求提供氧气:

(i)对于在飞行高度 4600 米(15000 英尺)以上时间超过 4 分钟的那部分飞行,按照本规则第 121.327 条(c)款第(3)项所要求的供氧量;

(ii)对于飞行高度 4300 米(14000 英尺)以上至 4600 米(15000 英尺)(含)的飞行,按照本规则第 121.327 条(c)款第(2)项所要求的供氧量;

(iii)对于飞行高度 2400 米(8000 英尺)以上至 4300 米(14000 英尺)(含)的飞行,足以为 10% 的旅客提供 30 分钟的供氧量。

(3)当飞机在飞行高度 7600 米(25000 英尺)以上飞行时,在飞行高度 2400 米(8000 英尺)至 4300 米(14000 英尺)(含)的整个飞行期间(包括应急下降)足以为 10% 的旅客提供 30 分钟的氧气量,加上在 4300 米(14000 英尺)以上符合本规则第 121.327 条(c)款第(2)和(3)项要求的供氧量。

(d)就本条而言,假设座舱增压是在最临界的飞行高度或者飞行中某点上出现故障,飞机在不超过其正常使用限制的情况下,下降到能够超越地形障碍的安全飞行高度。

第 121.333 条　具有增压座舱的涡轮发动机飞机应急下降和急救用的补充氧气要求

(a)当运行具有增压座舱的涡轮发动机飞机时,合格证持有人应当提供氧气和分配设备,以在座舱增压失效时符合本条(b)款至(e)款的要求。

(b)机组成员。当在飞行高度3000米(10000英尺)以上运行时,合格证持有人应当向在驾驶舱内值勤的每一飞行机组成员提供足以符合本规则第121.329条要求的但供氧时间不少于2小时的氧气。所要求的2小时供氧量,是飞机从其最大审定运行高度以恒定下降率用10分钟下降至3000米(10000英尺),并随后在3000米(10000英尺)高度上保持110分钟所必需的供氧量。在确定驾驶舱内值勤的飞行机组成员所需要的供氧量时,可以包括座舱增压失效时本规则第121.337条所要求的供氧量。

(c)飞行机组人员对氧气面罩的使用。

(1)当在飞行高度7600米(25000英尺)以上运行时,在驾驶舱内值勤的每一飞行机组成员均应当配备有一个氧气面罩,其设计应保证能将其迅速取下戴在脸上,适当固定并密封,在需要时能立即供氧,并且不妨碍该飞行机组成员与其他机组成员之间用飞机内话系统立即通话。当在飞行高度7600米(25000英尺)以上未使用氧气面罩时,它应当保持在备用状态,且位于飞行机组人员在其值勤位置上可以立即取用的范围内;

(2)当在飞行高度7600米(25000英尺)以上运行时,操纵飞机的一名驾驶员应当按照下述规定,始终使用一个固定在脸上、密封并供氧的氧气面罩:

(i)如果在驾驶舱值勤的每一个飞行机组成员均有一个速戴型氧气面罩,合格证持有人已经证明用一只手在5秒钟内即可以戴到脸上,适当固定、密封并在需要时能立即供氧,则在低于下述飞行高度(含)时,驾驶员不需要戴上和使用氧气面罩:

(A)客座数在30以上(不包括任何必需的机组成员座位),或者商载大于3,400千克(7,500磅)的飞机,低于飞行高度层12500米(41000英尺)(含);

(B)客座数在31以下(不包括任何必需的机组成员座位),或者商载不大于3,400千克(7,500磅)的飞机,低于飞行高度层10500米(35000英尺)(含)。

(ii)合格证持有人还应当证明,佩戴面罩不妨碍戴眼镜,也不会延误飞行机组成员执行其指定的紧急任务。氧气面罩在戴上后,不得妨碍该飞行机组成员与其他机组成员之间用飞机内话系统立即通话。

(3)尽管有本条(c)款第(2)项的规定,当在飞行高度7600米(25000英尺)以上运行时,如果由于任何一种原因,在任一时刻,操纵飞机的一名驾驶员需要离开其工作位置时,则操纵飞机的另一名驾驶员应当戴上并使用氧气面罩,直至那名驾驶员回到其工作位置;

(4)在每次飞行的起飞之前,每个飞行机组成员应当对其所使用的氧气设备进行飞行前检查，以确保氧气面罩功能正常、固定合适并连接到适当的供氧接头上，且供氧源及其压力适于使用。

(d)客舱乘务员对便携式氧气设备的使用。在飞行高度7600米(25000英尺)以上飞行期间，每一客舱乘务员应当携带至少可以供氧15分钟的便携式氧气设备，除非经证明，在整个客舱内分布有足够的带有面罩或者备用接口的便携式氧气装置，或者在整个客舱内分布有足够的备用接口和面罩，可以确保在座舱释压时，无论客舱乘务员在何处，每一客舱乘务员均可以立即使用氧气。

(e)旅客。当飞机在飞行高度3000米(10000英尺)以上运行时，应当对旅客提供满足下列要求的氧气源：

(1)经合格审定在飞行高度7600米(25000英尺)以下(含)运行的飞机能在所飞航路的任一点上4分钟之内安全下降到飞行高度4300米(14000英尺)(含)以下时，应当按照本规则规定的供氧率为至少10%的旅客提供30分钟的氧气；

(2)当飞机运行在飞行高度7600米(25000英尺)(含)以下且不能在4分钟之内安全下降到飞行高度4300米(14000英尺)时，或者当飞机运行在飞行高度7600米(25000英尺)以上时，在座舱释压后座舱气压高度3000米(10000英尺)以上至4300米(14000英尺)(含)的整个飞行期间应当能以本规则规定的供氧率为至少10%的旅客供氧，并且按照适用情况，能够符合本规则第121.329条(c)款第(2)和(3)项的要求，但对旅客的供氧时间应当不少于10分钟；

(3)为了对那些由于生理上的原因，在从飞行高度7600米(25000英尺)以上的座舱气压高度下降后可能需要纯氧的机上乘员进行急救护理，在座舱失密后座舱气压高度2400米(8000英尺)以上的整个飞行时间内，应当为2%的乘员(但在任何情况下不得少于1人)提供符合《运输类飞机适航标准》(CCAR25)第25.1443条的氧气源。应当有适当数量(但在任何情况下不得少于2个)的经认可的氧气分配装置，并带有一种装置供客舱乘务员使用这一供氧源。

(f)旅客简介。在飞行高度7600米(25000英尺)以上的飞行实施之前，机组成员应当将一旦座舱释压时使用氧气的重要性向旅客说明，并向他们指出氧气分配设备的所在位置和向他们演示其使用方法。

第121.335条　氧气设备的标准

按照本规则实施运行的飞机，为遵守本规则第121.329条和第121.331条规定所必需的氧气设备、氧气最低流量和氧气源应当符合适用的适航标准，但是,如果合格证持有人证明,要完全符合这些标准是不实际的,局方可以批准对这些标准作能提供等效安全性的任何更改。

第 121.337 条　防护式呼吸装置

(a)合格证持有人应当提供经批准的防护式呼吸装置(PBE),这些防护式呼吸装置应当符合本条(b)款所包含的设备、呼吸气体和通信要求。

(b)按照本规则实施运行的飞机,应当按照下列要求装备符合本条要求的防护式呼吸装置:

(1)该装置应当使在驾驶舱值勤的飞行机组成员免受烟雾、二氧化碳或者其它有害气体,或者由飞机释压以外的原因造成的缺氧环境的影响,并且还应当保护机组成员在飞机上灭火时也免受上述影响;

(2)该装置应当按照设备制造人制定的检查准则和周期进行定期检查,确保其处于持续可靠和立即可用状态,以完成其预期应急目的。如果合格证持有人证明能够提供等效安全水平,则检查周期可以更改;

(3)该装置保护眼睛的部分,应当使佩戴者的视力不致受影响到不能完成机组成员职责的程度,并且应当允许戴矫正眼镜而不致于影响视力或者降低本条(b)款第(1)项规定的防护要求;

(4)当该装置在使用时,应当允许飞行机组在其指定的工作位置上用飞机无线电设备通信和用机内通话器互相通话,还应当允许在驾驶舱每个驾驶员位置与每个客舱内至少一个正常的客舱乘务员工作位置之间进行机组成员机内通话器通话;

(5)当该装置在使用时,应当允许任何机组成员在本条(b)款第(4)项要求的任何客舱乘务员工作位置上使用机内通话系统;

(6)如果该装置符合本规则第 121.335 条氧气设备的标准,则它也可以用来满足本章的补充氧气要求;

(7)防护式呼吸装置的供气持续时间和供气系统设备的要求如下:

(i)该装置应当在 2400 米(8000 英尺)气压高度上对在驾驶舱值勤的飞行机组成员和正在空中灭火的机组成员供给 15 分钟的呼吸用气体;

(ii)该呼吸供气系统本身及其工作方式和对其它部件的影响方面应当没有危险;

(iii)对于化学氧气发生器以外的呼吸供气系统,应当有装置使机组在飞行前能迅速测定每个供气源中的呼吸用气体已经完全充满;

(iv)对于每一化学氧气发生器,其供气系统设备应当符合《运输类飞机适航标准》(CCAR25)第 25.1450 条的相应适航要求。

(8)满足本条要求的带有一个固定的或者便携式呼吸用气体源的防护式

呼吸装置应当安置在驾驶舱内方便的地方，使得每个必需飞行机组成员在其工作位置上易于取得并能立即使用。

(9)满足本条要求的带有一个便携式呼吸气源的防护式呼吸装置应当易于取得，并按照下述要求置于实施灭火的机组成员能立即取用的地方：

(i)在飞行期间机组可以进入的符合《运输类飞机适航标准》(CCAR25)25.857定义的A级、B级或者E级货舱配备一个；

(ii)对于不在客舱、货舱或者驾驶舱内的厨房，每一手提灭火器配备一个防护式呼吸装置；

(iii)在驾驶舱配备一个防护式呼吸装置，但是，如果存在特殊环境条件，使得符合本要求不实际，则局方可以批准在能够提供等效安全水平的地方设置该防护式呼吸装置；

(iv)在每一客舱内，在本规则第121.309条要求的每一手提灭火器1米(3英尺)范围内设置一个防护式呼吸装置，如果存在特殊环境条件，使得符合本要求不实际，且所建议的偏离将提供同等的安全水平，则局方可以批准允许防护式呼吸装置的设置离所要求的手提灭火器位置超过1米(3英尺)。

(c)设备的飞行前检查。

(1)每次飞行前，将使用防护式呼吸装置的飞行机组成员应当对其值勤位置上的防护式呼吸装置进行检查，以确保该设备：

(i)对于非化学氧气发生器系统，其功能正常，适于工作，对于通用配合型以外的设备还应当与面部配合适当，并已连接到供气端头，呼吸气源及压力适于使用；

(ii)对于化学氧气发生器系统，适于工作，对于通用配合型以外的设备还应当与面部配合适当。

(2)安装在飞行机组成员工作位置以外的每个防护式呼吸装置，应当由指定的机组成员检查，确保每个装置都存放适当，适于工作，对于非化学氧气发生器系统，呼吸气源应充满。合格证持有人在其运行手册中应当指定至少一名机组成员在该飞机当天首次起飞前进行上述检查，如果更换机组，则应当重新执行该检查。

第121.339条　跨水运行的飞机的应急设备

(a)作下列情况运行时，所有飞机应当携带供机上每位乘员使用的配备有经批准幸存者定位灯的救生衣或者经批准的等效漂浮装置，存放在每个座位或者铺位上的乘员易于取用的地方：

(1)距最近海岸线的水平距离超过该飞机滑翔距离的跨水运行；

(2)自特定机场起飞或者着陆时，飞机的起飞或者进近航迹处于水面上空，局方认为飞机发生不正常情况时有可能迫降水上的情况；

(3)考虑特定水域的深度和范围，局方要求携带上述设备的在该水域上空实施的运行。

(b)按照本规则实施包括(a)款所列情况在内的跨水运行的所有飞机必须配备至少一个自动式应急定位发射机。

(c)除经局方批准外，对距最近海岸线的水平距离超过93公里(50海里)的延伸跨水运行，除需携带本条(a)款中要求的救生衣外，还需携带以下设备：

(1)额定容量和浮力足以容纳机上乘员的救生筏，每只筏应当配备有经批准的幸存者定位灯。除非提供了容量足够的多余救生筏，否则这些救生筏的浮力和座位量应当在损失了一条额定容量最大的救生筏后，还能容纳飞机上的全体乘员；

(2)每个救生筏至少一个烟火信号器；

(3)经批准的救生型应急定位发射器。当这种发射器累计使用时间超过1小时时，或者按照发射器制造厂在该设备批准时制定的标准，其电池已到使用寿命的一半，或者对于可充电的电池已到充电使用寿命的一半，这种发射机内的电池应当予以更换或者重新充电。更换电池或者重新充电的新到期日期应当清晰地标在发射器的外部。本款中关于电池的使用寿命或者充电使用寿命的要求不适用于那些在可能的存放期间基本不受影响的电池，如水激活电池。

(d)所要求的救生筏、救生衣和救生型应急定位发射器应当在无充裕时间作准备程序而进行水上迫降的情况下易于取用。这些设备应当安装在有明显标记的经批准的位置。

(e)应当在所要求的每个救生筏上配备适于所飞航路的救生包。

第121.341条　结冰条件下运行的设备

(a)在结冰条件下运行的飞机，应当在风挡、机翼、尾翼、螺旋桨以及在其上结冰将会对飞机的安全有不利影响的其它部位上，安装防冰或者除冰的装置。

(b)在夜间结冰条件下运行的飞机，应当有照明或者其他方式，能从积冰角度确定机翼上关键部位的结冰情况。所采用的照明类型，不得产生可能影响机组人员执行其任务的眩光或者反光。

第121.342条　空速管加温指示系统

具有空速管加温系统的飞机应当配备有符合《运输类飞机适航标准》(CCAR25)第25.1326条相应要求的工作正常的空速管加温指示系统。

第 121.343 条　飞行数据记录器

(a)按照本规则实施运行的飞机应当按照《一般运行和飞行规则》(CCAR91)第 91.433 条的要求安装飞行数据记录器。

(b)合格证持有人应当按照《一般运行和飞行规则》(CCAR91)第 91.433 条的要求使用、检查或者评估上述要求的飞行数据记录器,遵守规定的运行限制,并按照规定保存飞行数据记录器的原始信息。

第 121.345 条　无线电设备

(a)按照本规则实施运行的飞机应当装备所实施运行类型要求的无线电设备。

(b)在本规则第 121.347 条和第 121.349 条要求两套独立的(单独和完整的)无线电系统的情况下,每一系统应当具有一个独立的天线装置,但是在采用刚性支撑的非钢索天线或者其他具有同等可靠性天线装置的情况下,只要求一根天线。

(c)ATC 应答机应当符合 CTSO - C112(S 模式)适当类别的性能和环境要求,但不包括下列情况:

(1)在固定设备维护期间,临时安装符合 CTSO - 74c 的替代设备;

(2)已批准安装符合 CTSO - 74c ATC 应答机的飞机,临时拆卸维修后的重新安装;

(3)对于已批准安装符合 CTSO - 74c ATC 应答机的机队运行,从一架飞机拆下 ATC 应答机维修后,安装在机队中的另一架飞机上。

第 121.346 条　空地双向数据通信系统

(a)除本条(b)款的情况外,合格证持有人按照本规则实施运行的旅客座位数大于 99 座的飞机应当安装满足本规则第 121.97 条要求的空地双向数据通信系统。

(b)除局方特别批准外,2004 年 4 月 20 日以前投入运行的旅客座位数大于 99 座的飞机应当在 2005 年 12 月 31 日前安装满足本规则第 121.97 条要求的空地双向数据通信系统。

第 121.347 条　地标领航的航路上目视飞行规则运行的无线电设备

在使用地标领航的航路上按照目视飞行规则运行飞机时,该飞机应当装备有在正常运行情况下为满足下列要求所需的无线电设备:

(a)在航路上任一地点与至少一个适当的地面台站进行通信联系。

(b)在计划飞行的那个机场侧方边界范围内任何一点,与相应的空中交通管制设施进行通信联系。

(c)在航路上任一点使用两套独立系统中任一套系统接收气象信息。为遵守本款而装备的两套设施之一可用于满足本条(a)和(b)款的要求。

(d)在地标领航的航路上按照目视飞行规则在夜间实施运行的飞机,应当配备正常运行条件下必需的无线电设备,以满足本条(a)款至(c)款的规定,并在所飞的航路上接收适用的无线电导航信号,不要求信标接收机或者仪表着陆系统接收机的情况除外。

第 121.349 条　仪表飞行规则运行或者非地标领航的航路上目视飞行规则运行的无线电设备

(a)按照仪表飞行规则或者在非地标领航的航路上按照目视飞行规则运行飞机时,该飞机应当装备有在正常运行条件下为满足本规则第 121.347 条规定功能所必需的无线电设备,并且装备有两套独立的无线电系统,使用其中任一套系统都能令人满意地接收所飞航路所有主要导航设施和所用进近导航设施的无线电导航信号。但是,只要求一套可以提供目视和音响信号的指点标接收机和一套仪表着陆系统(ILS)接收机。为接收航路导航信号而安装的设备亦可用于接收进近信号,只要它能接收这两种信号。

(b)在依靠低频无线电信号或者自动定向仪(ADF)进行导航的航路上飞行时,如果飞机装备有两台甚高频全向信标(VOR)接收机,并且 VOR 导航设施的所在位置及飞机的油量情况,使得飞机在低频无线电定位接收机或者 ADF 接收机失效时,借助于 VOR 设备,可以继续安全地飞到某一适当的机场,并使用其他的飞机无线电系统完成仪表进近,则只需装一台低频无线电定位接收机或者 ADF 接收机。

(c)当本条(a)或者(b)款要求有 VOR 导航接收机时,在每架飞机上应当至少安装一套经批准的能接收并指示距离信息的测距设备(DME)。

(d)如果在航路上 DME 失效,则在发生这种故障时,驾驶员应当立即将故障通报空中交通管制部门。

第 121.351 条　延伸跨水运行和某些其他运行的无线电设备

(a)按照本规则实施延伸跨水运行的飞机应当装备有为遵守第 121.349 条所必需的无线电设备和遵守本规则第 121.347 条(a)款的一套独立系统,以及在 VOR 或者 ADF 等无线电导航设备不能使用的航段上,装备两套远程导航系统。

(b)如果局方确定由于所飞越地形的特性,本条(a)款规定的设备是实施运行所必需的,则局方可以规定在没有配备本条(a)款规定的设备的情况下,任何人不得在该区域内实施定期或者补充运行。

(c)尽管有本条(a)款的要求,对于在特定地形区域的运行和航路,局方可以批准安装和使用单一的远程导航系统和单一的远程通信系统。局方在进行批准时需考虑的运行因素如下：

(1)飞行机组在空中交通管制部门要求的精度范围内可靠确定飞机位置的能力；

(2)所飞航路的长度；

(3)甚高频通讯间断的持续时间。

第121.352条　快速存取记录器或等效设备

(a)合格证持有人应当对所有运行的飞机安装一个经局方批准的快速存取记录器(QAR)或等效设备，并制定飞行品质监控程序，作为其安全管理体系的组成部分。

(b)合格证持有人可与另一方签订合同，由其负责飞行品质监控具体工作，但本条(a)要求的符合性责任则由合格证持有人负责。

(c)合格证持有人应当定期向负责合格证管理的地区管理局职能部门报告其通过飞行品质监控得到的统计数据和趋势分析报告，局方认为必要时可随时查阅或分析快速存取记录器(QAR)或等效设备的原始数据。

(d)飞行品质监控程序应是无惩罚性的，该程序应包含保护数据的妥当措施。

第121.353条　无人烟地区上空飞行的应急设备

除经局方批准外，合格证持有人在无人烟地区上空或者在局方规定的需要配备紧急情况下进行搜寻和救援的设备的任何其他地域上空(局方在该合格证持有人的运行规范中规定)实施运行时，该飞机应当装备有下列设备：

(a)适当的烟火信号器。

(b)至少一个自动式应急定位发射机。

(c)经批准的救生型应急定位发射器。当这种发射器累计使用时间超过1小时，或者电池已到按照发射器制造厂在该设备批准时制定的标准使用寿命的一半时，或者对于可充电的电池已到充电使用寿命的一半时，这种发射机内的电池应当予以更换或者重新充电。更换电池或者重新充电的新到期日期应当清晰地标在发射器的外部。本款中关于电池的使用寿命或者充电使用寿命的要求不适用于那些在可能的存放期间基本不受影响的电池，如水激活电池。

(d)根据所飞航路和飞机上乘员数量，配备足够的救生包。

第121.354条　地形提示和警告系统

(a)对于按照本规则实施运行的飞机，应安装经批准的A类TAWS系统；

(b)飞机的飞行手册中应当包含下述程序：

(1)地形提示和警告系统(TAWS)的操作、使用；

（2）对于地形提示和警告系统（TAWS）的音频和视频警告，飞行机组的正确应对措施。

（c）对于安装了TAWS系统的飞机，本规则第121.360条规定的要求不再适用。

第121.355条　使用特殊导航方法的运行所用的设备

（a）合格证持有人使用多普勒雷达或者惯性导航系统运行时，这些系统应当按照本规则附件I的规定经过批准。

（b）合格证持有人使用其他特殊导航方法运行时，装备的机载系统应当适合于特定运行所要求的特殊导航方法，并获得局方的批准。

第121.356条　机载防撞系统

（a）自2017年1月1日起，合格证持有人新引进的按照本规则实施运行的飞机应当配备有经批准的ACAS II机载防撞系统。

（b）自2018年1月1日起，所有按照本规则实施运行的飞机应当配备有经批准的ACAS II机载防撞系统。

（c）本规则第121.131条要求的相应手册中应当包含下述有关ACAS II机载防撞系统的信息：

（1）关于以下方面的适当程序：

（i）设备的操作和使用；

（ii）对应设备的正确飞行机组操作。

（2）所有与ACAS II机载防撞系统功能正常相关的输入源应当工作正常。

（d）本条中规定的ACAS II等同于TCAS II 7.1版本。

第121.357条　机载气象雷达设备要求

（a）按照本规则实施运行的飞机应当装备有经批准的机载气象雷达设备。

（b）合格证持有人在按照本规则运行时，应当遵守下列规定：

（1）根据当时的气象报告，如果所飞航路上可能有可用机载气象雷达探测到的雷暴或者其他潜在的危险气象条件时，机载气象雷达设备应当处于令人满意的工作状态，否则，任何人不得按照仪表飞行规则条件签派飞机；

（2）如果机载气象雷达在航路上失效，则应当按照运行手册中对这种情况所规定的经批准的指南和程序运行飞机。

（c）本条不适用于在进行训练、试验或者调机飞行的飞机。

（d）对于机载气象雷达设备，不要求有备用的供电电源。

第121.358条　低空风切变系统的设备要求

除经局方批准外，按照本规则实施运行的涡轮动力飞机（涡轮螺旋桨动力飞机除外)应当装备有经批准的机载风切变警告与飞行指引系统,经批准的机载风切变探测和避让系统,或者经批准的这些系统的组合。

第121.359条　驾驶舱话音记录器

(a)合格证持有人按照本规则运行的所有飞机应当装备经批准的驾驶舱话音记录器,并且该记录器从使用检查单开始(为飞行而起动发动机之前),到飞行结束完成最后检查单止始终连续工作。

(b)驾驶舱话音记录器应当至少能够保存最后30分钟运行中所记录的信息。但2003年1月1日以后,首次颁发单机适航证并且最大审定起飞质量超过5,700千克的飞机上的驾驶舱话音记录器应当至少能够保存最后2小时运行中所记录的信息。

(c)本条要求的驾驶舱话音记录器应当符合下列适用标准:

(1)涉及民航管理的规章对运输类飞机的型号合格审定要求;

(2)每个话音记录器外壳应当符合下列所有要求:

(i)为鲜橙色或者鲜黄色的;

(ii)在外表面上附有反光带,以便于确定其在水下的位置;

(iii)在外壳上或者靠近外壳处有经批准的水下定位装置,该装置的固定方式应保证在发生坠毁撞击时不易与记录器分离,除非该驾驶舱话音记录器和本规则第121.343条要求的飞行数据记录器相互靠近安装,在发生坠毁撞击时它们不易分离。

(d)为遵守本条要求,可以使用具有抹音特性的经批准的驾驶舱话音记录器。这样,在录音工作过程中,可以随时抹掉或者用其它方法消除所记录内容最后30分钟时间之前的记录内容。

(e)一旦发生了导致飞行终止、需要立即通知局方的事故或者事件,合格证持有人应当将所记录的内容保留至少60天,或者按照局方要求保留更长的时间。

第121.360条　近地警告/下滑道偏离警告系统

(a)按照本规则实施运行的涡轮发动机飞机应当装备符合局方规定性能和设计标准的近地警告系统/下滑道偏离警告系统。

(b)按照本规则实施运行的飞机所配备的机载近地警告系统应当具备无线电高度报告功能。

(c)对于本条所要求的近地警告系统,飞机飞行手册中应当包括下列信息:

(1)关于下列各目的适当程序:

(i)设备的使用;

(ii)飞行机组人员对该设备所发警告的恰当反应；

(iii)在已知的不正常和应急状态时使其不工作；

(iv)襟翼不在着陆形态时抑制“方式4”警告。

(2)关于所有应当处于工作状态的输入信号源的概述。

(d)除按照飞机飞行手册中包含的程序使其不工作时外，任何人不得使本条所要求的近地警告系统不工作。

(e)每次使本条所要求的近地警告系统不工作时，合格证持有人有责任确保将其记录在飞机维修记录中，包括不工作的日期和时间。

第121.361条　飞机标记和标牌的文字要求

(a)飞机上所有对旅客进行的提示、警告和通知的文字标记和标牌应当至少有中文表述。

(b)机上所有向旅客或者机外营救人员指示应急出口和门的位置以及开启方法的文字标记和标牌应当至少有中文表述。

(c)旅客可能使用的机上所有应急设备的操作、使用说明应当至少有中文表述。

L章　飞机维修

第121.362条　总则

本章规定了飞机的维修要求，这些要求是按照本规则运行的合格证持有人应当符合的要求：

(a)合格证持有人应当建立一个维修系统来保证其飞机持续符合型号设计要求及有关涉及民航管理的规章中的维修要求。

(b)按照本规则运行的合格证持有人的飞机及其部件的维修工作应当由《民用航空器维修单位合格审定规定》(CCAR145)批准的维修单位承担。

(c)合格证持有人应当保证其飞机及其部件、维修系统接受局方为保证其对本章规定的符合性而进行的检查和监督。

第121.363条　适航性责任

(a)合格证持有人应当对飞机的适航性负责，包括机体、发动机、螺旋桨、设备及其部件的适航性。

(b)合格证持有人应当按照本章的要求并依据局方批准或者认可的手册、程序实施下述工作，以确保飞机的适航性和运行设备、应急设备的可用性：

(1)每次飞行前按照本规则第121.367条要求的飞机维修方案完成所有维修任务，并进行必要的检查和放行；

(2)对于影响安全运行的有关缺陷和损伤进行处理并达到批准的标准，如该型飞机有可用的最低设备清单，应符合该清单规定的要求；

(3)依据本规则第121.368条要求的可靠性方案分析并保持本规则第121.367条要求的飞机维修方案的有效性；

(4)完成适航指令、本规则附件J规定的飞机持续适航和安全改进要求，以及局方要求强制执行的任何其它持续适航要求；

(5)依据批准的标准完成改装，对于非强制性改装，制定具体政策。

(c) 在满足下述条件的情况下，合格证持有人可以通过协议将本规则第121.371条中工程技术、维修计划与控制、质量和培训管理职能所涉及的具体工作进行委托：

(1) 合格证持有人对飞机的适航性承担全部责任；

(2) 合格证持有人应对受委托方及其委托实施的维修工程管理工作进行有效的监督，以确保落实其飞机的适航性责任；

(3) 承担合格证持有人委托工作的受委托方应被视为合格证持有人维修工程管理体系的一部分，并接受局方的监督、检查。

第121.365条　合格证持有人的维修系统

(a)任何合格证持有人应当建立一个由维修副总经理负责组织落实其飞机适航性责任，并由总工程师负责落实其飞机工程技术管理责任的维修系统。维修系统应当具备必要的机构、设施、工具设备、器材、人员和工作程序来实施或者安排实施维修工作，合格证持有人可以通过外委的方式来符合上述要求。

(b)维修系统应当至少包括一个获得《民用航空器维修单位合格审定规定》(CCAR145)航线维修批准的维修单位，这个维修单位可以是自己建立的，也可以是通过协议委托的其他维修单位(以下简称协议维修单位)。

第121.366条　维修工程管理手册

(a)合格证持有人的维修系统应当制定阐述如何符合本章要求及实施规范性管理的维修工程管理手册，并在实际工作中执行。

(b)维修工程管理手册应当载明合格证持有人落实其飞机适航性责任和符合本章要求的总体叙述、具体工作程序和管理要求，并应当获得局方的批准或者认可。

(c)维修工程管理手册应当包括以下内容：

(1)概述部分：其中至少包括维修系统的总体状况及政策、维修副总经理签署的符合性声明、对本手册的符合性和有效性控制方法；

(2)维修系统的组织机构和设施：其中至少包括组织机构图及其必要说明、厂房设施图及其必要的说明(包括主基地以外的航线维修设施)；

(3)人员和部门职责说明:其中至少包括维修副总经理、总工程师及本规则第121.371条要求的部门主管的名单和技术经历;维修系统中各部门、人员及其包含的《民用航空器维修单位合格审定规定》(CCAR145)批准的维修单位或者协议维修单位的职责说明;维修放行人员清单及其授权的放行范围;

(4)工程技术管理:其中至少包括编制维修方案和最低设备清单相关部分、制定具体维修技术要求和改装方案的要求和程序说明;

(5)维修计划和控制:其中至少包括飞机使用和维修计划、选择和安排实施维修工作、器材供应、统计和监控飞机及其部件的使用状况、飞机放行的要求和程序说明;

(6)协议维修:其中至少包括协议维修单位说明、协议委托工作范围、协调方式和对协议维修单位的监督管理的要求和程序;

(7)质量管理:其中至少包括质量管理政策、对各类人员和单位评估、单机适航性状况监控、质量审核、维修差错管理和质量调查的管理要求和程序;

(8)可靠性管理:其中应当至少包括可靠性管理的机构、可靠性控制体系及可靠性方案的管理要求和程序;

(9)人员培训管理:其中应当至少包括培训大纲的制定,培训计划和实施,人员技术档案和培训记录的管理要求和程序;

(10)维修工程管理外委:其中至少包括承接外委工作的机构说明、外委工作范围、职责和分工、联络协调方式和对承接外委工作机构的监督管理要求和程序;

(11)有关附件:其中至少包括实际使用的表格标牌样件,工作程序清单及其它必要的附件;

(12)符合性说明。

(d)维修工程管理手册中经局方批准部分的任何变化应当至少在计划的生效日期前30天向局方申请批准,只有在获得局方的批准后维修工程管理手册才能变更。

第121.367条　飞机维修方案

(a)合格证持有人应当为其所运营的每架飞机编制维修方案,并呈交给局方审查批准后按照方案准备和计划维修任务。

(b)合格证持有人飞机的初始维修方案应当以局方批准或者认可的计划维修要求以及型号合格证持有人的维修计划文件或者维修手册中制造商建议的维修方案为基础。这些维修建议的结构和形式可以由合格证持有人重新调整,以更好地符合合格证持有人特定维修方案的执行和控制。

(c)对于没有局方批准或者认可的计划维修要求的飞机,合格证持有人应当按照维修审查委员会的逻辑决断方法和过程制订初始维修方案。

(d)合格证持有人应当对维修方案进行定期检查以确保其中反映出飞机使用特点、型号合格证持有人最新建议、局方批准或者认可的计划维修要求修订的评估、改装的状况以及局方的强制性要求,并根据本规则第121.368条要求的可靠性方案来持续监控维修方案的有效性。维修方案的任何修订应当获得局方的批准。

(e)维修方案应当至少包括下列基本信息:

(1)维修方案的使用说明和控制;

(2)载重平衡控制;

(3)飞机计划检查和维修工作;

(4)飞机非计划检查和维修工作;

(5)发动机、螺旋桨、设备的修理或者翻修;

(6)结构检查或者机体翻修;

(7)必检项目;

(8)维修资料的使用。

(f)当合格证持有人的飞机从一个已批准的维修方案转为另一个经批准的维修方案时,应当对飞机利用率、使用环境、安装的设备和维修系统的经验进行评估,进行必要的转换检查,并经局方批准后方可以转换。

(g)当合格证持有人使用其他合格证持有人经批准的维修方案时,应当通过书面的协议进行,并经局方批准后方可以使用。

(h)在合理的不可预见情况下导致无法按照计划实施维修方案规定的维修工作时,其对维修方案的偏离应当在局方规定的范围内,并向局方报告。

第121.368条　可靠性方案

(a)合格证持有人应当建立可靠性管理体系来持续监控维修方案的有效性,对于机队较小的飞机可以采用加入其他合格证持有人或者飞机制造厂的可靠性管理体系的方法。可靠性管理体系监控的项目应当至少包括飞机各主要系统、维修重要项目和结构重要项目。

(b)可靠性管理体系中应当包含一个以维修副总经理或者其授权人员为首的、由维修系统中各有关部门参加的可靠性管理机构,并明确其成员的职责和工作程序。

(c)合格证持有人应当制定可靠性方案来说明可靠性管理体系的工作方式。可靠性方案可以是一个复杂的整体方案,也可以按照机型或者监控对象各自单独制定可靠性方案。

(d)可靠性方案的内容应当至少包括方案说明、可靠性管理机构和从数据收集、数据分析、改正措施、性能标准、数据显示和报告、维修间隔调整和工作内容(或者方式)变更,到可靠性方案修订等可靠性控制体系的说明。

(e)可靠性方案及其任何修订应得到局方的批准;可靠性管理机构应根据局方的要求定期向局方报告其活动情况并提交有关的报告。

第121.371条　维修系统的机构和人员

(a)合格证持有人的维修系统应当按照下述要求设置机构,以落实本规则第121.363条规定的适航性责任:

(1)一个工程技术部门,负责制定维修方案和最低设备清单的相关部分,并制定具体的飞机维修技术要求或者改装方案;

(2)一个维修计划和控制部门,根据本条(a)款所述工程技术部门制定的维修方案、维修技术要求和改装方案选择和安排实施维修工作,保证飞机运行和维修中供应必要的合格器材,统计和监控飞机及其部件的使用和维修状况。维修计划和控制部门可以是自己建立的,也可以是通过协议委托的协议维修单位;

(3)一个质量部门,对各类人员和单位进行评估、对单机适航性状况进行监控,并实施维修差错管理和质量调查。质量部门应当具有独立的质量审核职能;

(4)一个培训管理部门,执行维修系统的培训政策,组织实施对维修系统的人员(包括协议维修单位中的有关人员和合格证持有人授权的维修放行人员)的培训,并建立和保存人员技术档案和培训记录。

(b)维修系统的人员应当满足如下资格要求:

(1)工程技术部门、维修计划和控制部门、质量部门的主管应当具备维修管理经验,接受了局方认可的相关法规的培训并合格;

(2)工程技术部门、维修计划和控制部门、质量部门中从事工程技术管理、维修质量管理和飞机放行的人员应当具有《民用航空器维修人员执照管理规则》(CCAR66)的《维修人员执照》,其专业和机型类别应当与所从事的工作相适应;

(3)维修系统的所有人员应当经过与其从事工作有关的专业知识、专业技能、工作程序、维修人为因素及新技术应用等内容的培训并经相应的工作项目授权后才能上岗,并且至少每两年进行一次必要的再培训。

第121.372条　培训大纲和人员技术档案

(a)合格证持有人应当针对本规则第121.371条(b)款第(3)项要求的培训内容制订培训大纲,其中应当至少明确培训对象、培训目标、学时要求、培训形式、考试制度及培训机构、培训管理职责等内容。培训大纲及其任何修订应当经过局方的批准。

(b)专业知识和专业技能的培训应当由局方批准或者认可的培训机构实施,但合格证持有人的培训管理部门应当对其培训进行监督,并确保能满足合格证持有人的培训大纲的要求。

(c)维修系统应当建立并保存其所有人员的技术档案及培训记录,并对其及时修订,以保证现行有效。人员技术档案至少应当包括如下内容:

(1)现任职务或者工作范围;

(2)按照年月填写的技术简历;

(3)参加过的培训课程、培训形式、培训学时及考试成绩(如适用);

(4)学历证明及合格证件的复印件。

(d)维修人员技术档案及培训记录应当妥善保存,防止非授权人员接近和修改。技术档案应当在维修人员离开合格证持有人后至少保存2年。

第121.373条　飞机的修理和改装

(a)按照本规则运行的合格证持有人在对其飞机及其部件实施设计更改时,如果对飞机的重量、平衡、结构强度、性能、动力装置工作、飞行特性有显著影响或者影响适航性的其他特性,应当按照《民用航空产品和零部件合格审定规定》(CCAR21)的规定申请批准。

(b)按照本规则运行的合格证持有人在对其飞机及其部件实施超过持续适航文件规定的修理或者除本条(a)款的改装时,应当向局方申请批准,并提交证明性和说明性资料。

第121.375条　飞机的适航性检查

(a)合格证持有人的每架飞机在首次投入运行前应当通过局方适航监察员或局方授权人员的检查,符合本规则的要求并获得适航证签署或者其他方式的签署后才能投入运行。

(b)按照本规则运营的飞机应当接受局方适航监察员或局方授权人员进行的年度适航性检查,符合本规则的要求并获得适航证签署或者其他方式的签署后才能继续投入运行。

(c)合格证持有人应当接受局方适航监察员或局方授权人员在任何时间对其正在运营的飞机进行的适航性检查,对检查中发现的任何存在缺陷的飞机,应当在其改正措施满足局方的要求后方可以再投入使用。

(d)对于飞机首次投入运行的检查和年度适航性检查,合格证持有人应当按照规定支付检查费用。

第121.379条　飞机放行

(a)合格证持有人在每次完成维修工作和对任何缺陷、故障进行处理后,在符合本条(b)款的要求后由合格证持有人授权的维修放行人员在飞机飞行记录本上签署飞机放行。

(b)飞机放行的条件如下：

(1)维修工作是按照合格证持有人的要求进行的；

(2)所有的工作项目都是由合格的维修人员完成，并按照《民用航空器维修单位合格审定规定》(CCAR145)颁发了维修放行证明；

(3)没有已知的飞机不适航的任何状况；

(4)至目前所完成的维修工作为止，飞机处于安全运行的状态。

(c)在规定的使用限制条件下，合格证持有人可以在符合局方批准的最低设备清单和外形缺损清单时放行带有某些不工作的设备或者带有缺陷的飞机。

(d)对于航线维修、A检或者相当级别(含)以下的飞机定期检修工作及结合其完成的改装工作，如飞机放行结合《民用航空器维修单位合格审定规定》(CCAR145)维修放行证明一同进行，则无需重复签署。

第121.380条　维修记录

(a)合格证持有人应当保存所运营的飞机的下述记录：

(1)能表明每一本规则第121.379条要求的飞机放行满足其要求的所有详细维修记录；

(2)包含下述信息的记录内容：

(ⅰ)机体总的使用时间；

(ⅱ)每一发动机和螺旋桨的总使用时间；

(ⅲ)每一机体、发动机、螺旋桨和设备上的时寿件的现行状况；

(ⅳ)装在飞机上的所有要求定期翻修项目自上次翻修后的使用时间；

(ⅴ)飞机的目前维修状态，包括按照飞机维修方案要求进行的上次检查或者维修工作后的使用时间；

(ⅵ)目前适用的适航指令的符合状况，包括符合的方法和数据，如果适航指令涉及连续的工作，应当列明下次工作的时间和日期；

(ⅶ)目前对每一机体、发动机、螺旋桨和设备进行的重要改装的情况。

(b)合格证持有人应当按照下述期限要求保存本条要求的维修记录：

(1)除飞机、发动机、螺旋桨和设备上一次翻修的记录外，本条(a)款第(1)项要求的维修记录应当保存至该工作完成后至少2年；

(2)飞机、发动机、螺旋桨和设备上一次翻修的记录应保存至该工作被等同范围和深度的工作所取代；

(3)本条(a)款第(2)项要求的维修记录应当保存至飞机出售或者永久性

退役后一年，飞机出售时维修记录应随同飞机转移。

(c)合格证持有人终止运行时，所有保存的维修记录应转交给新的合格证持有人。

(d)合格证持有人将飞机干租给另一合格证持有人超过6个月时，所有保存的维修记录应转交给新的合格证持有人；如果干租的租赁期小于6个月，所有必要的维修记录都应转交给承租方或者承租方可以获取这些记录的副本。

(e)合格证持有人应当保证所有的维修记录可以提供给局方或者国家授权的安全调查机构的检查。

M章　机组成员和其他航空人员的要求

第121.381条　航空人员的条件及限制

(a)合格证持有人不得使用，任何人员也不得作为按照本规则运行的航空人员被使用，除非该人员符合下列条件：

(1)持有局方颁发的相应的现行有效航空人员执照或证件；

(2)在按照本规则运行时，按照要求携带现行有效的航空人员执照、体检合格证和其他必需的证件；

(3)合格于所从事的工作。

(b)按照要求携带证件的每个航空人员，应当在局方检查时出示证件。

(c)合格证持有人不得使用已满63周岁的人员在实施本规则运行的飞机上担任飞行机组必需成员。任何已满63周岁的人员，也不得在按照本规则运行的飞机上担任飞行机组必需成员。

第121.383条　飞行机组的组成

(a)合格证持有人在运行飞机时，其飞行机组成员不得少于所批准的该型飞机飞行手册中规定的数量，也不得少于本规则对所从事的该种运行所要求的最少飞行机组成员数量。

(b)对于本规则要求应当具有飞行人员执照才能完成的两种或者两种以上职能，不得由一名飞行人员同时完成。

(c)合格证持有人在按照本规则运行时，飞行机组至少配备两名驾驶员，并且应当指定一名驾驶员为机长。

(d)在飞行机组必需成员中要求有飞行机械员的每次飞行中，应当有飞行机组成员在飞行机械员生病或者由于其他原因而丧失工作能力时能代替其工作，合格于应急完成相应的职能，以保证安全完成飞行。在这种情况下，飞行人员完成所代替的职能时，无需持有相应的执照。

第 121.385 条　飞行机械员

担任飞行机组必需成员的飞行机械员，其配备应当符合飞机飞行手册中对机组定员的要求。

第 121.391 条　客舱乘务员

(a)为保证安全运行，合格证持有人在所用每架载运旅客的飞机上，应当按照下列要求配备客舱乘务员：

(1)对于旅客座位数量为 20 至 50 的飞机，至少配备 1 名客舱乘务员；

(2)对于旅客座位数量为 51 至 100 的飞机，至少配备 2 名客舱乘务员；

(3)对于旅客座位数量超过 100 的飞机，在配备 2 名客舱乘务员的基础上，按照每增加 50 个旅客座位增加 1 名客舱乘务员的方法配备，不足 50 的余数部分按照 50 计算。

(b)如果在按照本规则第 121.161 条(a)款或者(b)款的要求进行的应急撤离演示中，合格证持有人使用的客舱乘务员人数，多于按照本条(a)款对演示所用飞机的最大旅客座位数量所要求的客舱乘务员人数，则该合格证持有人应当按照下列条件配备客舱乘务员：

(1)飞机为最大旅客座位数量布局时，客舱乘务员人数至少应当等于应急撤离演示期间所用的人数；

(2)飞机为任一减少了旅客座位数量的布局时，客舱乘务员人数至少应当在本条(a)款对该布局旅客座位数量要求的客舱乘务员人数之外再增加应急撤离演示期间所用客舱乘务员人数与本条(a)款对原布局所要求人数之差。

(c)合格证持有人在制定客舱乘务员配备数时，除了满足本条(a)款和(b)款要求外，还需考虑以下因素：

(1)出口的数量；

(2)出口的类型和撤离手段；

(3)出口的位置；

(4)客舱乘务员座位位置；

(5)水上迫降时客舱乘务员要求的程序；

(6)负责成对出口的客舱乘务员额外程序要求；

(7)航线类型。

(d)按照本条(a)、(b)和(c)款所批准的客舱乘务员人数应当规定在该合格证持有人的运行规范中。

(e)在起飞和着陆过程中，本条要求的客舱乘务员应当尽可能地靠近所要求的地板高度出口,而且应当在整个客舱内均匀分布,以便在应急撤离时最有效地疏散旅客。在滑行期间,本条要求的客舱乘务员,除完成保障飞机和机上人员安全的任务外,其他时间应当坐在其值勤位置并系好安全带和肩带。

第 121.393 条　在经停站旅客不下飞机时对机组成员的要求

在中途过站停留时,如果乘坐该机的旅客仍停留在飞机上,合格证持有人应当遵守下列规定:

(a)如果保留在飞机上的客舱乘务员数量少于本规则第121.391条(a)款要求的数量,则合格证持有人应当采取下列措施:

(1)保证飞机发动机关车并且至少保持打开一个地板高度出口,供旅客下飞机;

(2)保留在飞机上的客舱乘务员数量应当至少是本规则第 121.391 条(a)款要求数量的一半,有小数时,舍去小数,但至少为 1 人;

(3)可以用其他人员代替要求的客舱乘务员,代替客舱乘务员的人员应当是符合第 121.419 条应急撤离训练要求的合格人员且应当能够为旅客所识别。

(b)如果在过站时该飞机上只保留 1 名客舱乘务员或者其他合格人员,则该客舱乘务员或者其他合格人员所在的位置应当符合经局方批准的该合格证持有人运行程序的规定。如果在飞机上保留 1 名以上客舱乘务员或者其他合格人员,这些客舱乘务员或者其他合格人员应当均匀分布在飞机客舱内,以便在紧急情况下最有效地帮助旅客撤离。

第 121.395 条　飞行签派员

实施国内或者国际定期载客运行的合格证持有人,应当在每一飞行签派中心安排有足够数量的合格飞行签派员,以确保对每次飞行进行恰当的运行控制。

第 121.397 条　紧急情况和应急撤离职责

(a)对于每一型号及其改型飞机,合格证持有人应当对要求的每类机组人员,分别指派其在紧急情况时或者应急撤离时应当完成的任务。合格证持有人应当证明,完成这些任务是现实可行的,并且考虑到了任何有理由预见到的紧急情况的处置,包括个别机组成员可能丧失工作能力或者在客货混装的飞机上,由于货物的移动,机组成员不能到达客舱这样的紧急情况。

(b)合格证持有人应当将本条(a)款要求的每类机组必需成员的任务规定在其手册中。

N 章　训练大纲

第 121.401 条　训练的基本要求

(a)合格证持有人应当按照下列要求，保证为所有机组成员、飞行签派员和其他相关人员提供充分的训练：

(1)制订符合本章、本规则附件 D《飞行训练要求》、附件 E《熟练检查要求》和本规则附件 G《高级飞行模拟机的使用》规定要求的训练大纲，使其获得相应的初始批准和最终批准，并按照训练大纲进行训练；

(2)为训练提供足够的地面训练设施和飞行训练设施；

(3)对于每一型别飞机及在该飞机型别范围内的各种改型，提供实施本规则训练和检查所需的合适的训练资料、考试题、表格、指南、程序，并使其保持现行有效；

(4)提供足够的地面教员、飞行教员、飞行模拟机教员、飞行签派教员和航空检查人员，以实施所要求的训练和检查。

(b)对应当进行定期复训、飞行检查或者资格检查的机组成员、飞行签派员，在要求进行训练或者检查的那个日历月之前一个或者之后一个的日历月中完成了训练或者进行了检查的，被视为在所要求的那个日历月中完成了训练或者进行了检查。

(c)负责每一段训练或者检查的每个教员、主管人员或者航空检查人员，在完成这些训练或者检查后，应当对被训练或者检查合格的机组成员、飞行签派员、飞行教员或者航空检查人员的技术熟练程度和知识水平作出合格证明。这种合格证明应当作为该机组成员或者飞行签派员记录的一部分。

(d)适用于一个以上飞机型别或者机组成员位置的训练科目，如果已在其中某一型别或者某一机组成员位置上完成了该训练科目，则这些科目在以后的训练中，除定期复训之外，不需要重复训练。

(e)对于在飞行训练中进步较快、完成较好的受训人员，经其教员或者航空检查人员推荐，并顺利通过航空检查人员或者局方的相应飞行检查，则该员的飞行训练的计划小时数可以适当减少。但是，如果局方发现该训练单位在前 6 个月训练期间，按照本款推荐的人员有 20% 飞行检查不合格，则不得适用本款，直至局方认为该单位飞行训练效果已有改善为止。

第 121.402 条　实施训练的特殊规定

(a)除合格证持有人自身提供训练之外，合格证持有人可以与取得《飞行训练中心合格审定规则》(CCAR142)飞行训练中心合格证的训练中心签订合同或者协议,委托该训练中心或者使用其提供的服务对合格证持有人的飞行机组成员进行本规则要求的训练、考试或者检查,但该训练中心应当:

(1)取得按照《飞行训练中心合格审定规则》(CCAR142)颁发的运行规范;

(2)有符合《飞行训练中心合格审定规则》(CCAR142)要求并适用的训练设施、设备和教程;

(3)有批准的符合于本章要求并适用于训练教学的课程、课程段和课程部分;

(4)有可以提供训练、考试或者检查的足够教员和检查员。

(b)经局方对训练大纲的批准,本规则合格证持有人可以与其他本规则合格证持有人或者训练机构签订合同或者协议,委托其提供对合格证持有人飞行机组成员之外的人员进行本规则要求的训练、考试或者检查。

第 121.403 条　训练大纲的制订要求

(a)合格证持有人应当按照每一飞机型别分别制订训练大纲并保持其现行有效,供运行该型别所需要的每一机组成员和飞行签派员使用。

(b)每个训练大纲应当包括新雇员训练、初始训练、转机型训练、升级训练、复训和重新获得资格训练等基本类别的训练提纲。一般每一种训练提纲应当包含地面训练、飞行模拟机飞行训练、飞机飞行训练、应急生存训练、差异训练和资格检查等课程段的课程设置。每一课程段应当列明所训练的内容和计划小时数,在飞行模拟机飞行训练、飞机飞行训练和资格检查课程段中,还应当列明正常、非正常和应急动作、程序的详细说明。

(c)每种训练提纲还应当包括下列内容:

(1)受训人员的进入条件及训练后应当达到的质量要求;

(2)合格证持有人将使用的所有训练设施、设备,包括飞行训练器、飞行模拟机等训练设备的清单;

(3)所使用的教员、航空检查人员的资格;

(4)局方按照本规则第 121.405 条(d)款颁发的关于减少训练计划小时数的批准文件。

第 121.405 条　训练大纲及其修订的批准

(a)申请训练大纲及其修订的初始批准和最终批准时,合格证持有人应当向局方提交按照本规则第 121.403 条制订或者修订的训练大纲,并提供局方要求的有关资料。

(b)对于符合本章要求的训练大纲或者其修订,局方以书面形式发出初始批准,合格证持有人即可依照该大纲进行训练。在训练中局方对该训练大纲的训练效果作出评估，指出应当予以纠正的缺陷。

（c）合格证持有人按照初始批准的训练大纲所进行的训练，能使每个受训人员获得充分的训练，完成其指定任务的，局方可以为其颁发该训练大纲或者其修订的最终批准。

（d）在颁发训练大纲或者其修订的初始批准和最终批准，包括批准减少本章规定的计划小时数时，局方主要考虑，该合格证持有人训练中使用的资料、设备、方法和程序，是否有助于保证教学质量和提高效率。在颁发减少训练计划小时数的批准时，局方将向合格证持有人提供一份作出这种批准所依据的必要条件的文件。

（e）当局方认为，为了使已经获得最终批准的训练大纲继续保持良好训练效果，应当对其作某些修订时，则合格证持有人在接到局方的通知之后，应当对大纲进行相应的修改。合格证持有人在接到这种通知后 30 天之内，可以向局方提出重新考虑的请求。在对重新考虑的请求未作出决定的期间，该通知暂停生效。

第 121.407 条　飞行模拟机、客舱模拟器和其他训练设备的批准

（a）在按照本规则所进行的训练和检查中所用的每一飞行模拟机、客舱模拟器和其他训练设备均应当符合下列条件：

（1）经局方批准，可以用于该合格证持有人、该型别飞机和所涉及的具体动作、程序或者机组成员职能；

（2）持续保持获得批准所要求的性能、功能和其他特性；

（3）在所模拟的飞机作了改装，导致获得批准所要求的性能、功能或者其他特性发生变化时，作与其相一致的改装；

（4）在使用之前，对其进行每日的飞行前功能检查；

（5）具有每日的缺陷记录本，在每次训练飞行或者检查飞行结束时，由有关的教员或者航空检查人员将发现的每个缺陷记入该记录本中。

（b）一台飞行模拟机、客舱模拟器或者其他训练设备，可以批准给一个以上的合格证持有人使用。

（c）飞行模拟机满足下列条件方可以用于代替飞机，来满足本规则第 121.461 条、第121.465条和本规则附件 D、附件 E 中的飞机飞行训练和检查要求：

（1）按照本条得到批准，并且符合本规则附件 G 对高级飞行模拟机的相应要求；

（2）在经批准的训练大纲中使用，该大纲符合本规则附件 G 的相应要求。

第121.409条　使用飞行模拟机、客舱模拟器和其他训练设备的训练课程

(a)合格证持有人的经批准训练大纲中,可以包括使用飞行模拟机、客舱模拟器或者其他训练设备的训练课程。

(b)在飞行模拟机上的训练课程可以用于代替本规则第121.465条规定的熟练检查,但该课程应当符合下列条件并且应当按照第121.465条要求进行检查以确定是否圆满完成训练课程:

(1)至少设置了4小时在飞行模拟机驾驶员操纵位置上的训练,并且在训练前后有简要讲解和讲评;

(2)至少设置了本规则附件E规定的程序和动作的训练,或者设置了航线模拟训练,该航线模拟训练应当使用一个完整的飞行机组,至少包括了在航线运行中可以预见到的动作与程序(含非正常和应急),并在该合格证持有人一个典型航路上实施;

(3)是由符合本规则第121.411条中相应要求的教员实施的。

(c)要求在其飞机上装备低空风切变系统的每个合格证持有人,应当在相应机型的驾驶员训练课程中,使用经批准的飞行模拟机,进行低空风切变飞行程序和动作的训练。

(d)对于本规则第121.419条(c)款、第121.429条(a)款和(b)款、第121.439条(b)款所要求的训练课程,合格证持有人应使用客舱模拟器等客舱训练设备和设施来实施完成这些训练或者训练的某些部分。在客舱模拟器上的训练课程应由符合本规则第121.411条要求的客舱乘务教员实施。

第121.411条　航空检查人员和教员的资格

(a)在按照本规则制定的训练大纲中担任教员或者航空检查人员的人员应当符合下列条件:

(1)持有相应的航空人员执照、等级或证书,令人满意地完成与该型别飞机相应的各种训练,包括复训的训练,并且通过相应的熟练检查或者资格检查,这些证件、训练和检查是在按照本规则实施的运行中,担任相应的机长、飞行机械员、飞行签派员和客舱乘务员所必需的;

(2)对于实施飞行训练的飞行教员,应完成本规则第121.413条所要求的训练,对于实施型别等级训练的飞行教员,还应取得按照《民用航空器驾驶员合格审定规则》(CCAR61)颁发的型别教员等级;

(3)对于飞行机械教员及相应检查人员,应当按照《民用航空器领航员、飞行机械员、飞行通信员合格审定规则》(CCAR63FS)的规定取得相应的教员执照;

(4)对于飞行签派员教员及相应的检查员，应当持有《民用航空飞行签派员执照管理规则》(CCAR65FS)颁发的签派员执照，从事签派工作满5年，并在运行控制部门担任主任签派员满两年；

(5)对于客舱乘务教员和客舱乘务检查员，在执行航线飞行经验指导或监督任务时，应持有有效的航空人员体检合格证；

(6)已经令人满意地完成了本规则要求的适用训练；

(7)针对该航空检查人员或者教员的任务和所涉及的机型，获得了局方的批准；

(8)对机组必需成员实施检查的航空检查人员，应当持有相应的体检合格证。

(b)在飞行模拟机上实施的训练课程中担任飞行模拟机教员的人员，应当符合下列条件：

(1)完成了飞行模拟机教员操纵台及其他教员操纵设备的使用方法和飞行模拟机教学方法的训练；

(2)针对相应的教学任务，获得了局方的批准，实施型别等级训练的，持有按照《民用航空器驾驶员合格审定规则》(CCAR61)颁发的型别教员等级或局方颁发的批准函；

(3)对于不参与运行的飞行模拟机教员，每半年至少参加一次相应型别飞机按照本规则运行的观察飞行或符合局方要求的航线模拟飞行训练；实施型别等级训练的，每年由局方对其教员资格进行一次认可。

第121.413条　航空检查人员和教员的训练

(a)飞行检查员的地面训练应当包括下列内容：

(1)飞行检查员的职责；

(2)适用的涉及民航管理的规章和合格证持有人的规定与程序；

(3)实施所规定检查的相应方法、程序和技术；

(4)对驾驶员表现的恰当评价，包括如何发现不适当或者不充分的训练和可能对安全产生不利影响的个人特性；

(5)检查不满意时应当采取的措施；

(6)在该型别飞机上完成所规定的正常、非正常和应急程序的方法、程序与限制。

(b)飞行教员的地面训练应当包括下列内容：

(1)教员的职责；

(2)适用的涉及民航管理的规章和合格证持有人的规定与程序；

(3)实施飞行教学的相应方法、程序和技术；

(4)对驾驶员表现的恰当评价,包括如何发现不适当或者不充分的训练和可能对安全产生不利影响的个人特性;

(5)发现影响受训人员进步的原因及纠正措施;

(6)在该型别飞机上完成所规定的正常、非正常和应急程序的方法、程序与限制;

(7)教学理论的训练,包括教学过程的基本原理、教授方法和程序、教员与学员之间的关系。

(c)飞行检查员和飞行教员的飞行训练应当包括下列内容,这些训练可以在飞机或者经批准的飞行模拟机上完成:

(1)在左、右座上对所要求的正常、非正常和应急动作都应当进行足够的飞行教学和飞行检查的练习,以保证其能胜任本规则所要求的飞行检查和飞行教学任务;

(2)对于训练中可能发生的各种紧急情况,从任一个驾驶员座位上采取的相应安全措施;

(3)飞行中偏差动作的防止和纠正。

(d)飞行机械教员、客舱乘务教员及其检查人员的地面训练与飞行训练,应当充分保证其胜任指定的任务。

第 121.415 条　机组成员和飞行签派员的训练要求

(a)合格证持有人的每一训练大纲应当根据机组成员或者飞行签派员的具体任务,提供下列地面训练:

(1)对于新招聘的机组成员或者飞行签派员,提供至少 40 个计划小时数的基础教育地面训练,除非按照本规则第 121.405 条规定予以减少或者符合本规则第 121.401 条(d)款的规定。该训练至少包括下列内容:

(i)机组成员或者飞行签派员的相应职责;

(ii)涉及民航管理的规章的相应条款;

(iii)合格证持有人的运行合格证及其运行规范的内容;

(iv)合格证持有人运行手册的相应部分。

(2)按照适用情况,本规则第 121.423 条至第121.431条规定的初始和转机型地面训练;

(3)本规则第 121.419 条规定的应急生存训练,飞行签派员除外。

(b)每一训练大纲应当按照适用情况,提供本规则第 121.433 条至第 121.435 条规定的飞行训练。

(c)每一训练大纲应当提供本规则第 121.439 条规定的定期复训地面和飞行训练。

(d)合格证持有人使用的同一型别飞机之间具有差别时，为确保每一机组成员和飞行签派员获得完成其指定任务所需的充分训练，训练大纲中应当设置本规则第121.421条规定的差异训练。

(e)每一训练大纲中应当按照适用情况，包括本规则第121.423条和第121.433条规定的升级训练内容，用于副驾驶转升同一型别飞机机长的训练。

(f)对于转机型或者升级训练，本规则第121.423条至第121.435条规定的某些具体科目、动作、程序或者其一部分，可以根据适用情况按照本规则第121.401条(d)款的规定予以省略，或者按照本规则第121.405条的规定减少其地面教学或者飞机飞行训练的计划小时数。

(g)除本条以上规定的训练内容外，合格证持有人应当根据本单位具体情况，在训练大纲中增加必要的地面和飞行训练内容，以确保每一机组成员和飞行签派员达到下列要求：

(1)对于所服务的每架飞机、每一机组成员工作位置、每种运行，持续保持充分的训练和近期熟练水平；

(2)对新的设备、设施、程序和技术，包括对飞机的改装，具有合格的知识和技术水平。

第121.417条　驾驶员初始、转机型和升级训练的进入条件

(a)进入机长训练的驾驶员，应当满足《民用航空器驾驶员合格审定规则》(CCAR61)中对申请航线运输驾驶员执照所规定的资格要求和经历要求。此外，在组类II飞机担任机长之前，需满足下列附加条件：

(1)对于最大起飞全重136,000千克(含)以下的飞机，应当担任机长飞行一年以上，相应机长飞行经历时间不少于300小时，且总驾驶员飞行经历时间不少于2200小时；如不具有上述机长经历，则其总驾驶员飞行经历时间不得少于2700小时，其中在组类II飞机上不少于1000小时，且作为操作驾驶员不少于400个包括起飞和着陆的航段，其中在本机型上作为操作驾驶员不少于200个包括起飞着陆的航段；

(2)对于最大起飞全重136,000千克(不含)以上的飞机，应当担任组类II飞机机长飞行一年以上，相应机长飞行经历时间不少于500小时，且总驾驶员飞行经历时间不少于4000小时；如不具有上述组类II飞机机长经历，则其总驾驶员飞行经历时间不得少于5500小时，其中在组类II飞机上不少于2500小时，且作为操作驾驶员不少于450个包括起飞和着陆的航段，其中在本机型上作为操作驾驶员不少于250个包括起飞着陆的航段。

(b)本条(a)款所述机长飞行经历时间是指在商业运输中担任机长飞行的经历时间。

(c)进入副驾驶训练的驾驶员应当至少具备本规则第121.453条(b)款规定的资格条件,持有商用驾驶员执照的驾驶员,还应通过航线运输驾驶员执照地面理论考试,并符合下列要求:

(1)拟在组类I飞机上担任副驾驶的驾驶员,总驾驶员飞行经历时间不得少于500小时,或者毕业于按照《民用航空器驾驶员学校合格审定规则》(CCAR141)批准的课程,该课程至少有230小时飞行训练时间。

(2)拟在最大起飞全重136,000千克(含)以下的组类II飞机上担任副驾驶的驾驶员:

(i)总驾驶员飞行经历时间不得少于800小时,或者毕业于按照《民用航空器驾驶员学校合格审定规则》(CCAR141)批准的课程,该课程至少有250小时飞行训练时间;

(ii)按局方批准的高性能训练课程进行训练,该课程应当包括理论训练、飞行训练器训练和至少20小时在局方认可的高性能多发飞机上的飞行训练(其中可以包括不超过10小时的飞行模拟机飞行训练时间)或者等效训练;

(iii)在涡轮驱动、具备增压舱的多发飞机上担任机长飞行经历时间70小时或担任副驾驶飞行经历时间300小时的驾驶员在进入本款规定的副驾驶训练前可以不进行高性能多发飞机训练。

(3)拟在最大起飞全重136,000千克(不含)以上的组类II飞机上担任副驾驶的驾驶员:

(i)总驾驶员飞行经历时间不得少于800小时,或者毕业于按照《民用航空器驾驶员学校合格审定规则》(CCAR141)批准的课程,该课程至少有280小时飞行训练时间;

(ii)按局方批准的高性能训练课程进行训练,该课程应当包括理论训练、飞行训练器训练和至少50小时在局方认可的高性能多发飞机上的飞行训练(其中可以包括不超过25小时的飞行模拟机飞行训练时间)或者等效训练;

(iii)在涡轮驱动、具备增压舱的多发飞机上担任机长飞行经历时间100小时或担任副驾驶飞行经历时间500小时的驾驶员,在进入本款规定的副驾驶训练前可以不进行高性能多发飞机训练。

(iv)对于已在按本规则运行的最大起飞全重136,000千克(含)以下的组类II飞机上担任副驾驶的驾驶员,在按本规则的运行中担任副驾驶飞行经历时间250小时后,可直接进入最大起飞全重136,000千克(不含)以上组类II飞机的副驾驶训练,无需满足本款的上述要求。

第121.419条 机组成员的应急生存训练

(a)机组必需成员应当针对所飞飞机的型别、布局及所实施的每种运行,完成本条规定的应急生存训练。

(b)应急生存训练应当包括下列内容：

(1)讲解应急工作的任务分派和程序，包括机组成员之间的协调配合；

(2)逐个讲解下列应急设备的所在位置、功能和使用方法：

(i)用于水上迫降和撤离的设备；

(ii)急救设备；

(iii)手提灭火器，重点是适用不同类型失火的灭火器型号；

(iv)配有撤离滑梯或者滑梯救生筏的应急出口，重点是不利情况下应急出口的操作。

(3)讲解紧急情况的处理，包括下列内容：

(i)急剧释压；

(ii)空中或者地面的失火和烟雾控制程序，重点是找到客舱区域(包括所有厨房、服务舱、升降机、盥洗室和放置电影屏幕处)内的电气设备和相关的断路器；

(iii)水上迫降或者其他形式的撤离，包括在紧急情况下，撤离那些需要由别人帮助才能迅速移至某一出口的人员；

(iv)旅客或者机组人员生病、受伤等非正常情况的处置，包括熟悉应急医疗设备；

(v)劫机和其他非法干扰情况的处理。

(4)回顾和讨论以前与实际紧急情况有关的飞行事故和事件。

(c)每一机组成员应当在规定的训练期限内，使用配置在其所服务的每一型别飞机上的应急设备，完成下列应急演练：

(1)一次性应急演练。在初次转入该机型的训练中，每个机组成员应当完成下列一次性应急演练：

(i)至少一次佩戴防护式呼吸装置的演练。在该次演练中，该员应当佩戴该型飞机机载防护式呼吸装置或者经批准的模拟设备，使用一个型号的机载手提灭火器或者经批准的灭火器去扑灭实际或者模拟的失火，该灭火器应当适合所扑灭的失火的类型；

(ii)至少一次经批准的灭火演练。在该次演练中，该员至少应当使用一个型号的机载手提灭火器或者经批准的灭火器去扑灭实际或者模拟的失火，该灭火器应当适合所扑灭的失火的类型。如果该机组成员在上述(i)目的防护式呼吸装置演练中扑灭的是实际失火，则本目规定的灭火演练不必再进行；

(iii)每人使用至少一种机载或者经批准的用于训练的应急撤离滑梯进行撤出飞机的应急撤离演练。机组成员可以观察飞机出口在应急方式下被打开以及与之相连的出口滑梯或者滑梯救生筏被放出并充气的过程，或者亲自操作设备完成这些动作。

(2)定期应急演练。下列训练应当在该机型初次训练时完成，以后每24个日历月定期复训一次。在训练中应当完成下列第(i)至第(v)目的应急演练和设备操作练习，并完成对第(vi)至第(ix)目演练的观察：

(i)每种类型应急出口的正常和应急方式操作，包括放出应急撤离滑梯所要求的动作和力量；

(ii)安装的每种型号手提灭火器；

(iii)每种类型的应急氧气系统，包括防护式呼吸装置；

(iv)个人漂浮装置的穿戴、使用和充气(如适用)；

(v)水上迫降(如适用)，至少包括驾驶舱的准备工作和程序、机组的协调配合、对旅客的简要说明和客舱的准备工作、救生衣的穿戴和充气、救生绳的使用、组织旅客和机组登上救生筏或者滑梯救生筏；

(vi)从飞机(或者训练设施)上取出每种型号的救生筏并充气(如适用)；

(vii)将每种型号的滑梯救生筏从一舱门转移到另一舱门；

(viii)将每种型号的滑梯救生筏展开、充气和从飞机或者训练设施上脱开；

(ix)应急撤离，包括机组的准备工作和程序、滑梯的使用。

(d)在7600米(25000英尺)以上高度的飞行中服务的机组成员，应当接受下列内容的教育：

(1)呼吸原理；

(2)生理组织缺氧；

(3)高空不供氧情况下的有知觉持续时间；

(4)气体膨胀；

(5)气泡的形成；

(6)减压的物理现象和事件。

第121.421条　机组成员和飞行签派员的差异训练

(a)机组成员和飞行签派员的差异训练，至少应当包括适用于其所担负的任务与职责的下列内容和时间：

(1)讲授该飞机初始地面训练所要求的每一相应科目或者其一部分的差异；

(2)进行该飞机初始飞行训练所要求的每一相应动作或者程序的差异飞行训练；

(3)局方认为对于该飞机、该运行、该机组成员或者飞行签派员所必需的地面和飞行训练计划小时数。

(b)某一具体型别飞机的所有改型的差异训练,可以包括在该飞机的新雇员训练、初始训练、转机型训练、升级训练和定期复训中。

第 121.422 条　机组成员的安保训练

合格证持有人应当制定供机组成员使用的安保训练大纲,并经局方批准后按照该大纲实施训练。该训练大纲应当根据国家以及民航保卫部门不同时期的具体要求、国内外形势变化以及运行区域和特点等情况及时进行更新和修订。机组成员的安保训练大纲至少包括以下内容:

(a)事件严重性的确定;

(b)机组成员之间的信息传递和协调;

(c)恰当的自我防卫;

(d)经批准供机组成员使用的非致命性保护器具的使用方法;

(e)了解恐怖分子的行为,以使机组成员有能力应对劫机者的行为和乘客的反应;

(f)针对不同威胁情况的真实场景演练;

(g)用于保护飞机的驾驶舱程序;

(h)飞机的搜查程序和最低风险爆炸区的指南。

第 121.423 条　驾驶员、飞行机械员的初始、转机型地面训练和驾驶员的升级地面训练

(a)驾驶员、飞行机械员的初始、转机型地面训练和驾驶员的升级地面训练,至少应当讲授适用于其指定职位的下列内容:

(1)一般科目,包括下列内容:

(i)合格证持有人的签派或者放行程序;

(ii)确定重量与平衡、起飞与着陆跑道限制的基本原则与方法;

(iii)足够的气象学内容,以保证掌握有关天气现象的实用知识,包括锋面系统、结冰、雾、雷暴及各种高空气象情况的原理;

(iv)空中交通管制系统、程序和用语;

(v)导航和导航设备的使用,包括仪表进近程序;

(vi)正常和应急通信程序;

(vii)下降到决断高度(DA)/决断高(DH)或者最低下降高度(MDA)/最低下降高(MDH)之前,以及在其后下降过程中的目视参考;

(viii)对于喷气飞机,喷气发动机的工作原理及使用特点,高速空气动力学和现代大型客机的操纵特性,包括喷气飞机失速、飘摆原理及其改出方法;

(ix)机组资源管理;

(x)确保其胜任工作所必需讲授的其他内容。

(2)对于每一飞机型别,应讲授下列内容:

(i)一般介绍;

(ii)性能特征;

(iii)发动机和螺旋桨;

(iv)主要部件;

(v)飞机主要系统(如飞行操纵、电气、液压)和其他有关的系统;

(vi)正常、非正常和应急操作的原则以及相应的程序和限制;

(vii)识别和避开危险天气的程序,包括意外遭遇危险天气时(包括低空风切变)从中脱离的程序,以及进入或者靠近雷暴(包括最佳穿越高度)、颠簸(包括晴空颠簸)、结冰、冰雹和其他危险天气环境时的操作程序;

(viii)使用限制;

(ix)燃油消耗和巡航控制;

(x)飞行的计划;

(xi)每一正常和应急程序;

(xii)经批准的飞机飞行手册。

(b)驾驶员和飞行机械员的初始地面训练,除经批准按照第121.405条的规定予以减少外,其计划小时数应当符合下列规定:

(1)对于组类Ⅰ飞机,至少具有下列计划小时数:

(i)以活塞式发动机为动力的,64 小时;

(ii)以涡轮螺旋桨发动机为动力的,80 小时。

(2)对于组类Ⅱ飞机,至少具有 120 小时。

第 121.429 条　客舱乘务员的初始和转机型地面训练

(a)客舱乘务员的初始和转机型地面训练应当至少讲授下列内容:

(1)一般科目,包括下列内容:

(i)机长的职权和客舱乘务员的职责;

(ii)旅客的管理,包括遇有精神错乱或者其他具有危及安全举动的人时所应遵循的程序;

(iii)机组资源管理训练。

(2)对于每一飞机型别,讲授的内容应当包括下列项目:

(i)飞机的一般介绍,着重介绍影响水上迫降、撤离、空中应急程序及其他有关任务的物理特征;

(ii)机内广播系统和与其他飞行机组成员联络的设备的使用,包括遇到试图劫持飞机或者其他非正常情况时的应急处置方法;

(iii)厨房电器设备和客舱加温、通风控制装置的正确使用。

(b)客舱乘务员的初始和转机型地面训练,应当包括资格检查,以确定其完成指定任务和职责的能力。

(c)客舱乘务员的初始地面训练,除经批准按照本规则第121.405条予以减少外,其计划小时数应当符合下列规定:

(1)对于组类Ⅰ飞机,至少具有32小时。

(2)对于组类Ⅱ飞机,至少具有48小时。

第121.431条　飞行签派员的初始和转机型地面训练

(a)飞行签派员的初始和转机型地面训练应当至少讲授下列内容:

(1)一般科目,应当包括下列内容:

(i)通信系统的使用,包括这些系统的特性和相应的正常、应急程序;

(ii)气象学,包括各种类型的气象信息和预报,气象资料的分析(包括航路与终端区的气温和其他天气条件的预报),锋面系统,风的条件,以及各种高度的气象实况图和预报图的使用;

(iii)航行通告系统;

(iv)导航设备及其公布资料;

(v)飞行签派员与驾驶员的共同责任;

(vi)有关机场的特征;

(vii)盛行的天气现象和可以供使用的气象资料来源;

(viii)空中交通管制和仪表进近程序;

(ix)签派员资源管理训练。

(2)对于每一架飞机,讲授的内容应当包括下列项目:

(i)飞机的一般介绍,着重于运行特性与性能特性、导航设备、仪表进近与通信设备、应急设备与使用程序、最低设备清单以及其他与飞行签派员任务和职责有关的课题;

(ii)飞行操作程序,包括本规则第121.423条(a)款第(2)项第(vi)目规定的程序;

(iii)重量与平衡的计算;

(iv)飞机性能签派的基本要求和程序;

(v)飞行的计划,包括航路选择、飞行时间分析及燃油要求;

(vi)应急程序。

(3)在训练过程中应当强调应急程序,包括在飞机遇危险时,向有关政府部门和单位发出紧急通报,以给予该飞机最大限度的帮助。

(b)飞行签派员的初始和转机型地面训练,应当包括由有关主管人员或者地面教员对其进行的资格检查,以验证其在本条(a)款规定科目方面的知识和能力。

(c)飞行签派员的初始地面训练,除经批准按照本规则第121.405条予以减少外,其计划小时数应当符合下列规定:

(1)对于组类Ⅰ飞机,至少具有下列计划小时数:

(i)以活塞式发动机为动力的,30小时;

(ii)以涡轮螺旋桨发动机为动力的,40小时。

(2)对于组类Ⅱ飞机,至少具有40小时。

第121.433条 驾驶员的初始、转机型和升级飞行训练

(a)驾驶员的初始、转机型和升级训练应当包含本规则附件D中规定的动作与程序的飞行训练和低空风切变飞行训练。

(b)本条(a)款所要求的动作与程序的飞行训练应当符合下列要求:

(1)风切变动作与程序应当在经批准能完成这些动作与程序的飞行模拟机上完成;

(2)本规则附件D规定的动作与程序可以在该附件所允许的范围内,分别在飞行模拟机、飞行训练器或者该型别飞机上完成;

(3)本规则附件D中规定应当在飞机上完成的动作和程序,可以按照本规则附件G的规定在相应级别的高级飞行模拟机上完成。

(c)除本条(d)款规定者外,本条(a)款所要求的初始飞行训练,应当在该型别飞机上至少完成下列计划小时数的飞行训练,除非按照本规则第121.405条的规定予以减少:

(1)对于组类Ⅰ飞机,至少具有下列计划小时数:

(i)以活塞式发动机为动力的:机长—10小时;副驾驶—6小时;

(ii)以涡轮螺旋桨发动机为动力的:机长—24小时;副驾驶—24小时。

(2)对于组类Ⅱ飞机,计划小时数至少为:机长—28小时;副驾驶—28小时。

(d)如果合格证持有人使用符合本规则附件G要求的高级飞行模拟机进行系统的飞行训练,且其训练大纲符合附件G的要求,则(c)款要求的计划小时数可以按照附件G的规定部分或者全部在高级飞行模拟机上完成,但同时应当满足下列要求:

(1)对于初次在按照本规则运行的组类Ⅱ飞机上进行的初始训练,在飞机的驾驶员操作位置上完成至少20次起飞和着陆。

(2)对于初次在按照本规则运行的组类Ⅱ飞机上进行的升机长训练,在飞机的驾驶员操作位置上完成至少15次起飞和着陆。

第 121.435 条　飞行机械员的初始和转机型飞行训练

(a)飞行机械员的初始和转机型飞行训练应当至少包括下列内容:

(1)与完成飞行机械员的任务与职责有关的程序的训练,这些程序的训练可以在飞机、飞行模拟机或者训练设备上完成;

(2)飞行检查,包括下列项目:

(i)飞行前飞机检查;

(ii)在滑行、滑跑、起飞、上升、巡航、下降、进近、着陆期间,在飞行机械员工作位置上完成规定的任务;

(iii)在飞行中或者在飞行模拟机或者训练设备上完成其他职能,如燃油管理和燃油消耗记录的编制,正常、应急或者备用操作飞机的所有飞行系统。

(b)持有商用驾驶员执照带仪表等级、飞机类别与多发级别等级的飞行机械员,或者在取得副驾驶资格后转为飞行机械员的驾驶员,可以在经批准的飞行模拟机上完成本条(a)款第(2)项中规定的全部飞行检查。

(c)本条(a)款所要求的初始飞行训练,应当至少具有与第 121.433 条(c)款对副驾驶规定的飞行训练相同的计划小时数,除非按照本规则第 121.405 条的规定予以减少。

第 121.439 条　定期复训

(a)定期复训应当以每 12 个日历月为一周期安排,保证每一机组成员或者飞行签派员,获得关于该型别飞机和所涉及的机组成员工作位置的充分训练并保持近期熟练水平。

(b)机组成员和飞行签派员的定期复训地面训练应当至少包括下列内容:

(1)机组成员或者飞行签派员在所涉及的飞机和工作位置方面知识状况的问答或者考查;

(2)根据需要讲授本规则第 121.415 条(a)款要求的初始地面训练的适当科目,包括应急生存训练(对飞行签派员不作要求);

(3)对于客舱乘务员和飞行签派员,分别按照本规则第121.429条(b)款和第 121.431 条(b)款的要求进行资格检查;

(4)机组资源管理定期复训,对飞行机组成员,可以在航线模拟训练中完成这一训练或者训练的某些部分。

(c)机组成员和飞行签派员的定期复训地面训练,除按照本规则第 121.405 条的规定予以减少外,其计划小时数应当符合下列规定:

(1)对于飞行机组成员,至少具有下列计划小时数:

(i)组类Ⅰ,以活塞式发动机为动力的飞机,16 小时;

(ii)组类Ⅰ,以涡轮螺旋桨发动机为动力的飞机,20 小时;

(iii)组类Ⅱ飞机,25 小时。

(2)对于客舱乘务员,至少具有下列计划小时数:

(i)组类Ⅰ,10 小时;

(ii)组类Ⅱ飞机,16 小时。

(3)对于飞行签派员,至少具有下列计划小时数:

(i)组类Ⅰ,以活塞式发动机为动力的飞机,8 小时;

(ii)组类Ⅰ,以涡轮螺旋桨发动机为动力的飞机,10 小时;

(iii)组类Ⅱ飞机,20 小时。

(d)飞行机组成员的定期复训飞行训练应当至少包括下列内容:

(1)对于驾驶员,至少完成本规则附件 E 规定的动作与程序和低空风切变训练。复训的飞行训练应该在经局方鉴定合格,B 级以上的高级飞行模拟机上进行,飞行训练的计划小时数为每 12 个日历月不少于 8 小时。除局方批准外,对于没有飞行模拟机的机型,复训应当在地面利用该型别飞机或者训练设备训练应急操作动作与程序,并且每 12 个日历月内至少应当有 4 小时使用飞机进行飞行训练;

(2)对于飞行机械员,完成本规则第 121.435 条(a)款规定的飞行训练;

O 章　机组成员的合格要求

第 121.451 条　概则

(a)在配备三名(含)以上驾驶员的运行中,如需配备一名在巡航阶段替代机长工作的巡航机长,该驾驶员除无需满足本规则 121.457 条规定的运行经历外,应当完全合格于在该型别飞机上担任机长。

(b)除下列检查和训练外,合格证持有人不得在按照本规则实施的运行中进行其他任何飞行检查或者训练:

(1)驾驶员的航线检查;

(2)飞行机械员的检查(除应急程序外),但被检查的飞行机械员应当是已按照本规则第 121.471 条(a)款规定合格并符合近期经历要求的;

(3)客舱乘务员的训练和资格检查。

(c)除驾驶员航线检查和飞行机械员飞行检查外,接受训练或者检查的人员不得作为机组必需成员使用。

第 121.453 条　驾驶员的执照要求

(a)只有持有航线运输驾驶员执照和该飞机相应型别等级的驾驶员,方可以在按照本规则运行的飞机上担任机长,或者在需要三名(含)以上驾驶员的运行中由符合第121.451条(a)款规定条件的驾驶员作为巡航机长。

(b)只有至少持有商用驾驶员执照和飞机类别、多发等级、仪表等级或者持有多人制机组成员执照的驾驶员,方可以在按照本规则运行的飞机上担任副驾驶。

第121.455条　必需的训练

(a)只有按照经批准的训练大纲,圆满完成了相应型别飞机和相应机组成员位置的下列训练,方可以担任该型别飞机的机组必需成员:

(1)新雇员训练。对于新雇员,应当圆满完成新雇员训练提纲中的地面基础教育内容,并根据不同新雇员的原有经历和拟担任的职位,完成本款第(2)到(7)项中相应的训练内容;

(2)初始训练。对于未在相同组类其他飞机的相同职位上经审定合格并服务过的机组成员,应当圆满完成初始训练;

(3)转机型训练。对于已在相同组类其他型别飞机的相同职务上经审定合格并服务过的机组成员,在转入该机型的同一职位之前,应当圆满完成转机型训练;

(4)升级训练。对于在某一型别飞机上合格并担任副驾驶的机组成员,应当圆满完成升级训练,方可以担任该机型飞机的机长;

(5)差异训练。对于已在某一特定型别的飞机上经审定合格并服务过的机组成员,当使用的同型别飞机与原飞机存在差异时,应当圆满完成差异训练。

(6)定期复训。符合下列要求:

(i)对于每个飞行机组成员,在前12个日历月之内,应当圆满完成本规则规定的服务于每一机型的复训的地面和飞行训练;

(ii)对于客舱乘务员,应当在前12个日历月内完成复训地面训练和资格检查。

(7)重新获得资格训练。对于因为不符合近期经历要求、未按照规定期限完成定期复训、未按照规定期限完成飞行检查或者飞行检查不合格等原因而失去资格的机组成员,应当进行相应的重新获得资格训练。

(b)对于履行危险物品处理或者载运职责的人员(含地面人员)应当按照《民用航空危险品运输管理规定》(CCAR276)规定进行训练并保持训练记录。

第121.457条　新机型和新职位上的运行经历要求

(a)在飞机上担任机组必需成员的人员,应当在该型别飞机和在该机组成员位置上,圆满完成本条要求的巩固知识与技术所需的飞行经验、飞行次数和航线飞行经历时间，取得规定的运行经历。但下列情况除外：

(1)除机长之外的机组成员，可以按照本条规定，在担任本职工作中，获得符合本条要求的运行经历；

(2)符合机长要求的驾驶员可以担任符合第121.451条(a)款规定条件的巡航机长或者副驾驶；

(3)对于同一型别中的各个改型，不要求在该改型上建立新的运行经历。

(b)在获得运行经历时，机组成员应当符合下列规定：

(1)持有适合于该飞行机组成员职位和该飞机的执照与等级；

(2)已经圆满完成有关该型别飞机和该飞行机组成员职位的相应地面与飞行训练；

(3)客舱乘务员已经圆满完成有关该机型和客舱乘务员职位的相应地面训练；

(4)这些经历应当在按照本规则实施的运行中获得。但是，当某一飞机先前未曾由合格证持有人在按照本规则实施的运行中使用过时，在该飞机验证飞行或者调机飞行中所获得的经历可以用于满足本条的运行经历要求。

(c)驾驶员应当按照下述要求获得运行经历：

(1)待取得机长运行经历的驾驶员，应当在飞行检查员或者飞行教员的监视下履行机长职责。对于完成初始或者升级训练、待取得机长运行经历的驾驶员，应当在局方监察员或者局方委任代表的监视下完成规定的职责至少一个航段飞行(包括起飞和着陆)。在按照本条规定取得运行经历的过程中，飞行检查员或者飞行教员应当担任机长并坐在驾驶员座位上；

(2)副驾驶应当在飞行检查员或者飞行教员监督下完成其职责；

(3)运行经历所要求的飞行经历时间和飞行次数应当符合下列规定：

(i)组类Ⅰ，活塞式发动机为动力的飞机，飞行经历时间至少15小时；

(ii)组类Ⅰ，涡轮螺旋桨发动机为动力的飞机，飞行经历时间至少20小时；

(iii)组类Ⅱ飞机，飞行经历时间至少25小时；

(iv)本项要求的运行经历中，应当包括至少4次飞行，其中包括至少3次作为该飞机的操作驾驶员的飞行。其中的1次操作应当在高度3000米(10,000英尺)以下用人工飞行的方式操作飞机。

(d)飞行机械员应当在飞行机械检查员或者教员的监督下履行飞行机械员职责至少达到下列小时数：

(1)组类Ⅰ，活塞式发动机为动力的飞机，8小时；

(2)组类Ⅰ，涡轮螺旋桨发动机为动力的飞机，10小时；

(3)组类Ⅱ飞机,12 小时。

(e)客舱乘务员应当在航线飞行中按照下述要求获得运行经历:

(1)在客舱乘务教员指导下履行规定的职责;

(2)在客舱乘务检查员的监督下履行规定的职责至少达到 5 小时;

(3)正在获得运行经历的客舱乘务员不得担任机组必需成员。

(f)对于新机型、新职位的驾驶员,为巩固其知识与技术,合格证持有人应当采取下列措施,保证其飞行连续性:

(1)在完成新机型或者新职位上的训练之后的 120 天之内,应当安排航线飞行至少 100 小时;

(2)如果驾驶员在完成必需的 100 小时航线飞行经历时间前,到该合格证持有人运行的另一型别飞机上担任驾驶员,则该驾驶员在重新回到新机型上担任驾驶员时,应当首先在飞行模拟机或者飞机上完成经批准的复习训练;

(3)对于在 120 天之内没有完成必需的 100 小时航线飞行经历时间的驾驶员,应当在飞行模拟机或者飞机上完成熟练检查并重新建立 120 天之内 100 小时的航线飞行经历。

第 121.459 条　驾驶员的使用限制和搭配要求

(a)如果副驾驶在所飞机型上的飞行经历时间少于 100 小时,并且机长不具备飞行检查员或者飞行教员资格,则在下列情况下,应当由机长完成所有起飞和着陆:

(1)在局方规定或者合格证持有人规定的特殊机场;

(2)机场的最新气象报告中有效能见度值等于或者小于 1200 米(3/4 英里),或者跑道视程(RVR)等于或者小于 1200 米(4000 英尺);

(3)所用跑道有水、雪、雪浆或者严重影响飞机性能的情况;

(4)所用跑道的刹车效应据报告低于“好”的水平;

(5)所用跑道的侧风分量超过 7 米/秒(15 海里/小时);

(6)在机场附近据报告有风切变;

(7)机长认为需谨慎行使机长权力的任何其他情况。

(b)在安排飞行机组搭配时,应当至少有一名驾驶员在该型别飞机上具有 100 小时的航线飞行经历时间。但在下列情况下,局方可以根据合格证持有人的申请,使用对其运行规范作适当增补的方法,批准偏离本款的要求:

(1)新审定合格的合格证持有人没有雇佣任何符合本款最低要求的驾驶员;

(2)现有合格证持有人在其机群中增加了以前未在其运行中使用过的某型飞机;

(3)现有合格证持有人建立了新的基地,指派到该基地的驾驶员需要在该基地运行的飞机上取得资格。

(c)合格证持有人应当建立一套飞行机组排班系统,保证科学合理地搭配飞行机组成员,安全地完成所分派的任务。搭配飞行机组成员时应当考虑以下因素:

(1)飞行机组成员的经历、资格满足所飞区域、航路、机场和特殊运行的要求;

(2)飞行机组成员对所飞机型得到充分训练,使用设备、操纵飞机的整体能力满足运行要求;

(3)飞行机组成员的年龄和性格特征;

(4)所执行的飞行任务的其他特点。

第121.461条　驾驶员的近期经历要求

(a)合格证持有人不得使用任何驾驶员,任何驾驶员也不应在按照本规则运行中担任飞行机组必需成员,除非该驾驶员于前90个日历日之内,在所服务的该型别飞机上,至少已做过三次起飞和着陆。本款要求的起飞和着陆可以在经批准的飞行模拟机上完成,在任一连续的90个日历日内未能完成要求的三次起飞和着陆的人员,应当按照本条(b)款的规定重新建立近期经历。

(b)除了满足本规则所有适用的训练和检查要求之外,未满足本条(a)款要求的驾驶员应当按照下列要求重新建立近期经历:

(1)在飞行检查员监视下,在所飞的该型别飞机上,或者在经批准的飞行模拟机上,至少完成三次起飞和着陆;

(2)前述三次起飞和着陆应当包括至少一次模拟最临界发动机失效时的起飞、至少一次使用仪表着陆系统进近到该合格证持有人经批准的仪表着陆系统最低天气标准的着陆以及至少一次全停着陆。

(c)当使用飞行模拟机完成本条(a)款或者(b)款的任何要求时,飞行机组必需成员的位置应当由具有恰当资格的人员占据,并且飞行模拟机应当严格模拟正常飞行环境,不得使用飞行模拟机重新设定位置的特性。

(d)飞行检查员应当对被监视的人员作出鉴定,判断其是否熟练和是否合格于在本规则规定的运行中执行飞行任务,并且可以决定增加他认为作出这种鉴定所需要增加的动作。

第121.463条　航线检查

(a)机长应当在前12个日历月内,在其所飞的一个型别飞机上通过航线检查,在检查中圆满完成机长职责。

(b)航线检查应当由在该航路和该型别飞机两方面都合格的飞行检查员

实施,并且至少有一次检查飞行是在合格证持有人的典型航路上进行的。

第 121.465 条　熟练检查

(a)担任飞行机组必需成员的驾驶员应当在前 6 个日历月之内在所服务的机型(别)上完成熟练检查,否则不得担任飞行机组必需成员。

(b)熟练检查可以在定期复训中进行。熟练检查每隔一次可以用本规则第 121.409 条(b)款中规定的飞行模拟机训练课程代替。按照《民用航空器驾驶员合格审定规则》(CCAR61)完成的型别等级飞行考试可以代替熟练检查。

(c)熟练检查应当满足下列要求:

(1)至少包括本规则附件 E 所规定的程序和动作,除非该附件中另有特殊规定;

(2)由局方监察员、局方委任代表或者合格证持有人的飞行检查员进行。

(d)对于本规则附件 E 中规定可以放弃的动作与程序,实施熟练检查的人员可以根据自己的判断放弃检查,但应当满足下列要求:

(1)局方没有发布应当完成该动作或者程序的特别指令;

(2)被检查的驾驶员,在合格证持有人的该型别飞机和飞行机组成员职位上,具有一年以上的安全运行经历。

(e)如果被检查的驾驶员在任一要求的动作上失败,实施熟练检查的人员可以在熟练检查过程中,给该驾驶员增加训练。除了重复完成曾失败的动作之外,可以要求被检查的驾驶员,重复他认为对判断驾驶员熟练程度所必需的任何其他动作。如果被检查的驾驶员未通过熟练检查,合格证持有人不得在本规则运行中使用该人员,该人员也不得在本规则运行中任职,直至其令人满意地完成熟练检查为止。

第 121.467 条　机长的区域、航路和机场合格要求

(a)合格证持有人应当向机长提供所飞区域和所飞各机场与终端区的下述各方面的最新信息,保证这些信息的完整和正确,并且确保该机长对这些信息有足够的了解和有能力使用:

(1)该季节相应的气象特征;

(2)导航设施,包括机场目视助航设备;

(3)通信程序;

(4)地形和障碍物类型;

(5)最低安全飞行高度;

(6)航路和终端区进场与离场程序、等待程序和有关机场经批准的仪表进近程序;

(7)驾驶员将要使用的终端区的每个机场的活动拥挤区和自然布局；

(8)航行通告。

(b)合格证持有人应当提供一个能被局方接受的系统，以便将本条(a)款所要求的信息传递给机长和相应的飞行运作人员。该系统还应当保证合格证持有人满足本规则第121.469条规定的要求。

第121.469条　机长的特殊区域、航路和机场合格要求

(a)局方可以根据周围地形、障碍物、复杂的进近程序或者离场程序等因素，将某些机场确定为特殊机场，要求机长具有特殊的机场资格，并可以对某些区域或者航路提出特殊类型的导航资格要求。

(b)合格证持有人应当保证，在飞往或者飞离特殊机场的运行中担任机长的驾驶员，应当在前12个日历月之内曾作为飞行机组成员飞过该机场(包括起飞和着陆)，或者曾使用经局方认可的该机场图形演示设备或者飞行模拟机进行训练并获得资格。但是，如果机场的云底高度，至少高于最低航路高度(MEA)、最低超障高度(MOCA)或者该机场仪表进近程序规定的起始进近高度最低者之上300米(1000英尺)，而且该机场的能见度至少为4800米(3英里)，则进入该机场(包括起飞或者着陆)时，可以不对机长作特殊机场资格要求。

(c)在需要特殊类型导航资格的航路或者区域上两个航站之间担任机长的驾驶员，应当在前12个日历月之内，以局方认可的方式，用下列方法之一证明其合格于使用该导航系统：

(1)使用该特殊类型导航系统，担任机长在某一航路或者区域上飞行；

(2)使用该特殊类型导航系统，在航空检查人员的监视下，担任机长在某一航路或者区域上飞行；

(3)完成本规则附件I《多普勒雷达和惯性导航系统》规定的训练。

第121.471条　飞行机械员的合格要求

(a)在飞机上担任飞行机械员的人员，应当持有飞行机械员执照和相应的等级，并完成《民用航空器领航员、飞行机械员、飞行通信员合格审定规则》(CCAR63FS)为保持该执照和等级有效性所要求的训练和检查以及本规则要求的训练和检查。

(b)在飞机上担任飞行机械员的人员，应当在前6个日历月之内，在该型别飞机上至少担任飞行机械员飞行了50小时，或者，合格证持有人或者局方在该型别飞机上对其进行了检查，并认为其熟悉且掌握了所有现行重要信息和操作程序。

(c)按照本规则第121.435条(a)款第(2)项实施的飞行检查，满足本条

(b)款的要求。

第 121.475 条　客舱乘务员的搭配要求

(a)合格证持有人在按照本规则运行时,应当指定 1 名客舱乘务员为乘务长,作为客舱机组的负责人,履行客舱管理的职责并向机长报告。乘务长的资格应符合局方相关要求

(b)合格证持有人应当建立一套客舱乘务员排班程序,保证科学合理地搭配客舱机组成员,安全地完成所分派的任务。搭配客舱机组成员时当考虑以下因素:

(1)客舱乘务员的年龄和飞行时间经历;

(2)客舱乘务员的训练、资格满足所飞机型、区域和特殊运行的要求。

第 121.477 条　客舱乘务员的合格要求

(a)在飞机上担任客舱乘务员的人员,应当通过局方按照本规则批准的训练大纲训练并经合格证持有人检查合格。在按照本规则运行时,应当持有现行有效的航空人员体检合格证和合格证持有人颁发的客舱乘务员训练合格证。

(b)客舱乘务员应于前 12 个日历月之内,在按照本规则第 121.538 条要求所批准的可服务的一种机型上,至少已飞行 2 个航段,方可在此机型上担任客舱乘务员。

第 121.479 条　飞行机组成员的英语要求

合格证持有人应当对飞行机组成员进行专业英语训练,使其能够在飞行中使用英语进行陆空通话,阅读各种英文飞行手册、资料,使用英文填写各种飞行文件和使用英语进行交流。

(a)自 2008 年 3 月 5 日起,除经局方批准外,未通过局方组织或认可的英语语言能力 4 级或 4 级以上等级评定而其执照上低于英语语言能力 4 级等级签注的,不得在使用英语通话的航线上担任驾驶员。

(b)1960 年 1 月 1 日(含)以后出生的驾驶员,未获得英语语言能力 3 级或以上等级签注的,不得参加组类 II 飞机的初始或升级训练。

P 章　机组成员值勤期限制、飞行时间限制和休息要求

第 121.481 条　概则

(a)除本条(b)款规定外,合格证持有人在实施本规则运行中,应当建立用于机组成员疲劳管理和定期疗养的制度及程序,保证其机组成员符合本章

适用的值勤期限制、飞行时间限制和休息要求。任何违反本章规定的人员不得在本规则运行中担任机组必需成员。

(b)合格证持有人可以通过建立经局方批准的疲劳风险管理系统，申请替代本章部分条款的限制和要求。合格证持有人的疲劳风险管理系统应能保证不低于本章要求的安全水平，并至少包括以下内容：

(1)疲劳风险管理政策；

(2)疲劳管理及疲劳相关知识的训练；

(3)疲劳报告系统；

(4)飞行员疲劳监控系统；

(5)疲劳相关不安全事件报告程序；

(6)系统有效性评估。

(c)本章中的用语定义如下：

(1)扩编飞行机组，是指飞行机组成员数量超过飞机机型所要求的操纵飞机的最小值，从而可由其他合格的飞行机组成员替换某一飞行机组成员，被替换的飞行机组成员可在飞行中休息；扩编飞行机组中应至少包含一名具备机长资格和一名具备巡航机长或以上资格的人员。

(2)机上休息设施，是指安装在飞机内可以为机组成员提供休息机会的铺位或座位，其中分为：

(i)1级休息设施，是指休息用的铺位或可以平躺的其他平面，独立于驾驶舱和客舱，机组成员可控制温度和光线，不受打扰和噪音的影响；

(ii)2级休息设施，是指飞机客舱内的座位，至少可以利用隔帘与乘客分隔，避免被乘客打扰，可以平躺或接近平躺，能够遮挡光线、降低噪音；

(iii)3级休息设施，是指飞机客舱内或驾驶舱内的座位，应可倾斜40度，并可为脚部提供支撑，或者符合局方要求的其他方式。

(3)置位，是指机组成员根据合格证持有人的要求为完成指派的飞行任务，作为乘员乘坐飞机或地面交通工具，但不包括其往返当地适宜的住宿场所的交通。置位属于值勤，置位时间不能作为休息时间。当置位计入飞行值勤期时，在确定本章表B中最长飞行值勤时间时，置位不视作航段。

(4)适宜的住宿场所，是指可以控制温度、降低噪音、条件良好的场所，该场所能够控制光线亮度，使机组成员可以在床位或椅子上以平躺或接近平躺姿势睡觉或休息。适宜的住宿住所只适用于地面设施，不适用于机上休息设施。

(5)值勤，是指机组成员按照合格证持有人的要求执行的所有任务，包括但不限于飞行值勤、置位、备份(包括主备份和其它备份)和培训等。

(6)飞行值勤期，是指机组成员接受合格证持有人安排的飞行任务后(包括飞行、调机或转场等),从为完成该次任务而到指定地点报到时刻的开始,到飞机在最后一次飞行后发动机关车且机组成员没有再次移动飞机的意向为止的时间段。一个飞行值勤期还可能包括机组成员在某一航段前或航段之间代表合格证持有人执行的其它任务,但没有必要休息期的情况(如置位、主备份、飞机或模拟机培训发生在某一航段前或航段之间,但没有安排必要的休息期)。在一个值勤期内,如机组成员能在适宜的住宿场所得到休息,则该休息时间可以不计入该飞行值勤期的值勤时间。

(7)日历日,是指按照世界协调时间或当地时间划分的时间段,从当日00:00至23:59的24小时。

(8)主备份,是指机组成员根据合格证持有人的要求,在机场或合格证持有人指定的特定地点随时等待可能的任务。

(9)休息期,是指从机组成员到达适宜的住宿场所起,到为执行下一次任务离开适宜的住宿场所为止的连续时间段。在该段时间内,合格证持有人不得为机组成员安排任何工作和给予任何打扰。值勤和为完成指派的飞行任务使用交通工具往来于适宜的住宿场所和值勤地点的时间不得计入休息期。

(10)疲劳风险管理系统(FRMS),是一种以科学原理和运行经验为基础,通过数据驱动,对疲劳风险进行持续监测和控制,保证相关人员在履行职责时保持充分警觉性的管理系统。

(d)本章中时间均为北京时间,部分地区存在较长时差的另行规定。

第121.483条　飞行机组的飞行时间限制

(a)在一个值勤期内,合格证持有人不得为飞行机组成员安排、飞行机组成员也不得接受超出以下规定限制的飞行时间:

(1)非扩编飞行机组执行任务时,表A规定的飞行时间限制;

表A—非扩编飞行机组运行最大飞行时间限制

报到时间	最大飞行时间(小时)
00:00–04:59	8
05:00–19:59	9
20:00–23:59	8

(2)配备3名驾驶员的扩编飞行机组执行任务时,总飞行时间13小时;

(3)配备4名驾驶员的扩编飞行机组执行任务时,总飞行时间17小时。

(b)如果在飞机起飞后发生超出合格证持有人控制的意外情况,为将飞机安全降落在下一个目的地机场或备降机场,飞行机组成员的飞行时间可以超出本条(a)款所规定的最大飞行时间限制以及第121.487(b)款规定的累积飞行时间限制。

(c)合格证持有人必须在10天内将任何超过本条所允许的最大飞行时间限制的情况报告局方,报告应包括以下内容:

(1)对于延长飞行时间限制及本次延长情况必要的说明;

(2)合格证持有人为将此类延长控制在最小范围内而采取的修正措施,如适用。

(d)合格证持有人应在延长飞行时间限制事发当天起30天内实施本条第(c)(2)所规定的修正措施。

第121.485条　飞行机组的飞行值勤期限制

(a)对于非扩编机组的运行,合格证持有人不得为飞行机组成员安排、飞行机组成员也不得接受超出下表B规定限制的飞行值勤期;航段限制数不包括因备降所产生的航段。

表B—非扩编飞行机组运行最大飞行值勤期限制

报到时间	根据航段数量确定的飞行机组成员最大飞行值勤期(小时)			
	1至4个航段	5个航段	6个航段	7个航段或以上
00:00-04:59	12	11	10	9
05:00-11:59	14	13	12	11
12:00-23:59	13	12	11	10

(b)扩编飞行机组的运行

(1)对于扩编机组的运行,合格证持有人不得为飞行机组成员安排、飞行机组成员也不得接受超出下表C规定限制的飞行值勤期;

表C—扩编飞行机组运行最大飞行值勤期限制

报到时间	根据休息设施和飞行员数量确定的最大飞行值勤期(小时)					
	1级休息设施		2级休息设施		3级休息设施	
	3名飞行员	4名飞行员	3名飞行员	4名飞行员	3名飞行员	4名飞行员
00:00-23:59	18	20	17	19	16	18

(2)在所有飞行时间内,至少有一名机长或符合本规则第121.451条(a)款要求的巡航机长在驾驶舱内操纵飞机;

(3)在着陆阶段执行操纵飞机任务的飞行机组成员,应在飞行值勤期的后半段获得至少连续 2 小时的休息时间。对于航段时间不足 2 小时的应保证执行操纵飞机任务的飞行机组成员在着陆前得到足够的休息。

(c)起飞前发生意外运行情况下飞行值勤期的延长:

(1)机长和合格证持有人可以将本章表 B 或表 C 中允许的最大飞行值勤期延长 2 小时;

(2)本条第(c)(1)款规定的将飞行值勤期延长 30 分钟以上的情况只可在获得本规则第 121.495 条(b)款规定的休息期之前发生一次;

(3)如果本条第(c)(1)规定的飞行值勤期的延长导致飞行机组成员超出本规则第121.487条(c)款所规定的累积值勤期限制,那么该飞行值勤期不得延长;

(4)合格证持有人必须在 10 日内将任何超过本章表 B 或表 C 所允许的最大飞行值勤期限制 30 分钟的情况报告局方,报告应包括以下信息:

(i)对于延长飞行值勤期限制及本次延长必要情况的说明;

(ii)合格证持有人为将此类延长控制在最小范围内而采取的修正措施,如适用。

(5)合格证持有人必须在延长飞行值勤期限制事发当天起 30 天内实施本条第(c)(4)所规定的修正措施。

(d)起飞后发生意外运行情况下飞行值勤期的延长:

(1)机长和合格证持有人可以将本章表 B 或表 C 中允许的最大飞行值勤期延长至可以将飞机安全地降落在下一个目的地机场或备降机场;

(2)本条第(d)(1)款规定的将飞行值勤期延长 30 分钟以上的情况只可在获得本规则第 121.495 条(b)款规定的休息期之前发生一次;

(3)本条(d)(1)规定的值勤期的延长可以超出本规则第121.487条(c)款中所规定的累积飞行值勤期限制;

(4)合格证持有人必须在 10 日内将超过本章表 B 或表 C 飞行值勤期限制的情况报告局方,报告应包括对于延长飞行值勤期限制及本次延长必要情况的说明。

第 121.487 条　飞行机组的累积飞行时间、值勤时间限制

(a)本条所规定的限制包括飞行机组成员在一段时期内代表合格证持有人所执行的所有飞行时间,含按照本规则实施的运行和本规则之外的运行,如训练、调机和作业飞行等。

(b)合格证持有人不得为飞行机组成员安排、飞行机组成员也不得接受超出以下规定限制的飞行时间:

(1)任一日历月,100 小时的飞行时间;

(2)任一日历年,900 小时的飞行时间。

(c)合格证持有人不得为飞行机组成员安排、飞行机组成员也不得接受超出以下规定限制的飞行值勤期:

(1)任何连续 7 个日历日,60 小时的飞行值勤期;

(2)任一日历月,210 小时的飞行值勤期。

第 121.491 条　客舱乘务员的飞行值勤期限制

(a)当按照本规则第 121.391 条规定的最低数量配备客舱乘务员时,客舱乘务员的飞行值勤期不得超过 14 小时。

(b)在按照本规则第 121.391 条规定的最低数量配备上增加客舱乘务员人数时,客舱乘务员的飞行值勤期限制和休息要求应当符合如下规定,增加 1 名客舱乘务员,飞行值勤期不得超过 16 小时;增加 2 名客舱乘务员,飞行值勤期不得超过 18 小时;增加 3 名或者 3 名以上客舱乘务员,飞行值勤期不得超过 20 小时;

(c)发生意外运行情况下飞行值勤期的延长

(1)合格证持有人可以将本条(a)或(b)款规定的值勤期限制延长 2 小时或延长至可以将飞机安全地降落在下一个目的地机场或备降机场;

(2)将本条(a)或(b)款规定值勤期限延长 30 分钟以上的情况只可在获得本规则第 121.495 条(b)款规定的休息期之前发生一次。

第 121.493 条　客舱乘务员的累积飞行时间、值勤时间限制

(a)本条所规定的限制包括客舱乘务员在适当时期内代表合格证持有人所执行的所有飞行。

(b)合格证持有人不得为客舱乘务员安排,客舱乘务员也不得接受超出以下规定限制的累积飞行时间:

(1)任一日历月,100 小时的飞行时间;

(2)任一日历年,1100 小时的飞行时间。

(c)合格证持有人不得为客舱乘务员安排,客舱乘务员也不得接受超出以下规定的累积飞行值勤时间限制:

(1)任何连续 7 个日历日,70 小时的飞行值勤期;

(2)任一日历月,230 小时的飞行值勤期。

(d)客舱乘务员在飞机上履行安全保卫职责的时间应当计入客舱乘务员的飞行和值勤时间。

第 121.495 条　机组成员休息时间的附加要求

(a)合格证持有人不得在机组成员规定的休息期内为其安排任何工作,

该机组成员也不得接受合格证持有人的任何工作。

(b)任一机组成员在实施按本规则运行的飞行任务或者主备份前的144小时内,合格证持有人应当为其安排一个至少连续48小时的休息期。对于飞行值勤期的终止地点所在时区与机组成员的基地所在时区之间时差少于6个小时的,除仅实施全货物运输飞行的合格证持有人外,如机组成员飞行值勤期和主备份已达到4个连续日历日,不得安排机组成员在第5个日历日执行任何飞行任务,但是前续航班导致的备降情况除外。本条款所述基地是指合格证持有人确定的机组成员驻地并接受排班的地方。

(c)如果飞行值勤期的终止地点所在时区与机组成员的基地所在时区之间有6个或者6个小时以上的时差,则当机组成员回到基地以后,合格证持有人必须为其安排一个至少连续48个小时的休息期。这一休息期应当在机组成员进入下一值勤期之前安排。

(d)除非机组成员在前一个飞行值勤期结束后至下一个飞行值勤期开始前,获得了至少连续10个小时的休息期,任何合格证持有人不得安排,且任何机组成员也不得接受任何飞行值勤任务。

(e)当合格证持有人为机组成员安排了其他值勤任务时,该任务时间可以计入飞行值勤期。当不计入飞行值勤期时,在飞行值勤期开始前应当为其安排至少10个小时的休息期。

Q章　飞行签派员的合格要求和值勤时间限制

第121.501条　飞行签派员的合格要求

(a)在国内、国际定期载客运行中担任飞行签派员的人员,应当持有飞行签派员执照,并且按照本规则N章批准的训练大纲,圆满完成相应飞机组类中的一个型别飞机的下列训练:

(1)飞行签派员初始训练,但是如果该飞行签派员已对同一组类的另一型别飞机接受了初始训练,则只需完成相应的转机型训练;

(2)运行熟悉,在驾驶舱观察按照本规则实施的运行至少5小时(含一次起飞和着陆)。对于驾驶舱没有观察员座位的飞机,可以在配备耳机或者喇叭的前排旅客座位上观察。本款要求可以用额外增加一次起飞和着陆代替一个飞行小时的方法,将运行熟悉小时数减少至不低于2.5小时;

(3)对于新引进组类的飞机,在开始投入本规则运行后90天之内,不满足本款第(2)项中运行熟悉要求的人仍可以担任飞行签派员。

(b)飞行签派员所签派的飞机与原签派的同型别飞机存在差异时,应当接受该飞机的差异训练。

(c)飞行签派员应当在前12个日历月内完成定期复训地面训练和资格检查。

(d)飞行签派员应当在前12个日历月内在其签派的每一组类飞机的一个型别飞机上，满足本条(a)款第(2)项中的运行熟悉要求。对每一组类飞机，本款要求可以使用按照本规则第121.407条批准的该组类一个型别的飞行模拟机，完成训练观察5小时的方法来满足。但是，如果使用飞行模拟机来满足本款要求，不得减少小时数。

(e)合格证持有人在批准飞行签派员执行飞机签派任务前，应当确认该飞行签派员熟悉其行使签派管辖权的运行区间的所有运行程序。但是，经审定合格可以签派飞机通过其他某个运行区间的飞行签派员，在与经审定合格的对该运行区间行使签派管辖权的飞行签派员协调后，可以签派飞机通过其他某个运行区间。

第121.503条　飞行签派员的值勤时间限制

(a)合格证持有人应当规定飞行签派员日常的值勤时间。值勤时间应当从飞行签派员为签派飞机而了解气象情况和飞机运行情况时刻开始，至所签派的每架飞机已完成飞行，或者已超出其管辖范围，或者由另一位经审定合格的飞行签派员接替其工作时止。

(b)除出现了超出合格证持有人控制能力的情形或者紧急情况之外，签派员的值勤时间限制应当符合下列要求：

(1)任何合格证持有人不得安排飞行签派员连续值勤超过10小时；

(2)如果飞行签派员在连续24小时内被安排值勤时间超过10小时，该合格证持有人应当在该飞行签派员值勤时间达到或者累计达到10小时之前为他提供至少连续8小时的休息时间；

(3)合格证持有人应当在任意连续7个日历日内为飞行签派员安排一个至少连续24小时的休息期，或者在任一日历月中被安排相当时间的休息期。

(c)合格证持有人在经局方批准后，可以安排在境外工作的飞行签派员，在24小时内连续工作超过10小时，但在每个24小时期间内，应当安排该飞行签派员至少连续休息8小时。

R章　高级训练大纲

第121.504条　目的和资格要求

(a)本章为要求按照本规则进行训练的机组成员、飞行签派员、其他运行人员、教员和评估员的资格获得、训练、审定和保证这些人员胜任能力的其他手段提供了另一种可供选择的批准方法,即高级训练大纲(AQP)。在满足本章要求的情况下,《民用航空器驾驶员合格审定规则》(CCAR61)、《民用航空器领航员、飞行机械员、飞行通信员合格审定规则》(CCAR63FS)、《民用航空飞行签派员执照管理规则》(CCAR65FS)、《飞行训练中心合格审定规则》(CCAR142)以及本规则其他章节中与本章要求不一致的相应条款可以不必遵守。

(b)按规章要求必须具有本规则第121.401条规定的经批准训练大纲或打算采用这种训练大纲的合格证持有人可以选择遵守本章规定。

(c)合格证持有人计划在高级训练大纲中使用的每个课程都应当按照本规则第121.508条的规定获得批准。

第121.505条　高级训练大纲的一般要求

(a)按照高级训练大纲批准的课程可以包含现有的、依据本规则制定的训练大纲课程单元。每个课程都应当具体说明其涵盖的飞机类型,包括该飞机的制造厂家、型号、系列或衍生型等信息,以及所涵盖的每个机组成员岗位或其他岗位。高级训练大纲中涵盖的机组成员岗位应当包括所有飞行机组成员、飞行教员和评估员岗位,也可包括其他岗位,如客舱乘务员、飞行签派员和其他运行人员。

(b)按照本章获得高级训练大纲批准的合格证持有人应当满足高级训练大纲和本章的所有要求,而无需满足《民用航空器驾驶员合格审定规则》(CCAR61)、《民用航空器领航员、飞行机械员、飞行通信员合格审定规则》(CCAR63FS)、《民用航空飞行签派员执照管理规则》(CCAR65FS)或本规则其他章节的相应要求。高级训练大纲没有特别涉及的《民用航空器驾驶员合格审定规则》(CCAR61)、《民用航空器领航员、飞行机械员、飞行通信员合格审定规则》(CCAR63FS)、《民用航空飞行签派员执照管理规则》(CCAR65FS)或本规则其他章节中的每一适用条款(包括但不限于实践考试要求)仍然适用于合格证持有人和那些由合格证持有人负责训练并获取资格的个人。除非高级训练大纲得到局方批准且拟受训人员满足高级训练大纲和本章的所有要求,否则任何人不得按照高级训练大纲接受训练。

(c)除非该员已在按本章批准的合格证持有人训练大纲中令人满意地完成了针对该型别飞机和值勤岗位的高级训练大纲所要求的训练和熟练检查,否则按照依据本章批准的训练大纲实施训练的合格证持有人不得使用任何人在任何值勤岗位上担任必需机组成员、飞行签派员、教员或评估员,任何人也不得服务于上述任何值勤岗位。

(d)本章要求的所有文件和数据应当以局方认可的格式和方式提交。

(e)在期满日历月之前或之后一个日历月内圆满完成的高级训练大纲所要求的训练或评估可视为在期满日历月内完成。

第121.506条 涉及商业秘密的信息

(a)提交给局方的高级训练大纲信息或数据,如合格证持有人认为属于商业秘密,符合国家法规相关规定需要予以保密的,合格证持有人应在每一次提交过程中提出予以信息保密的要求,局方据此将在审查、批准或保存过程中采取保密措施。

(b)当要求对提交的信息或数据保密时,合格证持有人应当满足如下要求:

(1)如果信息或数据是通过电子方式传递的,合格证持有人应当在电子记录中嵌入保密声明,以便局方在接收和评估那些声明为保密的部分信息时,能够很容易地识别;

(2)如果信息或数据是以书面形式提交的,合格证持有人应当在包含有声明为保密信息或数据的每一页面顶端注明"商业秘密"字样。

第121.507条 定义

下列定义适用于本章:

机组资源管理(CRM):是指机组成员的所有可用资源(包括机组成员彼此之间)的有效利用,以实现安全有效地飞行。

课程提纲:是指一个包含有某个课程的所有课程段、模块、课节及课节要素的清单,或者局方接受的等效的清单。

熟练评估:是指航线运行评估(LOE)或者局方接受的、按照高级训练大纲进行的等效的评估。

评估员:是指评定或评价机组成员、教员、其他评估员、飞行签派员或其他运行人员表现的人员。

预先评估:是指在对一个持续资格课程的训练期中给出的那些科目进行简令、训练或实际操作前,用于确定受训人员对指定飞行科目熟练程度的一种表现评估。预先评估是在高级训练大纲持续资格循环期间实施的,用于确定是否有熟练程度降低的趋势,如果存在,则其部分原因可能是由于训练期之间的间隔时间太长。

教学系统开发:是指用于开发或修订资格标准和相关课程内容的系统方法,该方法是以有文件记录的,对岗位熟练程度所要求的任务、技能和知识进行的分析为基础。

工作任务清单:是指为完成运行工作所需的所有任务、子任务、知识和技能的清单。

航线运行评估(LOE):是指在模拟的航线飞行环境中,使用合格于高级训练大纲中的预定用途且经批准的设备,实施的训练或评估课程段。

航线运行模拟(LOS):是指一个模拟的航线飞行环境,在这个情景中的内容都是设计用于测试机组成员的综合技术能力和机组资源管理能力。

计划小时数:是指一个典型学员完成一段课程(包括为达到要求的熟练程度而需进行的所有教学、演示、实践和评估)时预计需要花费的总时间,该时间在课程提纲中予以规定。

资格标准:是指对最低能力要求、适用参数、标准、适用飞行条件、评估策略、评估所用方法(例如使用笔试、口试、经批准的模拟设备或飞机等)和适用参考文件的一个声明。

资格标准文件:是指一个单独的文件,包含高级训练大纲中使用的所有资格标准,以及一个对评估过程所有方面进行详细说明的序言。

特别跟踪:是指将一名人员安排到一个增强的训练、检查或两者兼有的计划中。

训练期:是指专门用于在经局方为相关目的批准的设备上进行训练的一个连续的计划时间段。

衍生型:是指一种特别构型的飞机,局方已明确其训练和资格认定显著不同于同一制造厂家、型号和系列的其他飞机。

第 121.508 条　高级训练大纲的批准

(a)批准过程。合格证持有人可通过负责其运行规范管理的局方主管部门向民航局提出对依据本章制定的高级训练大纲课程进行批准的申请。

(b)批准标准。每个高级训练大纲应当具有供基础理论、获取资格和持续资格保持(包括升级、转机型和重新获得资格)使用的,符合本章第 121.509 条、第 121.510 条和第 121.511 条规定的分立课程。所有高级训练大纲课程都应当通过使用教学系统开发的方法来制定。该方法应当包含一个对合格证持有人的运行、飞机、航线运行环境和岗位职能的彻底分析。所有高级训练大纲资格和持续资格课程都应当整合机组资源管理的训练和评估,以及技术技能和知识。高级训练大纲满足下列要求时,方可获得批准。

(1)大纲应当满足本章全部要求。

(2)每个基础理论、资格认定和持续资格保持高级训练大纲及其派生课程应当包含下列文件:

(i)高级训练大纲的初始申请;

(ii)初始的岗位任务清单;

(iii)教学系统开发方法；

(iv)资格标准文件；

(v)课程提纲；

(vi)实施和操作计划。

(3)只要局方同意，合格证持有人可以选择在适当的地方将多个大纲的信息合并在本条(b)(2)项中指明的相应文件中。

(4)资格标准文件应当特别指明被高级训练大纲课程替代的《民用航空器驾驶员合格审定规则》(CCAR61)、《民用航空器领航员、飞行机械员、飞行通信员合格审定规则》(CCAR63FS)、《民用航空飞行签派员执照管理规则》(CCAR65FS)或本规则其他章节中的规定。如果《民用航空器驾驶员合格审定规则》(CCAR61)、《民用航空器领航员、飞行机械员、飞行通信员合格审定规则》(CCAR63FS)、《民用航空飞行签派员执照管理规则》(CCAR65FS)或本规则其他章节中的实践考试要求被高级训练大纲课程所替代，合格证持有人应当给出一个初始理由并建立一个经局方批准的持续保持过程，用以证明高级训练大纲课程如何为每个被替代的规定提供同等的安全水平。

(c)申请和过渡。申请一个或者多个高级训练大纲课程的合格证持有人，应当在其申请中包含一个带有活动日程表的过渡计划，用于将目前经批准的训练转移至高级训练大纲训练。

(d)高级训练大纲批准的修订或撤销。如果在合格证持有人按照高级训练大纲开始训练和获取资格后，局方发现合格证持有人没有满足其经批准的高级训练大纲中的要求，局方可要求合格证持有人依据本规则第121.405条(e)款对其高级训练大纲作出修订。如果不能满足上述要求，局方可以撤销对该高级训练大纲的批准，同时要求合格证持有人提交一个过渡计划(包括活动日程表)并获得批准，该计划用于合格证持有人将其训练过渡到该合格证持有人应当遵守的按本规则N章制定的经批准训练大纲。

(e)局方的批准。局方对高级训练大纲的最终批准应指出，局方已经接受按本条(b)(4)项提交的证明，并且申请人的初始证明和持续保持过程能够为《民用航空器驾驶员合格审定规则》(CCAR61)、《民用航空器领航员、飞行机械员、飞行通信员合格审定规则》(CCAR63FS)、《民用航空飞行签派员执照管理规则》(CCAR65FS)和本规则其他章节中每个被替代的规定提供同等的安全水平。

第121.509条　基础理论课程

每个基础理论课程都应当包括下列内容：

(a)对于按照高级训练大纲接受训练的新雇员，合格证持有人的政策、操作规程和一般运行知识。

(b)对于新雇用的机组成员和飞行签派员，适用于值勤岗位的一般航空知识。

(c)对于教员，教授和学习过程的基础理论；教学方法和理论；在高级训练大纲课程中使用飞机、飞行训练器、飞行模拟机和其他训练设备时所必需的知识。

(d)对于评估员，高级训练大纲的一般评估要求；评估机组成员、飞行签派员和其他运行人员(如适用)的方法，以及供实施高级训练大纲特有的评估(例如航线运行评估)所使用的政策和规程。

第121.510条　资格认定课程

每个资格认定课程都应当包含对高级训练大纲中特定岗位适用的训练、评估和审定活动，具体如下：

(a)合格证持有人的训练、评估和监视下运行经历的计划小时数。

(b)对于机组成员、飞行签派员和其他运行人员，包括下列内容：

(1)针对特定飞机和设备所做的训练、评估和审定活动，使得受训人员能够合格于特定厂家、型号、系列或衍生型飞机上的特定值勤岗位或与该飞机运行有关的职责；

(2)用于描述训练和评估所要达到的每个熟练程度目标的知识要求、科目材料、岗位技能和资格标准的一个列表和文字说明；

(3)合格证持有人经批准高级训练大纲中对《民用航空器驾驶员合格审定规则》(CCAR61)、《民用航空器领航员、飞行机械员、飞行通信员合格审定规则》(CCAR63FS)、《民用航空飞行签派员执照管理规则》(CCAR65FS)或本规则其他章节的有关要求构成补充或替代的要求，其中包括适用的实践考试要求；

(4)用于描述运行经历、评估、补救策略、特别跟踪规定和如何满足近期经历要求的一个列表和文字说明。

(c)对于飞行机组成员，初始运行经历和航线检查。

(d)对于教员，下列相应的内容：

(1)训练和评估活动，用来使受训人员有资格去实施关于如何操作特定厂家、型号和系列(或衍生型)飞机或确保该飞机安全运行的教学；

(2)用于描述训练和评估中每个程序和熟练程度目标的知识要求、科目材料、岗位技能和资格标准的一个列表和文字说明；

(3)用于描述评估与补救策略、标准化政策和近期经历要求的一个列表和文字说明。

(e)对于评估员，除具有满足本条(d)(1)项要求的内容外，还应包含下列相应的内容：

(1)训练和评估活动，用来使受训人员有资格去评估操作特定厂家、型号和系列(或衍生型)飞机的人员的能力或该员保证该飞机安全运行的能力；

(2)用于描述训练和评估所要达到的每个程序和熟练程度目标的理论知识要求、科目材料、岗位技能和资格标准的一个列表和文字说明；

(3)用于描述评估与补救策略、标准化政策和近期经历要求的一个列表和文字说明。

第121.511条　持续资格保持课程

每个持续资格保持课程都应当包含对高级训练大纲中特定岗位适用的训练和评估活动，具体如下：

(a)持续资格循环。持续资格循环是用于确保在每个循环期间每名人员(包括教员和评估员)都按照高级训练大纲获取资格，该循环应包括与保证每名人员保持熟练所必需的所有活动和科目有关的训练和评估，使得每名人员能够按照经批准的持续资格高级训练大纲、评估或补救策略和特别跟踪方面的规定，对初始资格所要求的知识、技术技能和认知技能保持熟练。每个持续资格循环应当至少包含下列内容：

(1)评估期。持续资格循环由两个(含)以上等长的评估期组成。按照高级训练大纲获取资格的每名人员都应当接受相应的地面和飞行训练，和在每个评估期中在训练设施上进行的一次熟练程度评估。训练的数量和频度应当得到局方的批准。

(2)训练。按照经批准的大纲，持续资格课程应当包含所有要求的任务、程序和科目方面的训练，具体内容如下：

(i)对于机长、副驾驶和飞行机械员，按照经局方批准的合格证持有人大纲进行的预先评估；

(ii)对于机长、副驾驶、飞行机械员、客舱乘务员、教员和评估员，地面训练，包括对资格获取训练中涵盖的知识和技能的一般性回顾、关于新制定程序的最新信息和安全信息；

(iii)对于机组成员、教员、评估员和在飞行中履行职责的其他运行人员，在飞机、飞行训练设备、飞行模拟机或者其他适用设备上进行的关于正常、非正常以及应急飞行程序和机动动作的熟练训练；

(iv)对于飞行签派员和不在飞行中履行职责的其他运行人员，地面训练，包括对资格获取训练中涵盖的知识和技能的一般性回顾、关于新制定程序的最新信息、安全相关信息和航线观察大纲(如适用)；

(v)对于教员和评估员,在代表相应型别飞机的飞行训练器或飞行模拟机上进行的有关训练设备操作的熟练训练。对于只在飞行模拟机或飞行训练器中履行职责的教员和评估员,关于运行中正常、非正常和应急飞行程序和机动动作的训练。

(b)表现评估。持续资格课程应当包括针对某活动和科目进行的表现评估,该活动和科目是从局方认为可用作胜任能力判断手段并经批准可用于此目的的那些活动和主要科目中抽取的。具体评估要求如下:

(1)熟练程度评估:

(i)对于机长、副驾驶和飞行机械员,一个熟练程度评估其中部分内容可在每个评估期内应当完成的合格证持有人课程中所批准的飞机、飞行模拟机或飞行训练器上进行;

(ii)对于高级训练大纲涉及的其他人员,一个用于对其在一运行安排中在指定岗位上履行职责的熟练程度进行评估的方法。

(2)航线检查:

(i)除本条(b)(2)(ii)规定外,对于机长,一次在飞机上按照《大型飞机公共航空运输承运人运行合格审定规则》(CCAR121)实际飞行运行或面向运行(航线)的飞行(如调机或验证飞行)期间的航线检查。航线检查应当在每个评估期中间的那个日历月完成;

(ii)在经局方批准的情况下,可采用"无事先通知"航线检查策略来代替本条(b)(2)(i)要求的航线检查。选择这种方式的合格证持有人应当确保"无事先通知"航线检查得到很好的管理,使得飞行机组成员在接受评估之前对此并不知晓。实施高级训练大纲的合格证持有人应当确保每个机长在每24个月内都接受至少一次"无事先通知"的航线检查。按照局方为此目的批准的策略,作为最低要求,每个日历年内实施"无事先通知"航线检查的数量应当不少于合格证持有人机长总数的50%。按本目实施的航线检查应当按照局方为此而批准的抽样检查方法,在合格证持有人运行所至的所有地域范围内实施;

(iii)在实施本条(b)(2)(i)和(ii)要求的航线检查期间,在飞行中作为机长、副驾驶或者飞行机械员履行职责的每个人都应当得到单独评估以确定该人员对其服务的特定飞机、机组岗位和特定类型的运行保持有足够的训练水平和熟练程度以及该人员是否具有足够的知识和技能作为机组的组成部分进行有效操作。评估员应当是飞行检查员、局方飞行检查委任代表或局方监察员,并持有在本次飞行中担任机长所要求的执照和等级。

(c)近期经历。对于机长、副驾驶、飞行机械员、飞行签派员、教员、评估员以及客舱乘务员,经批准的在相应值勤岗位上的近期经历要求。

(d)循环和评估期的持续时间。经批准供高级训练大纲使用的持续资格循环在持续时间上应当不超过24个日历月,并且应当包含两个(含)以上等时间长度的评估期。此后,如果合格证持有人通过演示证明持续时间的延长是合理的,局方可批准将持续资格循环的持续时间最多延长至36个日历月。

(e)重新获得资格。每个持续资格课程应当包括用于满足有关重新获得资格要求的一个课程段,供那些未能保持持续资格的机组成员、飞行签派员、其他运行人员、教员或评估员使用。

第121.512条　其他要求

除本章第121.510条和第121.511条要求外,每个高级训练大纲资格认定和持续资格保持课程应当包括下列要求:

(a)按照高级训练大纲提供的、适用于每个岗位的集成机组资源管理(CRM)或签派员资源管理(DRM)的地面和飞行训练(如适用)。

(b)对按照高级训练大纲进行训练的人员,在实际或模拟运行情景下使用资源管理技能和技术(如驾驶术或其他)技能的训练和对其技能与熟练程度进行的评估。

(c)局方可接受的数据收集和分析过程,用于确保合格证持有人提供的关于其机组成员、签派员、教员、评估员和其他运行人员的能力信息,使合格证持有人和局方能够确定训练和评估活动的形式与内容是否令人满意地实现了课程的整体目标。

第121.513条　执照或等级颁发的条件

在满足下列条件的情况下,按照高级训练大纲圆满完成训练和评估活动的人员有资格获得商用驾驶员、航线运输驾驶员、飞行机械员或飞行签派员执照或相应的等级。

(a)按照高级训练大纲进行的、关于必需的知识和技能的训练和评估应当满足涉及民航管理的规章《民用航空器驾驶员合格审定规则》(CCAR61)、《民用航空器领航员、飞行机械员、飞行通信员合格审定规则》(CCAR63FS)或《民用航空飞行签派员执照管理规则》(CCAR65FS)中规定的执照和等级颁发最低标准。如果证明新确定的标准或要求对保证机组成员或签派员的能力、运行熟练程度和安全水平具有同等的或更好的效果,局方可批准将该标准或要求作为相应执照和等级颁发标准(包括实践考试要求)。

(b)申请人圆满地完成相应的资格认定课程。

(c)申请人证明其熟练掌握必需的知识和技能(例如驾驶术或其他),以及机组资源管理或签派员资源管理的理论知识和技能。这一证明过程应在能够将上述两种类型知识和技能放在一起测试的情景(即航线运行评估)中进行。

(d)申请人按照涉及民航管理的规章《民用航空器驾驶员合格审定规则》(CCAR61)、《民用航空器领航员、飞行机械员、飞行通信员合格审定规则》(CCAR63FS)或《民用航空飞行签派员执照管理规则》(CCAR65FS)适用要求具备相同的合格条件。

(e)教员、飞行检查员或飞行检查委任代表证实申请人已经接受训练,达到合格证持有人经批准高级训练大纲的资格标准中规定的熟练程度,并且通过由飞行检查委任代表或局方监察员实施的航线运行评估(LOE)。

第121.514条　训练器和模拟机

(a)在高级训练大纲中使用的、用于以下目的之一的飞行训练器或飞行模拟机应当通过局方鉴定,并获得局方颁发的具有相应鉴定等级的飞行模拟设备合格证。

(1)必需的个人或机组熟练评估;

(2)用于确定个人或机组是否已经为熟练程度评估做好准备而进行的熟练程度性训练或训练活动;

(3)用于满足近期经历要求的活动;

(4)航线运行模拟(LOS)。

(b)其他训练设备的批准。

(1)任何计划在高级训练大纲中使用的、其使用目的不在本条(a)款所列范围之内的训练设备应当经局方批准方可用于该目的;

(2)依据本款寻求训练设备批准的申请人应当指明设备名称(按照设备的命名规则)和说明计划的用途。

(3)每一批准用于高级训练大纲的训练设备应当作为持续项目的一部分,以良好的服务和设备完整性,按照局方所批准的目的发挥其功效。

第121.515条　由他人提供训练、资格认定或检查安排的批准

(a)按照涉及民航管理的规章《大型飞机公共航空运输承运人运行合格审定规则》(CCAR121)运行的合格证持有人,在满足下列要求的情况下,可安排由其他单位(训练提供单位)代替其履行高级训练大纲训练、资格认定、评估或审定职能:

(1)训练提供人已获取《大型飞机公共航空运输承运人运行合格审定规则》(CCAR121)运行合格证和高级训练大纲的临时批准或《飞行训练中心合格审定规则》(CCAR142)合格证;

(2)训练提供单位的高级训练大纲训练和资格课程、课程段或课程段的部分内容应当获得局方的临时批准。训练提供单位可以单独申请临时批准,也可以同合格证持有人寻求高级训练大纲批准的申请一起向局方提出临时批准申请。临时批准申请应当通过直接负责监督该训练提供单位的民航地区管理局主管部门递交给民航局高级训练大纲主管部门；

(3)在合格证持有人的高级训练大纲中使用某训练提供单位的经临时批准课程、课程段或课程段的部分内容,应当按照本章第121.508条规定获得局方批准。

(b)寻求本款所述课程、课程段或课程段部分内容临时批准的申请人应当证明下列要求已得到满足:

(1)申请人应当具有为其使用的每个教员和评估员准备的资格和持续资格课程;

(2)申请人的设施应当经局方检查认定为足以为按《大型飞机公共航空运输承运人运行合格审定规则》(CCAR121)运行的合格证持有人提供所有计划的训练、资格或评估;

(3)除基础理论课程外,课程、课程段或课程段的部分内容都应当指明它们是设计用于哪一特定制造厂家、型号和系列的飞机(或衍生型)以及特定机组成员岗位或其他岗位。

(c)寻求获得批准允许在其高级训练大纲中使用训练提供单位的经临时批准课程、课程段或课程段部分内容的合格证持有人,应当证明下列要求已得到满足:

(1)训练提供单位使用的每个教员或评估员都应当满足安排此次训练的合格证持有人对其员工的所有资格和持续资格要求,包括有关合格证持有人运行的知识要求;

(2)每个经临时批准的课程、课程段或课程段部分内容应当获得局方的批准,允许在合格证持有人的高级训练大纲中使用。局方将对每个课程、课程段或课程段的部分内容予以批准或要求修改,以确保它们适用于合格证持有人的高级训练大纲。

第121.516条　记录保持要求

实施经批准高级训练大纲的合格证持有人应当建立和保持足够详细的记录,用以证明该合格证持有人符合高级训练大纲和本章的所有要求。

S章　特殊运行

第121.521条　基于性能的导航运行(PBN)

(a)除非经局方批准,合格证持有人不得在基于性能的导航空域、航路或终端区中实施飞机运行。

(b)在实施基于性能的导航运行时,合格证持有人应当满足以下要求:

(1)机载区域导航系统满足适航条件和限制;

(2)参与运行的飞行机组、签派员和维修人员经过训练并检查合格;

(3)建立并实施以下运行程序:

(i)机载设备最低要求,包括相关运行限制和最低设备清单条款;

(ii)飞行机组资质和搭配要求;

(iii)正常程序;

(iv)应急程序;

(v)运行监控与事件报告程序;

(vi)电子导航数据管理程序。

第121.523条　广播式自动相关监视(ADS-B)

(a)除非经局方批准,合格证持有人不得在批准的区域内实施ADS-B运行。

(b)在实施ADS-B运行时,合格证持有人应当满足以下要求:

(1)机载设备满足适航条件和限制;

(2)按照批准的持续适航维修大纲进行定期试验和/或检查;

(3)参与运行的飞行机组、签派员和维修人员经过训练并检查合格;

(4)当按照补充型号合格证(STC)安装了ADS-B设备,必须随机携带局方批准的飞机飞行手册的增补部分或增补的飞机飞行手册;

(5)建立并实施以下运行程序:

(i)机载设备最低要求,包括相关运行限制和最低设备清单条款;

(ii)飞行机组资质和搭配要求;

(iii)正常程序;

(iv)应急程序;

(v)ADS-B事件报告程序。

第121.525条　管制员-飞行员数据链通信(CPDLC)

(a) 除非经局方批准,合格证持有人不得实施CPDLC运行。

(b)在实施CPDLC运行时,合格证持有人应当满足以下要求:

(1)机载设备满足适航条件和限制,并保证与空中交通管制系统的兼容性;

(2)飞机必须装备经局方审定的防撞系统并且该设备处于打开和工作状态;

(3)安装运行区域所要求的全程语音无线电通信设备,并实施持续监听;

(4)参与运行的飞行机组、签派员和维修人员经过训练并检查合格；

(5)持续记录数据链通信(包括上行和下行数据链路)；

(6)建立并实施以下运行程序：

(i)机载设备最低要求,包括相关运行限制和最低设备清单条款；

(ii)飞行机组资质和搭配要求；

(iii)正常程序；

(iv)应急程序；

(v)数据链通信事件报告程序。

第 121.527 条　平视显示器(HUD)或等效显示器、增强视景系统(EVS)、增强飞行视景系统(EFVS)、合成视景系统(SVS)和/或组合视景系统(CVS)

(a) 除非经局方批准,合格证持有人不得使用平视显示器(HUD)或等效显示器、增强视景系统(EVS)、增强飞行视景系统(EFVS)、合成视景系统(SVS)和/或组合视景系统(CVS)实施运行。

(b)在使用平视显示器(HUD)或等效显示器、增强视景系统(EVS)、增强飞行视景系统(EFVS)、合成视景系统(SVS)和/或组合视景系统(CVS)实施运行时,合格证持有人应当确保有关设备符合相关的审定要求,对相关运行进行了安全风险评估,制定并遵守有关运行程序和培训要求。

第 121.529 条　电子飞行包(EFB)

(a)除非经局方批准,合格证持有人不得在机上使用电子飞行包。

(b)在使用电子飞行包时,合格证持有人应当满足以下要求：

(1)证明电子飞行包符合适航审定要求(如适用)；

(2)评估电子飞行包的运行适用性；

(3)评估与每个电子飞行包功能相关的安全风险；

(4)制定关于该设备和每个电子飞行包功能的使用程序和培训要求；

(5)确保在电子飞行包发生故障的情况下,能够随时向飞行机组提供充分信息。

T 章　飞行运作

第 121.531 条　国内、国际定期载客运行的运行控制责任

(a)合格证持有人应当对运行控制负责。

(b)机长和飞行签派员应当对飞行的计划、延迟和签派或者放行是否遵守涉及民航管理的规章和合格证持有人的运行规范共同负责。

(c)飞行签派员应当对下列工作负责：

(1)监控每次飞行的进展情况；

(2)分析与发布该次飞行安全所必需的信息；

(3)如果根据其本人或者机长的判断，认为该次飞行不能按照计划或者放行的情况安全地运行或者继续运行时，取消或者重新签派该次飞行。

(4)当飞机追踪无法确定其位置且尝试建立联系未获成功时，通知相关的空中交通服务单位。

(d)在飞行期间，机长负责控制飞机和指挥机组，并负责旅客、机组成员、货物和飞机的安全。

(e)在飞行期间，机长对于飞机的运行拥有完全的控制权和管理权。这种权力没有限制，可以超越机组其他成员及他们的职责，无论机长是否持有执行其他机组成员职责所需的有效证件。

(f)任何驾驶员在驾驶飞机时不得粗心大意和盲目蛮干，以免危及生命或者财产的安全。

第121.532条　补充运行的运行控制责任

(a)合格证持有人应当对运行控制负责，并在手册中列出授权实施运行控制的人员。

(b)机长和运行副总经理应当对飞行的放行、延续、改航和终止是否遵守涉及民航管理的规章和合格证持有人的运行规范共同负责。运行副总经理可以委托他人行使飞行放行、延续、改航和终止的职能，但不能委托运行控制的责任。

(c)当运行副总经理或者机长认为该次飞行不能按照计划安全地运行时，运行副总经理对取消、改航或者延迟飞行负责。运行副总经理应当负责至少在下列方面对飞行运行进行监控：

(1)始发地机场的离开和目的地机场的到达，包括中途停留机场及备降机场；

(2)发生在起始、目的地和中途停留机场的维修及机械延误；

(3)已知的严重影响飞行安全的情况。

(4)当飞机追踪无法确定其位置且尝试建立联系未获成功时，通知相关的空中交通服务单位。

(d)在飞行期间，机长负责控制飞机和指挥机组，并负责旅客、机组成员、货物和飞机的安全。在飞行期间，对于飞机的运行拥有完全的控制权和管理权。这种权力没有限制，可以超越机组其他成员及他们的职责，无论机长是否持有执行其他机组成员职责的有效证件。

(e)机长对飞行前的计划和飞行中的运行是否遵守涉及民航管理的规章和合格证持有人的运行规范负责。

(f)任何驾驶员在驾驶飞机时不得粗心大意和盲目蛮干,以免危及生命或者财产的安全。

第121.533条　飞机追踪

(a)合格证持有人必须建立飞机追踪能力,确保在飞机的整个运行区域对其进行追踪。

(b)除经局方批准外,对于最大起飞重量超过27000kg飞机计划在中国情报区以外进行飞行运行的部分,合格证持有人必须至少每15分钟通过自动报告对飞机位置进行追踪。

(c)合格证持有人应当保留飞机追踪数据,用于协助搜寻和救援确定飞机最后已知位置。

第121.534条　安保要求

按照本规则实施运行的合格证持有人应当遵守涉及民航管理的规章适用的安保要求。

第121.535条　运行通告

合格证持有人应当将设备和运行程序方面的任何变动通知其相关的人员,包括已知的正在使用的任何导航设施、机场、空中交通管制程序与规则、机场交通管制规则等方面的变化,以及已知的威胁飞行安全的信息,包括结冰和其他危险气象条件、地面和导航设施不正常的情况等。

第121.537条　运行时刻表

在安排运行时刻表时,合格证持有人应当为飞机在经停站正常补给服务留出足够的时间,并应当考虑航路上的盛行风和所用型号飞机的巡航速度。这个巡航速度不得大于发动机的标称巡航输出功率所能获得的巡航速度。

第121.538条　客舱乘务员机型数量的限制

客舱乘务员所服务的机型数量应当不超过三种,如果合格证持有人所运行的机型中有两种机型在安全设备和操作程序上相类似,经局方批准可增加至四种。如果一个机型的改型或衍生型的应急出口操作、应急设备安放位置、应急设备型号以及应急操作程序方面差异较大,局方也可将其视为客舱乘务员所服务的另一种机型。

第121.539条　机组成员的值勤要求

(a)在飞行的关键阶段,合格证持有人不得要求飞行机组成员完成飞机安全运行所必需的工作之外的任何其他工作,飞行机组任何成员也不得承担这些工作。预定厨房供应品,确认旅客的衔接航班,对旅客进行合格证持有人的广告宣传,介绍风景名胜的广播,填写与运行无关的公司报告表、记录表等工作都不是飞机安全运行所必需的工作。

(b)在飞行的关键阶段,飞行机组成员不得从事可能分散飞行机组其他成员工作精力,或者可能干扰其他成员正确完成这些工作的活动,机长也不得允许其从事此种活动。这些活动包括进餐、在驾驶舱无关紧要的交谈、在驾驶舱和客舱乘务员之间无关紧要的通话、阅读与正常飞行无关的刊物等。

(c)在飞行期间,合格证持有人制定的服务程序不得影响客舱乘务员履行安全职责。

(d)在飞行的关键阶段,合格证持有人不得要求客舱机组完成安全所必需的工作之外的任何其他工作,客舱机组任何成员也不得接受这些工作。

(e)在本条中,飞行关键阶段是指滑行、起飞、着陆和除巡航飞行以外在3000米(10000英尺)以下的飞行阶段。

第121.541条　在操作位置上的飞行机组成员

(a)除本条(b)款规定外,在驾驶舱值勤的每个飞行机组必需成员,在飞行过程中应当坐在指定的值勤位置并系好安全带;在起飞和着陆过程中应当坐在指定的值勤位置并系好安全带和肩带,但对于驾驶员之外的飞行机组成员,在履行其正常职责需要时可以松开肩带。

(b)在下列情形下,飞行机组必需成员可以离开指定的值勤位置:

(1)为了完成与飞机运行有关的任务需要该机组成员离开时;

(2)机组成员的离开与生理需要有关时;

(3)机组成员到了轮换休息时间,并按照下述规定有人接替工作时:

(i)对于指定的机长,在航路巡航飞行期间,可以由符合第121.451条(a)款规定条件的巡航机长接替;

(ii)对于指定的副驾驶,可以由有资格在航路飞行期间担任副驾驶的驾驶员接替。但是,接替的驾驶员不必满足本规则第121.461条(b)款中关于近期经历的要求。

第121.543条　操纵装置的控制

机长不得允许不符合下列规定之一的人员在飞行期间控制操纵装置,任何不符合下列规定之一的人员也不得在飞行期间控制操纵装置:

(a)运行该飞机的合格证持有人的合格驾驶员;

(b)得到机长允许、有资格在该飞机上飞行的正在执行飞行运行检查任务的局方监察员或者局方委任代表;

(c)得到机长允许、有资格在该飞机上飞行并且获得了局方和运行该飞机的合格证持有人批准的另一合格证持有人的驾驶员。

第 121.545 条　进入驾驶舱的人员的限制

(a)下列人员可以进入飞机驾驶舱,但并不限制机长为了安全而要求其离开驾驶舱的应急决定权:

(1)机组成员;

(2)正在执行任务的局方监察员或者局方委任代表;

(3)得到机长允许并且其进入驾驶舱对于安全运行是必需或者有益的人员;

(4)经机长同意,并经合格证持有人特别批准的其他人员。

(b)被准许进入驾驶舱的非机组人员,应当在客舱内有供该人员使用的座位,但下列人员在驾驶舱有供其使用的座位时除外:

(1)正在对飞行操作进行检查或者观察的局方监察员或者经授权的局方委任代表;

(2)局方批准进行空中交通管制程序观察的空中交通管制员;

(3)合格证持有人雇用的持有执照的航空人员;

(4)其他合格证持有人雇用的持有执照的航空人员,该员得到运行该飞机的合格证持有人的批准;

(5)运行该飞机的合格证持有人的雇员,其职责与飞行运作的实施或者计划、或者空中监视飞机设备或者操作程序直接有关,此人进入驾驶舱对于完成其任务是必需的,并且已得到在运行手册中列出的有批准权的主管人员的书面批准;

(6)该飞机或者其部件的制造厂家技术代表,其职责与空中监视飞机设备或者操作程序直接有关,进入驾驶舱对于完成其职责是必需的,并已得到该合格证持有人在运行手册中列出的有批准权的运行部门负责人的书面批准。

第 121.547 条　局方监察员进入驾驶舱的权力

局方指定的监察员执行监察任务时,向机长出示局方监察员证件后,机长应当允许该监察员不受阻碍地进入该飞机的驾驶舱。

第 121.549 条　飞行装具

(a)机长应当保证在每次飞行中,飞机上带有合适的航空图表资料,其中应当包含有关导航设施和仪表进近程序的足够信息。

(b)在每次飞行中,每个机组成员应当有一个处于良好工作状态的手电筒,供其随时使用。

第 121.550 条　机场运行最低标准

(a)合格证持有人应当对每一运行的机场制定自己的机场运行最低标准。除非机场所在国民航当局特殊批准,合格证持有人制定的机场运行最低标准不得低于该民航当局为该机场确定的最低标准。

(b)合格证持有人制定机场运行最低标准的方法应当得到局方批准。

第121.551条 国内、国际定期载客运行的运行限制或者暂停运行

当合格证持有人了解到某些情况,包括机场或者跑道情况等,对安全运行构成威胁时,该合格证持有人应当限制或者暂停运行,直到这些情况消除为止。

第121.552条 补充运行的运行限制或者暂停运行

当实施补充运行的合格证持有人或者机长了解到某些情况,包括机场和跑道情况等,对安全运行构成威胁时,该合格证持有人或者机长应当根据当时的情况限制或者暂停运行,直到这些情况消除为止。

第121.553条 国内、国际定期载客运行对批准航路和限制的遵守

驾驶员在国内、国际定期载客运行中操作飞机时应当遵守下列规定:

(a)不得在其运行规范规定以外的航路或者航段上飞行。

(b)应当遵守其运行规范规定的限制。

第121.555条 飞行中燃油管理

(a)合格证持有人必须在运行手册中制定飞行中燃油检查和管理的政策和程序,并经局方批准。

(b)机长必须随时确保机上剩余可用燃油量,不低于飞往可以安全着陆的机场的所需油量与计划最后储备油量之和。

(c)如果飞行中燃油检查的结果表明,在目的地机场着陆时的机载剩余可用燃油量可能低于备降油量与计划最后储备燃油量之和时,机长必须评估目的地机场、备降机场与航路的空中交通情况和天气趋势、导航设备开放状况等运行条件,以确保安全着陆时的机载剩余可用燃油量不低于最后储备燃油量。

(d)在决定在某一特定机场着陆时,如经计算表明对飞往该机场现行许可的任何改变会导致着陆时的机载剩余可用燃油量低于计划最后储备燃油量时,机长必须通过宣布“最低油量”或“MINIMUM FUEL”向空中交通管制部门通知最低油量状态,并通知飞行签派员。

(e)宣布“最低油量”是通知空中交通管制部门对现行许可的任何改变会导致使用低于签派的最后储备燃油着陆。这并非指紧急状况,仅表示如果再出现不适当耽搁很可能发生紧急状况。

(f)当预计在距离最近的能安全着陆的合适机场着陆时的机载剩余可用燃油量低于计划最后储备燃油量时,机长必须通过广播“MAYDAY MAYDAY MAYDAY FUEL”宣布燃油紧急状况。

第 121.556 条　国内、国际定期载客运行的紧急情况

(a)在需要立即决断和处置的紧急情况下，机长可以采取他认为在此种情况下为保证飞行安全应当采取的任何行动。在此种情况下，机长可以在保证安全所需要的范围内偏离规定的运行程序与方法、天气最低标准和其他规定。

(b)飞行签派员在飞行期间发现需要其立即决断和处置的紧急情况时，应当将紧急情况通知机长，确实弄清机长的决断，并且应当将该决断作出记录。如果在上述情况下，该飞行签派员不能与飞行人员取得联系，则应当宣布进入应急状态，并采取他认为在此种情况下为保证飞行安全应当采取的任何行动。

(c)当机长或者飞行签派员行使应急权力时，应当将飞行的进展情况及时准确地报告给相应的空中交通管制部门和签派中心。宣布应急状态的人员应当通过该合格证持有人的运行副总经理，向局方书面报告任何偏离。飞行签派员应当在应急状态发生后 10 天内提交书面报告，机长应当在返回驻地后 10 天内提交书面报告。

第 121.557 条　危险天气和地面设施与导航设施不正常的报告

(a)在飞行中遇到气象条件、地面设施或者导航设施不正常时，如果机长认为这些情况对其他飞行的安全十分重要，应当尽快通知有关的地面站或者空中交通管制员、飞行签派员。

(b)按照本条(a)款接到通知的人员，应当把情况报告给直接负责运行该设施的机构。

第 121.558 条　补充运行的紧急情况

(a)在需要立即决断和处置的紧急情况下，机长可以采取他认为在此种情况下为保证飞行安全应当采取的任何行动。在此种情况下，机长可以在保证安全所需要的范围内偏离规定的运行程序与方法、天气最低标准和其他规定。

(b)在使用飞行跟踪系统实施运行控制的飞行期间，合格证持有人的相关管理人员发现需要其立即决断和处置的紧急情况时，应当将紧急情况通知机长，确实弄清机长的决断，并且应当将该决断作出记录。如果在上述情况下，该管理人员不能与飞行人员取得联系，则应当宣布进入应急状态，并采取他认为在此种情况下为保证飞行安全应当采取的任何行动。

(c)当机长或者相关管理人员行使应急权力时，应当将飞行的进展情况及时准确地报告给相应的空中交通管制部门。宣布应急状态的人员应当通过该合格证持有人的运行副总经理，向局方书面报告任何偏离。宣布应急状态的人员应当在飞行结束或者返回驻地后10天内提交书面报告。

第121.559条　机械故障的报告

机长应当确保在飞行期间发生的所有机械不正常情况,都能在该飞行时间结束时如实填入飞机飞行记录本。每次飞行前,机长应当清楚地了解上次飞行结束时在记录本上所填的所有故障的处置情况。

第121.561条　发动机不工作时的着陆和报告

(a)对于所有飞机,在飞机发动机失效,或者为防止可能的损坏而停止发动机运转时,机长均应当按照飞行时间在距离最近的能安全着陆的合适机场着陆。

(b)如果装有三台或者三台以上发动机的飞机只有一台发动机失效或者停止运转,机长在考虑到下列因素后,认为飞往另一机场与在最近的合适机场着陆同样安全时,则可以飞往所选定的另一机场:

(1)故障的性质和继续飞行可能出现的机械上的困难;

(2)发动机停止运转时的高度、重量和可用的燃油量;

(3)航路上和可以着陆机场的气象条件;

(4)空中交通的拥挤情况;

(5)地形种类;

(6)机长对所使用的机场的熟悉程度。

(c)机长应当把飞行中发动机停车的情况尽快报告给有关的空中交通管制员和飞行签派员,并随时报告飞行进展的全部情况。

(d)如果机长未在按照飞行时间距离最近的合适机场着陆,而选定另一机场着陆,那么在完成该次飞行后,机长应当向运行经理呈交书面报告一式两份,陈述其具有同等安全程度的理由。运行经理应当于驾驶员返回基地后10天内把签有其意见的报告副本提交给局方。

第121.563条　仪表进近程序和仪表飞行规则着陆最低标准

机长应当依据合格证持有人运行规范中规定的仪表进近程序和仪表飞行规则着陆最低标准实施仪表进近。

第121.565条　飞机互换

(a)在按照飞机互换协议实施运行之前,每个合格证持有人应当证明:

(1)飞机互换运行的程序符合涉及民航管理的规章的规定和安全运行常规的要求;

(2)飞行机组必需成员和飞行签派员符合经批准的所用飞机和设备的训练要求,并熟悉所用的通信和签派程序;

(3)维修人员符合该飞机和设备的训练要求,并熟悉将使用的维修程序;

(4)飞行机组成员和飞行签派员符合相应的航路和机场资格要求；

(5)即将运行的飞机，其飞行仪表的布局、对安全具有关键意义的操纵装置的位置和操作动作应当与被互换的飞机基本相同，但局方认为该合格证持有人具有恰当的训练大纲，能保证任何影响安全的差异经差异训练而解决的情况除外。

(b)每个合格证持有人应当把飞机互换协议中包含的有关条款和程序列入其手册。

第121.567条　飞机应急撤离的能力

(a)载有旅客的飞机在所安装的每个机上自动展开应急撤离辅助设备做好撤离准备之前，不得在地面上移动、起飞或者着陆。

(b)合格证持有人应当保证，载有旅客的飞机在地面上移动之前，至少有一个地板高度的出口，供旅客利用正常或者应急手段撤出飞机。

第121.569条　起飞前对旅客的简介

(a)运行载客飞机的合格证持有人，应当保证由适当的机组成员按照下列要求向所有旅客提供口头简介：

(1)每次起飞前，简介下列内容：

(i)告知每个旅客飞机机舱内禁止吸烟。申明局方要求旅客遵守客舱信息灯的信号、标志牌的指示，说明现行法规禁止摆弄、损伤或者毁坏飞机厕所内烟雾探测器；

(ii)应急出口位置及其引导标志和灯光；

(iii)安全带的使用方法，包括如何系好和松开安全带。告知每个旅客，什么时候、什么地方、在什么情况下应当系好安全带。说明局方要求旅客遵守客舱信息灯给出的信号和安全带的使用说明；

(iv)需要的任何应急漂浮设备的位置及其使用方法；

(v)对于飞行高度7600米(25000英尺)以上的飞行，告知每个旅客一旦座舱释压时使用氧气的重要性，向他们指出氧气分配设备的所在位置并演示其使用方法；

(vi)关于禁止或者限制旅客在机上使用便携式电子设备的规定。

(2)在每次起飞之后，在要求系好安全带的信号灯即将关断之前或者刚刚关断之后，广播通知旅客，即使在要求系好安全带的信号灯熄灭时，在座位上仍应当继续系好安全带；

(3)除本款第(4)项规定外，在每次起飞之前，被指定担负该次飞行任务的客舱乘务员，应当对在紧急情况下需由他人协助方能迅速移动到出口的旅客进行个别简介。简介时客舱乘务员应当完成下列工作：

(i)告诉该旅客及其随行人员(如有的话),在应急情况下,通往每一适当出口的通道以及开始撤往出口的最佳时间;

(ii)征询该旅客及其随行人员(如有的话)关于帮助此人的最适宜方式,以免使其痛苦和进一步受伤。

(4)本款第(3)项所述旅客如已在同一飞机上于前面的航段中接受过简介并且值勤客舱乘务员已得知关于防止该员痛苦和进一步受伤的最适宜方式,则该项要求不适用。

(b)合格证持有人应当在载客飞机的每一旅客方便使用的位置上,备有至少用中文印制的卡片以补充口头简介。每张卡片包含的信息只能是该次飞行所用的该型别飞机的信息。卡片上不得印有任何广告。卡片应当包括下列内容:

(1)应急出口的示意图和使用方法;

(2)使用应急设备的其他必要说明。

(c)合格证持有人应当将按照本条(a)款进行简介时应当遵循的程序在其手册中作出规定。

第121.571条　延伸跨水运行中对旅客的简介

(a)除本规则第121.569条(a)款所要求的语言简介外,使用飞机作延伸跨水运行的合格证持有人,应当保证由适当的机组成员向所有旅客提供补充口头简介,讲解救生衣、救生筏和其他漂浮装置的位置和使用方法,包括演示救生衣穿戴和充气的方法。

(b)合格证持有人应当将按照本条(a)款要求进行简介时应当遵循的程序规定在其手册中。

(c)如果飞机起飞后直接进入跨水飞行,本条(a)款所要求的简介应当于起飞前进行。

(d)如果飞机起飞后不直接进入跨水飞行,本条(a)款所要求的简介不必在起飞前进行,但在跨水飞行前,应当完成全部简介。

第121.573条　便携式电子设备的禁用和限制

(a)除本条(b)款规定外,任何人不可以使用,合格证持有人或机长也不得允许在按照本规则运行的飞机上使用任何便携式电子设备。

(b)本条(a)款不包括:

(1)便携式录音机;

(2)助听器;

(3)心脏起搏器;

(4)电动剃须刀;

(5)合格证持有人认为使用时不会影响飞机导航和通讯系统的便携式电子设备。

(c)本条(b)款第(5)项由合格证持有人对特定便携式电子设备使用情况验证后决定。

(d)在飞行期间,当机长发现存在电子干扰并怀疑该干扰来自机上乘员使用的便携式电子设备时,机长和机长授权人员应当要求其关闭这些便携式电子设备;情节严重的应当在飞机降落后移交地面公安机关依法处置,并在事后向局方报告。

第121.574条 旅客医用氧气

(a)当满足下述条件时,合格证持有人可以允许旅客携带和使用用于贮存、产生或者分配氧气的设备:

(1)该设备符合下列要求:

(i)由合格证持有人提供;

(ii)是经国家相关部门批准的型号;

(iii)由合格证持有人按照经批准的维修大纲进行维修;

(iv)外表面无可燃污物;

(v)能为使用者提供每分钟4升的最低氧气流量;

(vi)所有阀门、接头和仪表均具有防毁坏保护结构;

(vii)适当地固定好。

(2)当氧气以液体形式贮存时,该设备自首次使用或者其贮存容器经清洗以来,已按照经批准的维修大纲得到维修;

(3)当氧气以压缩气体的形式贮存时,自首次使用或者其贮气瓶的上次水压试验以来,该设备已按照经批准的维修大纲得到维修,并且任何氧气瓶内的压力未超过额定的氧气瓶压力;

(4)每个使用该设备的人员均应持有由合格医生签署的书面证明,说明该员有使用该设备的医学需要,并具体标明,在正常飞行时与飞机客舱内压力相对应的压力高度下,每小时所需的最大氧气量和最大氧气流量。当在一架飞机上,载运的旅客都是那些在飞行中需要医用氧气的人员(每个人员有不超过一名陪伴亲属或者其他有关人员)和医护人员时,在该飞机上载运医用氧气不适用本款规定;

(5)当按照本条(a)款第(4)项要求具有医生证明时,携带的氧气总量等于按照医生证明中标明的每小时所需的最大氧气量,乘以按照本规则要求的用以计算飞机燃油量的小时数;

(6)当设备装机时和计划在空中使用这些设备时,应当通知机长;

(7)该设备应妥善安放,使用该设备的每个人都应正常就座,以免妨碍接近或者使用客舱中任何必需的应急出口、正常出口或者过道。

(b)任何人不得在按照本条(a)款规定装载的氧气存贮和分配设备3米(10英尺)之内吸烟。

(c)在飞机上有旅客的情况下,合格证持有人不得允许任何人把氧气分配设备从充满氧气的氧气瓶上拆开或者接上。

(d)本条要求不适用于载运本规则要求的补充氧气、急救氧气及其相关设备。

第121.575条　在机上饮用含酒精饮料的限制

(a)除运行该飞机的合格证持有人供应的含酒精饮料外,任何人不得在飞机上饮用其他含酒精饮料。

(b)合格证持有人不得允许任何处于醉酒状态的人进入其飞机。

(c)合格证持有人不得向乘坐其飞机的下列人员供应任何含酒精饮料:

(1)表现为醉酒状态的人;

(2)按照适用的飞机安保要求,正在护送别人的人或者被护送的人;

(3)按照适用的飞机安保要求,在飞机上持有致命性或者危险性武器的人。

(d)当发现有人拒绝遵守本条(a)、(b)款的规定,或者发生由于处于醉酒状态的人进入飞机引起的骚扰事件时,机长和机长授权人员应当场制止,合格证持有人应当在事发后5天内向局方报告。

第121.576条　航空卫生保障

(a)合格证持有人应当根据飞行任务和飞行环境特点,建立完善的航空卫生管理制度和保障制度,配备合格和足够的航空医师和用于实施航空卫生管理的设施、设备,在按照本规则运行时符合下列要求:

(1)为机组成员保持良好的身体和心理状态提供保障;

(2)为执行飞行任务的机长和副驾驶员提供不同餐食;如只能提供同种餐食时,则规定机长和副驾驶员间隔一小时进餐;

(3)飞机内的环境卫生和航空食品卫生符合国家有关规定;

(4)保持应对突发公共卫生事件的处置预案现行有效;

(5)机组成员发生因身体原因不能正常履行职责或造成不安全事件时及时报告局方;

(6)健全驻外站点卫生保障制度。

(b)在按本规则运行时,航空医师应当:

(1)确认机组成员的健康状况能够满足履行职责的需要,并对能否持续履行职责做出医学鉴定意见和提供有针对性的医疗保障措施；

(2)为在高高原等特殊条件下的运行或执行特殊任务时提供包括机组成员值勤前体检在内的医疗保障措施；

(3)了解航空人员日常身体健康状况和医疗就诊活动，指导机组成员安全使用药物和实施健康保护。

(c)在按本规则运行时，机组成员应当：

(1)符合体检鉴定结论及限制条件的要求，保持良好的心理状态；

(2)在身体或心理状况发生异常变化，可能不符合航空人员体检合格证相应医学标准时，暂停履行职责并及时报告合格证持有人并咨询航空医师，经允许方可继续履行职责，不得隐瞒或自行采取医疗措施；

(3)在值勤前和值勤中不得使用可能造成生理异常或影响正常履行职责的药物。但航空医师确认的不影响正常履行职责的治疗药物除外；

(4)及时按相应程序处置并上报飞行中发生的紧急医学事件。

第121.577条　禁止使用和携带毒品、麻醉药品和精神药品

担任安全敏感工作的人员，包括机组成员、飞行签派员等，不得使用或者携带鸦片、海洛因、甲基苯丙胺(冰毒)、吗啡、大麻、可卡因以及国家规定管制的其他能够使人形成瘾癖的麻醉药品和精神药品。合格证持有人不得安排明知其使用或者携带了上述禁用毒品和药品的人员担任安全敏感工作，该人员也不得为合格证持有人担负此种工作。

第121.579条　饮用含酒精饮料后的值勤限制

(a)本条适用于机组成员、飞行签派员等担任安全敏感工作的人员。

(b)前款所述有关人员如果其呼出气体中所含酒精浓度达到或者超过0.04克/210升以上，或者在酒精作用状态下，不得上岗或者继续留在岗位上担任安全敏感工作。任何合格证持有人，在明知该员呼出气体中所含酒精浓度达到或者超过0.04克/210升，或者在酒精作用状态下，不得允许其担任或者继续担任安全敏感工作。

(c)有关人员在担任安全敏感工作过程中，不得饮用含酒精饮料。任何合格证持有人，在明知有关人员在担任安全敏感工作过程中饮用含酒精饮料时，不得允许该人员担任或者继续担任安全敏感工作。

(d)有关人员在饮用含酒精饮料后8小时之内，不得上岗值勤。任何合格证持有人在明知该人员在8小时之内饮用过含酒精饮料时，不得允许该人员担任或者继续担任上述工作。

第121.581条　客舱和驾驶舱内大件物品的固定

合格证持有人应当提供手段并采取措施，使厨房内每项设备、停用的服务车、每件装在客舱或者驾驶舱的机组行李，能够承受相应于该飞机型号合格审定应急着陆状态的载荷系数下的载荷，不至于因移动而造成危害。

第121.583条　飞机地面移动、起飞和着陆期间食品、饮料和旅客服务设施的固定

(a)当处于下列情形之一时，合格证持有人不得使飞机在地面移动、起飞或者着陆：

(1)当旅客座位上放有由合格证持有人提供的食品、饮料或者餐具时；

(2)在每个旅客的食品和饮料盘及每个椅背餐桌均被固定在其收藏位置之前；

(3)在每个旅客服务车被固定在其收藏位置之前；

(4)在每个可以伸展至过道的电影屏幕被收上之前。

(b)每位旅客均应当遵守机组成员按照本条规定提出的要求。

第121.585条　客舱臭氧浓度

(a)本条采用下述定义：

(1)"飞行阶段"是指在两个机场之间预定不着陆飞行时间；

(2)"海平面当量"是指25℃和760毫米汞柱压力的状态。

(b)除本条(d)款和(e)款规定外，合格证持有人不得在下述飞行高度层之上运行飞机，除非已成功地向局方证明，客舱内臭氧的浓度不超过下述规定：

(1)对于飞行高度超过9600米(32000英尺)的飞行，在超过该飞行高度的任何时间里，按照容积计为海平面当量的百万分之0.25；

(2)对于飞行高度超过8400米(27000英尺)的飞行，飞行时间超过4小时并含有高于该飞行高度飞行的每个飞行阶段的加权平均值，按照容积计为海平面当量的百万分之0.1。此时飞行高度6000米(18000英尺)以下的臭氧量视为零。

(c)为符合本条要求，应当根据飞机运行程序和性能限制，或者根据合格证持有人的运行，通过分析或者试验提供证明。分析或者试验应当证明下述两种情况：

(1)在统计可靠度至少为84%时，大气臭氧的统计值表明，在飞机所运行的高度和位置，座舱臭氧的浓度不会超过本条(b)款的规定；

(2)飞机通风系统，包括任何臭氧控制设备，可以维持客舱臭氧浓度不高于本条(b)款所规定的限度。

(d)在下述情况下，合格证持有人可以通过修订运行规范的方式，获得偏离本条(b)款的批准，其前提条件是：

(1)该合格证持有人证明,由于情况超出其控制能力或者不合理的经济负担,在一段具体的时间内不能满足要求;

(2)已经提交了一份被局方接受的计划,尽最大能力符合要求。

(e)对于具有下述情形之一的飞机,合格证持有人不必符合本条(b)款的要求:

(1)飞机载运的人员仅为飞行机组成员和第121.591条规定的人员;

(2)已有更换发动机计划的飞机。

第121.587条　使用自动驾驶仪的最低高度

(a)对于航路上飞行,除本条(b)款和(c)款规定外,在离地高度低于飞机飞行手册中注明的巡航状态下自动驾驶仪故障时最大高度损失的2倍,或者低于150米(500英尺)(取两者之中较高者)时,任何人不得在航路上,包括上升和下降阶段,使用自动驾驶仪。

(b)对于进近,当使用仪表进近设施时,在离地高度低于飞机飞行手册中注明的进近状态自动驾驶仪故障时最大高度损失的2倍,或者低于批准的该进近设施最低下降高或者决断高之下15米(50英尺)(取上述两者之中较高者)时,任何人不得使用自动驾驶仪。但在下述情况下应当遵守以下规定:

(1)当报告的气象条件低于涉及民航管理的规章规定的基本目视飞行规则气象条件时,在离地高度低于飞机飞行手册中注明的进近状态带进近耦合器的自动驾驶仪故障时最大高度损失之上15米(50英尺)时,任何人不得使用带进近耦合器的自动驾驶仪作仪表着陆系统(ILS)进近;

(2)当报告的气象条件等于或者高于涉及民航管理的规章规定的基本目视飞行规则最低条件时,在离地高度低于飞机飞行手册中注明的进近状态时带进近耦合器的自动驾驶仪故障时最大高度损失,或者低于15米(50英尺)(取两者中较高者)时,任何人不得使用带进近耦合器的自动驾驶仪作仪表着陆系统(ILS)进近。

(c)尽管有本条(a)款或者(b)款的规定,但在符合下列条件的情况下,局方仍可以颁发运行规范,允许使用经批准的带自动驾驶能力的飞行操纵引导系统,直至接地:

(1)飞机飞行手册中注明,在带进近耦合器的自动驾驶仪故障时,该系统不会出现任何高度损失(零高度之上);

(2)局方认为,使用该系统直至接地,并不会对本条所要求的安全标准产生其他影响。

(d)尽管有本条(a)款的规定,但在符合下列条件的情况下,局方仍可以颁发运行规范,允许合格证持有人在起飞和初始爬升阶段低于本条(a)款规定的高度使用经批准的带自动驾驶能力的自动驾驶仪系统：

(1)飞机飞行手册中规定了经审定的最低接通高度限值；

(2)在到达飞机飞行手册中规定的最低接通高度限值或者局方规定的高度(两者取高者)之前，不接通该系统；

(3)局方确认使用该系统不会影响本条要求的安全标准。

第 121.588 条　电子导航数据管理

(a)合格证持有人应配备适当的电子导航数据(含导航数据库)管理工具；

(b)合格证持有人使用的电子导航数据产品应支持导航应用，满足所需的数据完好性标准；

(c) 在特殊批准的导航应用中使用电子导航数据前，合格证持有人应向局方演示证明数据处理流程和导航数据满足要求的数据完好性标准；

(d)合格证持有人应通过直接或者通过监控第三方供应商符合性的方式，持续监控数据处理流程和导航数据的完好性；

(e)合格证持有人应确保在所有相关的飞机上及时地安装电子导航数据，保证数据当前有效和未被更改；

(f)合格证持有人预见或发现电子导航数据存在缺陷并对飞行运行构成危险时，应将相关信息通报给相关运行人员及电子导航数据产品提供商。

第 121.589 条　用于航路监察的向前观察员座位

(a)除本条(c)款规定外，合格证持有人应当在其用于本规则运行的飞机的驾驶舱内备有一个座位，供局方实施航路监察时使用。该座位的位置和设备要求由局方决定。

(b)对于机组所需座位之外另有一个以上观察员座位的飞机，应当有一个向前观察员座位或者局方选定的观察员座位供局方使用。

(c)对于在本规则生效前投入运行的在驾驶舱没有观察员座位的飞机，合格证持有人应当提供一个配备耳机或者喇叭的前排旅客座位，以便局方监察员在实施航路监察时乘坐。

第 121.591 条　无需符合本规则载客要求载运的人员

(a)合格证持有人载运经其批准的下列人员时，无需符合本规则第 121.391 条、第 121.569 条、第 121.585 条和第 121.605 条规定的对载运旅客飞机的要求，本规则第 121.161 条规定的对载运旅客运行的要求，以及本规则第 121.317 条、第 121.545 条和第121.571条中与旅客有关的要求：

(1)机组成员；

(2)公司雇员；

(3)正在执行局方任务的局方监察员或者局方委任代表。

(4)下述有关人员：

(i)保障本次飞行安全所需的人员；

(ii)安全处理动物所需的人员；

(iii)安全处理危险物品所需的人员；

(iv)贵重或者机密货物安保所需的人员；

(v)保管易碎或者易腐货物所需的人员；

(vi)试验或者测试货物容器或者货物处置装置所需的人员；

(vii)操作装卸货物的特殊设备所需的人员；

(viii)装卸超规格货物所需的人员。

(5)符合前项规定的赴任或者离任的人员；

(6)经适当军事部门的特殊批准，根据军方运输合同运载的军事信使、军事航路监督人、军运合同协调人或者执行另一军运合同的运营人的飞行机组成员；

(7)陪同合格证持有人处理公司事务的雇员的随行人员。

(b)合格证持有人使用飞机运载由本条(a)款所规定的乘员时，应当符合下列规定：

(1)各乘员能自由地从其座位到达驾驶舱或者到达正常或者应急出口；

(2)当禁止吸烟和应当系好安全带时，机长有办法通知每个乘员；

(3)飞机上每个乘员都具有经批准的座位，这些座位上都有经批准的安全带。座位应当装在合适的位置，该位置对执行飞行任务的飞行机组成员不会产生任何干扰。

(c)在每次起飞前，使用飞机载运本条(a)款所述乘员的合格证持有人，应当确保已由相应的机组成员将下列事项的有关规定口头通知了上述乘员：

(1)禁止吸烟；

(2)使用安全带；

(3)应急出口的位置和使用；

(4)氧气和应急氧气设备的使用；

(5)对于延伸跨水运行，救生筏的位置，救生衣的位置和使用方法，包括演示救生衣穿戴和充气的方法。

(d)使用飞机运载本条(a)款所述乘员的合格证持有人，应当把安全运载这些乘员的程序编入运行手册。

(e)机长可以批准本条(a)款所述的乘员进入飞机驾驶舱。

第 121.593 条　出口座位的安排

(a)合格证持有人应当根据坐在出口座位的旅客应当具备的能力,安排或者调整旅客座位并履行下列职责:

(1)确定其机群中每一种旅客座位布局的出口座位;

(2)在其实施旅客运营的机场的旅客登机门或者售票柜台处,将所制定的有关出口座位旅客安排的规定提供给公众,供公众监督检查;

(3)在滑行或者推飞机前,至少有一名机组必需成员已经核实没有可能不具备能力的旅客坐在出口座位处;

(4)提示在出口座位就座的旅客阅读为其专备的出口座位旅客须知卡并进行自我对照,该卡中应当包含就座于出口座位的旅客应当具备的能力、不宜在出口座位就座的情况、可以要求调换座位的情况以及服从机组成员安排和调整座位的义务。

(5)在其运行手册中规定下列内容:

(i)在机上安排或者调整旅客座位的人员;

(ii)安排或者调整座位、核实出口座位就座情况的程序;

(iii)在机场向公众提供信息和在机上向出口座位旅客提供出口座位旅客须知卡的内容。

(6)本款第(5)项所述运行手册中规定的内容得到局方批准。

(b)前款中的用语按照下列规定:

(1)出口座位是指旅客从该座位可以不绕过障碍物直接到达出口的座位和旅客到达出口必经的成排座位中从出口到最近过道的每个座位。

(2)在出口座位就座的旅客应当具备的能力是指完成下列职责的能力:

(i)确定应急出口的位置;

(ii)认出应急出口开启机构;

(iii)理解操作应急出口的指示;

(iv)操作应急出口;

(v)评估打开应急出口是否会增加由于暴露旅客而带来的伤害;

(vi)遵循机组成员给予的口头指示或者手势;

(vii)收藏或者固定应急出口门,以便不妨碍使用该出口;

(viii)评估滑梯的状况,操作滑梯,并在其展开后稳定住滑梯,协助他人从滑梯离开;

(ix)迅速地经应急出口通过;

(x)评估、选择和沿着安全路线从应急出口离开。

(3)不宜在出口座位就座的情况是指机组成员确认旅客可能由于下述原

因不具备本款第(2)项所列的应当具备的一项或者多项能力：

(i)该人的两臂、双手和双腿缺乏足够的运动功能、体力或者灵活性导致下列能力缺陷：

(A)向上、向旁边和向下达不到应急出口位置和应急滑梯操纵机构；

(B)不能握住并推、拉、转动或者不能操作应急出口操纵机构；

(C)不能推、撞、拉应急出口舱门操纵机构或者不能打开应急出口；

(D)不能把与机翼上方出口窗门的尺寸和重量相似的东西提起、握住、放在旁边的座椅上,或者把它越过椅背搬到下一排去；

(E)不能搬动在尺寸与重量上与机翼上方出口门相似的障碍物；

(F)不能迅速地到达应急出口；

(G)当移动障碍物时不能保持平衡；

(H)不能迅速走出出口；

(I)在滑梯展开后不能稳定该滑梯；

(J)不能帮助他人用滑梯离开。

(ii)该人不足 15 岁,或者如没有陪伴的成年人、父母或者其他亲属的协助,缺乏履行本款第(2)项所列出的一项或者多项能力；

(iii)该人缺乏阅读和理解本条要求的、由合格证持有人用文字或者图表形式提供的有关应急撤离指示的能力,或者缺乏理解机组口头命令的能力。

(iv)该人在没有隐形眼镜或者普通眼镜以外的视觉器材帮助时,缺乏足够的视觉能力导致缺乏本款第(2)项列出的一项和多项能力；

(v)该人在没有助听器以外的帮助时,缺乏足够的听觉能力听取和理解客舱乘务员的大声指示；

(vi)该人缺乏足够的能力将信息口头传达给其他旅客；

(vii)该人具有可能妨碍其履行本款第(2)项所列的一项或者多项适用功能的情况或者职责,例如要照料幼小的孩子,或者履行前述功能可能会使其本人受到伤害。

(4)可以要求调换座位的情况是指在出口座位就座的旅客,按照出口座位旅客须知卡或者按照机组成员向旅客进行的简介进行自我对照,有下列情形之一时可以向机组成员提出调换座位的情况：

(i)属于不宜在出口座位就座的情况的；

(ii)不能确定自己是否具备应当具备的能力的；

(iii)为了履行出口座位处的功能有可能伤害其身体的；

(iv)不能履行出口座位处可能要求其履行的职责的；

(v)由于语言、理解等原因,不能理解出口座位旅客须知卡内容和机组成员讲解内容的。

(c)如果合格证持有人依据本条确定,被安排在出口座位上的旅客很可能没有能力履行本条(b)款第(2)项所列的功能,或者旅客自己要求不坐在出口座位,合格证持有人应当立即将该旅客重新安排在非出口座位位置。在非出口座位已满员的情况下,如果需要将一位旅客从出口座位调出,合格证持有人应当将一位愿意并能够完成应急撤离功能的旅客,调到出口座位上。在出口座位就座的旅客要求更换座位时,机组成员不得要求其讲出理由。

(d)合格证持有人可以按照本条规定,仅凭下列原因而拒绝运送该旅客:

(1)该旅客拒绝遵守合格证持有人机组成员或者经授权的其他雇员发出的、执行按照本条制定的出口座位限制的指示;

(2)存在身体残疾,适合于该人残障的唯一座位是出口座位。

(e)每个旅客应当遵守合格证持有人的机组成员或者经授权的其他雇员所给予的、执行按照本条制定的出口座位限制的指示。

第 121.595 条　拒绝运输的权力

(a)合格证持有人不得以旅客在紧急情况下需要别人帮助才能迅速移到出口,因而会对飞行安全不利为理由,拒绝运送该旅客。但是在合格证持有人已经制定了紧急情况下由其他人员帮助此种旅客迅速转移到出口的程序并包括有合理的通知要求,而该旅客不遵守该程序中的通知要求,或者根据该程序不能运送该旅客的情况除外。

(b)每个合格证持有人应当向局方提供按照本条(a)款制定的程序副本。

(c)当局方认为,为了安全或者公共利益而有必要修改本条(a)款所要求的程序时,合格证持有人在接到局方通知后,应当对其程序进行修改。

(d)合格证持有人应当在其使用的每个机场,向公众提供其按照本条(a)款制定的程序的副本。

第 121.597 条　禁止吸烟的规定

任何人不得在按照本规则运行的飞机上吸烟。

第 121.605 条　驾驶舱门的关闭与锁定

载运旅客飞机的机长应当保证,如果驾驶舱和客舱有门分隔的话,在飞行期间关闭并锁定该门。但下列情况除外:

(a)起飞和着陆期间,如果驾驶舱门是通往必需的旅客应急出口或者地板高度出口的通道。

(b)在执行任务的机组成员需要进入客舱或者驾驶舱时,或者按照第 121.545 条规定准许进入驾驶舱的人有必要进入驾驶舱时。

第 121.607 条　手提行李

(a)合格证持有人允许旅客携带手提行李登机时,应当按照其运行规范内规定的手提行李程序,对每个旅客的手提行李进行检查,以控制其尺寸、重量和数量。如果旅客的手提行李超过合格证持有人运行规范内手提行李程序规定的允许量,则该旅客不得登机。

(b)合格证持有人在关闭全部旅客登机门,准备滑行或者推飞机前,应当至少有一名机组必需成员,核实了每件行李都已按照本条规定存放好。

(c)合格证持有人在允许飞机起飞或者着陆前,每件行李应当按照下列要求之一存放:

(1)存放在合适的隔间、行李舱、货舱,这些舱室标有最大重量标牌并提供了固定所有行李或者货物的装置,该装置不影响任何应急设备的使用;

(2)按照在客舱内载运货物的相应规定存放;

(3)放在旅客座椅下面;

(4)盲人携带的手杖可以平放在成排座椅下的地板上(不得伸到通道上)、非应急出口窗旁座椅下的地板上或者局方批准的任何其他地方。

(d)除散放的衣服类物品之外,其他行李应当放在经批准的装有限动装置或者门的行李架上。

(e)每位旅客应当遵守机组成员为符合本条(a)、(b)、(c)、(d)款的规定而给予的指示。

(f)允许在下方放置行李的每个旅客座椅,应当装有防止置于其下的行李物品向前滑动的装置。此外,每个靠过道的座椅应当装有防侧滑装置,防止置于其下的行李物品在该飞机型号合格审定的应急着陆条件规定的极限惯性力撞击下滑到过道上。

第 121.609 条　审定合格的陆上机场的使用

除另经局方批准外,合格证持有人及其驾驶员在实施本规则规定的运行中,不得操作飞机进入未被批准用于公共航空运输运行的陆地机场。但是,合格证持有人可以指定或者使用未被批准用于公共航空运输运行的机场,作为起飞或者着陆用的备降机场,这些机场应当在该合格证持有人的运行规范中注明。

U 章　签派和飞行放行

第 121.621 条　国内、国际定期载客运行的签派权

除下述两种情况外,每次飞行应当在起飞前得到飞行签派员的明确批准

方可以实施：

(a)对于国内定期载客运行的飞机，在原签派放行单列出的中途机场地面停留不超过1小时。

(b)对于国际定期载客运行的飞机，在原签派放行单列出的中途机场地面停留不超过6小时。

第121.622条　补充运行的飞行放行权

(a)实施补充运行应当使用飞行跟踪系统，每次飞行应当得到合格证持有人授权实施运行控制人员的批准，方可实施。

(b)在开始飞行前，机长或者由合格证持有人授权实施运行控制的人员应当按照该次飞行所遵守的条件制定一个满足飞行的放行单。只有当由机长和授权实施运行控制人员均认为可以安全飞行时，机长方可签署飞行放行单。

(c)当实施补充运行的飞机在地面停留超过6小时时，应当重新签署新的飞行放行单，否则不得继续飞行。

第121.623条　气象条件的熟悉

(a)对于国内、国际定期载客运行，飞行签派员在签派飞机前，应当完全熟悉所飞航路、机场的气象实况报告和预报，否则不得签派或者放行该次飞行。

(b)对于补充运行，机长应当完全熟悉所飞航路、机场的气象实况报告和预报，否则不得开始该次飞行。

第121.625条　国内、国际定期载客运行中飞行签派员向机长的通告

(a)在开始飞行之前，飞行签派员应当向机长提供可能影响该次飞行安全的机场条件和导航设施不正常等方面的所有现行可得的报告或者信息，并且应当向机长提供可能影响该次飞行安全的每一所飞航路和机场的所有可得的天气实况报告和天气预报，包括晴空颠簸、雷暴、低空风切变等危险天气现象。

(b)在飞行期间，飞行签派员应当及时向机长提供可能影响该次飞行安全的天气条件，包括晴空颠簸、雷暴、低空风切变等危险天气现象和有关设施、服务不正常的任何可以获得的补充信息。

第121.626条　补充运行的设施和服务

(a)开始飞行前，每个机长应当获得所有可能影响飞行安全的有关机场条件和导航设施不正常情况的最新报告或者信息。

(b)在飞行期间，机长应当获得所有可能影响飞行安全的气象条件、设施和服务不正常情况的附加信息。

第 121.627 条　飞机设备

除非飞机是处于适航状态，并且装备了本规则第 121.305 条规定的设备，否则任何人不得签派或者放行飞机。

第 121.629 条　通信和导航设施

(a)对于定期载客运行，除本条(b)款规定外，在每次飞行前，只有确认在航路批准时本规则第 121.97 条和第 121.101 条所要求的通信和导航设施处于良好工作状态，方可签派飞机在该航路或者航段上飞行。

(b)对于定期载客运行，如果由于超出合格证持有人控制能力的技术原因或者其他原因，在航路上没有本规则第 121.97 条和第 121.101 条所要求的设施或者设施不可用，只要机长和飞行签派员认为现有的设施与航路所要求的通信和导航设施等同并处于良好的工作状态，即可签派飞机在相应航路或者航段上飞行。

(c)对于补充运行，只有当通信和导航设施满足本规则第121.121条规定时，方可以放行飞机。

第 121.631 条　目视飞行规则的签派或者放行

按照目视飞行规则签派或者放行飞机前，应当确认可获得的天气实况报告、预报或者两者的组合，表明从签派或者放行飞机飞行时刻起至飞机抵达签派单中所列各机场的时间内，整个航路的云底高度和能见度处于或者高于适用的目视飞行规则最低标准，否则，不得签派或者放行飞机按照目视飞行规则飞行。

第 121.633 条　仪表飞行规则的签派或者放行

除本规则第 121.635 条规定外，按照仪表飞行规则签派或者放行飞机飞行前，应当确认相应的天气实况报告、预报或者两者的组合，表明在签派或者放行单中所列的每个机场的天气条件，在飞机预计到达时处于或者高于经批准的最低标准，否则，不得签派或者放行飞机按照仪表飞行规则飞行。

第 121.635 条　跨水运行的签派或者放行

(a)签派或者放行飞机进行含有延伸跨水运行的飞行前，应当确认相应的天气实况报告、预报或者两者的组合，表明飞机预计到达所签派或者放行的目的地机场和必需的备降机场时，这些机场的天气条件等于或者高于经批准的最低标准，否则，不得签派或者放行飞机进行含有延伸跨水运行的飞行。

(b)合格证持有人应当按照仪表飞行规则实施含有延伸跨水运行，但该合格证持有人证明按照仪表飞行规则飞行对于安全是不必要时除外。

(c)对于其他跨水运行，如果局方认为按照仪表飞行规则运行对安全是必要的，合格证持有人应当按照仪表飞行规则实施这些跨水运行。

(d)每个按照目视飞行规则实施延伸跨水运行的批准和每个按照仪表飞行规则实施其他跨水运行的要求,均应当在该合格证持有人的运行规范中明确规定。

第121.637条　起飞备降机场

(a)如果起飞机场的气象条件低于合格证持有人运行规范中为该机场规定的着陆最低标准,在签派或者放行飞机前应当按照下述规定选择起飞备降机场:

(1)对于双发动机飞机,备降机场与起飞机场的距离不大于飞机使用一发失效的巡航速度在静风条件下飞行1小时的距离;

(2)对于装有三台或者三台以上发动机的飞机,备降机场与起飞机场的距离不大于飞机使用一发失效时的巡航速度在静风条件下飞行2小时的距离。

(b)对于本条(a)款,备降机场的天气条件应当满足本规则第121.643条的要求。

(c)在签派或者放行飞机前,签派或者飞行放行单中应当列出每个必需的起飞备降机场。

第121.639条　仪表飞行规则国内定期载客运行的目的地备降机场

(a)按照仪表飞行规则签派飞机飞行前,应当在签派单上至少为每个目的地机场列出一个备降机场。当目的地机场和第一备降机场的天气条件预报都处于边缘状态时,应当再指定至少一个备降机场。但是,如果天气实况报告、预报或者两者的组合表明,在飞机预计到达目的地机场时刻前后至少1小时的时间段内,该机场云底高度和能见度符合下列规定并且在每架飞机与签派室之间建立了独立可靠的通信系统进行全程监控,则可以不选择目的地备降机场:

(1)机场云底高度至少在公布的最低的仪表进近最低标准中的最低下降高(或者决断高)之上450米(1500英尺),或者在机场标高之上600米(2000英尺),取其中较高值;

(2)机场能见度至少为4800米(3英里),或者高于目的地机场所用仪表进近程序最低的适用能见度最低标准3200米(2英里)以上,取其中较大者。

(b)按照本条规定选择的目的地备降机场的天气条件应当满足第121.643条的要求。

第121.641条　国际定期载客运行的目的地备降机场

(a)按照仪表飞行规则签派飞机飞行前,应当在签派单上为每个目的地机场至少列出一个备降机场。但在下列情形下,如果在每架飞机与签派室之间建立了独立可靠的通信系统进行全程监控，则可以不选择目的地备降机场：

（1）当预定的飞行不超过6小时，且相应的天气实况报告、预报或者两者的组合表明，在预计到达目的地机场时刻前后至少1小时的时间内，目的地机场的天气条件符合下列规定：

（i）机场云底高度符合下列两者之一：

（A）如果该机场需要并准许盘旋进近，至少在最低的盘旋进近最低下降高度（MDA）之上450米（1500英尺）；

（B）至少在公布的最低的仪表进近最低标准中的最低下降高度（MDA）或者决断高度（DA）之上450米（1500英尺），或者机场标高之上600米（2000英尺），取其中较高者。

（ii）机场能见度至少为4800米（3英里），或者高于目的地机场所用仪表进近程序最低的适用能见度最低标准3200米（2英里）以上，取其中较大者。

（2）该次飞行是在前往无可用备降机场的特定目的地机场的航路上进行的，而且飞机有足够的燃油来满足本规则第121.659条的要求。

（b）按照本条规定选择的目的地备降机场的天气条件应当满足第121.643条的要求。

第121.642条　仪表飞行规则补充运行的目的地备降机场

（a）除本条（b）款规定外，当放行飞机按照仪表飞行规则进行补充运行时，应当在飞行放行单中至少为每个目的地机场列出一个备降机场。

（b）对于在国外飞行的航路上，当特定目的地机场无可用备降机场时，如果飞机装载了本规则第121.659条规定的燃油，在仪表飞行规则下可以不指定备降机场。

（c）根据本条（a）款规定，备降机场天气条件应当符合第121.643条规定的标准。

（d）除非放行单上列出了每个必需的备降机场，否则不得放行飞机。

第121.643条　备降机场最低天气标准

（a）对于签派或者飞行放行单上所列的备降机场，应当有相应的天气实况报告、预报或者两者的组合表明，当飞机到达该机场时，该机场的天气条件等于或者高于合格证持有人运行规范规定的备降机场最低天气标准。

（b）在确定备降机场天气标准时，合格证持有人不得使用标注有“未批准备降机场天气标准”的仪表进近程序。

（c）在确定备降机场天气标准时，应当考虑风、条件性预报、最低设备清单条款限制等影响因素。

（d）在合格证持有人运行规范中，签派或者放行的标准应当在经批准的该机场的最低运行标准上至少增加下列数值，作为该机场用作备降机场时的最低天气标准：

(1)对于至少有一套可用进近设施的机场，其进近设施能提供直线非精密进近程序、直线类精密进近程序或直线I类精密进近程序，或在适用时可以从仪表进近程序改为盘旋机动，最低下降高(MDH)或者决断高(DH)增加120米(400英尺)，能见度增加1600米(1英里)；

(2)对于至少有两套能够提供不同跑道直线进近的可用进近设施的机场，其进近设施能提供直线非精密进近程序、直线类精密进近程序或直线I类精密进近程序，应选择两个服务于不同适用跑道的进近设施，在相应直线进近程序的决断高(DH)或最低下降高(MDH)较高值上增加60米(200英尺)，在能见度较高值上增加800米(1/2英里)。

(e)如选择具备II类或III类精密进近的机场作为备降机场计算备降机场天气标准，合格证持有人必须确保机组和飞机具备执行相应进近程序的资格，且飞机还应具备III类一发失效进近能力。此时，签派或者放行标准应按以下数值确定：

(1)对于至少一套II类精密进近程序的机场，云高不得低于90米，能见度或跑道视程不得低于1200米；

(2)对于至少一套III类精密进近程序的机场，云高不得低于60米，能见度不得低于800米，或云高不得低于60米，跑道视程不得低于550米。

(f)如选择具备基于GNSS导航源的类精密进近程序的机场作为备降机场计算备降机场天气标准时，合格证持有人应当经过局方批准并确保：

(1)机组和飞机具备执行相应进近程序的资格；

(2)在签派或放行时，不得在目的地机场和备降机场同时计划使用类精密进近程序；

(3)对使用基于GNSS导航源的类精密进近的机场，应当检查航行资料或航行通告并进行飞行前接收机自主完好性(RAIM)预测；

(4)对于使用RNP AR程序的备降机场，计算备降机场天气标准所基于的RNP值不得低于RNP0.3；

(5)在目的地机场有传统进近程序可用；

(6)在确定本条(d)款中的进近导航设施构型时，应当将基于同一GNSS星座的仪表进近程序当作一套进近导航设施。

第121.645条　在不安全状况中继续飞行

(a)当机长或者飞行签派员(仅国际和国内定期载客运行时)认为该次飞行不能安全完成时，除非该机长认为已经没有更安全的程序可以执行，机长不得允许该次飞行继续飞往所签派或者放行的机场。在这种情况下,继续飞往该机场就处于本规则第121.556条和第121.558条规定的紧急状态。

(b)如果用于该种运行的任何仪表或者某一设备在航路上失效,机长应当遵循在合格证持有人手册中规定的适用于该情况的经批准程序。

第121.647条　仪表或者设备失效

(a)在飞机所装的仪表或者设备失效时,只有符合下列条件,方可起飞:

(1)该飞机具有经批准的最低设备清单;

(2)局方颁发给该合格证持有人的运行规范批准其按照最低设备清单运行,飞行机组应当能在飞行之前直接查阅经批准的最低设备清单上的所有信息。查阅方法可以是阅读印刷资料或者其他方式,但这些方式应当经局方批准并规定在合格证持有人的运行规范中。经批准的最低设备清单,在运行规范中得到局方授权的,构成经批准的对型号设计的修改,而不需要重新进行型号合格审定;

(3)经批准的最低设备清单应当符合以下规定:

(i)根据本条(b)款规定的限制编写;

(ii)对某些仪表和设备处于不工作状态时该飞机的运行作出规定。

(4)应当向驾驶员提供注明不工作仪表与设备的记录和本款第(3)项第(ii)目要求的信息;

(5)该飞机按照最低设备清单和运行规范中规定的所有适用条件与限制实施运行。

(b)下列仪表和设备不得包含在最低设备清单中:

(1)该飞机型号合格审定所依据的适航规章中明确规定或者所要求的,并且在所有运行条件下对安全运行都是必需的仪表和设备;

(2)适航指令要求应当处于工作状态的那些仪表和设备,但适航指令提供了其他方法的除外;

(3)本规则要求该种运行应当具有的仪表和设备。

(c)尽管有本条(b)款第(1)、(3)项的规定,飞机上某些仪表或者设备不工作时,仍可以依据局方颁发的特殊飞行许可运行。

第121.649条　在结冰条件下运行

(a)当机长或者飞行签派员(仅在国内定期和国际定期运行时)认为,在航路或者机场上,预料到的或者已遇到的结冰状况会严重影响飞行安全时,任何人不得签派或者放行飞机继续在这些航路上飞行或者在这些机场着陆。

(b)当有霜、雪或者冰附着在飞机机翼、操纵面、螺旋桨、发动机进气口或者其他重要表面上,或者不能符合本条(c)款时,任何人不得使飞机起飞。

(c)除了本条(d)款规定外,在某种条件之下,当有理由认为,霜、冰、雪会附着在飞机上时,任何人不得签派或者放行飞机或者使其起飞,但该合格证持有人在其运行规范中具有经批准的地面除冰防冰大纲并且其签派或者放行、起飞都符合该大纲要求的除外。经批准的地面除冰防冰大纲应当至少包括下列项目:

(1)详细规定如下内容:

(i)合格证持有人确定结冰条件的方法,在这种条件下,有理由认为霜、冰、雪会附着在飞机上,并且应当使用地面除冰防冰操作规程;

(ii)决定实施地面除冰防冰操作规程的负责人;

(iii)实施地面除冰防冰操作规程的程序;

(iv)在地面除冰防冰操作规程实施时,负责使飞机安全离地的每一运行职位或者小组的具体工作和职责。

(2)飞行机组必需成员的初始、年度定期地面训练和检查,飞行签派员、地勤组、代理单位人员等其他有关人员的资格审定。训练和检查的内容为包括下列方面的经批准大纲中的具体要求和人员职责:

(i)保持时间表的使用;

(ii)飞机除冰防冰程序,包括检验、检查程序和职责;

(iii)通信程序;

(iv)飞机表面附着的霜、冰或者雪等污染物和关键区的识别,以及污染物严重影响飞机性能和飞行特性的说明;

(v)除冰防冰液的型号与特性;

(vi)寒冷天气飞行前的飞机检查程序;

(vii)在飞机上识别污染物的技术。

(3)合格证持有人的保持时间表和合格证持有人工作人员使用这些时间表的程序。保持时间是指除冰防冰液防止在飞机受保护表面结冰或者结霜和积雪的预计时间。保持时间开始于最后一次应用除冰防冰液的开始时刻,结束于应用在飞机上的除冰防冰液失效的时刻。保持时间应当由局方认可的数据所证明。合格证持有人的大纲应当包括,在条件改变时飞行机组成员增加或者减少所定保持时间的程序。大纲中应当规定在超过合格证持有人保持时间表上最大保持时间后,只有在至少符合下列条件之一时才能允许起飞:

(i)进行本条(c)款第(4)项定义的起飞前污染物检查,查明机翼、操纵面和合格证持有人大纲中定义的其他关键表面没有霜、冰或者雪;

(ii)根据合格证持有人经批准的大纲,使用经局方认可的备用程序,以与上述不同的方法查明,机翼、操纵面和合格证持有人大纲中定义的其他关键表面没有霜、冰或者雪；

(iii)机翼、操纵面和其他关键表面已重新除冰并确定了新的保持时间。

(4)飞机除冰防冰程序和职责、起飞前检查程序和职责以及起飞前污染物检查程序和职责。起飞前检查是指在保持时间之内，检查飞机的机翼或者有代表性的表面有无霜、冰或者雪的情况。起飞前污染物检查是通过检查，确认机翼、操纵面和合格证持有人大纲中定义的其他关键表面没有霜、冰或者雪。这种检查应当在开始起飞之前5分钟之内进行。该检查应当在飞机外部完成，但大纲中另有规定的除外。

(d)合格证持有人如果没有本条(c)款要求的大纲，也可以按照本条继续运行，但是，在其运行规范中应当规定任何时候只要有理由认为霜、冰和雪可能会附着在飞机上，飞机就不得起飞。但经过检查确认没有霜、冰和雪附着在机翼、操纵面和其他关键表面上时除外。该检查应当在开始起飞之前5分钟之内进行，并且应当在飞机外部完成。

第121.651条　初始签派或者放行、重新或者更改签派或者放行

(a)合格证持有人可以指定任一经批准用于该型飞机的正常使用机场、临时使用机场或者加油机场，作为初始签派或者放行的目的地机场。

(b)在签派或者放行单中指定的备降机场的天气预报，应当表明在飞机预计到达该备降机场时，备降机场的天气条件将等于或者高于运行规范中对该机场规定的备降最低天气标准，否则，飞行签派员和机长不得允许该次飞行继续向所签派或者放行的机场飞行。但是，签派或者放行单可以在航路上予以更改，增加任何处在本规则第121.657条至第121.663条规定的飞机燃油范围内的备降机场。

(c)飞机在航路上飞行时，任何人不得擅自更改初始签派或者放行单上指定的初始目的地机场或者备降机场。如果确有必要改变为另外的机场时，则该机场应当是经批准用于该型飞机的，并且在重新签派或者更改签派或者放行单时，应当符合本规则第121.173条和第121.621条至第121.675条的相应要求。

(d)在航路上更改签派或者放行单时，通常需由飞行签派员和机长共同决定，并且应当记录更改的内容。当涉及更改空中交通服务飞行计划时，应当预先和有关的空中交通管制部门取得协调。

第121.653条　国内、国际定期载客运行飞至或者飞离加油机场或者临时使用机场的签派

除了根据本规则适用于飞离正常使用机场的签派要求之外，在签派飞机飞至或者飞离加油机场或者临时使用机场时，该机场应当符合本规则适用于正常使用机场的要求。

第 121.655 条　国内、国际定期载客运行从备降机场和未列入运行规范的机场起飞

(a)从备降机场起飞时,该机场的天气条件应当至少等于合格证持有人运行规范中对于备降机场规定的最低天气标准。

(b)在未列入运行规范的机场起飞时,应当符合下列条件:

(1)该机场和有关设施适合于该飞机运行;

(2)驾驶员能遵守飞机运行适用的限制;

(3)飞机已根据适用于从经批准的机场实施运行的签派规则予以签派;

(4)该机场的天气条件等于或者高于该机场所在国政府批准的或者规定的起飞最低天气标准,或者如该机场没有批准的或者规定的标准时,云高/能见度等于或者高于 240 米/3200 米(800 英尺/2 英里),或者 270 米/2400 米(900 英尺/1.5 英里),或者 300 米/1600 米(1000 英尺/1 英里)。

第 121.657 条　燃油量要求

(a)飞机必须携带足够的可用燃油以安全地完成计划的飞行并从计划的飞行中备降。

(b)飞行前对所需可用燃油的计算必须包括:

(1)滑行燃油:起飞前预计消耗的燃油量;

(2)航程燃油:考虑到 121.663 条的运行条件,允许飞机从起飞机场或从重新签派或放行点飞到目的地机场着陆所需的燃油量;

(3)不可预期燃油:为补偿不可预见因素所需的燃油量。根据航程燃油方案使用的燃油消耗率计算,它占计划航程燃油 10% 的所需燃油,但在任何情况下不得低于以等待速度在目的地机场上空 450 米(1500 英尺)高度上在标准条件下飞行 15 分钟所需的燃油量;

(4)备降燃油:飞机有所需的燃油以便能够:

(i)在目的地机场复飞;

(ii)爬升到预定的巡航高度;

(iii)沿预定航路飞行;

(iv)下降到开始预期进近的一个点;

(v)在放行单列出的目的地的最远备降机场进近并着陆;

(5)最后储备燃油:使用到达目的地备降机场,或者不需要目的地备降机场时,到达目的地机场的预计着陆重量计算得出的燃油量,对于涡轮发动机飞机,以等待速度在机场上空 450 米(1500 英尺)高度上在标准条件下飞行 30 分钟所需的油量;

(6)酌情携带的燃油：合格证持有人决定携带的附加燃油。

(c)合格证持有人应按照四舍五入方式为其机队每种型别飞机和衍生型确定一个最后储备燃油值。

(d)除非机上可使用的燃油按照要求符合本条(b)款的要求，否则不得开始飞行；除非机上可使用的燃油按照要求符合本条(b)款除滑行燃油以外的要求，否则不得从飞行中重新签派点继续飞往目的地机场。

第 121.659 条　特定情况燃油要求

(a)特定情况下目的地备降机场燃油的计算：

(1)当不需要有目的地备降机场时，所需油量能够使飞机在目的地机场上空 450 米(1500 英尺)高度上在标准条件下飞行 15 分钟；

(2)预定着陆机场是一个孤立机场(无可用备降机场的特定目的地机场)：

(i)能够以正常燃油消耗率在目的地机场上空飞行 2 小时的所需油量，包括最后储备燃油。

(ii)当按照本规则第 641 条(a)款第(2)项或第 642 条(b)款放行飞机前往孤立机场(无可用备降机场的特定目的地机场)时，需满足以下条件：

1)在飞机与签派室之间建立了独立可靠的语音通信系统进行全程监控；

2)必须为每次飞行至少确定一个航路备降机场和与之对应的航线临界点；

3)除非气象条件、交通和其他运行条件表明在预计使用时间内可以安全着陆，否则飞往无可用备降机场的特定目的地机场的飞行不得继续飞过航线临界点。

(b) 活塞式发动机飞机最后储备燃油的计算：

对于活塞式发动机飞机，按照合格证持有人按照局方规定的速度和高度条件飞行 45 分钟所需的油量。

(c) 对于活塞发动机飞机和涡轮螺旋桨发动机飞机的国际定期载客运行或者包括有至少一个国外机场的补充运行，不可预期燃油不得低于以正常巡航消耗率飞往本规则第 657 条(b)款第(2)、(4)项规定的机场所需总时间的 15% 所需的油量，或者以正常巡航消耗率飞行 60 分钟油量，两者当中取其中较短的飞行时间。

(d)如果根据本规则 121.657 条计算的最低燃油不足以完成下列飞行，则应要求额外燃油：

(1)假定在航路最困难临界点发动机发生失效或丧失增压需要更多燃油的情况下，允许飞机在必要时下降并飞行到某一备降机场；

(i)以等待速度在该机场上空450米(1,500英尺)高度上在标准条件下飞行15分钟;

(ii)在该机场进近并着陆;

(2)延程运行的飞机应当遵守经批准的延程运行临界燃油方案;

(3)满足上述未包含的其他规定。

第121.663条　计算所需燃油应当考虑的因素

(a)携带的可用燃油量必须至少基于下列数据:

(1)如果有的话,从燃油消耗监测系统获得的特定飞机的目前数据;

(2)如果没有特定飞机的目前数据,则采用飞机制造商提供的数据。

(b)计算燃油量须考虑计划飞行的运行条件,包括:

(1) 风和其他天气条件预报;

(2)飞机的预计重量;

(3)航行通告;

(4)气象实况报告或气象实况报告、预报两者的组合;

(5)空中交通服务程序、限制及预期的延误;

(6)延迟维修项目和/或构型偏离的影响;

(7)空中释压和航路上一台发动机失效的情况;

(8)可能延误飞机着陆的任何其他条件。

(c)尽管有本规则第657条和第659条的规定,若安全风险评估结果表明合格证持有人能够保持同等的安全水平,局方仍可以颁发运行规范批准合格证持有人使用不同的燃油政策。

(d)本条中的所需燃油是指不可用燃油之外的燃油。

第121.665条　目视飞行规则国内运行的起飞和着陆最低天气标准

对于目视飞行规则国内运行,合格证持有人应当遵守涉及民航管理的规章中有关起飞和着陆最低天气标准的规定。

第121.667条　仪表飞行规则的起飞和着陆最低标准

(a)不论空中交通管制是否许可,当由局方批准的气象系统报告的天气条件低于合格证持有人运行规范的规定时,飞机不得按照仪表飞行规则起飞。如果合格证持有人的运行规范没有规定该机场的起飞最低标准,则使用的起飞最低标准不得低于民航局为该机场制定的起飞最低标准。对于没有制定起飞最低标准的机场,可以使用下列基本起飞最低标准:

(1)对于双发飞机,能见度1600米;

(2)对于三发或者三发以上飞机,能见度800米。

(b)除本条(d)款规定外,飞机不得飞越最后进近定位点继续进近,或者在不使用最后进近定位点的机场,进入仪表进近程序的最后进近航段,除非由局方批准的系统为该机场发布了最新的天气报告,报告该机场的能见度等于或者高于仪表进近程序规定的能见度最低标准。

(c)如果驾驶员根据本条(b)款已经开始实施仪表进近程序的最后进近,并在此后收到了较新的天气报告,报告的天气条件低于最低天气标准,该驾驶员仍可以继续进近至决断高或者最低下降高。当到达决断高或者最低下降高,在进近复飞点之前的任何时间内,除非符合下列条件或满足增强飞行视景系统(EFVS)的相关运行要求,不得继续进近到低于决断高或者最低下降高并着陆:(1)该飞机持续处在正常位置,从该位置能使用正常机动动作以正常下降率下降到计划着陆的跑道上着陆,并且以此下降率可以使飞机在计划着陆的跑道的接地区内接地;

(2)飞行能见度不低于所用的标准仪表进近程序规定的能见度;

(3)除Ⅱ类和Ⅲ类进近(在这些进近中,必需的目视参考由局方在批准时具体规定)外,驾驶员至少能清楚地看到和辨认计划着陆跑道的下列目视参考之一:

(i)进近灯光系统,如果驾驶员仅使用进近灯光作为参考,应当能同时清楚地看到和辨认红色终端横排灯或者红色侧排灯,否则不得下降到接地区标高之上 30 米(100 英尺)以下;

(ii)跑道入口;

(iii)跑道入口标志;

(iv)跑道入口灯;

(v)跑道端识别灯;

(vi)目视进近下滑道指示灯;

(vii)接地区或者接地区标志;

(viii)接地区灯;

(ix)跑道或者跑道标志;

(x)跑道灯。

(4)当使用具有目视下降点的非精密直接进近程序时,飞机已到达该目视下降点,且在该点使用正常程序或者下降率能降落到跑道上。

(d)当能见度低于所用仪表进近程序规定的最低能见度时,如果该机场同时开放了仪表着陆系统和精密进近雷达,且驾驶员同时使用了这两套设备,则可以在该机场开始实施该仪表进近程序(Ⅱ类和Ⅲ类程序除外)的最后进近。除非符合下列条件或满足增强飞行视景系统(EFVS)的相关运行要求,不得操作飞机进近到低于经批准的最低下降高,或者继续进近到低于决断高:

(1)该飞机持续处在正常位置,从该位置能使用正常机动动作以正常下降率下降到计划着陆跑道上着陆,并且以此下降率可以使飞机在计划着陆跑道的接地区内接地;

(2)飞行能见度不低于所用的标准仪表进近程序规定的能见度;

(3)除Ⅱ类和Ⅲ类进近(在这些进近中,必需的目视参考由局方在批准时具体规定)外,驾驶员至少能清楚地看到和辨认计划着陆跑道的下列目视参考之一:

(i)进近灯光系统,但是如果驾驶员仅使用进近灯光作为参考,除非能同时看到和辨认红色跑道端横排灯或者红色侧排灯,否则不得下降到接地区标高之上30米(100英尺)以下;

(ii)跑道入口;

(iii)跑道入口标志;

(iv)跑道入口灯;

(v)跑道端识别灯;

(vi)目视进近下滑道指示器;

(vii)接地区或者接地区标志;

(viii)接地区灯;

(ix)跑道或者跑道标志;

(x)跑道灯。

(e)就本条而言,最后进近航段从仪表进近程序规定的最后进近定位点或者设施处开始。当一个包含程序转弯的程序没有规定最后进近定位点时,最后进近航段在完成程序转弯的那一点开始,并且在该点上,飞机在该程序规定距离之内在最后进近航迹上向机场飞行。

(f)除了在合格证持有人的运行规范中另有批准外,在国外机场按照仪表飞行规则起飞、进近或者着陆的驾驶员,应当遵守管辖该机场的当局所规定的仪表进近程序和最低天气标准。

第121.669条　新机长的仪表飞行规则着陆最低天气标准

(a)如果机长在其驾驶的某型别飞机上作为机长按照本规则运行未满100小时,则合格证持有人运行规范中对于正常使用机场、临时使用机场或者加油机场规定的最低下降高(MDH)或者决断高(DH)和着陆能见度最低标准,分别增加30米(100英尺)和800米(1/2英里)或者等效的跑道视程(RVR)。对于用作备降机场的机场,最低下降高(MDH)或者决断高(DH)和能见度最低标准无须在适用于这些机场的数值上增加,但是任何时候,着陆最低天气标准不得小于90米(300英尺)和1600米(1英里)。

(b)如果该驾驶员在另一型别飞机上作为机长在按照本规则实施的运行中至少已飞行 100 小时,该机长可以用在本型飞机上按照本规则实施运行中的一次着陆,去取代必需的机长经历 1 小时,减少本条(a)款所要求的 100 小时的机长经历,但取代的部分不得超过 50 小时。

第 121.671 条　报告的最低天气条件的适用性

在按照本规则第 121.665 条至第 121.669 条实施运行时,最新天气报告正文中的云高和能见度值用于控制机场所有跑道上的目视飞行规则和仪表飞行规则起飞、着陆和仪表进近程序。然而,如果最新天气报告,包括从管制塔台发出的口头报告,含有针对机场某一特定跑道的跑道能见度或者跑道视程等数值,这些特定值用于控制该跑道的目视飞行规则和仪表飞行规则着陆、起飞和仪表直接进近。

第 121.673 条　飞行高度规则

(a)除了起飞、着陆需要或者在考虑到地形特征、气象服务设施的质量和数量、可用的导航设施和其他飞行条件后,局方认为为安全实施飞行需要其他高度而对任一航路或者航路的一部分规定了其他最低标准的情况以外,任何人不得在本条(b)和(c)款规定的最低高度以下运行飞机。在中华人民共和国之外飞行时,本条规定的最低高度标准应当起控制作用,除非在合格证持有人运行规范中或者由飞机飞越的国家规定了较高的最低标准。

(b)按照本规则实施运行的任何飞机在昼间按照目视飞行规则运行时不得在距地表、山峰、丘陵或者其他障碍物 300 米(1000 英尺)的高度以下飞行。

(c)按照本规则实施运行的任何飞机按照仪表飞行规则运行时,在距预定航道中心线两侧各 25 公里(13.5 海里)水平距离范围内,在平原地区不得在距最高障碍物 400 米(1300 英尺)的高度以下,在丘陵和山区不得在距最高障碍物 600 米(2000 英尺)的高度以下飞行。

第 121.675 条　起始进近高度

当按照仪表飞行规则飞往无线电导航设施作起始进近时,任何人不得将飞机下降到按照该设施制定的仪表进近程序中规定的起始进近最低高度之下,直至到达该设施的上空。

第 121.677 条　国内、国际定期载客运行的签派责任

合格证持有人应当根据授权的飞行签派员所提供的信息,为两个规定地点之间的每次飞行编制签派单。机长和授权的飞行签派员应当在签派单上签字。机长和授权的飞行签派员均认为该次飞行能安全进行时,他们才能签字。对于某一次飞行,飞行签派员可以委托他人签署放行单,但是不得委托他人行使其签派权。

第 121.679 条　装载舱单的制定

在每架飞机起飞之前,合格证持有人应当制定装载舱单,并对其准确性负责。该舱单应当由合格证持有人负责管理飞机舱单和装载的人员,或者由合格证持有人授权的其他合格人员制定并签字。机长在收到并核实装载舱单后方可以起飞飞机。

V 章　记录和报告

第 121.691 条　机组成员和飞行签派员记录

(a)每个合格证持有人应当建立和保存每一机组成员和每个飞行签派员的下列记录:

(1)技术档案,包括飞行记录簿,各种训练和检查的记录,事故、事故征候结论,奖励和惩罚记录等;

(2)能证明该机组成员或者飞行签派员是否满足本规则适用条款要求的记录,包括航路检查、飞机和航路资格审定、体检鉴定和疾病治疗、以及飞行时间、值勤时间和休息时间的记录等;

(3)对飞行机组成员或者飞行签派员体格、业务不合格情况所采取的每一措施,该记录至少保存 6 个月;

(4)飞行机组成员的体检鉴定和疾病治疗记录应当长期保存。

(b)局方批准的计算机记录系统可以用于符合本条(a)款的要求。

(c)合格证持有人应当在机组成员和飞行签派员所服务的基地保存本条(a)款要求的记录,以便接受局方的检查。机组成员和飞行签派员不再服务于该合格证持有人时,合格证持有人应当自上述人员退出运行之日起,将本条(a)(1)项要求的记录保存至少 24 个月,并在上述人员提出要求时向其提供训练记录的复印件。

第 121.693 条　飞机记录

合格证持有人应当保持按照本规则运行的所有飞机的清单,并应当将该记录和每次修订的副本送交负责对其运行进行全面检查的局方机构。按照互换协议使用的另一公共航空运输承运人的飞机可以用加注的方法包括在内。

第 121.695 条　国内、国际定期载客运行的签派单

(a)签派单应当至少包括每次飞行的下列信息:

(1)飞机的国籍标志、登记标志、制造厂家和型号;

(2)承运人名称、航班号和计划起飞时间;

(3)起飞机场、中途停留机场、目的地机场和备降机场;

(4)运行类型说明，例如仪表飞行规则、目视飞行规则；

(5)最低燃油量。

(b)签派单应当至少包括或者附有下列文件：

(1)在机长与飞行签派员签署放行单时可以获得的关于目的地机场、中途停留机场和备降机场的最新天气实况报告和预报。签派单还可以包括机长或者飞行签派员认为必需的或者希望具有的其他天气实况报告和预报；

(2)运行飞行计划；

(3)航行通告。

第 121.696 条　补充运行的飞行放行单

(a)飞行放行单应当至少包括每次飞行的下列信息：

(1)公司或者机构的名称；

(2)飞机的国籍标志、登记标志、制造厂家和型号；

(3)航班或者航次和飞行日期；

(4)每一飞行机组成员、客舱乘务员和机长姓名；

(5)起飞机场、目的地机场、备降机场和航路；

(6)运行类型说明，例如仪表飞行规则、目视飞行规则；

(7)起飞最低燃油量。

(b)飞机飞行放行单应当含有或者附带目的地机场和备降机场的最新天气实况报告、预报或者两者的组合。放行单还可以包括机长认为必需的或者希望具有的其他天气实况报告和预报。

第 121.697 条　装载舱单

装载舱单应当包含飞机在起飞时有关装载情况的下列信息：

(a)飞机、燃油和滑油、货物和行李、乘客和机组成员的重量。

(b)该次飞行的最大允许重量，该最大允许重量不得超过下述重量中最小的重量：

(1)对于拟使用跑道，考虑对跑道气压高度和坡度以及起飞时的风和温度条件的修正值之后的最大允许起飞重量；

(2)考虑到预期的燃油和滑油消耗，能够符合适用的航路性能限制的最大起飞重量；

(3)考虑到预期的燃油和滑油消耗，能够在到达目的地机场时符合批准的最大设计着陆重量限制的最大起飞重量；

(4)考虑到预期的燃油和滑油消耗，能够在到达目的地机场和备降机场时符合着陆限制的最大起飞重量。

(c)按照批准的程序计算的总重量。

(d)按照批准的能够保证重心处于批准范围之内的计划，对该飞机实施装载的证据。

(e)旅客的姓名，除非该项内容由合格证持有人以其他方式保存。

第121.699条　国内、国际定期载客运行装载舱单、签派单和运行飞行计划的处置

(a)机长应当将下列文件的副本随机携带到目的地：

(1)填写好的装载舱单；

(2)签派或者放行单；

(3)运行飞行计划。

(b)合格证持有人应当保存前款规定的文件的副本至少3个月。

第121.700条　补充运行的装载舱单、飞行放行单和运行飞行计划的处置

(a)实施补充运行的飞机机长应当携带下列文件的原件或者经签署的文件副本飞行到目的地机场：

(1)装载舱单；

(2)飞行放行单；

(3)适航放行单；

(4)驾驶员航线合格证明；

(5)运行飞行计划。

(b)如果飞行在合格证持有人主运行基地始发时，应当在其主运行基地保存本条(a)款规定的文件的原件或者副本。

(c)除本条(d)款规定外，如果飞行在合格证持有人主运行基地以外的机场始发时，机长(或者合格证持有人授权的其他运行控制人员)应当在起飞前或者起飞后立即将本条(a)款列出的文件副本发送或者带回到主运行基地保存。

(d)如果飞行始发在合格证持有人的主运行基地以外机场时，合格证持有人在那个机场委托他人负责管理飞行运行，按照本条(a)款规定签署过的文件副本在送回合格证持有人的主运行基地前在该机场的保存不得超过30天。如果这些文件的原件或者副本已经送回合格证持有人的主运行基地，则这些文件不需要继续保存在该机场。

(e)实施补充运行的合格证持有人应当：

(1)根据本条(d)款规定，在其运行手册中制定专门人员负责这些文件副本；

(2)按照本条规定原始文件和副本应当在主运行基地保存3个月。

第121.701条　飞机飞行记录本

(a)合格证持有人应当对于每一架飞机建立飞机飞行记录本,记录运行中发现的缺陷和工作不正常情况及所进行的维修工作;另外,它还用于记录与飞行安全有关的运行信息、飞行机组和维修人员需要了解的有关数据。

(b)飞机飞行记录本中应当包括飞机运行信息、影响飞机适航性和安全运行的任何缺陷及保留状况、要求的维修项目、维修工作记录、飞机放行等内容。

(c)飞机飞行记录本的格式应当固定,各项内容应当使用墨水或者不可以更改的书写工具及时填写,并且有足够的复页以保证满足使用和保存要求。

(d)合格证持有人应当在飞机上飞行机组成员易于取用的地方放置一份飞机飞行记录本原件,其中至少记录包括每次飞行前三次飞行期间填写内容的连续记录,并且每次起飞前在地面保存一份记录上一次飞行和本次飞行前填写内容的飞机飞行记录本的复页。

(e)合格证持有人应当在维修工程管理手册中规定飞机飞行记录本的格式及填写、使用和保存要求。

第121.703条　通信记录

合格证持有人应当记录与其飞行机组成员之间每次航路上的无线电联系,并将该记录至少保存30天。

第121.705条　飞行中紧急医学事件报告

(a)合格证持有人应当记录飞行中发生的紧急医学事件,并应当在事发后5天内向局方报告。紧急医学事件记录信息应当包括:事件发生的时间、航班航段、事件具体情况、涉及人员和处置过程等。记录应当保存24个月。

(b)飞行中发生的紧急医学事件包括:造成飞机改航备降等不正常运行的人员伤病或死亡,飞机不正常运行导致人员伤病或死亡,以及突发公共卫生事件。

第121.707条　使用困难报告(运行)

(a)合格证持有人应当向局方报告在某架飞机上出现或者发现的有关下述情况:

(1)飞行中的失火以及有关火警系统工作不正常;

(2)飞行中的假火警信号;

(3)在飞行中引起发动机、相邻结构、设备和部件损坏的排气系统故障或者失效;

(4)飞行中引起烟、蒸汽、有毒或者有害烟雾在驾驶舱或者客舱积聚或者流通的飞机部件的故障或者失效;

(5)飞行中或者地面发动机熄火或者停车;

(6)螺旋桨顺桨系统失效或者在飞行中该系统控制超速的能力不正常;

(7)飞行中燃油系统或者应急放油系统的故障或者渗漏;

(8)飞行中非正常的起落架收放或者起落架舱门的开启和关闭;

(9)刹车系统的失效或者故障;

(10)飞机系统及其部件的故障或者失效导致中断起飞或者在飞行中采取紧急措施的情况;

(11)在实际撤离、培训、测试、维修、演示或者无意使用时,任何应急撤离系统或者其部件(包括应急出口、旅客应急撤离灯系统、撤离设备)的缺陷或者不能完成预定的功能;

(12)自动油门、自动飞行或者飞行操纵系统或者其部件的缺陷或者不能完成预定的功能;

(13)其他已经危及或者可能危及飞机的安全运行的故障或者缺陷。

(b)合格证持有人应当在 24 小时之内向局方报告本条所要求报告的情况,并至少保存报告的信息 30 天,以备局方核查。

(c)合格证持有人应当按照局方要求的方式和表格向局方报告本条所要求报告的情况,报告中应当至少包括下述信息:

(1)飞机的制造厂家、型号、飞机/发动机/螺旋桨的序号;

(2)飞机登记号;

(3)合格证持有人的名称;

(4)发生或者发现日期和地点;

(5)失效、故障或者缺陷的发生阶段;

(6)失效、故障或者缺陷的性质;

(7)适用的 ATA 章节;

(8)飞机、发动机、螺旋桨或者部件的总使用时间或者循环;

(9)失效、故障或者存在缺陷的零部件的制造厂家、件号、名称、序号和部位;

(10)采取的预防或者紧急措施;

(11)为了更完整地分析失效、故障或者缺陷原因的其他信息,包括主要部件与型号设计有关的可以提供信息和自上次翻修、修理和检测的适用时间。

(d)即使上述要求的信息不能完全提供,合格证持有人也不能推迟可以提供内容的报告时间,并且应当尽快补充报告没有提供的信息。

第 121.708 条　使用困难报告(结构)

(a)合格证持有人应当向局方报告下述有关的事件或者发现的失效现象:

(1)腐蚀、裂纹、或者开裂导致要求更换有关的零部件；

(2)腐蚀、裂纹、或者开裂因超出制造厂家规定的允许损伤限度导致要求修理或者打磨；

(3)在复合材料结构中，制造厂家指定作为主要结构或者关键结构件的腐蚀、裂纹或者开裂；

(4)根据未包含在制造厂家的维修手册中的经批准资料修理的情况；

(5)其他飞机结构中已经或者可能危及飞机安全运行的失效或者缺陷。

(b)合格证持有人应在24小时之内向局方报告本条所要求报告的情况，并至少保存报告的信息30天，以备局方核查。

(c)合格证持有人应当按照局方要求的方式和表格向局方报告本条所要求报告的情况，报告中应至少包括下述信息：

(1)飞机制造厂家、型号、批号和登记号；

(2)合格证持有人名称；

(3)发现故障或者缺陷的时间；

(4)发现故障或者缺陷的地面运行阶段；

(5)故障或者缺陷件的名称、状况和位置；

(6)ATA 章节名称；

(7)飞机总使用循环(如适用)和总使用时间；

(8)其他对更完整地分析故障或者缺陷原因必要的信息，包括腐蚀等级、裂纹长度及可以提供的与其主要部件设计有关的信息、自上一次翻修、修理或者检查后的使用时间。

(d)即使上述要求的信息不能完全提供，合格证持有人也不能推迟可以提供内容报告的时间，并且应当尽快补充报告没有提供的信息。

第121.709条　机械原因中断使用汇总报告

(a)合格证持有人应当在每月10日之前向局方报告前一个月出现的因机械原因的下述情况的汇总报告：

(1)中断飞行；

(2)非计划更换飞机；

(3)延误、备降或者改航；

(4)因已知或者怀疑的机械原因引起的非计划换发。

(b)合格证持有人应当按照局方规定的格式和方式提交本条所要求的报告。

第121.710条　运行中人为差错报告

合格证持有人应当在72小时内向局方报告运行中出现的飞行机组成员、维修及其他运行控制人员发生的人为差错。

W 章　延程运行与极地运行

第 121.711 条　总则

(a)合格证持有人除经局方批准外不得实施以下运行：

(1)在飞机计划运行的航路上至少存在一点到任一延程运行可选备降机场的距离超过飞机在标准条件下静止大气中以经批准的一台发动机不工作时的巡航速度飞行 60 分钟对应的飞行距离(以两台涡轮发动机为动力的飞机)或超过 180 分钟对应的飞行距离(以多于两台涡轮发动机为动力的载客飞机)的运行；

(2)在北极区域内的运行；

(3)在南极区域内的运行。

(b)本章还规定了获得极地运行批准的各项要求。

(c)只有当机体发动机组合获得中国民航颁发的延程运行型号设计批准时，合格证持有人才有资格实施延程运行。延程运行型号设计批准通常在相应的机体发动机组合的《飞机飞行手册》(AFM)、型号合格证(TC)或补充型号合格证(STC)中给出。

(d)为纠正运行中出现可能危及到所要求的可靠性水平时，局方可以在任何时候要求修改构型、维修与程序标准。局方将根据需要采取行动，要求对构型、维修与程序标准进行修订，以达到和保持所需的可靠性水平。修订之前的构型、维修与程序标准被认为不再适合于继续从事延程运行。

(e)延程运行的批准通过颁发或修改合格证持有人的运行规范的方法进行。

第 121.713 条　备降和改航机场的附加要求

对于超过 180 分钟的延程运行和极地运行，该次运行所指定的每个延程运行指定备降机场和极地运行改航机场，都应当具备足以保障乘客和机组生存需求的条件。

第 121.714 条　通信设施的附加要求

如果实施超过 180 分钟的延程运行，除需满足第 121.97 条所规定的通信系统之外，合格证持有人还应当具有第二套通信系统。该系统应当能提供直接基于卫星的语音通信，通话质量与固定电话相当。该系统应当能够在飞行机组和空管人员之间以及飞行机组和合格证持有人之间提供通信。在确定这些通信设施是否可用时，合格证持有人应当考虑延程改航飞向备降机场时所必需的其他航路和高度。只要无法利用直接基于卫星的语音通信设施，或者因其质量低劣而无法进行语音通信，则应当以另一种通信系统取代该系统。

第 121.715 条　延程运行备降机场：救援与消防服务

(a)除本条(b)中的规定之外，在签派或飞行放行单上列明的每一个延程运行备降机场，均需能够提供下列救援和消防服务(RFFS)：

(1)如果延程运行时间在 180 分钟内，每个指定的延程运行备降机场应当能够提供等效于或高于国际民航组织规定的第 4 类救援和消防服务(RFFS)的要求；

(2)如果延程运行时间超过 180 分钟，每个指定的延程运行备降机场应当能够提供等效于或高于国际民航组织规定的第 4 类救援和消防服务(RFFS)的要求。此外，飞机还应当保持在距能够提供等效于或高于国际民航组织规定的第 7 类救援和消防服务(RFFS)的合适机场的一定距离内，以便能在依据其延程运行批准的改航时间内飞抵该合适机场。

(b)如果无法直接在一个机场利用本条(a)要求的救援和消防设备与人员，只要该机场通过当地获得消防增援与消防服务能力后，能够达到本条(a)的要求，合格证持有人仍然可在签派或飞行放行单上将该机场列为备降机场。在改航的航路运行过程中如果当地资源可以及时被告知，30 分钟的增援响应时间应当是充足的。在改航飞机飞抵备降机场时，增援设施与人员应当可用，另外，只要改航飞机需要救援和消防服务，这些增援设施与人员就应当始终处于随时可用状态。

第 121.716 条　手册内容

合格证持有人的手册中应当包含下列内容：

(a)对于所从事的延程运行，支持所有飞行阶段的性能数据。

(b)对于载客运行：

(1)如果实施超过 180 分钟的延程运行，应当制订每一相应延程运行备降机场具体的旅客航程恢复计划；

(2)对于在北极区域和南极区域的运行，应当制订每一相应延程运行改航机场具体的旅客航程恢复计划。

第 121.718 条　延程运行型号设计批准依据

除 2015 年 2 月 17 日之前制造的安装两台以上发动机的载客飞机和仅用于实施飞行时间少于或等于 75 分钟的延程运行的双发飞机之外，合格证持有人只能在下列条件下实施延程运行：飞机获得延程运行型号设计批准且每架用于延程运行的飞机均符合其构型、维修和程序文件的要求。延程运行型号设计批准通常在相应的机体发动机组合的《飞机飞行手册》(AFM)、型号合格证(TC)或补充型号合格证(STC)中给出。

第 121.719 条　延程运行持续适航性维修方案(CAMP)

为实施延程运行,合格证持有人应当制定并遵照由局方批准的运行规范中持续适航维修方案的要求对用于延程运行的机体发动机组合实施维修。合格证持有人可以通过对飞机制造厂推荐的维修方案,或对现在已获批准的持续适航维修方案增补维修要求来制定适用于延程运行的持续适航维修方案。这个持续适航维修方案应当包括以下内容:

(a)延程运行维修文件。合格证持有人应当制定延程运行维修文件,供每一名延程运行相关人员使用。

(1)这个文件应当:

(i)列出延程运行的所有关键系统;

(ii)引用或包含所有和延程运行相关的维修要素;

(iii)引用或包含所有支援项目和程序;

(iv)引用或包含所有职责;

(v)明确说明引用材料源于合格证持有人文件系统何处。

(b)延程运行前维修检查。除本规则第 121.728 条的规定之外,合格证持有人应当制定针对延程运行特定要求的维修检查单。

(1)每次延程运行前,合格证持有人应当完成延程运行前维修检查;

(2)这种检查应当至少包括下列各项:

(i)检验(确认)所有延程运行关键系统的状态;

(ii)通过核查相应的维修记录,确认飞机的总体状况;

(iii)进行飞机内外检查,确定发动机和辅助动力装置的滑油量和滑油消耗率;

(3)由具有延程运行资格并获得批准的维修人员完成并签署特殊延程运行相关工作文件,延程运行前地面勤务检查完成的签署应当由具有机身和发动机等级并且具有延程运行资格的维修人员签署。

(c)双重维修项目的限制。

(1)除了本条第(c)(2)项的规定之外,合格证持有人应避免在同一次停场维修时对相同的或本质上相同的延程运行关键系统同时实施例行或非例行维修工作,以防止由于不适当的维修而导致的延程运行关键系统的失效。

(2)如果本条第(c)(1)项所定义的双重维修不可避免,合格证持有人可按照下列规定进行维修:

(i)同一个延程运行关键系统的维修工作由不同的技术人员执行;

(ii)如果应当由同一名技术人员对同一延程运行关键系统进行维修时,应加派一名资历更高的人员对其工作实施直接的监督;

(iii)在飞机实施 ETOPS 运行之前,必须按照本条(d)款的要求通过地面检验、测试方法以及在必要的情况下通过飞行试验的方法对 ETOPS 关键系统维修工作的有效性进行验证。在特殊情况下,可以由同一名具备合格资质的人员,在具备 ETOPS 维修控制合格资质人员的监督下来实施双重维修和地面检验、测试方法,但前提是必须完成相应的飞行试验。

(d)验证方案。合格证持有人应当制定并保持一个解决方案,以确保对延程运行关键系统采取的维修工作的有效性。验证方案应当识别潜在的问题,并核实令人满意的纠正措施。验证方案应当包含地面检验和空中检验策略与程序。合格证持有人应当建立程序,明确指示启动检验行动的人员以及必不可少的行动项。可在取酬的延程运行中进行验证,但要求验证工作在到达延程运行进入点之前顺利完成并且记录所进行的验证工作。

(e)识别任务。合格证持有人应当标示出所有与延程运行相关的任务。这些与延程运行相关的特定工作应当由经过适当培训且具有延程运行资格的维修人员完成并签署。

(f)集中的维修控制程序。合格证持有人应当为延程运行制定并保持集中的维修控制程序。

(g)零部件控制方案。合格证持有人应当制定一个延程运行零部件控制方案,以确保正确识别用于实施延程运行飞机构型控制的零部件。

(h)可靠性方案。合格证持有人应当制定一个延程运行可靠性方案。该方案应当是在合格证持有人现有可靠性方案或其持续分析和监督系统(CASS)的基础上增补延程运行的内容。该方案应当是以事件分析为基础的方案,并包含下列事件的报告程序:

(1)在发生下列事件后,涉及本规则第 121.707 条规定项目的,按照规定要求向局方报告;其他项目应在 96 小时内向局方报告:

(i)空中停车,但在飞行训练时计划的空中停车除外;

(ii)由与飞机或发动机系统相关的失效、故障或缺陷引起的改航和返航;

(iii)非指令动力或推力变化或喘振;

(iv)发动机失控或无法获得要求的动力或推力;

(v)因疏忽产生的燃油损耗或无燃油可用,或飞行中无法纠正的燃油不平衡;

(vi)与延程运行关键系统相关的失效、故障或缺陷;

(vii)任何危及实施延程运行安全飞行和着陆的事件。

(2)合格证持有人应当调查本条第(h)(1)项中列明的每一事件的原因,并向局方提交调查结果和纠正措施说明。纠正行动应当被局方所接受。

(i)动力系统监控：

(1)如果作为机体发动机组合一部分的发动机的空中停车率(基于 12 个月滚动平均值)超过下列数值，合格证持有人应当综合评审其运行，以识别任何共因影响和系统错误。

(A)如果延程运行时间小于或等于 120 分钟，空中停车率为 0.005 次/1000 发动机工作小时。

(B)如果在北太平洋区域延程运行时间超过 120 分钟且小于或等于 207 分钟，以及在其他区域延程运行时间超过 120 分钟且小于或等于 180 分钟，空中停车率为 0.003 次/1000 发动机工作小时。

(C)如果在北太平洋运行区域延程运行时间超过 207 分钟，以及在其他区域延程运行时间超过 180 分钟，空中停车率为 0.002 次/1000 发动机工作小时。

(2)在空中停车率超过上述数值 30 天之内，合格证持有人应当向局方提交一个调查报告以及已采取的任何必要的纠正措施。

(j)发动机状况监控。

(1)合格证持有人应当制定一个发动机状况监控方案，以便在早期检测到发动机的性能恶化，并在安全运行受到影响之前采取纠正措施。

(2)该方案应当描述待监控参数、数据收集方法、数据分析方法和采取纠正措施的流程。

(3)该方案应当确保发动机极限值裕度能得以维持，以便在批准的动力水平、所有预期的环境条件下，实施发动机失效状态下的延程改航，而不会超出批准的发动机限值。这包括多种批准的限值，如转子速度和排气温度。

(k)滑油消耗量监控。合格证持有人应当制定一个发动机油耗监视方案，以确保飞机具有足够的滑油以完成每次的延程运行。如果延程运行中需要使用辅助动力装置，则辅助动力装置油耗应当包括在内。合格证持有人的油耗极限值不得超过制造厂家的推荐值。应当对发动机油耗进行持续监控，并将在延程运行的每一个离港机场添加的滑油包含在内。该方案应当比较延程运行每个离港机场的加油量与运行过程的平均油耗，以识别突然的油耗增加。

(l)辅助动力装置空中起动方案。如果飞机的取证要求辅助动力装置，但不要求其在延程运行时工作，则合格证持有人应当制定和保持一个局方接受的低温情况下辅助动力装置的空中起动和工作的方案。

(m)维修培训。对于每一种机体发动机组合，合格证持有人应当制定一个维修培训方案，提供充分的培训以支持延程运行。培训项目应当包括对所有参与延程运行的维修的人员提供与延程运行相关的培训,同时,这种培训注重延程运行的特殊性质。该培训应当是对已接受过飞机和发动机维修培训的维修人员的基础上的补充培训。

(n)构型、维修与程序(CMP)文件。如果一种机体发动机组合具有一个构型、维修和程序文件,则合格证持有人应当有适用的系统来满足经局方批准文件的要求。

(o)程序变化。合格证持有人对延程运行相关的维修或培训程序所做的任何实质改变都应当提交局方审核。在局方通知合格证持有人审核完成之前,合格证持有人不得执行已改变的程序。

第121.720条　机组成员与签派人员培训要求

合格证持有人应当对其机组成员和签派人员就其在合格证持有人的旅客航程恢复计划中的职责和作用进行培训。

第121.727条　签派放行

对于每一次延程运行,签派放行单中应当包含该次延程运行最大改航时间。

X章　应急医疗设备和训练

第121.741条　适用范围

本章规定了按照本规则实施载客运行的合格证持有人的机载应急医疗设备和训练的要求,但并不要求合格证持有人及其代理人提供专业的应急医疗服务。

第121.743条　应急医疗设备

(a)按照本规则运行的合格证持有人应当在其载客飞机上配备下列应急医疗设备:

(1)急救箱;

(2)应急医疗箱;

(3)卫生防疫包。

(b)本条所要求的各项应急医疗设备:

(1)应当附加名称标识,并有明确的使用方法提示;

(2)应当放置在客舱内,便于机组成员取用;

(3)应当以6个月为周期或根据所配物品有效期和更新要求进行定期检查更新,以确保在紧急情况下能够使用。检查更新日期应当标注在包装外。

(c)每架飞机配备的应急医疗设备数量和医疗物品种类应当符合本规则

附件 B 的要求。

第 121.745 条　机组成员处置飞行中紧急医学事件的训练

(a)合格证持有人的每一训练大纲中应包括本条规定的,针对每一型别、厂家、构型的飞机、每一机组必需成员、每一运行种类的适用训练内容。

(b)训练应当包括下列内容:

(1)遇有紧急医学事件时的处置程序,包括机组成员之间的协调;

(2)应急医疗设备的存放位置、功能和使用方法;

(3)急救箱、应急医疗箱和卫生防疫包内物品和药品的用途及使用方法;

(4)每一客舱乘务员还应训练:

(ⅰ)心肺复苏和隔离消毒等知识和操作;

(ⅱ)至少每 24 个月进行一次复训,包括心肺复苏的操作练习。

(c)本条要求的机组成员实际操练和复训不需要达到或者相当于专业急救人员的水平。

Y 章　罚　　则

第 121.761 条　未取得运行合格证从事本规则规定的运行

航空运营人未按照本规则取得运行合格证即从事本规则第 121.3 条规定的运行活动的,由其运行活动所在地的民航地区管理局责令其停止上述运行活动,对情节轻微的处以 1 万元以上 3 万元以下罚款,情节严重的按有关法律法规予以相应的处罚。

第 121.762 条　提供虚假材料的处罚

对于处于运行合格审定过程中的运行合格证申请人,违反本规则第 121.37 条规定,存在弄虚作假情况的,局方应当终止其运行合格审定进程,并作出不予许可的决定;情节严重的,局方可以自作出不予许可决定 1 年内不再受理该申请人的相应申请。对于申请人在运行合格审定过程中以不正当手段取得运行合格证、运行规范和其他批准项目的,由局方撤销相应的证件和批准;情节严重的,局方自撤销其相应证件和批准之日起 3 年内不再受理该申请人相应申请。

第 121.763 条　违反本规则规定的行为

(a)合格证持有人有下列行为之一且情节轻微的,局方可以责令其停止违法行为,并处以警告或者人民币 1 万元以上 3 万元以下罚款:

(1)违反本规则 C 章的规定,未满足合格证持有人管理一般规定的;

(2)违反本规则 G 章的规定,未落实手册要求的;

(3)违反本规则H章的规定,使用不符合要求的飞机实施本规则运行的;

(4)违反本规则I章的规定,超过飞机性能使用限制实施本规则运行的;

(5)违反本规则K章的规定,飞机的仪表和设备不符合本规则要求的;

(6)违反本规则L章的规定,未落实其飞机适航性责任的;

(7)违反本规则N章的规定,使用未经局方批准的训练大纲或者未按照经批准的训练大纲进行规定的训练而实施运行的;

(8)违反本规则M章、O章、R章或者Q章的规定,机组成员和其他航空人员不符合规定的要求,未按照规定使用或者搭配航空人员的;

(9)违反本规则P章或者第121.503条的规定,未按照规定安排航空人员的值勤期、飞行时间和休息时间的;

(10)违反本规则T章的规定,未能对飞机上的人员、货物和设备等进行有效管理,对运行安全造成威胁的;

(11)违反本规则U章中规定的签派和飞行放行规则签派或者放行飞机的;

(12)违反本规则第121.380条、第121.557条、第121.559条、第121.573条(c)款、第121.575条(d)款或者V章的规定,未按照规定的内容、时间、格式和方式报告有关情况或者未按照规定保存有关信息的;

(13)违反本规则W章的规定,实施延程和极地运行时造成旅客生命安全受到威胁或造成事故征候或事故的;

(14)违反本规则X章的规定,未在载客飞机上配备规定的应急医疗设备,或未对相关机组成员实施相应培训的;

(15)违反本规则S章的规定,未按特殊运行授权和限制实施运行的;

(16)局方认定的其他可能对安全造成威胁但情节轻微的行为。

(b)合格证持有人有本条(a)款所列行为之一且情节严重的,局方可以责令其停止违法行为,并按有关法律法规予以处罚。

(c)对于未按照合格证持有人的手册或者管理规则履行职责而导致违反本规则规定,或者其本人直接违反本规则规定的航空人员或其他相关人员,情节轻微的,局方可以处以警告或者500元以上1000元以下罚款;情节严重的,按照有关法律法规予以处罚。

第121.764条　违反本规则规定的行为

对合格证持有人的撤销许可、行政处罚、行政强制等处理措施及其执行情况记入守法信用信息记录,并按照有关规定进行公示。

Z章　附　　则

第121.771条　施行

本规则第五次修订版自2017年10月10日起施行。除另有规定外,在本规则修订版施行之前已经持有按本规则颁发的现行有效运行合格证的航空承运人应当于2019年12月31日之前完全符合本次修订版的要求。

2016年3月4日公布的《大型飞机公共航空运输承运人运行合格审定规则》(交通运输部令2016第6号)自本规则第五次修订版施行之日起废止。

附件:A~J(略)

上市公司信息披露管理办法

(2021年3月18日中国证券监督管理委员会令第182号公布　自2021年5月1日起施行　国司备字[2021004092])

第一章　总　　则

第一条　为了规范上市公司及其他信息披露义务人的信息披露行为,加强信息披露事务管理,保护投资者合法权益,根据《中华人民共和国公司法》(以下简称《公司法》)、《中华人民共和国证券法》(以下简称《证券法》)等法律、行政法规,制定本办法。

第二条　信息披露义务人履行信息披露义务应当遵守本办法的规定,中国证券监督管理委员会(以下简称中国证监会)对首次公开发行股票并上市、上市公司发行证券信息披露另有规定的,从其规定。

第三条　信息披露义务人应当及时依法履行信息披露义务,披露的信息应当真实、准确、完整,简明清晰、通俗易懂,不得有虚假记载、误导性陈述或者重大遗漏。

信息披露义务人披露的信息应当同时向所有投资者披露,不得提前向任何单位和个人泄露。但是,法律、行政法规另有规定的除外。

在内幕信息依法披露前,内幕信息的知情人和非法获取内幕信息的人不得公开或者泄露该信息,不得利用该信息进行内幕交易。任何单位和个人不得非法要求信息披露义务人提供依法需要披露但尚未披露的信息。

证券及其衍生品种同时在境内境外公开发行、交易的，其信息披露义务人在境外市场披露的信息，应当同时在境内市场披露。

第四条 上市公司的董事、监事、高级管理人员应当忠实、勤勉地履行职责，保证披露信息的真实、准确、完整，信息披露及时、公平。

第五条 除依法需要披露的信息之外，信息披露义务人可以自愿披露与投资者作出价值判断和投资决策有关的信息，但不得与依法披露的信息相冲突，不得误导投资者。

信息披露义务人自愿披露的信息应当真实、准确、完整。自愿性信息披露应当遵守公平原则，保持信息披露的持续性和一致性，不得进行选择性披露。

信息披露义务人不得利用自愿披露的信息不当影响公司证券及其衍生品种交易价格，不得利用自愿性信息披露从事市场操纵等违法违规行为。

第六条 上市公司及其控股股东、实际控制人、董事、监事、高级管理人员等作出公开承诺的，应当披露。

第七条 信息披露文件包括定期报告、临时报告、招股说明书、募集说明书、上市公告书、收购报告书等。

第八条 依法披露的信息，应当在证券交易所的网站和符合中国证监会规定条件的媒体发布，同时将其置备于上市公司住所、证券交易所，供社会公众查阅。

信息披露文件的全文应当在证券交易所的网站和符合中国证监会规定条件的报刊依法开办的网站披露，定期报告、收购报告书等信息披露文件的摘要应当在证券交易所的网站和符合中国证监会规定条件的报刊披露。

信息披露义务人不得以新闻发布或者答记者问等任何形式代替应当履行的报告、公告义务，不得以定期报告形式代替应当履行的临时报告义务。

第九条 信息披露义务人应当将信息披露公告文稿和相关备查文件报送上市公司注册地证监局。

第十条 信息披露文件应当采用中文文本。同时采用外文文本的，信息披露义务人应当保证两种文本的内容一致。两种文本发生歧义时，以中文文本为准。

第十一条 中国证监会依法对信息披露文件及公告的情况、信息披露事务管理活动进行监督检查，对信息披露义务人的信息披露行为进行监督管理。

证券交易所应当对上市公司及其他信息披露义务人的信息披露行为进行监督，督促其依法及时、准确地披露信息，对证券及其衍生品种交易实行实时监控。证券交易所制定的上市规则和其他信息披露规则应当报中国证监会批准。

第二章　定期报告

第十二条　上市公司应当披露的定期报告包括年度报告、中期报告。凡是对投资者作出价值判断和投资决策有重大影响的信息，均应当披露。

年度报告中的财务会计报告应当经符合《证券法》规定的会计师事务所审计。

第十三条　年度报告应当在每个会计年度结束之日起四个月内，中期报告应当在每个会计年度的上半年结束之日起两个月内编制完成并披露。

第十四条　年度报告应当记载以下内容：

（一）公司基本情况；

（二）主要会计数据和财务指标；

（三）公司股票、债券发行及变动情况，报告期末股票、债券总额、股东总数，公司前十大股东持股情况；

（四）持股百分之五以上股东、控股股东及实际控制人情况；

（五）董事、监事、高级管理人员的任职情况、持股变动情况、年度报酬情况；

（六）董事会报告；

（七）管理层讨论与分析；

（八）报告期内重大事件及对公司的影响；

（九）财务会计报告和审计报告全文；

（十）中国证监会规定的其他事项。

第十五条　中期报告应当记载以下内容：

（一）公司基本情况；

（二）主要会计数据和财务指标；

（三）公司股票、债券发行及变动情况、股东总数、公司前十大股东持股情况，控股股东及实际控制人发生变化的情况；

（四）管理层讨论与分析；

（五）报告期内重大诉讼、仲裁等重大事件及对公司的影响；

（六）财务会计报告；

（七）中国证监会规定的其他事项。

第十六条　定期报告内容应当经上市公司董事会审议通过。未经董事会审议通过的定期报告不得披露。

公司董事、高级管理人员应当对定期报告签署书面确认意见，说明董事会的编制和审议程序是否符合法律、行政法规和中国证监会的规定,报告的内容是否能够真实、准确、完整地反映上市公司的实际情况。

监事会应当对董事会编制的定期报告进行审核并提出书面审核意见。监事应当签署书面确认意见。监事会对定期报告出具的书面审核意见,应当说明董事会的编制和审议程序是否符合法律、行政法规和中国证监会的规定,报告的内容是否能够真实、准确、完整地反映上市公司的实际情况。

董事、监事无法保证定期报告内容的真实性、准确性、完整性或者有异议的,应当在董事会或者监事会审议、审核定期报告时投反对票或者弃权票。

董事、监事和高级管理人员无法保证定期报告内容的真实性、准确性、完整性或者有异议的,应当在书面确认意见中发表意见并陈述理由,上市公司应当披露。上市公司不予披露的,董事、监事和高级管理人员可以直接申请披露。

董事、监事和高级管理人员按照前款规定发表意见,应当遵循审慎原则,其保证定期报告内容的真实性、准确性、完整性的责任不仅因发表意见而当然免除。

第十七条 上市公司预计经营业绩发生亏损或者发生大幅变动的,应当及时进行业绩预告。

第十八条 定期报告披露前出现业绩泄露,或者出现业绩传闻且公司证券及其衍生品种交易出现异常波动的,上市公司应当及时披露本报告期相关财务数据。

第十九条 定期报告中财务会计报告被出具非标准审计意见的,上市公司董事会应当针对该审计意见涉及事项作出专项说明。

定期报告中财务会计报告被出具非标准审计意见,证券交易所认为涉嫌违法的,应当提请中国证监会立案调查。

第二十条 上市公司未在规定期限内披露年度报告和中期报告的,中国证监会应当立即立案调查,证券交易所应当按照股票上市规则予以处理。

第二十一条 年度报告、中期报告的格式及编制规则,由中国证监会和证券交易所制定。

第三章 临时报告

第二十二条 发生可能对上市公司证券及其衍生品种交易价格产生较大影响的重大事件,投资者尚未得知时,上市公司应当立即披露,说明事件的起因、目前的状态和可能产生的影响。

前款所称重大事件包括：

（一）《证券法》第八十条第二款规定的重大事件；

（二）公司发生大额赔偿责任；

（三）公司计提大额资产减值准备；

（四）公司出现股东权益为负值；

（五）公司主要债务人出现资不抵债或者进入破产程序，公司对相应债权未提取足额坏账准备；

（六）新公布的法律、行政法规、规章、行业政策可能对公司产生重大影响；

（七）公司开展股权激励、回购股份、重大资产重组、资产分拆上市或者挂牌；

（八）法院裁决禁止控股股东转让其所持股份；任一股东所持公司百分之五以上股份被质押、冻结、司法拍卖、托管、设定信托或者被依法限制表决权等，或者出现被强制过户风险；

（九）主要资产被查封、扣押或者冻结；主要银行账户被冻结；

（十）上市公司预计经营业绩发生亏损或者发生大幅变动；

（十一）主要或者全部业务陷入停顿；

（十二）获得对当期损益产生重大影响的额外收益，可能对公司的资产、负债、权益或者经营成果产生重要影响；

（十三）聘任或者解聘为公司审计的会计师事务所；

（十四）会计政策、会计估计重大自主变更；

（十五）因前期已披露的信息存在差错、未按规定披露或者虚假记载，被有关机关责令改正或者经董事会决定进行更正；

（十六）公司或者其控股股东、实际控制人、董事、监事、高级管理人员受到刑事处罚，涉嫌违法违规被中国证监会立案调查或者受到中国证监会行政处罚，或者受到其他有权机关重大行政处罚；

（十七）公司的控股股东、实际控制人、董事、监事、高级管理人员涉嫌严重违纪违法或者职务犯罪被纪检监察机关采取留置措施且影响其履行职责；

（十八）除董事长或者经理外的公司其他董事、监事、高级管理人员因身体、工作安排等原因无法正常履行职责达到或者预计达到三个月以上，或者因涉嫌违法违规被有权机关采取强制措施且影响其履行职责；

（十九）中国证监会规定的其他事项。

上市公司的控股股东或者实际控制人对重大事件的发生、进展产生较大影响的，应当及时将其知悉的有关情况书面告知上市公司，并配合上市公司履行信息披露义务。

第二十三条 上市公司变更公司名称、股票简称、公司章程、注册资本、注册地址、主要办公地址和联系电话等,应当立即披露。

第二十四条 上市公司应当在最先发生的以下任一时点,及时履行重大事件的信息披露义务:

(一)董事会或者监事会就该重大事件形成决议时;

(二)有关各方就该重大事件签署意向书或者协议时;

(三)董事、监事或者高级管理人员知悉该重大事件发生时。

在前款规定的时点之前出现下列情形之一的,上市公司应当及时披露相关事项的现状、可能影响事件进展的风险因素:

(一)该重大事件难以保密;

(二)该重大事件已经泄露或者市场出现传闻;

(三)公司证券及其衍生品种出现异常交易情况。

第二十五条 上市公司披露重大事件后,已披露的重大事件出现可能对上市公司证券及其衍生品种交易价格产生较大影响的进展或者变化的,上市公司应当及时披露进展或者变化情况、可能产生的影响。

第二十六条 上市公司控股子公司发生本办法第二十二条规定的重大事件,可能对上市公司证券及其衍生品种交易价格产生较大影响的,上市公司应当履行信息披露义务。

上市公司参股公司发生可能对上市公司证券及其衍生品种交易价格产生较大影响的事件的,上市公司应当履行信息披露义务。

第二十七条 涉及上市公司的收购、合并、分立、发行股份、回购股份等行为导致上市公司股本总额、股东、实际控制人等发生重大变化的,信息披露义务人应当依法履行报告、公告义务,披露权益变动情况。

第二十八条 上市公司应当关注本公司证券及其衍生品种的异常交易情况及媒体关于本公司的报道。

证券及其衍生品种发生异常交易或者在媒体中出现的消息可能对公司证券及其衍生品种的交易产生重大影响时,上市公司应当及时向相关各方了解真实情况,必要时应当以书面方式问询。

上市公司控股股东、实际控制人及其一致行动人应当及时、准确地告知上市公司是否存在拟发生的股权转让、资产重组或者其他重大事件,并配合上市公司做好信息披露工作。

第二十九条 公司证券及其衍生品种交易被中国证监会或者证券交易所认定为异常交易的,上市公司应当及时了解造成证券及其衍生品种交易异常波动的影响因素,并及时披露。

第四章 信息披露事务管理

第三十条 上市公司应当制定信息披露事务管理制度。信息披露事务管理制度应当包括：

（一）明确上市公司应当披露的信息，确定披露标准；

（二）未公开信息的传递、审核、披露流程；

（三）信息披露事务管理部门及其负责人在信息披露中的职责；

（四）董事和董事会、监事和监事会、高级管理人员等的报告、审议和披露的职责；

（五）董事、监事、高级管理人员履行职责的记录和保管制度；

（六）未公开信息的保密措施，内幕信息知情人登记管理制度，内幕信息知情人的范围和保密责任；

（七）财务管理和会计核算的内部控制及监督机制；

（八）对外发布信息的申请、审核、发布流程；与投资者、证券服务机构、媒体等的信息沟通制度；

（九）信息披露相关文件、资料的档案管理制度；

（十）涉及子公司的信息披露事务管理和报告制度；

（十一）未按规定披露信息的责任追究机制，对违反规定人员的处理措施。

上市公司信息披露事务管理制度应当经公司董事会审议通过，报注册地证监局和证券交易所备案。

第三十一条 上市公司董事、监事、高级管理人员应当勤勉尽责，关注信息披露文件的编制情况，保证定期报告、临时报告在规定期限内披露。

第三十二条 上市公司应当制定定期报告的编制、审议、披露程序。经理、财务负责人、董事会秘书等高级管理人员应当及时编制定期报告草案，提请董事会审议；董事会秘书负责送达董事审阅；董事长负责召集和主持董事会会议审议定期报告；监事会负责审核董事会编制的定期报告；董事会秘书负责组织定期报告的披露工作。

第三十三条 上市公司应当制定重大事件的报告、传递、审核、披露程序。董事、监事、高级管理人员知悉重大事件发生时，应当按照公司规定立即履行报告义务；董事长在接到报告后，应当立即向董事会报告，并敦促董事会秘书组织临时报告的披露工作。

上市公司应当制定董事、监事、高级管理人员对外发布信息的行为规范，明确非经董事会书面授权不得对外发布上市公司未披露信息的情形。

第三十四条 上市公司通过业绩说明会、分析师会议、路演、接受投资者调研等形式就公司的经营情况、财务状况及其他事件与任何单位和个人进行沟通的,不得提供内幕信息。

第三十五条 董事应当了解并持续关注公司生产经营情况、财务状况和公司已经发生的或者可能发生的重大事件及其影响,主动调查、获取决策所需要的资料。

第三十六条 监事应当对公司董事、高级管理人员履行信息披露职责的行为进行监督;关注公司信息披露情况,发现信息披露存在违法违规问题的,应当进行调查并提出处理建议。

第三十七条 高级管理人员应当及时向董事会报告有关公司经营或者财务方面出现的重大事件、已披露的事件的进展或者变化情况及其他相关信息。

第三十八条 董事会秘书负责组织和协调公司信息披露事务,汇集上市公司应予披露的信息并报告董事会,持续关注媒体对公司的报道并主动求证报道的真实情况。董事会秘书有权参加股东大会、董事会会议、监事会会议和高级管理人员相关会议,有权了解公司的财务和经营情况,查阅涉及信息披露事宜的所有文件。董事会秘书负责办理上市公司信息对外公布等相关事宜。

上市公司应当为董事会秘书履行职责提供便利条件,财务负责人应当配合董事会秘书在财务信息披露方面的相关工作。

第三十九条 上市公司的股东、实际控制人发生以下事件时,应当主动告知上市公司董事会,并配合上市公司履行信息披露义务:

(一)持有公司百分之五以上股份的股东或者实际控制人持有股份或者控制公司的情况发生较大变化,公司的实际控制人及其控制的其他企业从事与公司相同或者相似业务的情况发生较大变化;

(二)法院裁决禁止控股股东转让其所持股份,任一股东所持公司百分之五以上股份被质押、冻结、司法拍卖、托管、设定信托或者被依法限制表决权等,或者出现被强制过户风险;

(三)拟对上市公司进行重大资产或者业务重组;

(四)中国证监会规定的其他情形。

应当披露的信息依法披露前,相关信息已在媒体上传播或者公司证券及其衍生品种出现交易异常情况的,股东或者实际控制人应当及时、准确地向上市公司作出书面报告,并配合上市公司及时、准确地公告。

上市公司的股东、实际控制人不得滥用其股东权利、支配地位,不得要求上市公司向其提供内幕信息。

第四十条　上市公司向特定对象发行股票时，其控股股东、实际控制人和发行对象应当及时向上市公司提供相关信息，配合上市公司履行信息披露义务。

第四十一条　上市公司董事、监事、高级管理人员、持股百分之五以上的股东及其一致行动人、实际控制人应当及时向上市公司董事会报送上市公司关联人名单及关联关系的说明。上市公司应当履行关联交易的审议程序，并严格执行关联交易回避表决制度。交易各方不得通过隐瞒关联关系或者采取其他手段，规避上市公司的关联交易审议程序和信息披露义务。

第四十二条　通过接受委托或者信托等方式持有上市公司百分之五以上股份的股东或者实际控制人，应当及时将委托人情况告知上市公司，配合上市公司履行信息披露义务。

第四十三条　信息披露义务人应当向其聘用的证券公司、证券服务机构提供与执业相关的所有资料，并确保资料的真实、准确、完整，不得拒绝、隐匿、谎报。

证券公司、证券服务机构在为信息披露出具专项文件时，发现上市公司及其他信息披露义务人提供的材料有虚假记载、误导性陈述、重大遗漏或者其他重大违法行为的，应当要求其补充、纠正。信息披露义务人不予补充、纠正的，证券公司、证券服务机构应当及时向公司注册地证监局和证券交易所报告。

第四十四条　上市公司解聘会计师事务所的，应当在董事会决议后及时通知会计师事务所，公司股东大会就解聘会计师事务所进行表决时，应当允许会计师事务所陈述意见。股东大会作出解聘、更换会计师事务所决议的，上市公司应当在披露时说明解聘、更换的具体原因和会计师事务所的陈述意见。

第四十五条　为信息披露义务人履行信息披露义务出具专项文件的证券公司、证券服务机构及其人员，应当勤勉尽责、诚实守信，按照法律、行政法规、中国证监会规定、行业规范、业务规则等发表专业意见，保证所出具文件的真实性、准确性和完整性。

证券服务机构应当妥善保存客户委托文件、核查和验证资料、工作底稿以及与质量控制、内部管理、业务经营有关的信息和资料。证券服务机构应当配合中国证监会的监督管理，在规定的期限内提供、报送或者披露相关资料、信息，保证其提供、报送或者披露的资料、信息真实、准确、完整，不得有虚假记载、误导性陈述或者重大遗漏。

第四十六条　会计师事务所应当建立并保持有效的质量控制体系、独立性管理和投资者保护机制，秉承风险导向审计理念，遵守法律、行政法规、中国证监会的规定，严格执行注册会计师执业准则、职业道德守则及相关规定，完善鉴证程序,科学选用鉴证方法和技术,充分了解被鉴证单位及其环境,审慎关注重大错报风险,获取充分、适当的证据,合理发表鉴证结论。

第四十七条 资产评估机构应当建立并保持有效的质量控制体系、独立性管理和投资者保护机制,恪守职业道德,遵守法律、行政法规、中国证监会的规定,严格执行评估准则或者其他评估规范,恰当选择评估方法,评估中提出的假设条件应当符合实际情况,对评估对象所涉及交易、收入、支出、投资等业务的合法性、未来预测的可靠性取得充分证据,充分考虑未来各种可能性发生的概率及其影响,形成合理的评估结论。

第四十八条 任何单位和个人不得非法获取、提供、传播上市公司的内幕信息,不得利用所获取的内幕信息买卖或者建议他人买卖公司证券及其衍生品种,不得在投资价值分析报告、研究报告等文件中使用内幕信息。

第四十九条 媒体应当客观、真实地报道涉及上市公司的情况,发挥舆论监督作用。

任何单位和个人不得提供、传播虚假或者误导投资者的上市公司信息。

第五章 监督管理与法律责任

第五十条 中国证监会可以要求信息披露义务人或者其董事、监事、高级管理人员对有关信息披露问题作出解释、说明或者提供相关资料,并要求上市公司提供证券公司或者证券服务机构的专业意见。

中国证监会对证券公司和证券服务机构出具的文件的真实性、准确性、完整性有疑义的,可以要求相关机构作出解释、补充,并调阅其工作底稿。

信息披露义务人及其董事、监事、高级管理人员,证券公司和证券服务机构应当及时作出回复,并配合中国证监会的检查、调查。

第五十一条 上市公司董事、监事、高级管理人员应当对公司信息披露的真实性、准确性、完整性、及时性、公平性负责,但有充分证据表明其已经履行勤勉尽责义务的除外。

上市公司董事长、经理、董事会秘书,应当对公司临时报告信息披露的真实性、准确性、完整性、及时性、公平性承担主要责任。

上市公司董事长、经理、财务负责人应当对公司财务会计报告的真实性、准确性、完整性、及时性、公平性承担主要责任。

第五十二条 信息披露义务人及其董事、监事、高级管理人员违反本办法的,中国证监会为防范市场风险,维护市场秩序,可以采取以下监管措施:

(一)责令改正;

（二）监管谈话；

（三）出具警示函；

（四）责令公开说明；

（五）责令定期报告；

（六）责令暂停或者终止并购重组活动；

（七）依法可以采取的其他监管措施。

第五十三条 上市公司未按本办法规定制定上市公司信息披露事务管理制度的，由中国证监会责令改正；拒不改正的，给予警告并处国务院规定限额以下罚款。

第五十四条 信息披露义务人未按照《证券法》规定在规定期限内报送有关报告、履行信息披露义务，或者报送的报告、披露的信息有虚假记载、误导性陈述或者重大遗漏的，由中国证监会按照《证券法》第一百九十七条处罚。

上市公司通过隐瞒关联关系或者采取其他手段，规避信息披露、报告义务的，由中国证监会按照《证券法》第一百九十七条处罚。

第五十五条 为信息披露义务人履行信息披露义务出具专项文件的证券公司、证券服务机构及其人员，违反法律、行政法规和中国证监会规定的，中国证监会为防范市场风险，维护市场秩序，可以采取责令改正、监管谈话、出具警示函、责令公开说明、责令定期报告等监管措施；依法应当给予行政处罚的，由中国证监会依照有关规定进行处罚。

第五十六条 任何单位和个人泄露上市公司内幕信息，或者利用内幕信息买卖证券的，由中国证监会按照《证券法》第一百九十一条处罚。

第五十七条 任何单位和个人编造、传播虚假信息或者误导性信息，扰乱证券市场的；证券交易场所、证券公司、证券登记结算机构、证券服务机构及其从业人员，证券业协会、中国证监会及其工作人员，在证券交易活动中作出虚假陈述或者信息误导的；传播媒介传播上市公司信息不真实、不客观的，由中国证监会按照《证券法》第一百九十三条处罚。

第五十八条 上市公司董事、监事在董事会或者监事会审议、审核定期报告时投赞成票，又在定期报告披露时表示无法保证定期报告内容的真实性、准确性、完整性或者有异议的，中国证监会可以对相关人员给予警告并处国务院规定限额以下罚款；情节严重的，可以对有关责任人员采取证券市场禁入的措施。

第五十九条 利用新闻报道以及其他传播方式对上市公司进行敲诈勒索的，由中国证监会责令改正，并向有关部门发出监管建议函，由有关部门依法追究法律责任。

第六十条 信息披露义务人违反本办法的规定，情节严重的，中国证监会可以对有关责任人员采取证券市场禁入的措施。

第六十一条 违反本办法，涉嫌犯罪的，依法移送司法机关追究刑事责任。

第六章 附 则

第六十二条 本办法下列用语的含义：

（一）为信息披露义务人履行信息披露义务出具专项文件的证券公司、证券服务机构，是指为证券发行、上市、交易等证券业务活动制作、出具保荐书、审计报告、资产评估报告、估值报告、法律意见书、财务顾问报告、资信评级报告等文件的证券公司、会计师事务所、资产评估机构、律师事务所、财务顾问机构、资信评级机构等。

（二）信息披露义务人，是指上市公司及其董事、监事、高级管理人员、股东、实际控制人，收购人，重大资产重组、再融资、重大交易有关各方等自然人、单位及其相关人员，破产管理人及其成员，以及法律、行政法规和中国证监会规定的其他承担信息披露义务的主体。

（三）及时，是指自起算日起或者触及披露时点的两个交易日内。

（四）上市公司的关联交易，是指上市公司或者其控股子公司与上市公司关联人之间发生的转移资源或者义务的事项。

关联人包括关联法人（或者其他组织）和关联自然人。

具有以下情形之一的法人（或者其他组织），为上市公司的关联法人（或者其他组织）：

1. 直接或者间接地控制上市公司的法人（或者其他组织）；

2. 由前项所述法人（或者其他组织）直接或者间接控制的除上市公司及其控股子公司以外的法人（或者其他组织）；

3. 关联自然人直接或者间接控制的、或者担任董事、高级管理人员的，除上市公司及其控股子公司以外的法人（或者其他组织）；

4. 持有上市公司百分之五以上股份的法人（或者其他组织）及其一致行动人；

5. 在过去十二个月内或者根据相关协议安排在未来十二月内，存在上述情形之一的；

6. 中国证监会、证券交易所或者上市公司根据实质重于形式的原则认定的其他与上市公司有特殊关系，可能或者已经造成上市公司对其利益倾斜的法人（或者其他组织）。

具有以下情形之一的自然人，为上市公司的关联自然人：

1. 直接或者间接持有上市公司百分之五以上股份的自然人；

2. 上市公司董事、监事及高级管理人员；

3. 直接或者间接地控制上市公司的法人的董事、监事及高级管理人员；

4. 上述第 1、2 项所述人士的关系密切的家庭成员，包括配偶、父母、年满十八周岁的子女及其配偶、兄弟姐妹及其配偶，配偶的父母、兄弟姐妹，子女配偶的父母；

5. 在过去十二个月内或者根据相关协议安排在未来十二个月内，存在上述情形之一的；

6. 中国证监会、证券交易所或者上市公司根据实质重于形式的原则认定的其他与上市公司有特殊关系，可能或者已经造成上市公司对其利益倾斜的自然人。

第六十三条 中国证监会可以对金融、房地产等特定行业上市公司的信息披露作出特别规定。

第六十四条 境外企业在境内发行股票或者存托凭证并上市的，依照本办法履行信息披露义务。法律、行政法规或者中国证监会另有规定的，从其规定。

第六十五条 本办法自 2021 年 5 月 1 日起施行。2007 年 1 月 30 日发布的《上市公司信息披露管理办法》（证监会令第 40 号）、2016 年 12 月 9 日发布的《公开发行证券的公司信息披露编报规则第 13 号——季度报告的内容与格式》（证监会公告〔2016〕33 号）同时废止。

关于修改《证券公司股权管理规定》的决定

（2021 年 3 月 18 日中国证券监督管理委员会令第 183 号公布
自 2021 年 4 月 18 日起施行　国司备字［2021004093］）

一、将第五条修改为：“根据持股比例和对证券公司经营管理的影响，证券公司股东包括以下三类：

（一）控股股东，指持有证券公司 50% 以上股权的股东或者虽然持股比例不足 50%，但其所享有的表决权足以对证券公司股东（大）会的决议产生重大影响的股东；

（二）主要股东，指持有证券公司5%以上股权的股东；

（三）持有证券公司5%以下股权的股东。”

二、将第六条修改为：“证券公司设立时，中国证监会依照规定核准其注册资本及股权结构。

证券公司变更主要股东或者公司的实际控制人，应当依法报中国证监会核准。

证券公司的控股股东、实际控制人实际控制证券公司的股权比例增至100%的，证券公司应当在公司登记机关办理变更登记之日起（依法不需办理公司变更登记的，自相关确权登记之日起）5个工作日内，向中国证监会备案。

证券公司变更注册资本、股权或者5%以上股权的实际控制人，不涉及本条第二、三款所列情形的，应当在公司登记机关办理变更登记之日起（依法不需办理公司变更登记的，自相关确权登记之日起）5个工作日内，向公司住所地中国证监会派出机构备案。证券公司公开发行股份或者在证券交易所、全国中小企业股份转让系统（以下简称股份转让系统）发生的股权变更，不适用本款规定。”

三、将第七条修改为：“持有证券公司5%以下股权的股东，应当符合下列要求：

（一）自身及所控制的机构信誉良好，最近3年无重大违法违规记录或重大不良诚信记录；不存在因故意犯罪被判处刑罚、刑罚执行完毕未逾3年的情形；没有因涉嫌重大违法违规正在被调查或处于整改期间；

（二）不存在长期未实际开展业务、停业、破产清算、治理结构缺失、内部控制失效等影响履行股东权利和义务的情形；不存在可能严重影响持续经营的担保、诉讼、仲裁或者其他重大事项；

（三）不存在股权结构不清晰，无法逐层穿透至最终权益持有人的情形；股权结构中原则不允许存在理财产品，中国证监会认可的情形除外；

（四）自身及所控制的机构不存在因不诚信或者不合规行为引发社会重大质疑或产生严重社会负面影响且影响尚未消除的情形；不存在对所投资企业经营失败负有重大责任且经营失败未逾3年的情形；

（五）中国证监会基于审慎监管原则规定的其他要求。

通过证券交易所、股份转让系统交易或者认购证券公司公开发行股份取得证券公司5%以下股份的股东，不适用本条规定。”

四、删除第八条。

五、将第九条改为第八条，修改为：“证券公司的主要股东，应当符合下列条件：

（一）本规定第七条规定的要求；

（二）财务状况良好，资产负债和杠杆水平适度，净资产不低于 5000 万元人民币，具备与证券公司经营业务相匹配的持续资本补充能力；

（三）公司治理规范，管理能力达标，风险管控良好；

（四）不存在净资产低于实收资本 50%、或有负债达到净资产 50% 或者不能清偿到期债务的情形；

（五）能够为提升证券公司的综合竞争力提供支持。"

六、将第十条改为第九条，修改为："证券公司的第一大股东、控股股东，应当符合下列条件：

（一）本规定第八条规定的条件；

（二）开展金融相关业务经验与证券公司业务范围相匹配；

（三）入股证券公司与其长期战略协调一致，有利于服务其主营业务发展；

（四）对完善证券公司治理结构、推动证券公司长期发展有切实可行的计划安排；

（五）对保持证券公司经营管理的独立性和防范风险传递、不当利益输送，有明确的自我约束机制；

（六）对证券公司可能发生风险导致无法正常经营的情况，制定合理有效的风险处置预案。"

七、将第十一条改为第十条，修改为："证券公司从事的业务具有显著杠杆性质，且多项业务之间存在交叉风险的，其第一大股东、控股股东还应当符合下列条件：

（一）最近 3 年持续盈利，不存在未弥补亏损；

（二）最近 3 年长期信用均保持在高水平，最近 3 年规模、收入、利润、市场占有率等指标居于行业前列。

控股股东还应当符合下列条件：

（一）总资产不低于 500 亿元人民币，净资产不低于 200 亿元人民币；

（二）核心主业突出，主营业务最近 5 年持续盈利。

证券公司合并或者因重大风险被接管托管等中国证监会认可的特殊情形不适用本条规定。"

八、将第十三条改为第十二条，修改为："证券公司 5% 以上股权的实际控制人，应当符合本规定第七条、第八条第（四）项规定的要求。证券公司的实际控制人及第一大股东的控股股东、实际控制人，还应当符合本规定第九条第

(四)至(六)项规定的要求。”

九、将第十四条改为第十三条,修改为:“有限合伙企业入股证券公司的,还应当符合下列要求:

(一)单个有限合伙企业控制证券公司的股权比例不得达到5%,中国证监会认可的情形除外。两个以上有限合伙企业的执行事务合伙人或者第一大有限合伙人相同或者存在其他关联关系、一致行动人关系的,持股比例合并计算。

(二)负责执行有限合伙企业事务的普通合伙人以及第一大有限合伙人应当符合本规定第七条的要求,有限合伙企业通过证券交易所、股份转让系统交易或者认购证券公司公开发行股份入股证券公司的情形除外。”

十、将第十六条改为第十五条,修改为:“非金融企业入股证券公司的,还应当符合下列要求:

(一)符合国家关于加强非金融企业投资金融机构监管的有关指导意见;

(二)单个非金融企业实际控制证券公司股权的比例原则上不得超过50%,为处置证券公司风险等中国证监会认可的情形除外。”

十一、将第十八条改为第十七条,修改为:“证券公司变更注册资本或者股权,应当制定工作方案和股东筛选标准等。证券公司、股权转让方应当事先向意向参与方告知证券公司股东条件、须履行的程序并向符合股东筛选标准的意向参与方告知证券公司的经营情况和潜在风险等信息。

证券公司、股权转让方应当对意向参与方做好尽职调查,约定意向参与方不符合条件的后续处理措施。发现不符合条件的,不得与其签订协议。相关事项须经中国证监会核准的,应当约定核准后协议方可生效。”

十二、将第二十条改为第十九条,修改为:“证券公司应当对变更注册资本或者股权期间的风险防范作出安排,保证公司正常经营以及客户利益不受损害。

依法须经中国证监会核准的,在核准前,证券公司股东应当按照所持股权比例继续独立行使表决权,股权转让方不得推荐股权受让方相关人员担任证券公司董事、监事、高级管理人员,不得以任何形式变相让渡表决权。”

十三、将第二十一条改为第二十条,修改为:“证券公司股东应当充分了解证券公司股东条件以及股东权利和义务,充分知悉证券公司经营管理状况和潜在风险等信息,投资预期合理,出资意愿真实,并且履行必要的内部决策程序。

不得签订在未来证券公司不符合特定条件时,由证券公司或者其他指定主体向特定股东赎回、受让股权等具有“对赌”性质的协议或者形成相关安排。”

十四、将第二十二条改为第二十一条，修改为："证券公司股东应当严格按照法律法规和中国证监会规定履行出资义务。

证券公司股东应当使用自有资金入股证券公司，资金来源合法，不得以委托资金等非自有资金入股，法律法规和中国证监会认可的情形除外。"

十五、将第二十五条改为第二十四条，修改为："证券公司应当保持股权结构稳定。证券公司股东的持股期限应当符合法律、行政法规和中国证监会的有关规定，证券公司股东通过换股等方式取得其他证券公司股权的，持股时间可连续计算。

证券公司股东的主要资产为证券公司股权的，该股东的控股股东、实际控制人对所控制的证券公司股权应当遵守与证券公司股东相同的锁定期，中国证监会依法认可的情形除外。"

十六、将第二十六条改为第二十五条，修改为："证券公司股东在股权锁定期内不得质押所持证券公司股权。股权锁定期满后，证券公司股东质押所持证券公司的股权比例不得超过所持该证券公司股权比例的50%。

股东质押所持证券公司股权的，不得损害其他股东和证券公司的利益，不得约定由质权人或其他第三方行使表决权等股东权利，也不得变相转移证券公司股权的控制权。

上市证券公司以及在股份转让系统挂牌的证券公司持有5%以下股权的股东不适用本条第一款规定。"

十七、将第二十七条改为第二十六条，修改为："证券公司应当加强对股东资质的审查，对股东及其控股股东、实际控制人、关联方、一致行动人、最终权益持有人信息进行核实并掌握其变动情况，就股东对证券公司经营管理的影响进行判断，依法及时、准确、完整地报告或披露相关信息，必要时履行报批或者备案程序。"

十八、将第二十八条改为第二十七条，修改为："证券公司应当将股东的权利义务、股权锁定期、股权管理事务责任人等关于股权管理的监管要求写入公司章程，并在公司章程中载明下列内容：

（一）主要股东、控股股东应当在必要时向证券公司补充资本；

（二）应经但未经监管部门核准或未向监管部门备案的股东，或者尚未完成整改的股东，不得行使股东（大）会召开请求权、表决权、提名权、提案权、处分权等权利；

（三）存在虚假陈述、滥用股东权利或其他损害证券公司利益行为的股东，不得行使股东（大）会召开请求权、表决权、提名权、提案权、处分权等权利；

（四）发生违反法律、行政法规和监管要求等与股权管理事务相关的不法或不当行为,对股东、证券公司、股权管理事务责任人及相关人员的处理措施。"

十九、将第二十九条改为第二十八条,修改为:"证券公司应当加强关联交易管理,准确识别关联方,严格落实关联交易审批制度和信息披露制度,避免损害证券公司及其客户的合法权益,并及时向中国证监会及其派出机构报告关联交易情况。

证券公司应当按照穿透原则将股东及其控股股东、实际控制人、关联方、一致行动人、最终权益持有人作为自身的关联方进行管理。

本条第二款规定的股东不含上市证券公司以及在股份转让系统挂牌的证券公司持有5%以下股权的股东。"

二十、将第三十条改为第二十九条,修改为:"证券公司股东及其控股股东、实际控制人不得有下列行为:

(一)对证券公司虚假出资、出资不实、抽逃出资或者变相抽逃出资;

(二)违反法律、行政法规和公司章程的规定干预证券公司的经营管理活动;

(三)滥用权利或影响力,占用证券公司或者客户的资产,进行利益输送,损害证券公司、其他股东或者客户的合法权益;

(四)违规要求证券公司为其或其关联方提供融资或者担保,或者强令、指使、协助、接受证券公司以其证券经纪客户或者证券资产管理客户的资产提供融资或者担保;

(五)与证券公司进行不当关联交易,利用对证券公司经营管理的影响力获取不正当利益;

(六)未经批准,委托他人或接受他人委托持有或管理证券公司股权,变相接受或让渡证券公司股权的控制权;

(七)中国证监会禁止的其他行为。

证券公司及其董事、监事、高级管理人员等相关主体不得配合证券公司的股东及其控股股东、实际控制人发生上述情形。

证券公司发现股东及其控股股东、实际控制人存在上述情形,应当及时采取措施防止违规情形加剧,并在2个工作日内向住所地中国证监会派出机构报告。"

二十一、将第三十一条改为第三十条,修改为:"未履行法定核准程序,证券公司擅自变更股权相关事项的,中国证监会或其派出机构依照《证券法》第二百零四条的规定处理。"

二十二、将第三十二条改为第三十一条,修改为:"任何单位或者个人持有或者实际控制证券公司相关股权不符合本规定的，中国证监会或其派出机构依照《证券公司监督管理条例》第七十一条的规定处理。

任何单位或者个人未经批准，委托他人或者接受他人委托持有或者管理证券公司的股权，或者认购、受让或者实际控制证券公司的股权的，中国证监会或其派出机构依照《证券公司监督管理条例》第八十六条的规定处理。"

二十三、将第三十三条改为第三十二条，修改为："证券公司的股东有虚假出资、出资不实、抽逃出资或者变相抽逃出资的，中国证监会或其派出机构依照《证券法》第一百四十一条的规定处理。"

二十四、将第三十五条改为第三十四条，修改为："证券公司或其主要股东、实际控制人违反规定，未按规定报告有关事项，或者报送的信息有虚假记载、误导性陈述或者重大遗漏的，中国证监会或其派出机构依照《证券法》第二百一十一条的规定处理。"

二十五、将第三十六条改为第三十五条，修改为："证券公司违规为其股东或者股东的关联人提供融资或者担保的，中国证监会或其派出机构依照《证券法》第二百零五条的规定处理。

证券公司的股东、实际控制人强令、指使、协助、接受证券公司以证券经纪客户或者证券资产管理客户的资产提供融资或者担保的，中国证监会或其派出机构依照《证券公司监督管理条例》第八十六条的规定处理。"

二十六、将第三十七条改为第三十六条，修改为："证券公司及其股东、股东的实际控制人或其他相关主体违反本规定，致使证券公司治理结构不健全、内部控制不完善、经营管理混乱、违法违规的，中国证监会或其派出机构依照《证券公司监督管理条例》第七十条的规定处理；致使证券公司的治理结构、合规管理、风险控制指标不符合规定，严重危及证券公司稳健运行、损害客户合法权益的，依照《证券法》第一百四十条的规定处理；致使证券公司违法经营或者出现重大风险，严重危害证券市场秩序、损害投资者利益的，依照《证券法》第一百四十三条的规定处理。

证券公司的董事、监事、高级管理人员违反本规定，致使证券公司存在重大违法违规行为或重大风险的，中国证监会或其派出机构依照《证券法》第一百四十二条的规定处理。"

二十七、将第三十八条改为第三十七条，修改为："证券公司及其股东、股东的实际控制人或其他相关主体违反本规定，《证券法》《证券公司监督管理条例》等法律、行政法规没有规定相应处理措施或罚则的，中国证监会或其派出机构可以采取责令改正、监管谈话、出具警示函、责令公开说明、责令定期报告等监管措施；对直接负责的董事、监事、高级管理人员和其他责任人员，可以采取责令改正、监管谈话、出具警示函、认定为不适当人选等监管措施；并可以视情节对相关主体处以警告、3 万元以下罚款；涉嫌犯罪的，依法移送司法机关。”

二十八、将第三十九条改为第三十八条，修改为：“中国证监会及其派出机构应当将证券公司及其董事、监事、高级管理人员，股东及其控股股东、实际控制人、相关中介机构等相关机构和人员的失信行为按照中国证监会诚信监督管理相关规定记入资本市场诚信档案数据库，通过全国信用信息共享平台与其他政府机构共享信息。”

二十九、将第四十二条改为第四十一条，修改为：“证券公司变更主要股东，指证券公司新增主要股东，或者证券公司第一大股东、控股股东发生变化。

证券公司变更 5% 以上股权的实际控制人，指证券公司新增持有 5% 以上股权的实际控制人，或者证券公司的实际控制人发生变化。”

三十、新增一条，作为第四十二条：“本规定所称证券公司第一大股东，指持有证券公司 5% 以上股权的第一大股东。”

三十一、将第四十四条修改为：“投资者通过证券交易所购买证券公司股份使其累计持有的证券公司股份达到 5% 的，应当依法举牌并报中国证监会核准。获得核准前，投资者不得继续增持该公司股份。中国证监会不予核准的，投资者应当在自不予核准之日起 50 个交易日（不含停牌时间，持股不足 6 个月的，应当自持股满 6 个月后）内依法改正。

投资者通过股份转让系统购买证券公司股份使其累计持有的证券公司股份达到 5% 以上的，参照适用第一款规定。

投资者认购证券公司公开发行股份或者通过证券交易所、股份转让系统转让证券公司股份，且所涉认购或股权变更事项不需审批或备案的，豁免本规定第十七条、第十八条规定的要求。”

本决定自 2021 年 4 月 18 日起施行。

《证券公司股权管理规定》根据本决定作相应的修改并对条文顺序作相应调整，重新公布。

证券公司股权管理规定

（2018 年 8 月 15 日中国证券监督管理委员会令第 156 号公布 根据 2021 年 3 月 18 日《中国证券监督管理委员会关于修改〈证券公司股权管理规定〉的决定》修订）

第一章　总　　则

第一条　为加强证券公司股权管理，保护证券公司股东、客户及其他利益相关者的合法权益，促进证券公司持续健康发展，根据《中华人民共和国公司法》《中华人民共和国证券法》（以下简称《证券法》）《证券公司监督管理条例》等法律、行政法规，制定本规定。

第二条　本规定适用于中华人民共和国境内依法设立的证券公司。

第三条　证券公司股权管理应当遵循分类管理、资质优良、权责明确、结构清晰、变更有序、公开透明的原则。

第四条　证券公司股东应当遵守法律法规、中国证券监督管理委员会（以下简称中国证监会）规定和公司章程，秉承长期投资理念，依法行使股东权利，履行股东义务。

证券公司应当加强对股权事务的管理，完善公司治理结构，健全风险管理与内部控制制度。

中国证监会及其派出机构遵循审慎监管原则，依法对证券公司股权实施穿透式监管和分类监管。

第五条　根据持股比例和对证券公司经营管理的影响，证券公司股东包括以下三类：

（一）控股股东，指持有证券公司 50% 以上股权的股东或者虽然持股比例不足 50%，但其所享有的表决权足以对证券公司股东（大）会的决议产生重大影响的股东；

（二）主要股东，指持有证券公司 5% 以上股权的股东；

（三）持有证券公司 5% 以下股权的股东。

第六条　证券公司设立时，中国证监会依照规定核准其注册资本及股权结构。

证券公司变更主要股东或者公司的实际控制人，应当依法报中国证监会核准。

证券公司的控股股东、实际控制人实际控制证券公司的股权比例增至100%的,证券公司应当在公司登记机关办理变更登记之日起(依法不需办理公司变更登记的,自相关确权登记之日起)5个工作日内,向中国证监会备案。

证券公司变更注册资本、股权或者5%以上股权的实际控制人,不涉及本条第二、三款所列情形的,应当在公司登记机关办理变更登记之日起(依法不需办理公司变更登记的,自相关确权登记之日起)5个工作日内,向公司住所地中国证监会派出机构备案。证券公司公开发行股份或者在证券交易所、全国中小企业股份转让系统(以下简称股份转让系统)发生的股权变更,不适用本款规定。

第二章 资质条件

第七条 持有证券公司5%以下股权的股东,应当符合下列要求:

(一)自身及所控制的机构信誉良好,最近3年无重大违法违规记录或重大不良诚信记录;不存在因故意犯罪被判处刑罚、刑罚执行完毕未逾3年的情形;没有因涉嫌重大违法违规正在被调查或处于整改期间;

(二)不存在长期未实际开展业务、停业、破产清算、治理结构缺失、内部控制失效等影响履行股东权利和义务的情形;不存在可能严重影响持续经营的担保、诉讼、仲裁或者其他重大事项;

(三)不存在股权结构不清晰,无法逐层穿透至最终权益持有人的情形;股权结构中原则不允许存在理财产品,中国证监会认可的情形除外;

(四)自身及所控制的机构不存在因不诚信或者不合规行为引发社会重大质疑或产生严重社会负面影响且影响尚未消除的情形;不存在对所投资企业经营失败负有重大责任且经营失败未逾3年的情形;

(五)中国证监会基于审慎监管原则规定的其他要求。

通过证券交易所、股份转让系统交易或者认购证券公司公开发行股份取得证券公司5%以下股份的股东,不适用本条规定。

第八条 证券公司的主要股东,应当符合下列条件:

(一)本规定第七条规定的要求;

(二)财务状况良好,资产负债和杠杆水平适度,净资产不低于5000万元人民币,具备与证券公司经营业务相匹配的持续资本补充能力;

(三)公司治理规范,管理能力达标,风险管控良好;

(四)不存在净资产低于实收资本50%、或有负债达到净资产50%或者不能清偿到期债务的情形；

（五）能够为提升证券公司的综合竞争力提供支持。

第九条 证券公司的第一大股东、控股股东，应当符合下列条件：

（一）本规定第八条规定的条件；

（二）开展金融相关业务经验与证券公司业务范围相匹配；

（三）入股证券公司与其长期战略协调一致，有利于服务其主营业务发展；

（四）对完善证券公司治理结构、推动证券公司长期发展有切实可行的计划安排；

（五）对保持证券公司经营管理的独立性和防范风险传递、不当利益输送，有明确的自我约束机制；

（六）对证券公司可能发生风险导致无法正常经营的情况，制定合理有效的风险处置预案。

第十条 证券公司从事的业务具有显著杠杆性质，且多项业务之间存在交叉风险的，其第一大股东、控股股东还应当符合下列条件：

（一）最近3年持续盈利，不存在未弥补亏损；

（二）最近3年长期信用均保持在高水平，最近3年规模、收入、利润、市场占有率等指标居于行业前列。

控股股东还应当符合下列条件：

（一）总资产不低于500亿元人民币，净资产不低于200亿元人民币；

（二）核心主业突出，主营业务最近5年持续盈利。

证券公司合并或者因重大风险被接管托管等中国证监会认可的特殊情形不适用本条规定。

第十一条 具有关联关系或者一致行动人关系的股东持有证券公司的股权比例应当合并计算；其中持股比例最高的股东或者在关联关系、一致行动人关系中居于控制、主导地位的股东应当符合合计持股比例对应类别的股东条件。

股东入股证券公司后，因证券公司股权结构调整导致股东类别变化的，应当符合变更后对应类别的股东条件。

第十二条 证券公司5%以上股权的实际控制人，应当符合本规定第七条、第八条第（四）项规定的要求。证券公司的实际控制人及第一大股东的控股股东、实际控制人，还应当符合本规定第九条第（四）至（六）项规定的要求。

第十三条 有限合伙企业入股证券公司的，还应当符合下列要求：

（一）单个有限合伙企业控制证券公司的股权比例不得达到5%，中国证监会认可的情形除外。两个以上有限合伙企业的执行事务合伙人或者第一大有限合伙人相同或者存在其他关联关系、一致行动人关系的,持股比例合并计算。

(二)负责执行有限合伙企业事务的普通合伙人以及第一大有限合伙人应当符合本规定第七条的要求,有限合伙企业通过证券交易所、股份转让系统交易或者认购证券公司公开发行股份入股证券公司的情形除外。

第十四条 公司制基金入股证券公司且委托基金管理人管理证券公司股权的,该基金应当属于政府实际控制的产业投资基金且已经国家有关部门备案登记,并参照适用本规定第十三条的规定。

第十五条 非金融企业入股证券公司的,还应当符合下列要求:

(一)符合国家关于加强非金融企业投资金融机构监管的有关指导意见;

(二)单个非金融企业实际控制证券公司股权的比例原则上不得超过50%,为处置证券公司风险等中国证监会认可的情形除外。

第三章 股权管理要求

第十六条 证券公司董事会办公室是证券公司股权管理事务的办事机构,组织实施股权管理事务相关工作。

证券公司董事长是证券公司股权管理事务的第一责任人。证券公司董事会秘书协助董事长工作,是证券公司股权管理事务的直接责任人。

第十七条 证券公司变更注册资本或者股权,应当制定工作方案和股东筛选标准等。证券公司、股权转让方应当事先向意向参与方告知证券公司股东条件、须履行的程序并向符合股东筛选标准的意向参与方告知证券公司的经营情况和潜在风险等信息。

证券公司、股权转让方应当对意向参与方做好尽职调查,约定意向参与方不符合条件的后续处理措施。发现不符合条件的,不得与其签订协议。相关事项须经中国证监会核准的,应当约定核准后协议方可生效。

第十八条 证券公司变更注册资本或者股权过程中,对于可能出现的违反规定或者承诺的行为,证券公司应当与相关主体事先约定处理措施,明确对责任人的责任追究机制,并配合监管机构调查处理。

第十九条 证券公司应当对变更注册资本或者股权期间的风险防范作出安排,保证公司正常经营以及客户利益不受损害。

依法须经中国证监会核准的,在核准前,证券公司股东应当按照所持股权比例继续独立行使表决权,股权转让方不得推荐股权受让方相关人员担任证券公司董事、监事、高级管理人员，不得以任何形式变相让渡表决权。

第二十条 证券公司股东应当充分了解证券公司股东条件以及股东权利和义务，充分知悉证券公司经营管理状况和潜在风险等信息，投资预期合理，出资意愿真实，并且履行必要的内部决策程序。

不得签订在未来证券公司不符合特定条件时，由证券公司或者其他指定主体向特定股东赎回、受让股权等具有“对赌”性质的协议或者形成相关安排。

第二十一条 证券公司股东应当严格按照法律法规和中国证监会规定履行出资义务。

证券公司股东应当使用自有资金入股证券公司，资金来源合法，不得以委托资金等非自有资金入股，法律法规和中国证监会认可的情形除外。

第二十二条 证券公司股东应当真实、准确、完整地说明股权结构直至实际控制人、最终权益持有人，以及与其他股东的关联关系或者一致行动人关系，不得通过隐瞒、欺骗等方式规避证券公司股东资格审批或者监管。

第二十三条 证券公司股东以及股东的控股股东、实际控制人参股证券公司的数量不得超过2家，其中控制证券公司的数量不得超过1家。下列情形不计入参股、控制证券公司的数量范围：

（一）直接持有及间接控制证券公司股权比例低于5%；

（二）通过所控制的证券公司入股其他证券公司；

（三）证券公司控股其他证券公司；

（四）为实施证券公司并购重组所做的过渡期安排；

（五）国务院授权持有证券公司股权；

（六）中国证监会认定的其他情形。

第二十四条 证券公司应当保持股权结构稳定。证券公司股东的持股期限应当符合法律、行政法规和中国证监会的有关规定，证券公司股东通过换股等方式取得其他证券公司股权的，持股时间可连续计算。

证券公司股东的主要资产为证券公司股权的，该股东的控股股东、实际控制人对所控制的证券公司股权应当遵守与证券公司股东相同的锁定期，中国证监会依法认可的情形除外。

第二十五条 证券公司股东在股权锁定期内不得质押所持证券公司股权。股权锁定期满后，证券公司股东质押所持证券公司的股权比例不得超过所持该证券公司股权比例的50%。

股东质押所持证券公司股权的，不得损害其他股东和证券公司的利益，不得约定由质权人或其他第三方行使表决权等股东权利，也不得变相转移证券公司股权的控制权。

上市证券公司以及在股份转让系统挂牌的证券公司持有5%以下股权的股东不适用本条第一款规定。

第二十六条 证券公司应当加强对股东资质的审查,对股东及其控股股东、实际控制人、关联方、一致行动人、最终权益持有人信息进行核实并掌握其变动情况,就股东对证券公司经营管理的影响进行判断,依法及时、准确、完整地报告或披露相关信息,必要时履行报批或者备案程序。

第二十七条 证券公司应当将股东的权利义务、股权锁定期、股权管理事务责任人等关于股权管理的监管要求写入公司章程,并在公司章程中载明下列内容:

(一)主要股东、控股股东应当在必要时向证券公司补充资本;

(二)应经但未经监管部门核准或未向监管部门备案的股东,或者尚未完成整改的股东,不得行使股东(大)会召开请求权、表决权、提名权、提案权、处分权等权利;

(三)存在虚假陈述、滥用股东权利或其他损害证券公司利益行为的股东,不得行使股东(大)会召开请求权、表决权、提名权、提案权、处分权等权利;

(四)发生违反法律、行政法规和监管要求等与股权管理事务相关的不法或不当行为,对股东、证券公司、股权管理事务责任人及相关人员的处理措施。

第二十八条 证券公司应当加强关联交易管理,准确识别关联方,严格落实关联交易审批制度和信息披露制度,避免损害证券公司及其客户的合法权益,并及时向中国证监会及其派出机构报告关联交易情况。

证券公司应当按照穿透原则将股东及其控股股东、实际控制人、关联方、一致行动人、最终权益持有人作为自身的关联方进行管理。

本条第二款规定的股东不含上市证券公司以及在股份转让系统挂牌的证券公司持有5%以下股权的股东。

第二十九条 证券公司股东及其控股股东、实际控制人不得有下列行为:

(一)对证券公司虚假出资、出资不实、抽逃出资或者变相抽逃出资;

(二)违反法律、行政法规和公司章程的规定干预证券公司的经营管理活动;

(三)滥用权利或影响力,占用证券公司或者客户的资产,进行利益输送,损害证券公司、其他股东或者客户的合法权益;

(四)违规要求证券公司为其或其关联方提供融资或者担保,或者强令、指使、协助、接受证券公司以其证券经纪客户或者证券资产管理客户的资产提供融资或者担保；

（五）与证券公司进行不当关联交易，利用对证券公司经营管理的影响力获取不正当利益；

（六）未经批准，委托他人或接受他人委托持有或管理证券公司股权，变相接受或让渡证券公司股权的控制权；

（七）中国证监会禁止的其他行为。

证券公司及其董事、监事、高级管理人员等相关主体不得配合证券公司的股东及其控股股东、实际控制人发生上述情形。

证券公司发现股东及其控股股东、实际控制人存在上述情形，应当及时采取措施防止违规情形加剧，并在2个工作日内向住所地中国证监会派出机构报告。

第四章　罚　　则

第三十条　未履行法定核准程序，证券公司擅自变更股权相关事项的，中国证监会或其派出机构依照《证券法》第二百零四条的规定处理。

第三十一条　任何单位或者个人持有或者实际控制证券公司相关股权不符合本规定的，中国证监会或其派出机构依照《证券公司监督管理条例》第七十一条的规定处理。

任何单位或者个人未经批准，委托他人或者接受他人委托持有或者管理证券公司的股权，或者认购、受让或者实际控制证券公司的股权的，中国证监会或其派出机构依照《证券公司监督管理条例》第八十六条的规定处理。

第三十二条　证券公司的股东有虚假出资、出资不实、抽逃出资或者变相抽逃出资的，中国证监会或其派出机构依照《证券法》第一百四十一条的规定处理。

第三十三条　在行政许可过程中，相关主体隐瞒有关情况或者提供虚假材料的，中国证监会或其派出机构依照《行政许可法》第七十八条的规定处理。

相关主体以隐瞒、欺骗等不正当手段获得证券公司股权相关行政许可批复的，中国证监会或其派出机构依照《行政许可法》第六十九条、第七十九条的规定处理。

第三十四条　证券公司或其主要股东、实际控制人违反规定，未按规定报告有关事项，或者报送的信息有虚假记载、误导性陈述或者重大遗漏的，中国证监会或其派出机构依照《证券法》第二百一十一条的规定处理。

第三十五条 证券公司违规为其股东或者股东的关联人提供融资或者担保的，中国证监会或其派出机构依照《证券法》第二百零五条的规定处理。

证券公司的股东、实际控制人强令、指使、协助、接受证券公司以证券经纪客户或者证券资产管理客户的资产提供融资或者担保的，中国证监会或其派出机构依照《证券公司监督管理条例》第八十六条的规定处理。

第三十六条 证券公司及其股东、股东的实际控制人或其他相关主体违反本规定，致使证券公司治理结构不健全、内部控制不完善、经营管理混乱、违法违规的，中国证监会或其派出机构依照《证券公司监督管理条例》第七十条的规定处理；致使证券公司的治理结构、合规管理、风险控制指标不符合规定，严重危及证券公司稳健运行、损害客户合法权益的，依照《证券法》第一百四十条的规定处理；致使证券公司违法经营或者出现重大风险，严重危害证券市场秩序、损害投资者利益的，依照《证券法》第一百四十三条的规定处理。

证券公司的董事、监事、高级管理人员违反本规定，致使证券公司存在重大违法违规行为或重大风险的，中国证监会或其派出机构依照《证券法》第一百四十二条的规定处理。

第三十七条 证券公司及其股东、股东的实际控制人或其他相关主体违反本规定，《证券法》《证券公司监督管理条例》等法律、行政法规没有规定相应处理措施或罚则的，中国证监会或其派出机构可以采取责令改正、监管谈话、出具警示函、责令公开说明、责令定期报告等监管措施；对直接负责的董事、监事、高级管理人员和其他责任人员，可以采取责令改正、监管谈话、出具警示函、认定为不适当人选等监管措施；并可以视情节对相关主体处以警告、3万元以下罚款；涉嫌犯罪的，依法移送司法机关。

第三十八条 中国证监会及其派出机构应当将证券公司及其董事、监事、高级管理人员，股东及其控股股东、实际控制人、相关中介机构等相关机构和人员的失信行为按照中国证监会诚信监督管理相关规定记入资本市场诚信档案数据库，通过全国信用信息共享平台与其他政府机构共享信息。

第三十九条 证券公司未遵守本规定进行股权管理的，中国证监会可以调整该证券公司分类监管评价类别。

第五章 附 则

第四十条 本规定所称"以上""不低于"包括本数，"以下""超过"不包括本数。

第四十一条 证券公司变更主要股东，指证券公司新增主要股东，或者证券公司第一大股东、控股股东发生变化。

证券公司变更5%以上股权的实际控制人，指证券公司新增持有5%以上股权的实际控制人，或者证券公司的实际控制人发生变化。

第四十二条 本规定所称证券公司第一大股东，指持有证券公司5%以上股权的第一大股东。

第四十三条 国家对证券公司国有股权行政划转另有规定的，相关要求从其规定。

入股证券公司涉及金融业综合经营、国有资产或者其他金融监管部门职责的，应当符合国家关于金融业综合经营相关政策、国有资产管理和其他金融监管部门的相关规定。

外商投资证券公司的股东，还应当符合中国证监会关于外商投资证券公司管理的相关规定。

第四十四条 投资者通过证券交易所购买证券公司股份使其累计持有的证券公司股份达到5%的，应当依法举牌并报中国证监会核准。获得核准前，投资者不得继续增持该公司股份。中国证监会不予核准的，投资者应当在自不予核准之日起50个交易日（不含停牌时间，持股不足6个月的，应当自持股满6个月后）内依法改正。

投资者通过股份转让系统购买证券公司股份使其累计持有的证券公司股份达到5%以上的，参照适用第一款规定。

投资者认购证券公司公开发行股份或者通过证券交易所、股份转让系统转让证券公司股份，且所涉认购或股权变更事项不需审批或备案的，豁免本规定第十七条、第十八条规定的要求。

第四十五条 本规定自公布之日起施行。本规定施行前，中国证监会有关证券公司股权管理的规定与本规定不一致的，按照本规定执行。

关于废止部分规章和行政规范性文件的决定

（2021年3月27日国家发展和改革委员会令第42号公布　自2021年4月1日起施行　国司备字[2021004089]）

为贯彻落实党中央、国务院深化"放管服"改革优化营商环境部署，我委组织开展了规章、行政规范性文件清理工作。经过清理，决定对《居民用户家用电器损坏处理办法》等6件规章、《关于补充、修订部分基本建设项目大中型划分标准的通知》等98件行政规范性文件予以废止。

附件：1. 国家发展改革委决定废止的规章目录

2. 国家发展改革委决定废止的行政规范性文件目录

附件1

国家发展改革委决定废止的规章目录

序号	规章名称	文号	印发日期	发文部门
1	居民用户家用电器损坏处理办法	电力工业部令1996年第7号	1996年8月21日	电力工业部
2	涉案物品价格鉴定复核裁定管理办法	计价费[1998]775号	1998年5月5日	国家计委
3	国家重大建设项目招标投标监督暂行办法	国家发展计划委令2002年第18号	2002年1月10日	国家计委
4	中央投资项目招标代理资格管理办法	国家发展改革委令2012年第13号	2012年3月2日	国家发展改革委
5	价格违法行为举报处理规定	国家发展改革委令2014年第6号	2014年1月15日	国家发展改革委
6	碳排放权交易管理暂行办法	国家发展改革委令2014年第17号	2014年12月10日	国家发展改革委

附件2

国家发展改革委决定废止的行政规范性文件目录

序号	文件名称	文号	印发日期	发文部门
1	关于补充、修订部分基本建设项目大中型划分标准的通知	计基[1979]725号	1979年12月16日	国家计委
2	关于请妥善安排物价检查业务经费的通知	价字[1983]22号	1983年2月25日	国家物价局、财政部
3	关于依法惩处妨碍物价检查人员执行公务的违法犯罪活动的通知	计价检[1994]600号	1994年5月21日	国家计委、最高人民检察院、公安部

续表

序号	文件名称	文号	印发日期	发文部门
4	关于开展创建规范化基层物价检查所活动的通知	计价检[1999]593号	1999年5月27日	国家计委
5	关于价格违法所得收缴问题的复函	计办价检[2000]57号	2000年1月27日	国家计委
6	关于印发《规范化物价检查所考核验收办法》的通知	计价检[2000]778号	2000年6月19日	国家计委
7	关于查处国家行政机关乱收费的执法依据的复函	计办经调[2000]1005号	2000年12月20日	国家计委
8	关于价格监督检查所需资料有关问题的复函	计办价检[2001]1568号	2001年12月31日	国家计委
9	关于企业使用“平价”等价格术语是否属于价格欺诈问题的复函	计办经调[2002]672号	2002年6月1日	国家计委
10	关于印发加强企事业单位物价员工作意见的通知	计价检[2002]2844号	2002年12月24日	国家计委
11	关于统一价格行政执法标志的通知	计办价检[2003]240号	2003年3月12日	国家计委
12	关于转发国家电网公司系统县城电网建设与改造技术导则的通知	发改能源[2003]369号	2003年5月25日	国家发展改革委
13	关于明确明码标价执法主体有关问题的复函	发改办价检[2003]320号	2003年6月9日	国家发展改革委
14	关于公布车辆生产企业世界制造厂识别代号(WMI)的通知	发改办产业[2003]1188号	2003年11月10日	国家发展改革委
15	关于风电前期工作有关要求的通知	发改办能源[2004]29号	2004年1月6日	国家发展改革委
16	关于印发进一步深化创建规范化物价检查所(局)活动的意见的通知	发改价检[2004]568号	2004年3月30日	国家发展改革委
17	关于印发《全国风能资源评价技术规定》的通知	发改能源[2004]865号	2004年5月14日	国家发展改革委

续表

序号	文件名称	文号	印发日期	发文部门
18	关于标价方式监制问题的答复	发改价检[2004]1098号	2004年6月10日	国家发展改革委
19	关于印发《价格行政处罚过错责任追究试行办法》的通知	发改价检[2004]1717号	2004年8月19日	国家发展改革委
20	关于印发进一步推进经营者价格诚信建设工作的意见的通知	发改价检[2004]2832号	2004年12月4日	国家发展改革委
21	关于明确有关电价政策的复函	发改办价检[2005]115号	2005年1月19日	国家发展改革委
22	关于深入开展价格行政执法责任制试点工作的通知	发改办价检[2005]765号	2005年4月20日	国家发展改革委
23	关于印发开展价格监督进社区工作的意见的通知	发改价检[2005]805号	2005年5月12日	国家发展改革委
24	关于无电地区电力建设有关问题的通知	发改办能源[2005]1367号	2005年7月11日	国家发展改革委
25	关于总电表款及安装费问题的复函	发改办价检[2005]1931号	2005年9月12日	国家发展改革委
26	关于印发城市轨道交通建设项目机电设备采购核定规则的通知	发改办工业[2005]2084号	2005年10月1日	国家发展改革委
27	关于印发《价格监督检查基层工作联系制度》(修订)的通知	发改办价检[2006]981号	2006年5月16日	国家发展改革委
28	关于坚持不懈、务求实效,不断把"价格服务进万家"活动引向深入的通知	发改办价检[2006]1166号	2006年6月8日	国家发展改革委
29	关于投资体制改革政策中有关事项的复函	发改办投资[2006]1363号	2006年6月30日	国家发展改革委
30	关于进一步做好教育收费公示工作的通知	发改办价检[2006]1735号	2006年8月15日	国家发展改革委、财政部、教育部

续表

序号	文件名称	文号	印发日期	发文部门
31	关于优先安排运输仪器化公证检验大包棉花的通知	发改办经贸[2006]2773号	2006年12月4日	国家发展改革委、铁道部、质检总局
32	《钨行业准入条件》《锡行业准入条件》《锑行业准入条件》	国家发展改革委公告2006年第94号	2006年12月22日	国家发展改革委
33	关于印发《热电联产和煤矸石综合利用发电项目建设管理暂行规定》的通知	发改能源[2007]141号	2007年1月17日	国家发展改革委、建设部
34	关于做好“十一五”农村电网完善和无电地区电力建设工作的通知	发改能源[2007]421号	2007年2月26日	国家发展改革委
35	符合《电石行业准入条件》企业名单(第一批)	国家发展改革委公告2007年第17号	2007年3月8日	国家发展改革委
36	关于切实抓好主要食品价格及相关收费专项检查有关事项的通知	发改办价检[2007]1887号	2007年8月4日	国家发展改革委
37	关于印发投资建设项目管理师职业水平证书登记管理办法(试行)的通知	发改投资[2007]2291号	2007年9月10日	国家发展改革委
38	关于印发《价格监督检查提醒告诫办法》的通知	发改价检[2007]2814号	2007年10月24日	国家发展改革委
39	氯碱(烧碱、聚氯乙烯)行业准入条件	国家发展改革委公告2007年第74号	2007年11月2日	国家发展改革委
40	关于开展大型并网光伏示范电站建设有关要求的通知	发改办能源[2007]2898号	2007年11月22日	国家发展改革委
41	符合《电石行业准入条件》企业名单(第二批)	国家发展改革委公告2007年第92号	2007年12月28日	国家发展改革委
42	关于转发国务院法制办国法函[2008]25号文件及有关问题的通知	发改价检[2008]1279号	2008年5月29日	国家发展改革委

续表

序号	文件名称	文号	印发日期	发文部门
43	关于进一步做好贯彻落实国务院办公厅关于限制生产销售使用塑料购物袋的通知有关工作的通知	发改办环资[2008]1554号	2008年7月11日	国家发展改革委
44	关于认真贯彻落实国务院领导同志重要批示精神进一步做好价格公共服务工作的通知	发改价检[2008]2641号	2008年10月10日	国家发展改革委
45	关于做好中央投资项目招标代理资格日常管理工作的通知	发改办投资[2008]2354号	2008年10月29日	国家发展改革委
46	关于对临时价格干预措施政策中价格上涨认定问题的复函	发改办价检[2008]2358号	2008年10月31日	国家发展改革委
47	关于印发投资建设项目管理师继续教育管理办法(试行)的通知	发改投资[2009]222号	2009年1月18日	国家发展改革委
48	关于印发半导体照明节能产业发展意见的通知	发改环资[2009]2441号	2009年9月22日	国家发展改革委、科技部、工业和信息化部、财政部、住房城乡建设部、质检总局
49	关于印发《价格监督检查统计报告制度》(修订)的通知	发改办价检[2009]2052号	2009年9月29日	国家发展改革委
50	关于编制资源枯竭城市转型规划的指导意见	发改办东北[2009]2173号	2009年10月19日	国家发展改革委
51	关于加强农产品市场监管维护正常市场秩序的紧急通知	发改价检[2010]1137号	2010年5月26日	国家发展改革委、商务部、工商总局

续表

序号	文件名称	文号	印发日期	发文部门
52	关于印发评标专家专业分类标准(试行)的通知	发改法规[2010]1538号	2010年7月15日	国家发展改革委、工业和信息化部、监察部、财政部、住房城乡建设部、交通运输部、铁道部、水利部、商务部、国务院法制办
53	关于印发空白乡镇邮政局所补建工作方案的通知	发改办基础[2010]1720号	2010年7月16日	国家发展改革委
54	关于规范开展低碳绿色发展工作的通知	发改办气候[2010]2046号	2010年8月25日	国家发展改革委
55	关于印发《中华人民共和国价格行政执法证管理规定》的通知	发改价检[2010]1993号	2010年8月31日	国家发展改革委
56	关于进一步做好东部城市对口支持西部地区人才培训工作的指导意见	发改西部[2010]2519号	2010年10月21日	国家发展改革委
57	关于积极推进明码实价工作的通知	发改办价检[2011]854号	2011年4月18日	国家发展改革委、中国消费者协会

续表

序号	文件名称	文号	印发日期	发文部门
58	关于印发西部地区农民创业促进工程试点工作指导意见的通知	发改西部［2011］854号	2011年4月25日	国家发展改革委、教育部、工业和信息化部、人力资源社会保障部、国土资源部、住房城乡建设部、农业部、商务部、税务总局、工商总局、银监会
59	关于汽车生产企业投资项目备案管理的补充通知	发改办产业［2011］1228号	2011年5月25日	国家发展改革委
60	关于开展西部地区生态文明示范工程试点的实施意见	发改西部［2011］1726号	2011年8月12日	国家发展改革委、财政部、国家林业局
61	关于印发《广播电视高山无线发射台站基础设施建设管理办法》的通知	发改办社会［2011］2390号	2011年9月29日	国家发展改革委、广电总局
62	关于印发地方应对气候变化规划编制指导意见的通知	发改办气候［2011］2552号	2011年10月24日	国家发展改革委
63	关于印发“十二五”墙体材料革新指导意见的通知	发改环资［2011］2437号	2011年11月15日	国家发展改革委

续表

序号	文件名称	文号	印发日期	发文部门
64	关于印发“十二五”农作物秸秆综合利用实施方案的通知	发改环资[2011]2615号	2011年11月29日	国家发展改革委、农业部、财政部
65	关于印发《价格行政执法人员廉洁自律规定》的通知	发改价监[2011]2626号	2011年11月30日	国家发展改革委
66	关于印发“十二五”资源综合利用指导意见和大宗固体废物综合利用实施方案的通知	发改环资[2011]2919号	2011年12月10日	国家发展改革委
67	关于进一步加强乡镇邮政局所补建工作的意见	发改基础[2012]43号	2012年1月12日	国家发展改革委、国家邮政局
68	关于印发对口援疆工作统计报告制度的通知	发改地区[2012]802号	2012年3月29日	国家发展改革委
69	“万家企业节能低碳行动”企业名单及节能量目标	国家发展改革委公告2012年第10号	2012年5月12日	国家发展改革委
70	关于印发《国家发展改革委应对气候变化对外物资赠送项目管理暂行办法》的通知	发改办气候[2012]1265号	2012年5月17日	国家发展改革委
71	关于进一步贯彻实施评标专家专业分类标准(试行)的通知	发改办法规[2012]2130号	2012年8月3日	国家发展改革委
72	关于印发《国家规划布局内重点软件企业和集成电路设计企业认定管理试行办法》的通知	发改高技[2012]2413号	2012年8月9日	国家发展改革委、工业和信息化部、财政部、商务部、税务总局
73	关于做好广播电视高山无线发射台站基础设施建设管理工作的通知	发改办社会[2012]2305号	2012年8月20日	国家发展改革委、广电总局

续表

序号	文件名称	文号	印发日期	发文部门
74	关于开展“十二五”城市城区限制使用粘土制品县城禁止使用实心粘土砖工作的通知	发改办环资[2012]2313号	2012年8月21日	国家发展改革委
75	关于印发《价格监督检查工作基层联系制度》的通知	发改办价监[2012]2475号	2012年9月1日	国家发展改革委
76	关于严格禁止县级公立医院举借新债的紧急通知	发改社会[2012]3412号	2012年10月31日	国家发展改革委、财政部、卫生部、银监会
77	关于印发半导体照明应用节能评价技术要求(2012年版)的通知	发改办环资[2012]3233号	2012年11月19日	国家发展改革委
78	关于虚构原价的价格欺诈行为定性处罚问题的复函	发改办价监[2012]3547号	2012年12月17日	国家发展改革委
79	关于印发2013－2015年西部和农村地区邮政普遍服务以及全国邮政机要通信基础设施建设工作方案的通知	发改办基础[2013]271号	2013年1月29日	国家发展改革委
80	关于印发《低碳产品认证管理暂行办法》的通知	发改气候[2013]279号	2013年2月18日	国家发展改革委、国家认监委
81	关于加强农作物秸秆综合利用和禁烧工作的通知	发改环资[2013]930号	2013年5月14日	国家发展改革委、农业部、环境保护部
82	关于调整第三批等资源枯竭城市转型规划审查论证程序的通知	发改办东北[2013]1573号	2013年7月5日	国家发展改革委

续表

序号	文件名称	文号	印发日期	发文部门
83	关于无电地区电力建设中央预算内投资补助项目管理有关要求的通知	发改办能源[2013]2365号	2013年9月25日	国家发展改革委
84	关于组织开展重点企(事)业单位温室气体排放报告工作的通知	发改气候[2014]63号	2014年1月13日	国家发展改革委
85	关于印发《价格举报文书示范文本》的通知	发改办价监[2014]120号	2014年1月16日	国家发展改革委
86	关于印发《12358价格举报管理信息系统工作规则》的通知	发改办价监[2014]121号	2014年1月16日	国家发展改革委
87	关于加强民生用气监管工作的通知	发改办能源[2014]192号	2014年1月23日	国家发展改革委
88	关于印发《价格违法行为举报奖励办法》的通知	发改价监[2014]165号	2014年1月26日	国家发展改革委、财政部
89	国家发展改革委关于实施境外投资项目核准和备案管理办法有关事项的通知	发改外资[2014]947号	2014年5月14日	国家发展改革委
90	关于印发《规范价格行政处罚权的若干规定》的通知	发改价监[2014]1223号	2014年6月7日	国家发展改革委
91	关于印发境外投资项目核准文件格式文本的通知	发改办外资[2014]1329号	2014年6月13日	国家发展改革委
92	关于对价格欺诈行为定性有关问题的复函	发改办价监[2014]1555号	2014年7月8日	国家发展改革委
93	规模化节水灌溉增效示范项目建设管理办法	发改投资[2014]1579号	2014年7月11日	国家发展改革委、水利部
94	关于做好新时期易地扶贫搬迁工作的指导意见	发改地区[2014]2174号	2014年9月28日	国家发展改革委
95	关于印发《现代物流项目管理办法》的通知	发改经贸规[2016]1689号	2016年7月29日	国家发展改革委

续表

序号	文件名称	文号	印发日期	发文部门
96	关于印发《网络交易价格举报管辖规定(试行)》的通知	发改价监规[2016]2245号	2016年10月25日	国家发展改革委
97	关于印发《绿色发展指标体系》《生态文明建设考核目标体系》的通知	发改环资[2016]2635号	2016年12月12日	国家发展改革委、国家统计局、环境保护部、中央组织部
98	关于印发《网络交易价格举报管辖规定》的通知	发改价监规[2018]231号	2018年2月3日	国家发展改革委

司法解释

最高人民法院关于修改《关于上海金融法院案件管辖的规定》的决定

（2021 年 3 月 1 日最高人民法院审判委员会第 1833 次会议通过　2021 年 4 月 21 日最高人民法院公告公布　自 2021 年 4 月 22 日起施行　法释〔2021〕9 号）

根据审判实践需要，经最高人民法院审判委员会第 1833 次会议决定，对《关于上海金融法院案件管辖的规定》作如下修改：

一、将第一条修改为：

“上海金融法院管辖上海市辖区内应由中级人民法院受理的下列第一审金融民商事案件：

（一）证券、期货交易、营业信托、保险、票据、信用证、独立保函、保理、金融借款合同、银行卡、融资租赁合同、委托理财合同、储蓄存款合同、典当、银行结算合同等金融民商事纠纷；

（二）资产管理业务、资产支持证券业务、私募基金业务、外汇业务、金融产品销售和适当性管理、征信业务、支付业务及经有权机关批准的其他金融业务引发的金融民商事纠纷；

（三）涉金融机构的与公司有关的纠纷；

（四）以金融机构为债务人的破产纠纷；

（五）金融民商事纠纷的仲裁司法审查案件；

（六）申请认可和执行香港特别行政区、澳门特别行政区、台湾地区法院金融民商事纠纷的判决、裁定案件，以及申请承认和执行外国法院金融民商事纠纷的判决、裁定案件。”

二、将第二条修改为第六条：

“上海市辖区内应由中级人民法院受理的对金融监管机构以及法律、法规、规章授权的组织因履行金融监管职责作出的行政行为不服提起诉讼的第一审涉金融行政案件，由上海金融法院管辖。”

三、增加一条作为第二条：

“下列金融纠纷案件，由上海金融法院管辖：

（一）境内投资者以发生在中华人民共和国境外的证券发行、交易活动或者期货交易活动损害其合法权益为由向上海金融法院提起的诉讼；

（二）境内个人或者机构以中华人民共和国境外金融机构销售的金融产品或者提供的金融服务损害其合法权益为由向上海金融法院提起的诉讼。”

四、将第三条修改为第五条：

“以住所地在上海市并依法设立的金融基础设施机构为被告或者第三人的与其履行职责相关的第一审金融民商事案件，由上海金融法院管辖。”

五、增加一条作为第三条：

“在上海证券交易所科创板上市公司的证券发行纠纷、证券承销合同纠纷、证券上市保荐合同纠纷、证券上市合同纠纷和证券欺诈责任纠纷等第一审民商事案件，由上海金融法院管辖。”

六、增加一条作为第四条：

“以上海证券交易所为被告或者第三人的与证券交易所监管职能相关的第一审金融民商事和涉金融行政案件，由上海金融法院管辖。”

七、将第四条修改为第七条：

“当事人对上海市基层人民法院作出的涉及本规定第一条第一至三项的第一审金融民商事案件和涉金融行政案件判决、裁定提起的上诉案件和申请再审案件，由上海金融法院审理。”

八、增加一条作为第八条：

“上海市辖区内应由中级人民法院受理的金融民商事案件、涉金融行政案件的再审案件，由上海金融法院审理。”

九、增加一条作为第九条：

“上海金融法院作出的第一审民商事案件和涉金融行政案件生效裁判，以及上海市辖区内应由中级人民法院执行的涉金融民商事纠纷的仲裁裁决，由上海金融法院执行。

上海金融法院执行过程中发生的执行异议案件、执行异议之诉案件，以及上海市基层人民法院涉金融案件执行过程中发生的执行复议案件、执行异议之诉上诉案件，由上海金融法院审理。”

十、将第五条修改为第十条。

十一、将第六条修改为第十一条。

十二、将第七条修改为第十二条。

本决定自2021年4月22日起施行。

根据本决定,《最高人民法院关于上海金融法院案件管辖的规定》作相应修改后,重新公布。

最高人民法院关于上海金融法院案件管辖的规定

(2018年7月31日由最高人民法院审判委员会第1746次会议通过 根据2021年3月1日最高人民法院审判委员会第1833次会议《关于修改〈关于上海金融法院案件管辖的规定〉的决定》修正 自2021年4月22日起施行 法释〔2021〕9号)

为服务和保障上海国际金融中心建设,进一步明确上海金融法院案件管辖的具体范围,根据《中华人民共和国民事诉讼法》《中华人民共和国行政诉讼法》《全国人民代表大会常务委员会关于设立上海金融法院的决定》等规定,制定本规定。

第一条 上海金融法院管辖上海市辖区内应由中级人民法院受理的下列第一审金融民商事案件:

(一)证券、期货交易、营业信托、保险、票据、信用证、独立保函、保理、金融借款合同、银行卡、融资租赁合同、委托理财合同、储蓄存款合同、典当、银行结算合同等金融民商事纠纷;

(二)资产管理业务、资产支持证券业务、私募基金业务、外汇业务、金融产品销售和适当性管理、征信业务、支付业务及经有权机关批准的其他金融业务引发的金融民商事纠纷;

(三)涉金融机构的与公司有关的纠纷;

(四)以金融机构为债务人的破产纠纷;

(五)金融民商事纠纷的仲裁司法审查案件;

(六)申请认可和执行香港特别行政区、澳门特别行政区、台湾地区法院金融民商事纠纷的判决、裁定案件,以及申请承认和执行外国法院金融民商事纠纷的判决、裁定案件。

第二条 下列金融纠纷案件,由上海金融法院管辖:

(一)境内投资者以发生在中华人民共和国境外的证券发行、交易活动或者期货交易活动损害其合法权益为由向上海金融法院提起的诉讼;

(二)境内个人或者机构以中华人民共和国境外金融机构销售的金融产

品或者提供的金融服务损害其合法权益为由向上海金融法院提起的诉讼。

第三条 在上海证券交易所科创板上市公司的证券发行纠纷、证券承销合同纠纷、证券上市保荐合同纠纷、证券上市合同纠纷和证券欺诈责任纠纷等第一审民商事案件,由上海金融法院管辖。

第四条 以上海证券交易所为被告或者第三人的与证券交易所监管职能相关的第一审金融民商事和涉金融行政案件,由上海金融法院管辖。

第五条 以住所地在上海市并依法设立的金融基础设施机构为被告或者第三人的与其履行职责相关的第一审金融民商事案件,由上海金融法院管辖。

第六条 上海市辖区内应由中级人民法院受理的对金融监管机构以及法律、法规、规章授权的组织因履行金融监管职责作出的行政行为不服提起诉讼的第一审涉金融行政案件,由上海金融法院管辖。

第七条 当事人对上海市基层人民法院作出的涉及本规定第一条第一至三项的第一审金融民商事案件和涉金融行政案件判决、裁定提起的上诉案件和申请再审案件,由上海金融法院审理。

第八条 上海市辖区内应由中级人民法院受理的金融民商事案件、涉金融行政案件的再审案件,由上海金融法院审理。

第九条 上海金融法院作出的第一审民商事案件和涉金融行政案件生效裁判,以及上海市辖区内应由中级人民法院执行的涉金融民商事纠纷的仲裁裁决,由上海金融法院执行。

上海金融法院执行过程中发生的执行异议案件、执行异议之诉案件,以及上海市基层人民法院涉金融案件执行过程中发生的执行复议案件、执行异议之诉上诉案件,由上海金融法院审理。

第十条 当事人对上海金融法院作出的第一审判决、裁定提起的上诉案件,由上海市高级人民法院审理。

第十一条 上海市各中级人民法院在上海金融法院成立前已经受理但尚未审结的金融民商事案件和涉金融行政案件,由该中级人民法院继续审理。

第十二条 本规定自 2018 年 8 月 10 日起施行。

最高人民法院关于印发《人民法院知识产权司法保护规划(2021－2025年)》的通知

(2021年4月22日　法发〔2021〕14号)

各省、自治区、直辖市高级人民法院,解放军军事法院,新疆维吾尔自治区高级人民法院生产建设兵团分院:

现将《人民法院知识产权司法保护规划(2021－2025年)》印发给你们,请认真贯彻执行。

人民法院知识产权司法保护规划(2021－2025年)

党的十八大以来,人民法院正确认识和把握知识产权保护工作与国家治理体系和治理能力现代化的关系,与高质量发展的关系,与人民生活幸福的关系,与国家对外开放大局的关系,与国家安全的关系,全面加强知识产权司法保护工作,为贯彻新发展理念、构建新发展格局、推动高质量发展提供有力司法服务和保障,发挥了不可或缺的重要作用。

"十四五"时期是乘势而上开启全面建设社会主义现代化国家新征程、向第二个百年奋斗目标进军的第一个五年。为深入贯彻落实党的十九届五中全会精神和习近平总书记在中央政治局第二十五次集体学习时的重要讲话精神,贯彻落实《中华人民共和国国民经济和社会发展第十四个五年规划和2035年远景目标纲要》,明确知识产权司法保护目标、任务、举措和实施蓝图,制定本规划。

一、总体要求

(一)指导思想。坚持以习近平新时代中国特色社会主义思想为指导,全面贯彻党的十九大和十九届二中、三中、四中、五中全会精神,深入贯彻习近平法治思想,增强"四个意识"、坚定"四个自信"、做到"两个维护"。紧紧围绕"努力让人民群众在每一个司法案件中感受到公平正义"目标,坚持以我为主、人民利益至上、公正合理保护,不断深化知识产权审判领域改革,不断强化知识产权司法保护，不断优化知识产权法治环境，为建设知识产权强国、世界科技强国和全面建设社会主义现代化国家提供坚实司法服务和保障。

（二）基本原则。坚持党对司法工作的绝对领导，把党的领导贯穿人民法院知识产权司法保护工作全过程，确保知识产权司法保护工作发展的正确方向。坚持以人民为中心，更好满足人民群众对公平正义的更高需求，切实增强人民群众获得感幸福感安全感。坚持问题导向，聚焦知识产权司法保护的突出问题和薄弱环节，不断增强知识产权司法保护整体效能。坚持改革创新，以创新的方式保护创新，持续推动知识产权审判事业向高质量发展。坚持开放发展，立足国情，推动构建以国内大循环为主体、国内国际双循环相互促进的新发展格局。

（三）总体目标。到 2025 年，知识产权专门化审判体系更加健全，知识产权诉讼制度更加完备，知识产权审判质效全面提升，知识产权审判队伍整体素质显著提高，知识产权审判体系和审判能力现代化建设取得实质性进展。知识产权侵权行为惩治力度明显加大，知识产权司法保护状况明显改善，司法公信力、影响力和权威性明显提升，知识产权司法保护社会满意度保持较高水平。具有中国特色、符合创新规律、适应国家发展目标需要的知识产权司法保护制度进一步成熟，知识产权审判激励保护创新、促进科技进步和社会发展的职能作用进一步凸显，服务党和国家工作大局的司法能力进一步增强。

二、充分发挥知识产权审判职能作用

（四）加强科技创新成果保护。全面贯彻实施专利法，充分发挥专利等技术类案件集中审理优势，强化司法裁判在科技创新成果保护中的规则引领和价值导向职能，切实增强服务创新驱动发展的能力和实效。加强对专利授权确权行政行为合法性的严格审查，推动行政标准与司法标准统一协调，提升专利授权确权质量。健全有利于专利纠纷实质性解决的审理机制，防止循环诉讼和程序空转，有效缩短审理期限。加大对关键核心技术、新兴产业、重点领域及种源等知识产权司法保护力度，严格落实集成电路布图设计和计算机软件保护制度，推进创新服务体系建设，促进自主创新能力提升，带动技术产业升级。健全大数据、人工智能、基因技术等新领域新业态知识产权司法保护规则，推动关键数字技术创新应用。加大对具有自主知识产权的重大农业科技成果保护力度，严格依法保护种业自主创新，有效保障国家粮食安全。全力提升服务国家重大区域发展战略的司法能力，推动完善区域知识产权快速协同保护机制，推进区域协同创新。

（五）加强著作权和相关权利保护。全面贯彻实施著作权法，充分发挥著作权审判对于优秀文化引领和导向功能，弘扬社会主义核心价值观，促进文化和科学事业发展与繁荣。加大对文化创作者权益保护，准确把握作品认定标准，根据不同领域、不同类型作品特点确定相适应的保护力度，使保护强度与独创性程度、中国国情相协调。依法维护作品传播者合法权益，妥善处理维护著作权集体管理制度和尊重权利人意思自治关系，加强司法保护与行政监管联动协调，促进作品传播利用。妥善处理互联网领域文化创作传播相关著作权保护新问题，完善司法保护规则，加强知识产权互联网领域法治治理。积极研究传统文化、传统知识等领域知识产权保护问题，明确司法保护规则。

（六）加强商业标志保护。加强商标权司法保护，促进知名品牌培育和商品服务贸易发展，提升企业竞争力，推动品牌强国建设。依法严格审查行政裁决合法性，提高商标授权确权行政案件审理质量。加大对恶意抢注、囤积商标等行为惩治力度，促进商标申请注册秩序正常化和规范化。科学合理界定商标权权利边界与保护范围，正确把握注册与使用在商标权保护中的关系，强化商标使用对确定商标权保护范围的作用，积极引导实际使用商标。加强地理标志司法保护，切实遏制侵犯地理标志权利行为，保障区域特色经济发展。

（七）加强反垄断和反不正当竞争审判。加强反垄断和反不正当竞争案件审理工作，强化竞争政策基础地位，适时制定有关司法解释，明确规制各类垄断和不正当竞争行为，消除市场封锁，促进公平竞争。妥善处理互联网领域垄断纠纷，完善平台经济反垄断裁判规则，防止资本无序扩张，推动平台经济规范健康持续发展。加强反不正当竞争法对商业标识的司法保护，解决不同标识之间权利冲突。强化商业秘密司法保护，依法合理确定当事人举证责任，有效遏制侵害商业秘密行为。妥善处理保护商业秘密与人才合理流动关系，依法保护商业秘密的同时，维护劳动者正当就业创业合法权益。依法支持相关行政职能部门履职，形成反垄断和反不正当竞争工作合力。

（八）加大对知识产权侵权行为惩治力度。依法采取行为保全、证据保全、制裁诉讼妨害行为等措施，及时有效阻遏侵权行为，切实降低维权成本。正确把握惩罚性赔偿构成要件，确保惩罚性赔偿制度在司法裁判中精准适用，提高侵权成本，依法惩处严重侵害知识产权行为。遵循罪刑法定原则，按照以审判为中心的刑事诉讼制度要求，正确把握民事纠纷和刑事犯罪界限，依法惩治侵犯知识产权犯罪，充分发挥刑罚威慑、预防和矫正功能。

三、深化知识产权审判领域改革创新

（九）完善知识产权专门化审判体系。全面总结最高人民法院知识产权法庭三年试点工作情况，提出进一步改革方案，促进完善技术类知识产权审判，深化国家层面知识产权案件上诉审理机制建设。加强知识产权法院、知识产权法庭建设，深化司法责任制综合配套改革，化解人案矛盾、优化内设机构、构建人才梯队，推动完善知识产权专门化审判机构布局。加强互联网法院知识产权审判功能建设，充分发挥互联网司法引领作用，着力解决信息化时代知识产权保护新问题。

（十）健全知识产权诉讼制度。研究起草符合知识产权案件规律的诉讼规范，完善知识产权案件证据、诉讼程序等相关规定。优化知识产权民事、行政案件协同推进机制，推动行政确权案件和民事侵权案件在程序衔接、审理机制、裁判标准等方面相互协调。完善知识产权案件管辖制度，根据案件情况和审判需要依法适当调整管辖布局，加强特定类型案件集中管辖。完善多元化技术事实查明机制，加强技术调查人才库建设，充分发挥人才共享机制功能。大力倡导诚信诉讼，严厉制裁毁损、隐匿和伪造证据等行为，有效规制滥用权利、恶意诉讼，进一步完善知识产权诉讼诚信体系建设。

（十一）深化知识产权审判“三合一”改革。推动完善知识产权刑事案件管辖布局，积极构建与知识产权“三合一”审判机制相适应的管辖制度，推动知识产权法院审理知识产权刑事案件。加强与公安机关、检察机关在知识产权刑事司法程序方面沟通协调，建立和完善联络机制。完善知识产权民事、行政和刑事诉讼程序衔接，确保裁判结果内在协调统一。优化知识产权刑事自诉程序，充分保障知识产权权利人合法权益。

（十二）深入推进案件繁简分流改革。积极推进知识产权案件繁简分流，完善简易程序规则，推动简单知识产权类案件适用小额诉讼程序，探索简单商标授权确权类行政案件适用独任制审理。根据知识产权案件审判特点，完善不同诉讼程序、诉调程序之间转换机制和规则。加强和规范在线诉讼，简化常见简单案件裁判文书格式。提升知识产权类纠纷诉前调解质量，优化调解案件司法确认程序，促进纠纷实质性化解。

四、优化知识产权保护工作机制

（十三）完善统一法律适用标准机制。充分发挥司法审查监督和指引功能，促进知识产权行政执法标准和司法裁判标准统一。健全以司法解释、司法政策为引领、以指导性案例为指引、以典型案例为参考的知识产权审判指导体系，优化专业法官会议制度，完善类案和新类型案件检索制度，构建统一法律适用标准机制。深化智慧法院建设，完善知识产权案例和裁判文书数据库深度应用，充分运用人工智能等信息化手段促进裁判标准统一。

（十四）健全多元化纠纷解决机制。充分依托人民法院调解平台，大力推进知识产权纠纷在线诉调对接机制，切实将非诉讼纠纷解决机制挺在前面。

坚持和发展新时代“枫桥经验”，提供优质司法服务，有效推动知识产权纠纷综合治理、源头治理。加强与知识产权行政职能部门、仲裁机构、行业协会、调解组织等协调配合，因地制宜创新知识产权解纷方式，满足人民群众多元高效便捷的纠纷解决需求。

（十五）强化行政执法和司法衔接机制。加强知识产权信息化、智能化基础设施建设，推动与国家市场监督管理总局、国家知识产权局等部门建立信息资源共享机制，推进最高人民法院与中央有关部门数据专线连接工作。进一步推动知识产权保护线上线下融合发展，加强与知识产权行政职能部门协同配合，积极参与构建知识产权大保护工作格局。

（十六）深化知识产权国际合作竞争机制。加强涉外知识产权审判，妥善审理与国际贸易有关的重大知识产权纠纷，依法平等保护中外权利人合法权益。推进我国知识产权有关法律规定域外适用，切实保护我国公民、企业境外安全和合法权益。强化国际司法合作协作，妥善解决国际平行诉讼，维护知识产权领域国家安全。深化同其他国家和地区知识产权司法合作，积极促进知识共享。积极参与知识产权司法领域全球治理，通过司法裁判推动完善相关国际规则和标准。

五、强化知识产权审判保障

（十七）加强政治和组织保障。坚持以习近平新时代中国特色社会主义思想武装头脑、指导实践、推动工作，始终把党的政治建设摆在首位，筑牢服务国家大局意识，坚决捍卫国家主权和核心利益。完善工作机制，加强对下监督指导，增强与有关职能部门沟通协调，确保各项知识产权司法保护工作落地见效。严格落实防止干预司法“三个规定”等铁规禁令，健全知识产权领域审判权运行和监督制约机制，扎实开展法院队伍教育整顿，确保忠诚干净担当。

（十八）加强队伍和人才保障。对标对表习近平总书记提出的“七种能力”要求，立足知识产权审判实际和岗位职责，全面提升队伍的革命化、正规化、专业化、职业化。完善知识产权审判人才储备和遴选机制，加强优秀人才选拔，重视培养符合“三合一”审判要求的复合型人才，注重增强队伍稳定性。建立不同法院、不同审判部门形式多样的人员交流机制，有计划选派综合素质高、专业能力强、有培养潜力的知识产权法官到有关部门挂职。

（十九）加强科技和信息化保障。充分运用智慧法院建设成果，实现信息化建设与知识产权审判深度融合，推进上下级人民法院知识产权类案件办案系统互联互通、业务协同、资源共享。进一步提升案件审理电子化水平，实现电子卷宗在线归档、互联网查阅。充分发挥一站式诉讼服务中心功能，大力推进知识产权案件跨区域立案、网上立案、电子送达、在线开庭等信息化技术普及应用。加强司法大数据充分汇集、智能分析和有效利用,为知识产权相关决策提供参考。

各级人民法院要全面准确贯彻落实本规划要求,结合实际制定实施方案,明确分工,压实责任,务求实效。最高人民法院将统筹协调,加强指导,推进落实,确保规划各项措施落到实处。

附：

2021年4月份报国务院备案并予以登记的地方性法规、自治条例、单行条例和地方政府规章目录

地方政府规章

法规名称	公布日期	备案登记编号
北京市促进人力资源市场发展办法	2021/3/27	国司备字［2021004070］
北京市人民政府关于修改《北京市居民委员会选举办法》的决定	2021/3/17	国司备字［2021004094］
北京市人民政府关于废止《北京市街道办事处工作规定》的决定	2021/3/17	国司备字［2021004095］
山西省规范行政执法裁量权办法	2021/3/30	国司备字［2021004085］
运城市城市生活垃圾分类管理办法	2021/3/4	国司备字［2021004063］
黑龙江省铁路安全管理规定	2021/4/6	国司备字［2021004083］
齐齐哈尔市房屋专项维修资金管理办法	2021/1/14	国司备字［2021004061］
上海市无障碍环境建设与管理办法	2021/3/12	国司备字［2021004086］
苏州市户外广告设施管理办法	2021/3/30	国司备字［2021004074］
山东省生产安全事故应急办法	2021/2/24	国司备字［2021004068］
郑州市机动车和非道路移动机械排放污染防治办法	2021/2/4	国司备字［2021004075］

续表

法规名称	公布日期	备案登记编号
郑州市行政规范性文件管理规定	2021/2/4	国司备字［2021004076］
郑州市非机动车管理办法	2021/2/5	国司备字［2021004077］
郑州市人民政府关于修改和废止部分政府规章的决定	2021/3/18	国司备字［2021004080］
珠海市人民政府关于修改《珠海市村镇规划建设管理办法》《珠海经济特区城乡规划条例实施办法》的决定	2021/3/15	国司备字［2021004090］
汕头市人民政府关于废止《汕头市经济特区外地驻汕办事机构管理办法》等三部规章的决定	2021/3/15	国司备字［2021004059］
佛山市人民政府关于修改《佛山市城市市容和环境卫生管理规定》等两部规章的决定	2021/3/24	国司备字［2021004057］
东莞市人民政府关于修改《东莞市城乡建设档案管理办法》的决定	2021/4/15	国司备字［2021004103］
江门市消防水源管理办法	2021/3/8	国司备字［2021004056］
汕尾市城市节约用水管理办法	2021/3/26	国司备字［2021004087］
广西壮族自治区教育督导规定	2021/3/30	国司备字［2021004073］
崇左市政府立法程序规定	2021/3/15	国司备字［2021004072］
三亚市古树名木保护管理若干规定	2021/3/10	国司备字［2021004062］
德阳市餐厨垃圾管理办法	2021/4/12	国司备字［2021004102］
资阳市中心城区户外广告和招牌设置管理办法	2021/3/3	国司备字［2021004078］

续表

法规名称	公布日期	备案登记编号
资阳市九曲河管理办法	2021/3/3	国司备字［2021004079］
贵阳市人民政府关于修改《贵阳市公共场所禁止吸烟暂行规定》等76件规章的决定	2020/12/23	国司备字［2021004091］
云南省残疾预防和残疾人康复规定	2021/3/12	国司备字［2021004060］
昆明市机动车维修经营管理办法	2021/3/22	国司备字［2021004097］
楚雄彝族自治州物业管理办法	2021/3/27	国司备字［2021004101］
延安市引水供水工程保护办法	2021/3/25	国司备字［2021004098］
乌鲁木齐市轨道交通控制保护区管理办法	2021/3/22	国司备字［2021004099］
乌鲁木齐市生产经营单位安全生产主体责任规定	2021/3/22	国司备字［2021004100］
乌鲁木齐市城市道路架空线缆管理办法	2021/3/22	国司备字［2021004104］
克拉玛依市人民政府关于修改《克拉玛依市人民政府规章制定程序规定》的决定	2021/3/24	国司备字［2021004088］

图书在版编目(CIP)数据

中华人民共和国新法规汇编.2021年.第5辑:总第291辑/司法部编.—北京:中国法制出版社,2021.11

ISBN 978-7-5216-2284-3

Ⅰ.①中… Ⅱ.①司… Ⅲ.①法规-汇编-中国-2021 Ⅳ.①D920.9

中国版本图书馆CIP数据核字(2021)第235141号

中华人民共和国新法规汇编

ZHONGHUA RENMIN GONGHEGUO XIN FAGUI HUIBIAN

(2021年第5辑)

编者/司法部

经销/新华书店

印刷/三河市紫恒印装有限公司

开本/850毫米×1168毫米 32开　　印张/12.875　字数/361千

版次/2021年11月第1版　　2021年11月第1次印刷

中国法制出版社出版

书号 ISBN 978-7-5216-2284-3　　定价:18.00元

北京市西城区西便门西里甲16号西便门办公区

邮政编码:100053　　传真:010-63141852

网址:http://www.zgfzs.com　　**编辑部电话:010-63141663**

市场营销部电话:010-63141612　　**印务部电话:010-63141606**

(如有印装质量问题,请与本社印务部联系。)